Deutschlands junge Spitzenköche:
Die deutsche Sektion der Jeunes Restaurateurs d'Europe.

Kulturgeschichte der deutschen Küche

Peter Peter

Kulturgeschichte der deutschen Küche

C.H. Beck

Meiner Mutter Sybille gewidmet

Die ersten beiden Auflagen dieses Buches
erschienen 2008 und 2009.

3., durchgesehene Auflage, 2014

Frontispiz: Marlene Dietrich in ihrer
liebsten Rolle als Hausfrau

Umschlagentwurf: Konstanze Berner, München
Umschlagabbildung: © Michael Sowa
Satz: Fotosatz Amann, Memmingen, aus der Scala und Scala Sans
Druck und Einband: CPI – Ebner & Spiegel, Ulm
Gedruckt auf säurefreiem, alterungsbeständigem Papier
(hergestellt aus chlorfrei gebleichtem Zellstoff)
Printed in Germany
ISBN 978 3 406 67661 1
www.beck.de

INHALT

Aschenbrödel deutsche Küche?

Wir Deutschen können ein Wirtschaftswunder machen, aber keinen Salat», spottete Johannes Mario Simmel in seinem Bestseller *Es muß nicht immer Kaviar sein*. Auch wenn längst ein Revival regionaler Gerichte eingesetzt hat, steht es mit dem Image der deutschen Küche nicht zum besten. Zu fettig und schwer, zu sparsam und unfrisch haben jahrzehntelang gutbürgerliche Gaststätten aufgekocht und mit blumigen Begriffen wie Winzersteak, Zigeunerschnitzel oder Bürgermeistertopf mangelnde Identität schönzureden versucht. Der *Spiegel*-Journalist Ullrich Fichtner spricht bei seiner Analyse der Fastfood-Nation Deutschland gar von einem dramatischen «kulinarischen Zivilisationsrückstand» und von «esskulturellem Proletentum als eigentlicher deutscher Leitkultur.»

Trotz der Medienschelte sind Anzeichen für eine Trendwende unübersehbar – so hat sich Baden-Württemberg zur europäischen Modellregion mit der höchsten Dichte an Sternerestaurants entwickelt. Seit den Pioniertagen Eckart Witzigmanns boomt Deutschlands Spitzengastronomie. Und hat trotz telegener Lippenbekenntnisse immer noch ein Problemchen mit genuin deutscher Küche, die meist zugunsten von Jakobsmuscheln und Scampi ins Altherrenstübchen verbannt wird. Weitgehend unbemerkt von Otto Normalkonsument haben Moselsteillagen und Prädikatsrieslinge vom Rheingau längst wieder den Weltruf erlangt, den sie im 19. Jahrhundert hatten. Wochenmärkte von Freiburg bis Münster, von Weimar bis München bieten eine Fülle lokaler Produkte – von luftgetrockneter Kartoffelwurst bis Stachelbeeren, von Hopfensprossen bis Gravensteiner Äpfeln. Gleichzeitig bauen immer mehr Ganztagsschulen Küchen ohne Herd, sondern nur mit Mikrowelle ein, und Gammelfleischskandale erschüttern die Republik.

Gut! Wenn ich wählen soll, so will ich Rheinwein haben.
Das Vaterland verleiht die allerbesten Gaben.
Frosch in Auerbachs Keller

GOETHE, *FAUST I*

Aber die deutsche Küche überhaupt – was hat sie nicht alles auf dem Gewissen! … die ausgekochten Fleische, die fett und mehlig gemachten Gemüse; die Entartung der Mehlspeise zum Briefbeschwerer!

NIETZSCHE, *ECCE HOMO*

Liegt die weitverbreitete gastronomische Ignoranz der Wohlstandsregion Deutschland im Sonderweg der deutschen Geschichte begründet? Wie kam die Nation, die als einzige europäische sich sogar in der Nationalhymne ihres kulinarischen Erbes rühmt (Deutsche Frauen, deutsche Treue, deutscher *Wein* und deutscher Sang, sollen in der Welt behalten ihren alten schönen Klang), teilweise so auf den Hund, dass sich

Eliten und Prekariat gleichermaßen weitgehend vom einheimischen Essen abwandten und statt dessen Pizza und Döner, Currywurst und Cappuccino, Dorade und Mozzarella den Vorzug geben?

Der Blick zurück zeigt eine höchst ambivalente Situation. Natürlich wirkt das Trauma der mit zwei verlorenen Weltkriegen verbundenen Hunger- und Notküche nach. Zur deutschen Leitkultur gehört auch ein Quentchen protestantisch-pietistischer Essensverachtung, gehörte einst militaristisch-adlige Überheblichkeit, die gutes Essen als spießbürgerlich-unsportlich abtat (eine Tendenz, die unter umgekehrtem Vorzeichen in der Mangelwirtschaft der DDR fortlebte). Ein signifikanter Faktor ist das Klima, das zum Konservieren zwang – schon lange vor der Tiefkühltruhe aß man hierzulande hauptsächlich eingewecktes statt frisches Gemüse. Und schließlich sind wir in der Heimat des «Saufteufels» – bereits den Germanen lag die Qualität und Menge der alkoholischen Getränke mehr am Herzen als die der Speisen.

Ist deswegen das oft kopierte bayerische Oktoberfest mit seinen Maßkrügen, Ochsenbratereien, Brezen und Steckerlfischen das erfolgreichste gastronomische Event des Erdballs?

Auch sonst darf sich Deutschland einer Menge kulinaristischer Leistungen rühmen, die nicht alle auf eigenem Mist gewachsen sind. Mongolisches Sauerkraut und das «chinesische Allerlei» (S. 203), polnische Gurkentöpfe, britischer Labskaus, Hugenotten-Bouletten und Maultaschen, die in alten Rezepten ganz italienisch *rafioln* heißen. Unser Land im Herzen Europas ist schon aufgrund der Vielfalt seiner Regionalküchen, die je nach Nachbarn oder Zuwanderern auch niederländisch und dänisch, k.u.k. und schweizerisch, französisch und böhmisch, ja griechisch und türkisch beeinflusst sind, eine aufregende kulinarische Nation.

Gut die Hälfte des europäischen Gesamtbestandes mittelalterlicher Kochbuchtexte ist im Heiligen Römischen Reich Deutscher Nation verfasst. Die Nürnberger *Kuchemaystrey* von 1485, das erste gedruckte deutsche Kochbuch, war die erfolgreichste Rezeptsammlung der Renaissance. Das reichbebilderte *New Kochbuch* des weitgereisten Mainzer Hofkochs Marx Rumpolt von 1581 bildet mit den *Opera* des Papstkoches Bartolomeo Scappi die Summa abendländischer Kochkunst, lange bevor Frankreich zur lukullischen Instanz aufsteigt. Nach der Hunger-Zäsur des 30-jährigen Kriegs entfalten Deutschlands Höfe ein luxuriöses Speisezeremoniell, das in der Erfindung des europäischen Porzellans und dem Weltruf Augsburger Silbers, das bis an den Zarenhof exportiert wird, gipfelt. Gerade die zersplittert-föderale Struktur des Alten Reichs bewahrt eine Fülle lokaler Spezialitäten. Die Endlostheken des *Kaufhauses Des Westens* in Berlin demonstrieren in der größten Feinkostabteilung Europas anschaulich, welch kulinarisches «Schatzkästlein» das Land der Würste und Lebkuchen, der Baumkuchen und Bauernbrote immer noch sein kann, wenn man nur etwas abseits des standardisierten Supermarktangebotes nach handwerklich erzeugten Lebensmitteln fahndet.

Der Salon, das erzieherische Element kultivierten Speisens, blüht in den Tafelrunden Sanssoucis und im Weimaraner Goethehaus. *Der Geist der Kochkunst*: Die gastrosophischen Schriften des Freiherrn von Rumohr, des Barons Vaerst oder des selbsternannten Professors Anthus nehmen es an Brillanz mit denen von Brillat-Savarin oder Dumas auf. Während Fontane die saftigen Birnen des Herrn von Ribbeck auf Ribbeck im Havelland beschreibt, kooperieren in Deutschland Forscher und Unternehmer als Pioniere des Fastfood, auch mit dem sozialen Anliegen, den Hunger des verelendeten Industrieproletariats mit Liebigs Fleischextrakt oder Tütensuppen zu stillen – Maggi, Oetker, Knorr.

Nicht zu vergessen die «deutschen Frauen». Sie haben stärker als in anderen Ländern die öffentliche Wahrnehmung der Küche geprägt, sie treten früher und erfolgreicher als anderswo als Kochbuchautorinnen hervor, beginnend mit der Diätlehre Hildegards von Bingen. Eine bürgerliche Traditionslinie geht von Katharina von Boras tüchtigem Management des Lutherhaushaltes über Anna Wecker(in), deren *Köstlich new Kochbuch* von 1598 die erste gedruckte Rezeptsammlung einer Frau ist, bis zu den Bestsellern von Henriette Davidis (1801–1876), der westfälischen Pfarrerstochter, die Kochenlernen als ersten Schritt zur Dienstbotenemanzipation empfand. Diese markante Verschriftlichung der Hausfrauenküche, die im Drill wilhelminischer Kochanstalten mündet, wirkt bis heute nicht nur positiv nach. Ihre Effekte sind auch ein in Fleisch und Blut übergegangener Sparzwang (das Haushaltsgeld!) und der tendenzielle Verlust instinktiver Kochfreude, die uns an den romanischen Nachbarn so begeistert.

«Ich esse gerne Sauerkraut und tanze gerne Polka, und meine Braut, die Edeltraud, die denkt genau wie ich?» Hat Beuys mit seiner Installation *Ich kenne kein weekend* Recht, in der er eine knallgelbe Reclamausgabe von Kants *Kritik der reinen Vernunft* mit einer knallgelben Maggiflasche kombiniert – krebst das Volk der Dichter und Denker kulinarisch auf einfachstem Niveau herum? Ist die Tischmülltonne auf unseren Frühstückstischen das plastikgewordene Symbol unseres hastigen, lieblosen Zugangs zum Essen?

Auch wenn 2007 der *Feinschmecker* nach einem Blick auf deutsche Spitzenrestaurants sarkastisch konstatiert «das deutsche Nationalgericht ist mediterran», gibt es eine einheimische Küche jenseits des Klischees von Rüben und Kartoffeln, von Eisbein, Fischstäbchen oder Wackelpeter. Sie oszilliert zwischen der Raffinesse eines mit Eisweinessig und Rieslingtraubenkernöl angemachten Rapunzelsalats und dem Respekt, den man deutschen Leibspeisen durch sorgfältige Zutatenwahl zollen kann: Spitzkohlwickel vom Filderkraut oder Kartoffelbrei von der Moossieglinde. Gerade die Wiederentdeckung lokaler Produkte bringt frischen Wind in die Kochszene.

Im Sauerkrautfass: Arbeiter beim Schichten von Kohl und Salz. Esslingen um 1970.

Unvergessen, wie Marlene Dietrich einen Shrimpscocktail mit den Worten abschmetterte: «Aber ich bitte Sie, das bekomme ich doch überall! Geben Sie mir

Sauerbraten, Klöße … und einen Steinhäger!» Es ist bedauerlich, dass sich das Bewusstsein, dass deutsche Küche auch fein, edel und erlesen sein kann, so verflüchtigt hat: Königsberger Klopse aus Kalbfleisch mit Kapern, Aal grün in Estragonsauce, Steinbutt in Senfbutter, Bremer Stubenküken oder ein echtes Leipziger Allerlei mit Morcheln und Flusskrebsen sind eben nicht Hausmannskostallerlei, sondern wären ein gefundenes Fressen für internationale Spitzenköche.

In diesem Buch geht es nicht um eine Sozialgeschichte der Ernährung (die samt Hungersnöten eher gut erforscht ist), sondern um einen positiv gewichteten Abriss deutscher Kochkunst und Speisekultur. Texte wie das Lübecker Gastmahl im Salon der Buddenbrooks oder Goethes Genussgedicht vom «besten Becher besten Weins in purem Golde» ermutigen, eine Lanze für regionale Hochküche zu brechen, ohne die Schmackhaftigkeit sorgfältiger Alltagskost zu unterschätzen. Denn in einem Land, dessen kulinarische Wurzeln oft verschüttet sind – schon die vielbeschworene Oma hat gern Dosen aufgemacht und alles mit Mondamin angedickt – ist gerade der Blick auf den Einfallsreichtum historischer Kochbücher eine Inspirationsquelle beim aktuellen Trend, echte Regionalrezepte zu revitalisieren. Konsequente deutsche Küche ist eben nicht nur fürs hausbackene Ausgedinge, sondern gerade wegen ihrer jahrzehntelangen Vernachlässigung rar, modern, zeitgeistig, ja geradezu avantgardistisch.

Wenn in diesem Buch schweren Herzens die faszinierende Kochkunst Wiens als jahrhundertelanger Hauptstadt des Deutschen Reichs nur marginal gestreift wird, so hängt das auch mit dem Plan zusammen, der österreichischen Küche eine eigene Monographie zu widmen. Andererseits wird ohne nationale Engstirnigkeit immer wieder auf historische Kochdokumente im (einstigen) deutschen Sprachgebiet der Nachbarländer rekurriert, da kulturelle Systeme bekanntlich Staatsgrenzen schon immer überlappt haben.

Mein besonderer Dank gilt den Spezialbibliotheken, die mir ihre Schätze zur Verfügung stellten: Frau Dr. Gisela Framke und der Kreis engagierter Damen um Frau Dr. Jannack und Frau Ophoven, die ehrenamtlich die vorzügliche Bibliothek des Kochbuchmuseums im Dortmunder Westfalenpark betreuen, unterstützten meine Forschungsvorhaben ebenso spontan wie Herr Dr. Seifert vom Brotmuseum Ulm, Frau Barbara Kosler vom Kartoffelmuseum München und Frau Bärbel Mund von der Universitätsbibliothek Göttingen. Besonders profitiert habe ich vom Besuch der volkskundlichen Universitätsbibliotheken in Münster und Tübingen und dem effizienten Service der Bayerischen Staatsbibliothek in München.

Ein herzliches *merci* für praktizierte Kochkunst und Gastfreundschaft geht an Klaus-Wilhelm Gérard, Bailli der Chaîne des Rotisseurs für Oberbayern, und Wolfgang Menge in Creußen, die mir großzügig Einblick in ihre privaten Kochbuch- und Speisekartensammlungen gewährten. Stets auf den neusten Stand brachten mich die Diskussionen mit Helmut Weber von der kulinarischen Spezialbuchhandlung Cri-Cri in Frankfurt, während mir Wolfgang Abel in Badenweiler und Thomas Platt in Berlin beherzigenswerte Qualitätsmaßstäbe zur Beurteilung deutscher Küche vermittelten. Bertram Eisenhauer von der Frankfurter Allgemeinen Sonntagszeitung gibt mir seit Jahren durch die Mitarbeit an der Kolumne

Hier spricht der Gast die Gelegenheit, die aktuelle Kochszene Deutschlands zu kommentieren.

Die Hamburgerin: Cornelia Poletto freut sich an der Schönheit eines Fischs.

Für Anregungen und Gespräche geht ein Gruß an meine Kollegen des Kulinaristik-Forums und der Deutschen Akademie für Kulinaristik, insbesondere Prof. Alois Wierlacher, Otto Geisel, Gunter Hirschfelder, Bernhard Tschofen, Ulrich Rosenbaum und Ursula Hudson, Vorsitzende von SlowFood Deutschland. Eine Fülle spannender Hinweise verdanke ich auch den Mitgliedern des SlowFood Conviviums München sowie Richard Balling vom Bayerischen Landwirtschaftsministerium. Wissenschaftlich für mein Thema besonders hilfreich waren die Textforschungen von Trude Ehlert in Würzburg, Thomas Gloning in Gießen und Klaus Dürrschmid in Wien.

Dem Verlag C. H. Beck und besonders dem Lektorat von Dr. Raimund Bezold, Rosemarie Mayr und Matthias Häber und der Herstellerin Konstanze Berner danke ich für die sorgfältige und engagierte Betreuung des reifenden Werks. Manuela Wolf nahm sich Zeit, mich auf Exkursionen zu begleiten und mit klugen Anregungen meinem Manuskript den letzten Schliff zu geben. Annette Rudolf brachte mich auf spannende historische Details und focht energisch gegen den Druckfehlerteufel. Dirk Heißerer gab mir wertvolle Literaturtipps. Karin Kekulé knüpfte sich bei Bargesprächen ausgewählte Kapitel vor. Juliane Muderlak lieh mir Familienkochbücher. Dirk Kahnis und Susanne Podgorszelski verspeisten mit mir ein echtes Teltower Rübchen und vermittelten mir Einblicke in Berlins kulinarische Szene. Ein Blumenstrauß geht an Amélie Haushofer, die mit frischem Espresso und französischem Esprit meinen Arbeitsgeist stärkte.

Nie vergessen werde ich eine Tübinger Stocherkahnfahrt …

Für die großzügige Genehmigung, Rezepte abzudrucken, schließlich ein persönliches Danke an Juan Amador, Jean-Claude Bourgueil, Nadia Hassani, Evert Kornmayer, Vincent Klink, Joe Mannke, Alfons Schuhbeck und Eckart Witzigmann. Sie stehen stellvertretend für die vielen Köchinnen und Köche, aber auch Handwerker, Winzer, Produzenten und Kochbuchautoren, ohne die dieses Werk nicht möglich gewesen wäre.

CIBI SIMPLICES – DIE KOST DER GERMANEN

Cibi simplices … sine adparatu, sine blandimentis expellunt famem. «Ihre Nahrung ist schlicht, ohne Aufwand, ohne Raffinesse vertreiben sie den Hunger»: So wusste der Geschichtsschreiber Tacitus in seiner um 100 n. Chr. veröffentlichten *Germania* von den Esssitten unserer Vorfahren zu vermelden. Ein frappierendes Klischee kulinarischer Wurstigkeit, das noch heute unsere moderne Schnellesser-Gesellschaft charakterisieren könnte, markiert allen Anfang deutscher Küche!

Der wertkonservative Lateiner schrieb nicht aus persönlicher Anschauung, und er wollte mit den schlichten Sitten der Germanen der dekadenten römischen Gesellschaft einen moralischen Spiegel vorhalten. So sind nicht alle Bemerkungen auf die Goldwaage zu legen, zumal antike Autoren höchst stereotype Äußerungen über germanische Kost liefern. Der syrische Ethnograph Poseidonios von Apameia, der um 80 v. Chr. als erster das Wort Germanen im heutigen Sinne verwandte, berichtet von barbarischen Mittagsmählern mit großen Stücken («gliedweise») gebratenen Fleisches, das mit Milch und unvermischtem Wein hinuntergespült wurde. Hingegen weiß der spanische Geograph Pomponius Mela um 40 n. Chr. von einer Art Germanentatar: Rohes Fleisch werde in einer Lederhaut gedroschen, bis es weich sei, und auf primitive Art zwischen glühenden Steinen erhitzt. «Wilde Früchte, frischgejagtes Wildbret und gestockte Milch» bilden die Basis der «Germanendiät» bei Tacitus.

Fleisch, Milch, ungeheure Mengen von Met und Bier. Diese unisono von den Quellen kolportierte Cholesterinschwelgerei mag situativ für Feste oder Empfänge gegolten haben oder für herumziehende Söldnertrupps, die sich nomadisch von ihren Herden verpflegten. Für den Alltag liefern die Befunde, die sich aus Grabungen in der niedersächsischen Wurte Feddersen (ein Wohnhügel an der Wesermündung), aus Hünengräber- und Moorleichenanalysen ergeben, konträre Informationen. Die Archäologie hat (trotz Funden von durchlöcherten Tongefäßen für Stippmilch) festgestellt, dass der Mythos sich fast ausschließlich von tierischen Produkten ernährender Barbaren revidiert werden muss.

Wisentmark, Schlehen in Buchelöl, Kibitzeneier, Brunnenkresse mit Gelbrüben, Metbock und Stachelbeerwein

PFAHLBAUERNMENÜ AUS FRIEDRICH THEODOR VISCHERS ROMAN *AUCH EINER*

Die germanischen Stämme waren nicht nur jagende «edle Wilde», sondern betrie-

Wisent-Picadores im Fell-Dress: Italienische Werbekarte für Liebig Fleischextrakt, um 1900.

ben auf Naturlichtungen einfachste Landwirtschaft (die in Hessen siedelnden Ubier düngten bereits mit Mergel). Hauptnahrungsmittel waren mit Tierfett geschmälzter Dinkelbrei, aber auch Graupen, Bohnen, Erbsen, Linsen, Rüben und kindskopfgroße Radis. Getreide wurde angeröstet, um das Weiterkeimen zu verhindern – eine Frühform des Grünkerns? Gelegentlich buken die Frauen in der Asche Fladenbrot ohne Sauerteig, das schnell steinhart wurde. Haselnüsse, Heidelbeeren, Honig, Pilze und Wildfrüchte ergänzten die Kost.

Auf Feddersen wurden Rinder, Pferde, Schafe und Schweine gehalten, aber kaum Hühner und Ziegen. Auffallend war die zwerghafte Risthöhe der kurzhörnigen germanischen Rinder (1,1 m) und Pferde (1,4 m). Sporadisch wurde Wild wie Rothirsch und Auerochs gebraten, der Wildanteil der Knochenfunde bei Siedlungen lag meist unter einem Prozent. Ist Caesar mit seiner Schmonzette, dass die Germanen Bäume ansägen, sodass daran schlummernde Elche umstürzen, der Nestor des Jägerlateins?

An den Küsten wurden Robben und gestrandete Wale erlegt und Muscheln gesammelt, an Flußmündungen Stör und Lachs gefangen. Angeln, Speere und Netze als Grabbeigaben beweisen, dass große Fische als Herrschaftsgeschenk galten. Grätenfunde belegen Kabeljaufang auf offener See – zumindest in der norddeutschen *Germania magna* scheint Fischfang wichtiger als Jagd gewesen zu sein.

Die Vorstellung vom carnivoren Germanen mag auch daran hängen, dass außer Pökeln kaum Konservierungsmethoden bekannt waren. Nach dem Schlachten wurde möglichst viel Fleisch in Metallkesseln gekocht und sofort vertilgt. Belegt sind Salzkriege zwischen Stämmen um die kostbaren Ressourcen der Solequellen. Generell war die Winterernährung

Bierbacchanten in Oberaden: Grabungsarbeiter feiern die Freilegung eines römischen Weinfasses im Lippischen Land (Foto um 1910).

schwierig. So sollen die jütländischen Teutonen wegen Nahrungsknappheit 105 v. Chr. in die Provence eingefallen sein – *furor teutonicus* aus Hunger?
Ähnliche Esssitten lassen sich auch für die im süddeutschen Raum siedelnden Kelten rekonstruieren – wobei Römer und Griechen bis ins 1. Jahrhundert n. Chr. Germanen und Kelten nicht unterscheiden konnten. Wie im Obelix-Comic erzählt der Syrer Poseidonios (der vielleicht anatolische Galater kannte), dass sie auf Heuschütten an niedrigen Tischen lagerten, um die reichlich aufgetragenen Speisen wie Löwen zu zerreißen. Generell schreibt man ihnen eine früh entwickelte Landwirtschaft mit Radpflug (ab 400 v. Chr.) und Wendepflug (1. Jahrhundert n. Chr.) zu. Auch das Bierbrauen sollen die Germanen von den Kelten gelernt haben. Beim Keltenhaus in Landersdorf bei Thalmässing werden wie zur Bronzezeit eiweißreicher Dinkel und schnell wachsender Emmer gezogen.

Weit besser sind wir über das Angebot der römischen Provinz *Germania* informiert, die im Wesentlichen das linksrheinische Gebiet und Süddeutschland südlich des Mains umfasste. Durch Grabungen in Römerlagern und Landgütern (*villae*) wissen wir, dass die Legionäre weitgehend an die mediterrane Lebensmittelversorgung angeschlossen waren. Soweit das nördliche Klima es zuließ, pflanzten sie Wein, Feigen, Pfirsiche, Mandeln und Kräuter wie Petersilie und Bohnenkraut an. In Colonia Agrippina (Köln) oder Augusta Treverorum (Trier) würzte man ganz wie in Rom mit Koriander, Pfeffer und der fermentierten Fischsauce *garum*.

Lirum garum Löffelstiel: Rekonstruktion einer römischen Küche im Pompejanum, Aschaffenburg.

Ab dem 2. Jahrhundert n. Chr. setzt die römische Germanienpolitik auf Defensive. Legionäre satteln auf Kolonisten um, eine Angleichung der Produktpalette erfolgt. Römer essen weniger Schwein und mehr Rind und beißen beherzt in Dinkelbrote. Umgekehrt erproben limesnah siedelnde Bauern Weizenanbau, wenn auch die germanische Landwirtschaft kaum exportorientiert war. Immerhin schätzten Kaiser wie Tiberius germanische Gänse, Mohrrüben und Rapunzelsalat.

Die römisch-germanischen Museen in Köln, Trier und Mainz belegen es eindringlich: Die Römer waren diesseits des Limes jahrhundertelang in Deutschland zu Hause und hatten sich auch kulinarisch ihre eigene Struktur geschaffen. Riesige Werkstätten in Rheinzabern liefern rotbraun glasierte Terra-sigillata-Keramik – zu olivenölgebratenem oder honiggeschmortem Gemüse trank man Moselwein aus mundgeblasenen Glasbechern.

Auch wenn die Behauptung, Rheinischer Sauerbraten sei ein Vermächtnis der Legionen Caesars (die Schweizer Almrinder in Essig und etruskischen Rosinen als Marschverpflegung einlegten), nicht beweisbar ist, so ist römischer Kulturtransfer bis heute im deutschen Essalltag präsent. Kochen ist ebenso ein lateinisches Lehnwort wie Schüssel, Küche, Keller, Mörser, Becher und Becken. Nicht nur Pfeffer, Zimt, Fenchel und Minze, sondern fast alle Gemüse und feineren Obstsorten tragen aus dem Latein abgeleitete Namen, hübsch ist die Volksetymologie Liebstöckel von *lubisticum*. Die süddeutsche Semmel kommt von Legionärsgebäck aus *simula* (Weizen). Brezeln, Wurst und Wein sind Gaben aus Roms Füllhorn.

Keltische Holzfässer statt Amphoren: römisches Weintransportschiff aus Neumagen-Dhron an der Mosel. Original Rheinisches Landesmuseum Trier.

Spannend ist die Genese des Wortes Tisch. Es geht auf *discus* zurück, also kleine wurfscheibenrunde Platten für Einzelesser – schon Tacitus war aufgefallen, dass die Germanen im Gegensatz zu mediterranen Völkern kein Problem haben, ganz allein zu essen! Tut das nicht, man verzeihe den pauschalisierenden Zeitsprung, die Fastfoodnation Deutschland, die gern auf der Straße mampft oder ihren *Coffee-to-go* in der U-Bahn verschüttet, bis heute?

In der Völkerwanderungszeit belegen Dichter die romanisierten Tischsitten germanischer Oberschichten (wobei die meisten Episoden eher im merowingischen Frankreich spielen), aber auch den kulinarischen *clash of civilizations*: «Nun bin ich inmitten eines Haufens Langhaariger. Ich muss germanische Reden ertragen, oftmals Beifall spenden und Grimassen dazu schneiden, wenn der gefräßige Burgunder – dessen Haar mit ranziger Butter getränkt ist – sein Tafellied grölt … glücklich eure Augen und Ohren, glücklich auch eure Nase: Sie wird nicht vom Geruch Dutzender dieser Barbarenkrieger beleidigt, die schon am frühen Morgen Knoblauch und faule Zwiebeln ausrülpsen», klagt Sidonius Apollinaris am Westgotenhof in Spanien.

Venantius Fortunatus rühmt den austrasischen Hausmeier Gogo als *noster Apicius* und zankt mit einem rußgeschwärzten Koch. Der älteste namentlich überlieferte germanische Koch (vom Götterkoch Andhrimnir aus der *Edda* abgesehen) scheint ein Berufsinvalide gewesen zu sein. Bischof Gregor von Tours überliefert in seiner *Frankengeschichte*, dass ein gewisser Leudast wegen Triefaugen vom Rauch der Backstube zur Mörserkeule versetzt wurde. Karl der Große vertraute hingegen 784 seinem Chefkoch Odulph ein ganzes Heer an, das gegen die Bretagne zog. Auch im *Nibelungenlied* werden Küchenmeister Rumolt und Mundschenk Sindold als «auserwählte Degen» gerühmt. Makabre Umgangsformen: der Langobardenkönig Alboin zwang seine Frau Rosamunda, aus dem Schädel ihres Vaters Kunimund zu trinken. Noch 1898 sollte sich General Kitchener (später britischer Oberkommandierender im Ersten Weltkrieg) nach der Schlacht von Omdurman im Sudan eine Trinkschale aus dem Schädel des Mahdi machen lassen.

Als Kronzeugen germanischer Speisegewohnheiten könnte man den Byzantiner Anthimus zitieren. Der Arzt widmete Theoderich (wahrscheinlich dem Frankenkönig 511–533) den Brieftraktat *De observatione ciborum*, in den Koch- und Diättipps eingestreut sind. Pfauen in Honigpfefferbrühe entsprechen spätrömischer Apiciusküche, während eine Vorahnung von Cholesterinfurcht aus der Bemerkung spricht, hart gekochtes Eiweiß sei völlig unverdaulich. Amüsant sind Anthimus' ethnologische Vorurteile («primitive» Völker vertragen besser rohes Fleisch) und sein Speckkapitel, «für den die Franken eine unbezwingliche Vorliebe haben». Speck sei viel bekömmlicher als Salzfleisch (fettfrei und zu trocken!) und könne statt Öl über Fleisch und Gemüse gegeben werden. Obwohl Anthimus ein gelehrter Vertreter spätantiker Diätetik ist, überliefert er die wahrscheinlich ältesten germanischen Rezepte wie Steckrüben mit Fleisch, Speck und Essig und empfiehlt Phlegmatikern Rettich, der fünf Tage vorher aus der Erde gezogen wurde.

Diem noctemque continuare potando nulli probrum – Tag und Nacht durchzuzechen, wird niemandem vorgeworfen. Nicht nur Tacitus, auch die Kirche war befremdet über die ausschweifenden Trinksitten der Germanen. Ob Rheingold, Nibelungenhort oder das Keltengrab in Hochdorf bei Esslingen (6. Jahrhundert v. Chr.) mit einem 500 Liter-Bronzekessel und neun goldenen Trinkhörnern – eine Fülle an Funden und Legenden belegt, dass das gemeinsame Zechen der Männer höchstes Renommée, ja oftmals vertraglichen Rechtscharakter besaß. Neben die metgefüllten Auerochsenhörner, die bis zu 13 Liter fassen konnten, traten erbeutete oder erhandelte römische Edelmetallgefäße, teils von einheimischen Silberschmieden nachgebildet. Nicht selten wurden sie mit ungehopftem Bier oder Obstwein gefüllt – Karl der Große liebte Cidre. Metrückstände in dänischen Hörnern wurden als hefevergorener Trank aus Weizen, Beeren und Honig analysiert – das verwandte Sanskritwort *madhu* bedeutet süß.

Grabstein eines Bierhändlers (cervesarius) aus dem späten ersten Jahrhundert. Rheinisches Landesmuseum Trier.

Als Ärgernis empfand die Kirche die üppigen heidnischen Opfermahlzeiten zum Winterbeginn. Der Alemannenapostel Kolumban machte am Bodensee Bier als Götzentrunk aus: «Sie hatten ein großes Gefäß, das bei ihnen Kupa heißt und ungefähr 26 modicus (über zwei Hektoliter) fasste, mit Bier angefüllt in ihre Mitte gestellt. Auf Kolumbans Frage, was sie damit wollten, sprachen sie, sie brächten ihrem Gott Wotan ein Opfer.» Die arglosen Neugetauften brachten, wie sie es gewohnt waren, weiter

Essen und Alkoholika in die Kirche mit. So wurde der Martinstag wie einst der Wotanstag mit ausschweifendem Minnetrinken gefeiert. Eine weiterer Streitpunkt war die Vorliebe der Germanen für Pferdefleisch, das teilweise in rituellen Rossopfern geschlachtet wurde. Die Päpste Gregor III. (731–41) und Zacharias (751) forderten den Germanenapostel Bonifatius auf, diese Sitte zu ächten – christliche Speisegesetze verbieten den Genuss von Götzenfleisch heidnischer Opfer. Das Verdikt erwies sich als zählebig. Erst 1841 wurde Pferdefleisch als normale Handelsware zugelassen, erst 1973 die rechtliche Diskriminierung von Pferdefleisch im Gastgewerbe völlig abgeschafft.

Zugleich setzt die international vernetzte Kirche den spätantiken Gewürz- und Delikatessenhandel fort: So bekommt Bonifatius Zimt, Pfeffer und ausgerechnet die als Aphrodisiakum bekannte Kostwurz aus Rom. Gregor von Tours verzehrt Eierkuchen mit Datteln und Oliven. Der Karolingerbischof Theodulf schwärmt, dass gewürzte Speisen besser schmecken als Haferbrei und saure Milch – offensichtlich gegen germanischen Einheitsmampf zielend.

Kulinarische Legenden ranken sich um Karl den Großen. Sein Biograph Einhard berichtet, dass der jagdbegeisterte Frankenkaiser trotz feisten Nackens und hervortretenden Bauchs eine würdevolle Figur machte und der Meinung war, Fasten schade seiner Gesundheit. Seine Lieblingsspeise entsprach germanischer Reckenart: Wild am Spieß, das unter Hornstößen von Waidmännern in den mit Efeu und Rosen dekorierten Speisesaal getragen wurde. Kichererbsen aß er einzeln mit den Fingern, die er auf byzantinische Art in parfumiertes Wasser tauchte und am persönlichen Tischtuch abwischte. Die Chronik von St. Gallen berichtet, dass er wie ein deutscher Käsetölpel grüne Edelschimmelflecken von einer Art Ur-Roquefort entfernte, dann allerdings aufgeklärt die Produktion dieser Delikatesse förderte.

Karolingischer Repräsentationsbau: Die Lorscher Vorhalle (9. Jh.?).

Überhaupt machte Karl der Große Agrarpolitik zur Chefsache. Auf kaiserlichen Pfalzen und Domänen setzt er auf staatliche Intervention zur Hebung der Produktivität. Angewandte Romanik ist das berühmte *Capitulare de villis* (um 800). Die Verordnung über Landbau strebt nichts Geringeres an als die Wiedererlangung römischer Gartenbaustandards.

Kirschen, Mandeln, Pfirsiche, Pomeranzen, Quitten, Maulbeeren, Kohlrabi, Pastinaken, Rote Rüben,

Endivie, Bärwurz, Estragon, Dill, Fenchel, Schnittlauch, Kerbel und die Wildkürbisse Koloquinten – einiges aus der geforderten Endlosliste gedieh sicher nur in südlichen Provinzen des Karolingerreichs wie Aquitanien. Der Karlsgarten in Melaten bei Aachen bemüht sich, das botanische Erbe der Karolinger nachzupflanzen.

Römer am Rhein? Germanen brauchen Pizza: Ladenschild in Worms.

Der Tisch war gedeckt. Hier fand ich ganz
Die altgermanische Küche.
Sei mir gegrüßt, mein Sauerkraut,
Holdselig sind deine Gerüche.

Genau dieses nicht nur von Heinrich Heine kolportierte Klischee stimmt nicht. Germanische Küche war nicht Kraut, Schwein und natürlich schon gar nicht Kartoffelbrei. Ihre angebliche Nationalspeise Sauerkraut sollten die Germanen erst viel später kennenlernen, als sie im 13. Jahrhundert in Schlesien auf die Heere der Mongolen stießen. Karolingische Küche war bis auf die Ausnahmesituation großer Feste häufiger «täglich Graupenbrei» als Brot oder Fleisch, konnte aber in kulinarischer Interpendenz Höhenflüge erleben und punktuell an den dünnen Überlieferungsstrang spätrömischer Hochküche anknüpfen.

1967 wird der Westerwälder Römertopf auf den Markt geworfen, seit den späten 70er Jahren kocht Familie Gracher im Trierer *Domstein* römische Gerichte wie Schinken mit Feigensauce, Linsen mit Muscheln oder Tarpejanisches Lamm nach.

Ein ähnliches Revival germanischer Küche bleibt mangels Rezepten illusorisch. Spärliche Versuche auf Volksfesten oder Völkerkundeausstellungen entpuppen sich meist als fiktive Mittelalterküche. Immerhin inspirieren sich Burschenlieder eher spöttisch an germanischen Trinkbräuchen: «Hildebrand und sein Sohn Hadubrand, Hadubrand/ Tranken sich beid einen Riesenbrand, Riesenbrand» (Viktor von Scheffel).

Vage Infos lassen sich schließlich aus Märchen und Sagen erschließen, wie von der Suppe, die die Riesen in den Mulden des Himmelsteins im Fichtelgebirge kochten. Auch die erst im 13. Jahrhundert notierte altisländische *Edda* kündet von Götterspeisen und Heldenmählern. Thor führt als Wanderproviant Hering und Hafermus mit. Der listige Loki verwandelt sich in einen Lachs und erfindet das Fischnetz. Odin schmaust das ewig nachwachsende Fleisch des Ebers Sährimnir und trinkt dazu Wein. Feines Weizenbrot und bardiertes Geflügel – die *Rigspula* malt ein Tafelstillleben eindrucksvoller altnordischer Raffinesse:

… geblümtes Gebild
Von schimmerndem Linnen, sie deckte den Tisch.
Linde Laibe legte sie dann

Von weißem Weizen gewandt auf das Linnen
Setzte silberne Schüsseln auf
Mit blassem Speck und gesottenen Vögeln

Bärenbraten und Rentierschinken: Den energischsten Versuch, germanisch zu speisen, hat der Nibelungen-Fan Ludwig II. in seiner Hundinghütte bei Schloss Linderhof unternommen. Die Memoiren seines Mundkochs Theodor Hierneis evozieren gespenstisch-opernhaften Germanenkitsch:

Germanisches Themenrestaurant für den Märchenkönig: Hundinghütte in Linderhof mit der Weltesche Yggdrasil.

«In der Hundinghütte wieder, mit der mächtigen Weltesche, die das Dach durchbricht und in der Notung, Siegmunds Schwert, steckt, wo brennende Holzscheite im offenen Kamin flackern und Bärenfelle den Steinboden bedecken, speist der König am einfachen Holztisch. Da stehen dann Hörner mit Met gefüllt, silberne Hirsche oder Rehe enthalten die Sahne zum Mokka (!), und kleine Eulen dienen als Salzgefäße und Pfefferstreuer.»

FENEA
GOTISCHER GRAUPENBREI
Anthimus, 6. Jahrhundert n. Chr.

Es wird auch aus Gerste ein ausgezeichnetes Gericht bereitet, das wir Griechen *alfita* nennen, lateinisch aber heißt es *polenta*; die Goten nennen es in ihrer germanischen Sprache *fenea*: ein wirksames Heilmittel, wenn es mit warmem Wein gemischt wird und davon ein Löffel voll, in dieser Weise gut gemischt, langsam eingenommen wird: es hilft sehr gut gegen Magenverstimmung und nährt zugleich. Es wirkt aber auch vorzüglich gegen Dysenterie mit purem Wein, gewärmt und dann gemischt, ein Löffel voll, und gut gemischt soll der Patient es nüchtern zu sich nehmen, oder nachts nach dem Hahnenschrei oder wann ihn danach gelüstet, in der Weise, dass er, wenn er das geschluckt hat, nicht gleich eine andere Speise zu sich nimmt, bis er dies verdaut hat. Wir pflegen von dieser selben Speise auch Fiebernden zu geben mit reinem, lauwarmem Wasser, nicht als dicken Brei, sondern dünnflüssig. Es bekommt auch wohl, in der Fastenzeit der vierzig Tage dies zu genießen, besonders mit warmem Wasser, weil es den Magen kräftigt und nährt.

Graupenbrei mit Wein als Medizin und Fastenspeise – ein Rezept, das Germanen mit mediterranen Völkern teilten.

BIER

Das pittoreske Maßkrugstemmen des Oktoberfests, das Renaissance-Reinheitsgebot von 1516 und die älteste noch bestehende Brauerei der Welt: Kein Wunder, dass Ausländer angesichts solcher Rekorde mit Deutschland (oder Bayern) meist sofort Bier assoziieren.

«Ihr Getränk ist ein Saft aus Gerste oder Weizen, zu einiger Ähnlichkeit des Weins gegoren», hatte Tacitus herablassend bemerkt. Schon in germanischen Urzeiten waren Biergelage gang und gäbe – allerdings dürfte der Gerstentrank eher einem russischen Kwas entsprochen haben (und roch laut Kaiser Julian Apostata nach Ziegenbock). Karl der Große servierte den persischen Gesandten Harun al Rashids eine Art Weizenmehlbier namens *gruzing*. 868 spricht das Konzil von Worms von metähnlicher *cervisia mellita*. Die konservierende Würze des Hopfens war noch unbekannt. Erst mit den medizinischen Empfehlungen Hildegards von Bingen (die Myrtenbier schätzte) und ihrer Zeitgenossen setzt sich das bittere Aroma in Deutschland allmählich durch.

Obergärige Tücken: Preußischer Weißbiertolpatsch und Weiberschreck im Weißen Bräuhaus, München, 1899.

Mit einem Bierwunder missionierte der Hl. Kolumban erfolgreich die durstigen Alemannen – ein Mönch vergaß den Zapfhahn abzustellen, doch das Bier stand säulengleich (wie 7-Minuten-Pils?) über dem Krug. Mit Weihenstephan bei Freising nennt sich ein ehemaliges bayerisches Kloster die älteste Brauerei der Welt (ab 1040). Doch historisch liegt der Schwerpunkt mittelalterlicher Braukunst im niederdeutsch-flandrischen Raum – schon weil der Süden einst wohlversorgtes Weinland war. Dass sich der bayerische Geschichtsschreiber Aventin 1519 zu der Mär verstieg, der mythische Brauerpatron Gambrinus habe um 1730 v. Chr. die ägyptische «Bier- und Korngöttin» Isis geheiratet und Hamburg gegründet, zeigt, wie norddeutsch in der Renaissance Bierkultur besetzt war. Fassbier war eins der wichtigsten Handelsgüter der Hanse, teurer und prestigereicher als Alltagswein.

Zur Brauermetropole stieg das niedersächsische Einbeck auf, das im 15. Jahrhundert über 700 Brauhäuser zählte. Damals war das *jus braxandi* (Braurecht) ähnlich hausgebunden wie noch heute in der faszinierend kleinteiligen Bierlandschaft Frankens. Sogar der Münchner Hof bezog das helle gehopfte *Ainpöckisch*, das bald zu Bockbier abgekürzt wurde. Für das 1589 gegründete Hofbräuhaus wurde 1612 angeblich der Einbecker Braumeister Elias Pichler angeworben, um das Geheimnis des Originalbocks weiterzureichen.

Wir wollen auch sonderlichhen dass füran allenthalben in unsern stetten märckthen un auf dem lannde zu kainem pier merer stüchh dan allain gersten, hopfen un wasser genommen un gepraucht solle werdn. Das Reinheitsgebot des Ingolstädter Herzogs Wilhelm IV. von 1516 erhebt Anspruch, das älteste gültige Lebensmittelgesetz der Welt zu sein! Bis heute hat es sich gegen die «Harmonisierung» nivellierender EU-Vorgaben halten können und Deutschem Bier den Ehrentitel einer «Geschützten Spezialität» eingebracht. Dabei wurde die Vorschrift erst einmal gründlich vergessen. Denn es handelte sich damals um einen der ständigen obrigkeitlichen Versuche, administrativ die Güte von Lebensmitteln von der Semmelgröße bis zur Butterfrische zu sichern. So nennt bereits 1434 im thüringischen Weißensee ein Tavernenstatut *hophin malcz und wasser.*

Erst im 19. Jahrhundert gruben Archivare die Urkunde wieder aus und machten sie zum zentralen Anliegen bayerischer Brauerkunst. 1906 wurde das Qualitätsgebot zum Reichsgesetz. 1918 drohte Bayern gar, aus dem Staatsverband der Weimarer Republik auszutreten, wenn das Gesetz nicht übernommen würde!

Historisch gesehen hat freilich der Geist des Gebots dem modernen Bier den Weg gewiesen. Denn die Zutatenkomposition, die aus vergorenem Gerstensaft Bier machte, war einst variable Geheimniskrämerei. Flandern kennt heute noch eine Fülle mittelalterlicher Biertypen, die vor dem Reinheitsgebot entstanden. «Grutrechte» sahen Kirsch-, Honig-, Rinden- oder Gewürzbier mit Nelken, Pfeffer, Lorbeer, Anis und Ingwer vor. Im Gerstensaft konnten Harz, Asche, Wurzelextrakte oder Halluzinationen auslösendes Bilsenkraut landen. Gruthäuser von Antwerpen bis Köln erinnern an Kräutermischungen, die Bier Geschmack geben sollten. Teurer Hopfen setzte sich erst mit dem Seehandel der Hansebiere durch, denn er konservierte. Das Wittelsbacher Reinheitsgebot sollte auch den Absatz von bayerischem Hopfen fördern.

Die moderne Ökoszene versucht mit Dinkelbier und ähnlichem, an Sorten vor dem Reinheitsgebot anzuknüpfen. Praktisch ausgestorbene Varianten wie der Braunschweiger Antiskorbutdrink Mumme von 1492 oder milchsäurevergorene Goslarer Gose (bis 1930 das beliebteste Getränk Leipziger Studenten) werden wieder entdeckt. Auch die sirupgesüßte obergärige Berliner Weiße könnte als Nachahmung flandrischer Fruchtbiere entstanden sein.

Der Ruhm des bayerischen Bieres setzt erst nach dem Dreißigjährigen Krieg mit der Gegenreformation ein. Katholische Landesherrn und Klöster sind (in Konkurrenz zur protestantischen Fastenfreigabe) daran interessiert, den Gläubigen auch zur Fastenzeit gutes kräftigendes Bier zukommen zu lassen. Die Starkbierzeit wird zur fünften Jahreszeit – bis heute publikumswirksam mit dem Salvator-Starkbieranstich der Münchner Paulanerbrauerei inszeniert: «Bruder Barnabas» oder Mama Bavaria verteilen dabei in der launigen Tradition barocker Sittenprediger Deutschlands berühmteste Politikerschelte. Bier galt nicht nur fastenden Katholiken als Grundnahrungsmittel. 1551 konstatierte der Arzt und Theologe Placotomus: «Manche leben von diesem Getränk mehr als vom Essen … jedes Geschlecht und Alter, Gesunde und Kranke brauchen es», und noch der Alte Fritz murrte, Biersuppe sei viel gesünder als der modische Morgenkaffee.

Generell nimmt im 18. Jahrhundert mit produktionssteigernder Landwirtschaft das Bierbrauen zu. Dabei dominieren im Norden und Westen Altbierküchen mit obergärigen Produkten im Stile von Kölsch, Münsteraner oder Düsseldorfer Alt, das frisch getrunken werden musste. In Bayern galt seit 1539 eine eingeschränkte Brauzeit von Michaeli bis Georgi (29. September-23. April). Man bevorzugte die bekömmlichere untergärige Brauart, die nur bis maximal 9 Grad Celsius möglich ist. Das stammwürzereiche Bier wurde in Eiskellern gelagert (und reifte so zum Lagerbier). Die typische Biergartenkastanie wurde angepflanzt, weil sie die Keller schattig hielt und wegen der flachen Wurzeln keine Gefahr darstellte. Märzen war das letzte Frühlingsbier, das eingelagert wurde. Exportbier bezeichnete besonders alkoholreiches Lager, das ursprünglich am

Lüttje Lage auf münsteranisch: Korn mit Altbier aus dem Bullenkopp-Krug.

Ankunftsort mit Wasser gestreckt wurde. Das erste namengebende Exportbier wurde 1831 aus Kulmbach nach Sachsen exportiert! Heute ist Bremer Beck's das erfolgreichste Export.

Aus bayerischer Tradition entwickelt sich auch das Pilsner. 1842 braute der Vilshofener Josef Groll in Böhmen mit besonders langsamer Kaltgärung ein goldgelbes Bier, das sein feinbitteres Aroma vom erstklassigen Saazer Hopfen bezog. Radeberger wagte sich 1872 an das erste deutsche Pils. Mit der Erfindung der Kühlmaschine (Linde 1876) setzte sich der neue bittere Biertyp im Norden allmählich durch, veränderte allerdings die malzige Grundnote.

Die Hallertau nördlich Münchens ist der Welt ausgedehntestes Hopfenanbaugebiet. An den 7 Meter hohen Hopfenstangen wächst ein Viertel der Weltproduktion. Das Wolnzacher Hopfenmuseum erzählt, dass bis 1800 meist Rasenhopfen geerntet wurde, der an Zäunen ohne Wartung gedieh. Zur teuren Delikatesse sind zeitraubend zu erntende Hopfensprossen geworden.

Die Dissertation des Bierhändlersohns Gustav Stresemann widmete sich dem Berliner Flaschenbierhandel. Tatsächlich reift obergäriges Bier besser in Flaschen, während untergäriges vom Fass besser schmeckt – Franz-Josef Strauß holte als Kind das Dunkle für seinen Vater noch im Maßkrug. Hingegen annonciert die Vossische Zeitung schon 1820 Stettiner Bier in Flaschen – doch erst mit dem Patentbügelverschluss um 1890 war diese Abfüllung wirklich ausgereift.

Heute steckt Bier im Imagewandel, der Verbrauch stagniert bzw. nimmt kontinuierlich ab. Gerade das Beharren auf gemütlichen Traditionen kommt bei dynamischen Konsumenten wenig an: «Die Öfen, das Bier, der Tabaksrauch umgeben den einfachen Mann in Deutschland mit einer Art schwerer heißer Atmosphäre, aus welcher er nicht gern hervorgeht», hatte schon Madame de Stäel den deutschen Bierdimpfl analysiert.

So versucht die Werbebranche, das Volksgetränk aus der Pfandflasche neu zu erfinden. Längst werden Pilsgläser auch in Bayern nur noch selten als *Preußenhalbe* angefeindet, quillt Weizenbier aus norddeutschen Zapfhähnen. Dabei hat gerade das obergärige bayerische Weißbier mit der Vorzeigemarke Erdinger eine der erstaunlichsten Karrieren hingelegt: Um 1950 galt es, damals noch mit Zitronenscheibe serviert, eher als seifig-säuerlicher Alteleutedrink.

Die Handwerkersitte, Bier direkt aus der Flasche zu trinken, ist in Szene-Clubs lässiger Chic, vorausgesetzt, es handelt sich um *long necks.* Großbrauereien versuchen, den Gerstensaft mit Lifestyle und Sport zu verbinden – light und alkoholfreie Biere boomen.

Als Gegenreaktion auf das Brauereisterben steigt die Lust auf identitätsstiftende Nischenprodukte. Münchner Augustinerbier in der bauchigen Pfandflasche, das seit 1328 prinzipiell nicht beworben wird, ist vielleicht gerade deswegen zum Kultgetränk Berliner Parties mutiert. Eine ähnliche Karriere von verzopft zu cool hat Schwarzwälder Tannenzäpfle aus der Badischen Staatsbrauerei Rothaus mit seinem Märchenetikett hingelegt. Schlenkerla Rauchbier aus Deutschlands heimlicher Bierhauptstadt Bamberg beliefert eine weltweite Fangemeinde. Das Erfolgsgeheimnis: seit 1678 wird Grünmalz (angekeimte Braugerste) über dem Rauch von drei Jahre gelagerten Buchenholzscheiten aus dem fränkischen Jura gedarrt, was dem Inhalt des *Seidlas* einen speckig-würzigen Geschmack verleiht.

Auch sonst ist neben Dosenbier und Schnellzapfpils als Nostalgietrend alles noch oder wieder da: Flensburger füllt erfolgreich in Bügelflasche ab, im größten Biergarten der Welt im fränkischen Forchheim schäumt ungespundetes, unfiltriertes Zwickelbier in Steingut, und die Münchner Schrannenhalle am Viktualienmarkt ist sogar zum Bierfilz aus echtem Filz zurückgekehrt – 1892 hatte Robert Sputh in Dresden das erste Patent auf Pappbierdeckel angemeldet.

DINKEL, KRÄUTER, THEOLOGIE – HILDEGARD VON BINGEN UND DIE KLOSTERDIÄT

In der 1908 geweihten Jugendstilabtei Eibingen konzentriert sich – hoch über den Weinbergen und dem Drosselgass-Entertainment Rüdesheims – der frischerwachte Kult um Hildegard von Bingen (1098–1179), die erst seit 1940 in ganz Deutschland verehrt wird. Zu Lebzeiten wurde die streitbare pfälzische Äbtissin vor allen wegen der Weltgerichtsvisionen ihres Hauptwerks *Scivias* von Papst Eugen III. und ihrem Gesprächspartner Kaiser Barbarossa als Rheinische Sybille (*prophetissa teutonica*) gepriesen. Posthum spendet sie einer ständig anschwellenden Anhängerschar jede Menge Tipps für gesunde Ernährung. Im Pilgerladen werden Dinkelkekse und eine Fülle von Büchern zum Thema Heilfasten und Klosterküche angeboten. Schwester Thekla schenkt auf Weinproben klostereigenen Riesling aus, der klangvolle Etiketten wie *Benedictus* trägt und mit Miniaturen und Illuminationen aus Hildegards lateinischen Werken geschmückt ist. Damit der elektronische Briefkasten der Nonnen nicht überquillt, wurde eine eigene Webadresse für den Ansturm der Dinkelfans eingerichtet: klosterladen@abtei-st-hildegard.de!

Anmutige Feldarbeiterinnen: Schwestern der Abtei St. Hildegard. Foto um 1960.

Dabei hat Hildegard nie ein Kochbuch geschrieben, angemessener wäre ihr der Titel der ersten deutschen Ärztin. Denn ihre jahrhundertelang verschollenen naturwissenschaftlich-medizinischen Werke *Causae et curae* und *Physica* enthalten zahlreiche Hinweise zu gesunder Ernährung, die auch heutigen Menschen zu denken geben.

In allen Geschöpfen, den lebenden Wesen, den kriechenden, fliegenden und den Fischen, den Kräutern und den Fruchtbäumen liegen gewisse Geheimnisse Gottes verborgen, welche weder der Mensch noch eine andere Kreatur kennt, außer wenn es ihm von Gott verliehen ist.

HILDEGARDIS, DE OPERATIONE DEI

Was sie fast ein Millennium nach ihrem Leben für Ratsuchende so verführerisch und überzeugend macht, ist die diätetische Verknüpfung von Speisen und Gesundheit und ihr ganzheitlicher psychosomatischer Ernährungsansatz. «Die Seele liebt in allen Dingen das diskrete Maß. Wann auch immer der Körper des Menschen ohne Diskretion isst und trinkt, werden die Kräfte der Seele verletzt.» Auch wenn viele vielleicht mit ihrer Argumentation, Krankheit entstehe aus Sünde und Gottesferne, wenig anfangen können, so fasziniert doch ihr durchdachtes System, alle Speisen und Getränke auf ihre inneren Kräfte und ihre Eignung für die verschiedenen menschlichen Temperamente zu untersuchen.

Damit postuliert sie Eigenverantwortung anstelle (kirchlicher) Speisevorschriften. Gesunde Nahrung, gesundes gottgefälliges Leben rangiert in Hildegards «christlicher Wellness» vor Medizin. Ihr persönlicher Leidensweg als chronisch kranke Frau, ihre singuläre Stellung als weibliche Intellektuelle und Theologin und ihr Mut, sich auch mit dem Establishment des Klerus anzulegen (was vermutlich ihren Heiligsprechungsprozess damals scheitern ließ) lässt sie besonders vertrauenswürdig dastehen. Im Paradies jedenfalls, da war sich die Seherin ganz sicher, gebe es keine Krankheit, sondern nur immerwährende *viriditas* – «Grünkraft» als Symbol nachhaltiger Vitalität.

Gern wird Hildegard mit dem mythischen Volkswissen von Kräuterfrauen assoziiert, doch liegen die Wurzeln des Konzepts der hochgebildeten Äbtissin vom Disibodenberg und Rupertsberg in der orientalischen Ernährungslehre, die wiederum die antike Diätetik Galens und Hippokrates' weiterentwickelt. Durch Übersetzungen ins Lateinische wurde die ausgefeilte Systematik arabischer und persischer Ärzte populär – man könnte Hildegard auch als exponierteste deutsche Vertreterin der Schule von Salerno betrachten, die in Süditalien im 11. Jahrhundert islamische Medizin praktizierte. So entsprechen ihre Nahrungsmittellisten, die vom Hörensagen Bekanntes wie Kamelfleisch enthalten, durchaus denen der salernitanischen Übersetzer.

Hildegard von Bingen diktiert einem Mönch ihr Werk Scivias. Miniatur aus der verschollenen Handschrift Eibingen, Abtei St. Hildegard, um 1165/1180.

Auch Hildegard ist von dem antiken Gedanken der Eukrasie, der idealen Säftemischung durchdrungen, der auf Jahrhunderte Medizin und Küche zusammenschmiedet, und gibt ihm eine makrokosmische Dimension: «Gott schuf auch die Elemente der Welt. Alle Weltelemente befinden sich im Menschen, und mit ihnen wirket der Mensch. Sie heißen aber: Feuer, Luft, Wasser, Erde. Diese vier Grundstoffe sind in sich selber dermaßen durchflochten und verbunden, dass keines vom anderen geschieden werden kann … In der eben geschilderten Weise lebt der Mensch aus den vier Säften, wie auch das Weltall aus den vier Elementen besteht.»

Kurz gefasst besteht das Ideal gesunder, schöpfungsgerechter Nahrung darin, die Extreme des persönlichen Einzelkörpers, der melancholisch oder phlegmatisch, sanguinisch oder cholerisch sein kann, durch gegenläufige Kost zu einem Ideal der Mitte (und Langlebigkeit) zu

Als die Erde noch eine Scheibe war: Die wahre Dreiheit in der wahren Einheit aus Hildegards Scivias-Codex. Rupertsberger Buchmalerei, um 1165, Faksimile 1927.

temperieren. Jedes Nahrungsmittel wird dahingehend klassifiziert, zu welchem Temperament es passt, wie gesund oder gefährlich es ist. Als besonders schädlich schneiden dabei fetter Aal, Schwein, Ente und Eier, Früchte wie Heidelbeere und Erdbeere (die erdnah in fauliger Luft wachsen) oder Blähendes wie Pflaume und Porree ab. Auch Gurke bringt das «Scharfe der Säfte in Wallung», Kohlflatulenz verletzt schwache Eingeweide. Doch verrät sie Rezepte und Würzungen, um Ungesundes zu mildern. So sind (leicht faulende) Pfirsiche am besten in Weinsud mit Salz und Pfeffer, und generell ist Obst am gesündesten gekocht – die deutsche Apfelmuskultur wissenschaftlich unterfüttert!

Manchmal spürt man bei modernen Hildegard-Koch- oder Fastenbüchern die Kluft der Zeiten. Deutscher Frühstücksfixierung kommt ihr Rat, in antik-mediterraner Manier gegen Mittag mit der ersten Mahlzeit zu beginnen, ins Gehege. Kater lösche man maßvoll mit Wein oder Bier, Wasser kann hingegen schaden! Wie bei Trennkost sollte man nie nüchtern trinken, doch wenn schon, dann lieber Wein als Wasser. Basilikum ist zu kalt, Karotten sättigen nur, schaden weder noch nützen sie. Wie das ganze Mittelalter (Vitamine werden erst im 20. Jahrhundert entdeckt!) gibt sie sich schon aus hygienischen Gründen eher salatskeptisch: «Die Lattiche … sind sehr kalt, und ohne Würze gegessen machen sie mit ihrem unnützen Saft das Gehirn des Menschen leer und füllen den Magen mit Krankheit.» Ähnlich ängstigen sich noch heute bakterienfürchtende Touristen, die an indischen Buffets nur ja keinen frischen Salat essen und kein Leitungswasser trinken. Auch mit ihrer Überzeugung, Olivenöl rufe Übelkeit hervor und mache Speisen schlecht genießbar, dürfte Hildegard noch um 1960 den Beifall der meisten Landsleute geerntet haben. Vermutlich war das Öl, das nach langem Transport über die Alpen kam, meist ranzig, aber nötig, da bis 1491 (sog. Laktizinienverbot) das Fasten mit veganer Strenge ohne Schmalz, Butter und Eier vorgeschrieben war.

Hildegard ist keine Asketin, keine Vegetarierin. Vielmehr analysiert sie die Qualität jedes Lebensmittels nach Analogieprinzipien. Aktueller als je ist in Zeiten von BSE der Ansatz, das Futter der Tiere zu überprüfen: «Nur Tiere, die reine Nahrung fressen, wie Heu, und die ein Junges im Jahr zur Welt bringen, sind dem Menschen zur Nahrung nützlich wie gute und nützliche Kräuter.» Empfehlenswert sind auch Wildfische, die Kräuter in mittleren Tiefen fressen, während Schleie, Flunder und Aal unrein sind wie das Schwein, weil sie im Schlamm gründeln. Da die Gans Reines und Unreines verzehrt, taugt sie nur für Gesunde, ein Sträußchen Beifuß mildert die Üppigkeit des Bratens. Überhaupt propagiert die Heilkundige Kräuterküche mit magenfreundlichem Dill, Kümmel, Koriander und dem Allheilmittel Salbei.

«Der Dinkel ist das beste Getreide … und bereitet dem, der ihn ißt, rechtes Fleisch und … Blut, und er macht frohen Sinn und Freude im Gemüt des Menschen.» Populär geworden ist Hildegard für ihre Dinkeldiät, während sie anderes Getreide teilweise ablehnt: «Die Hirse ist kalt und keine nützliche Nahrung für den Menschen, weil sie keine Kräfte gibt, sondern nur den Bauch auftreibt und das Gehirn wässerig macht». Im übrigen war der eiweißreiche Dinkel seit der Germanenzeit eins der meistangebauten Getreide und – später auch als gedarrter Grünkern – durchaus alltägliche Stärkung.

Trotz ihrer hochaktuellen (Heil-)Fastenplädoyers eckte Hildegard mit ihrer quasi naturwissenschaftlich geprägten Sicht gesunder Ernährung (und fortpflanzungsorientierter Sexualität) durchaus in traditionellen kirchlichen Kreisen an. Denn ausgehend vom Apfelessen Adams, das die sexuelle Ursünde einleitete, hatten fundamentalistische Theologen in der Nachfolge der Wüstenmönche auch harmloses Schlemmen zu einer der sieben Todsünden diabolisiert. Vor allem in Klöstern wurde teilweise strengste asketische Speisedisziplin gefordert, gegen die die fleischhaltige, wenn auch vom Prinzip der *discretio* (Maßhalten) durchdrungene Hildegard-Kost fast wie ein Du-darfst-Programm wirkt.

Die frühchristliche Kritik an Tafelfreuden wirkte: Im Abendland ist nach dem spätantiken Apicius bis zu den ersten aufs 13. Jahrhundert datierten Kochkladden kein Kochbuch erhalten. Doch die Mystikerin und Komponistin sah die Natur in einer beseelten göttlichen Liebe, die auch die Nahrung als Teil der Schöpfung aufwertet. Der Mikrokosmos eines gesunden Lebensmittels ist ein Abbild des Makrokosmos der göttlichen Weltschöpfung: «Die Kräuter schenken einander den Duft ihrer Blüten; ein Stein strahlt seinen Glanz auf den anderen, und alles, was lebt, hat einen Urtrieb nach liebevoller Umarmung.»

Das ausgefeilte Ernährungssystem der Hildegard wäre graue Buchweisheit ohne die gärtnerische und fischzüchterische Leistung mittelalterlicher Klöster. Chroniken aus Hirsau im Nordschwarzwald (wo die Mönche für ihre stummen Mahlzeiten eine eigene Zeichensprache erfunden hatten), berichten, dass bereits um 1075 in den Teichen ausländische Fischarten schwammen und in den Gärten trotz des nördlichen Klimas Zitronatzitronen und Feigen gediehen. Jedes Kloster hatte Brüder, die auf Gemüsezüchtung und Kräuter spezialisiert waren wie der Reichenauer Walahfrid Strabo (809–849), der gern als erster schwäbischer Dichter bezeichnet wird.

«Salz, Brot, Lauch, Fische und Wein sind meine Speise/ Was brauch ich dann noch die Köstlichkeiten der Könige», schwärmt der Mönch von der Diät seiner Bodenseeinsel. Die *hortorum deliciae* (Delikatessen der Gärten) umfassten Zwiebel, Lauch, Sellerie, Koriander, Dill, Mohn, Rettich, Mangold, Knoblauch, Schalotten, Petersilie, Kerbel, Kopfsalat, Pfefferkraut, Bohnenkraut, Pastinaken, Kohl, Saubohnen, Karotten, Kohlrabi, Rosmarin, Liebstöckel, Fenchel – lediglich Hülsenfrüchte und Rüben besorgten sich die Mönche von den Feldern der Bauern.

Strabos hexametrischer Gedichtzyklus *Hortulus*, der an den römischen Agrarschriftsteller Columella anknüpft, ist einer der frühesten Belege für gourmethaftes Genießen in Deutschland, etwa in der virtuosen Beschreibung eines Melonenessens:

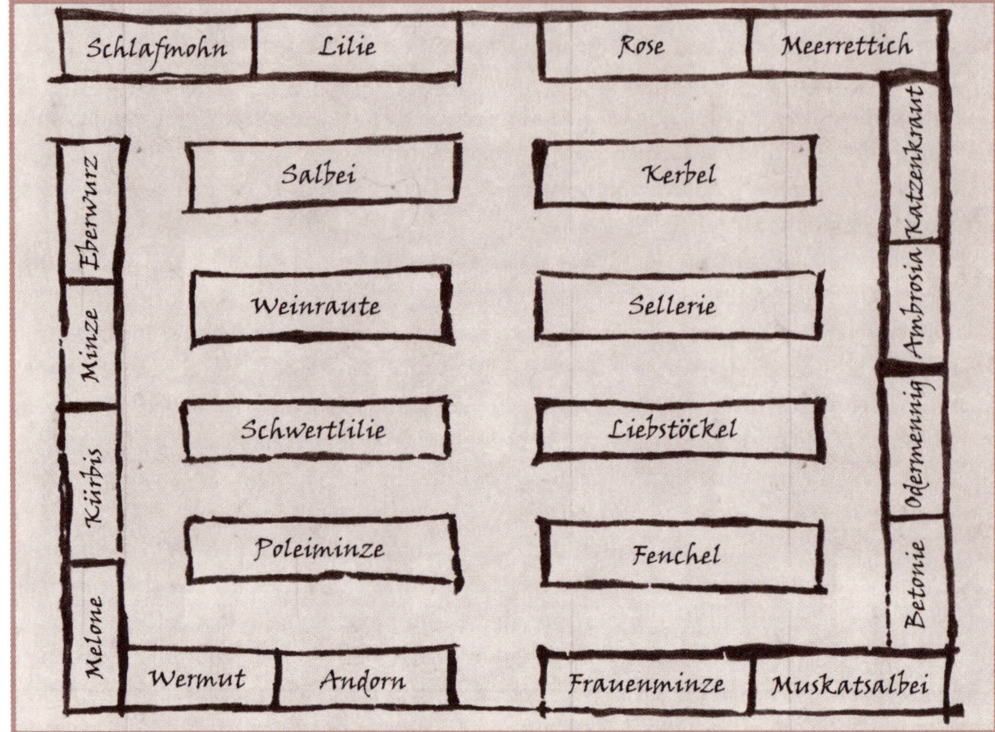

Ordo-Denken: Schema des Heilkräutergartens aus dem Sankt Gallener Klosterplan. Ergänzung der Pflanzen nach Walahfrid Strabo.

> Wenn nun tief in den Leib dieser Frucht eindringet das Messer,
> Lockt es reichliche Bächlein hervor, und es schwimmen im Safte
> Massenhaft Samen. Zerteilt man das hohle Gehäuse von Hand in
> Zahlreiche Stückchen, so freut sich der Gastfreund bei Tische des guten
> Leckerbissens der Gärten. Denn Weiße des Fleischs und Aroma
> Schmecken dem Gaumen, und nicht wird solcherlei Speise die harten
> Backenzähne erschrecken: gekaut schon im eiligen Schluck, hält
> Kühl mit natürlicher Kraft sie die Eingeweide des Leibes.

Auch das wohl älteste deutsche Rezept findet sich bei dem Reichenauer Mönch – schmalzgebackener Kürbis:

> Ja, solange die Frucht des Kürbis noch saftig und zart ist …
> Sehen wir sie nicht selten mit anderen köstlichen Speisen
> Umgehn am Tische; getränket im Fett der dampfenden Pfanne,
> Mögen fürwahr die wohlzubereiteten Stücke gar manchmal
> Trefflich den Nachtisch versehen als süße Delikatesse.

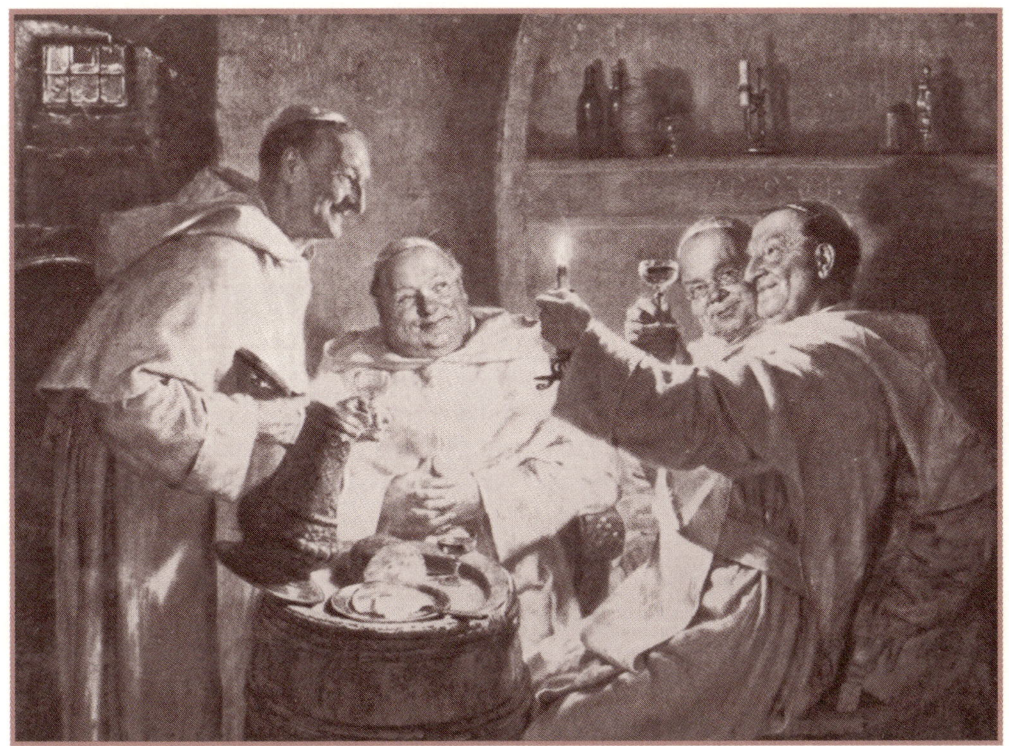

Connaisseure in der Kutte. Eduard von Grützner, Vier Mönche im Weinkeller, 19. Jahrhundert.

Ein prominenter Vertreter deutscher Mönchsbotanik ist Hrabanus Maurus, Abt von Fulda (784–856), der in *De rerum naturis* biblische Belege für Gemüse- und Kräuterkost auflistet. Wie magisch das Thema Gartenbau die Scholastiker beschäftigte, beweist der Dominikaner Albertus Magnus (ca. 1200–1280), der als *doctor universalis* in Paris und Köln lehrte. Der aus Lauingen an der Donau stammende Patron der Naturwissenschaftler folgert in seiner Schrift *De vegetabilibus*: «Die Pflanzen besitzen eine Seele, welche des Gefühls, des Wünschens, des Schlafes und des Geschlechtes (!) entbehrt.»

Hildegards naturwissenschaftliche Schriften wurden bald durch modernere verdrängt, die weiter aus orientalischer Gelehrsamkeit schöpfen und sich über die Verträglichkeit von Gazellenfleisch auslassen. So orientiert sich Konrad von Eichstätts ins Deutsche übersetzter *Sanitatis conservator* (Bewahrer der Gesundheit, 14. Jahrhundert) hauptsächlich an dem Perser Avicenna. Arnold von Bamberg empfiehlt in seinem *Tractatus de regimine sanitatis* internationale Rezepte, die in italienischen Codices und den frühesten deutschen Kochbüchern ähnlich auftauchen: *rafioli*, Fleisch mit Agrest (Essig aus unreifen Trauben oder Stachelbeeren), bunte Saucen, der Hühnermandelpudding *blancmanger*, von dem «jeder Koch weiß wie man das macht», daneben als deutsche Schmankerln Käsesuppe und Bratäpfel.

Pflege im Team: Die heilige Elisabeth füttert einen Kranken, ihre Assistentin betet für seine Gesundung. Kölnisch, Ende 14. Jahrhundert.

Bereits im frühscholastischen Bildungssystem des Pariser Theologen Hugo von St. Victor wurden Rezepte grundsätzlich der Medizin als einer der *septem artes mechanicae* (sieben mechanischen Künste) zugerechnet. Das ganze System des Essensdiskurses als praktizierter Medizin ist a priori global und wird eher zögerlich empirisch an deutsche Verhältnisse angepasst. Noch ein Renner des frühen Buchdrucks wie die bebilderten *Schachtafelen der Gesuntheyt* (Straßburg 1533), der in Gesundheitstabellen ca. 280 Speisen auflistet, geht auf das *Taqwim-es-sihha* (*Tacuinum sanitatis*, Ärztebankett) des christlichen Irakers Ibn-Butlan zurück.

So sollten die Ideen von Hildegards humoralpathologischer Esslehre indirekt bis ins 17. Jahrhundert Gültigkeit behalten: *Cibi modicus sibi medicus* – wer maßvoll speist, ist sich selbst der beste Arzt. Fast alle frühen Kochbücher sind mit laienhaften medizinischen Hinweisen kombiniert.

Umgekehrt sei nicht verschwiegen, dass liberale Ernährungslehren wie die Hildegards durch großzügige Auslegung auch dem mönchischen Hang zum Prassen einen gewissen Vorschub leisten. Die wohlbeleibten Cellerare des Genremalers Eduard Grützner haben in der mittelalterlichen Spottdichtung und Vagantenlyrik unzählige Vorläufer. So ist dem Thema Schlemmen und Zechen in den von Carl Orff vertonten *Carmina Burana* aus dem Kloster Benediktbeuern breiter Raum gewidmet. Das berühmte *Meum est propositum in taberna mori* (Mir ist bestimmt, in der Taverne zu sterben, damit der Wein dem Mund des Sterbenden nahe sei) des Archipoeta kann auch dichterisches Wunschdenken sein – Klerikern war seit der Synode von Frankfurt 794 der Tavernenbesuch außer auf Reisen kirchenrechtlich untersagt. Der gastfreie Augsburger Bischof Ulrich, Patron der Winzer und Fischer, brüstete sich, nie in seinem Leben eine betreten zu haben. Doch spätestens das Hochmittelalter ist voller Anekdoten, wie das Fastengebot in reichen Klöstern umgangen wird. «Drum esst nur, Pfaffen, Hühner, trinket Wein/ Und lasst die dummen deutschen Laien fasten», giftet Walter von der Vogelweide. Biber und Otter sollen als beliebte Fastenbraten auf Klosterbesitz schwer in ihrem Bestand bedroht gewesen sein. Und vielleicht ist die Urform des bayerischen Wolpertingers kein Jägerjux, sondern ein Mönchstrick – wenn man einem gehörnten Hasen Schwimmflossen anmontierte, wurde er zur Fastenspeise!

Wichtiger als diese langvergessenen Polemiken ist, dass die Klöster ihre Diät nicht nur für den Genuss der Mönche zusammenstellten, sondern jahrhundertlang auch intensive Gastungspflichten wahrnahmen. Hungernde zu speisen, Bettelnde nicht von der Klosterpforte abzuweisen und vor allem in Spitälern Kranke mit Diät gesundzupflegen, gehörte zu den ethischen Pflichten. Heilige wie Elisabeth von Thüringen oder die Tiroler Magd Notburga, die heimlich den Armen Brot brachten, sind Vorbilder dieser christlichen Barmherzigkeit. Bis ins 12. Jahrhundert waren Abteien für Pilger, Kaufleute und Adlige die einzigen Unterkünfte. Gasthöfe und Herbergen entstehen erst parallel zur Stadtkultur. Während in Adelsburgen noch auf ausgehängten Türen eine «Tafel» improvisiert wird, die man schnell «aufheben» kann, werden in deutschen Konventen architektonisch ausgefeilte Speisesäle wie das von schlanken, gewirtelten Säulen getragene Herrenrefektorium in Maulbronn (um 1225) mit Küchendurchreiche und Lesungsempore entworfen.

Opulente Lichtmetaphysik für ein karges Mahl: Herrenrefektorium im Kloster Maulbronn (Anfang 13. Jh.).

Die deutsche Küche beginnt weit eher im Kloster als am Grillspieß der Germanen: In einer Epoche schwach entwickelten Lebensmittelhandels und lokaler Subsistenzversorgung erzeugen durchorganisierte Ordensgemeinschaften die Produktvielfalt einer elaborierten Küche. Fastenvorschriften machen erfinderisch – dabei geht es weniger um bezeugte Nottaufen von Braten zu Karpfen als um einen Speisezettel, der statt riesiger Fleischportionen auf Abwechslung achtet. Denn Bruder Koch kann sich aus dem Garten bedienen und sich aus der Bibliothek exotische Würztipps holen. Es ist kein Zufall, dass ein deutsches Vorzeigeprodukt wie Lebkuchen zum ersten Mal als *pheforceltum* (Pfefferzelten) in einer Tegernseer Klosternotiz des 11. Jahrhunderts auftaucht. Wenn Werke wie das *Kloster Andechs Kochbuch* von Pater Anselm Bilgri und Klaus-Wilhelm Gérard Erfolge feiern, dann auch, weil Konvente a priori Kompetenzzentren für gute Küche waren und viele Speiseregeln bis heute unbewusst beeinflussen. Das deutsche «bei Tische spricht man nicht» ist ebenso Klostersitte wie der Brauch, Eier aufzuklopfen – im Refektorium gab es keine Messer für die Mönche!

Ein unerwarteter Hildegard-Link führt ins Goethehaus am Frauenplan in Weimar. Der Dichterfürst verwahrte einen Alabasterkantharos aus dem von ihr gegründeten Kloster Eibingen. Das riesige antike Weingefäß soll Christus bei der Hochzeit von Kana persönlich gefüllt haben. Eine Reliquie, die ideal zur Ernährungsberaterin Hildegard passt – denn gerade die Teilnahme Christi an diesem Hochzeitsessen wurde von Theologen immer wieder zur Rehabilitierung des Speisens ins Feld geführt. Übrigens: Wenn heute Solinger Silberbesteck oder Rosenthalporzellan im 12-er Set verkauft wird, dann geht auch das immer noch auf das Abendmahl Christi zurück!

MEL PIRATUM
BÄRWURZBIRNENHONIG
Hildegard von Bingen, 12. Jahrhundert

Nimm aber Birnen und zerschneide sie, und wirf dabei ihre Kerne weg und koche sie stark im Wasser und zerquetsche, was wie Breimus wird, und nimm Bärenwurz und Galgant weniger als Bärenwurz und weniger Süßholz als Galgant und weniger Pfefferkraut als Süßholz; oder wenn du keinen Bärenwurz hast, nimm Fenchelwurzel und pulverisiere diese und mische diese Pulver zusammen und lege sie in mäßig erwärmten Honig und füge die vorgenannten Birnen bei und mische es unter heftigem Rühren.

«Das ist das köstlichste Latwerge und wertvoller als Gold und nützlicher als das reinste Gold, weil es die Migräne vertreibt und die Verschleimung mindert, welche rohe Birnen in der Brust des Menschen verursachen, und alle schlechten Säfte im Menschen vertreibt und den Menschen so reinigt, wie man einen Topf von seinem Schimmel reinigt.» So Hildegard über ihre süße Bärwurzpaste. Den meisten nur noch als magenstärkender Schnaps aus dem Bayerischen Wald bekannt, findet das Doldenblütlerkraut auch in Kräutersalzen und Käsen Verwendung. Aromatisierte Honige, im Mittelalter gang und gäbe, sind heute eine Südtiroler Spezialität, z. B. mit bitteren jungen Tannenspitzen oder Löwenzahnblüten.

Da Hildegard keine Mengenangaben liefert, kann man über die Mischverhältnisse nur Vermutungen anstellen. Nach der Kochanweisung handelt es sich um eine klassische Latwerge von zäh eingekochtem Birnenmus, das mit Honig verfeinert wird.

FISCH

»Wenn Heringe genau so teuer wären wie Kaviar, würden ihn die Leute weitaus mehr schätzen.» Das Diktum Bismarcks hat angesichts überfischter Meere frische Brisanz gewonnen – die Volksnahrung könnte tatsächlich zur Delikatesse werden. In Stralsund ist sie das schon. Denn bei *Rasmus* wird Hering wie Anno 1871 in Holzfässchen sauer eingelegt. Damals gestattete der Reichskanzler, die Ware Bismarckhering zu nennen. Das älteste Rezept für Essigfisch kennt Meister Hanns (siehe S. 41): *Wiltu daz aber lange behalden so mach ez scharpf mit ezzige vnd wenic honiges und seud ez und leg es kalt dor in.*

Im 13. Jahrhundert bedingten die Heringsschwärme der Ostsee den wirtschaftlichen Aufstieg der Hanse. Lübeck monopolisiert den Salztransport von den Lüneburger Salinen und beschäftigt an den schonischen Fangplätzen bis zu 20 000 Pökler, die die Heringe in Fässer aus pommerschem Holz schichten. Mit eingebranntem Hansesiegel geht die begehrte Fastenkost bis Regensburg, Nürnberg und Italien. 1398 wurde eigens ein Kanal zwischen Elbe und Trave für den Salztransport gestochen.

Die Macht der Hanse welkte, als im 16. Jahrhundert der Silbersegen der Ostsee ausblieb, Holland wurde zur neuen Heringsfängernation. Der Handel mit den Fischtonnen lief weiterhin über Bremen und Hamburg. Als im 19. Jahrhundert der «Schneiderkarpfen» zur Armennahrung wurde, begannen sich die Preußenkönige für Hering zu interessieren. 1820 schaut Friedrich Wilhelm III. auf Usedom beim Fischsalzen zu und nennt die Fischersiedlung Heringsdorf. Friedrich Wilhelm IV. leistet sich ein blaues Service mit goldenem Steinbuttdekor.

Mit Salzfisch verbinden sich Techniken und Kocherinnerungen – das Einlegen (in Rahm) mildert Schärfe. Schlesisches Heringstatar *Häckerle*, Heringskartoffelsalat, ja der jiddische *gefilte fish* könnten so entstanden sein. Selten geworden ist der billige Eiweißlieferant Bückling – Rogen oder Milch des im Ganzen geräucherten Herings gelten als besonders schmackhaft. Grüner frischer Hering war einst kaum transportabel, manchmal zogen die Fischer direkt nach dem Fang mit Pferdegespannen los. Ansonsten legte man ihn als Brathering ein.

Ein Nischenprodukt sind Kieler Sprotten aus Eckernförde, im «Altonaer» Holzofen geräuchert. Die kleine Heringsart wird heute auf hoher See gefangen, denn deutscher Küstenfang lohnt kaum noch. Vor Greetsiel kreuzen wieder Krabbenkutter. Die Garnelen werden an Bord in Salzwasser gekocht – und zum Pulen in exotische Länder wie Mauretanien verschickt.

«Die seh'n ja ut wie Schiller sin Locken», rief 1910 ein Hamburger Fischhändler, der in schmale Streifen geschnittene Bauchlappen vom Dornhai sah – der Abfall wurde als Schillerlocken ein gesuchter Leckerbissen. Denn rücksichtslose Überfischung, Meeresverschmutzung und Staustufen bedrohen selbst den Bestand traditioneller Speisefische wie Aal.

«Auch dich nicht, Barsch, will ich übergehen, du Leckerbissen der Tafel, unter allen Flußgeborenen ähnelst du am meisten den Meeresfischen; du allein kannst mit den Rotbarben wetteifern. Dein Geschmack ist nicht fade und in dem fetten Fleisch fügt sich fein geschieden eine Schicht an die andere, von Gräten getrennt. Hier beherrscht auch der Hecht … die von Sumpfgras und Schlamm verdüsterten Wasser. Nichts für feine Tafeln, dampft er nur in Kneipen, die voller Fettdunst hängen. Wer wird nicht auch die dunkelgrüne Schleie kennen … Wer kennt nicht … die Alsen, die auf dem Herd des armen Mannes als Delikatesse prasseln?»

Ausonius, Prinzenerzieher in der Kaiserresidenz Trier, hat Anfang des 4. Jahrhunderts die ichthyologischen Schätze der Mosel bedichtet – schade, dass heute zwischen Trier und Cochem Seelachsfilets und Doraden in den Restaurants regieren. Profundes Kochwissen zeigt das jahreszeitlich geordnete *Erfurter Fischbüchlein* von 1498. Heute ist noch die Regel «Karpfen in Monaten mit r» lebendig. Ein weiterer Klassiker ist Gregor Mangolts Bodenseefischbuch von 1557.

Barocke Karpfenteiche umgeben die Moritzburg bei Meißen. Der Asienimport gilt schon dem Prediger Abraham a Sancta Clara als «die bekanntesten Fisch in Deutschland.» Eine Delikatesse sind Aischgründer Jungkarpfen in Bierteig, fast verschollen ist süßer Karpfen polnisch.

Um 1700 kommt die relativ grätenarme Forelle in Mode. Der amerikanische Saibling, Kultfisch der modernen Küche, wird um 1880 in die kalten Seen Süddeutschlands eingesetzt. Hingegen sind Renke, Bodenseefelchen oder norddeutsche Maränen endemisch. Vom Aussterben bedroht ist der festfleischige Huchen oder Donausalm. Im 19. Jahrhundert fing man noch bis Ulm Sterlets, die vom Schwarzen Meer hochgewandert waren – mit den Stören verschwand das Geliermittel Hausenblase. Auch wilde Süßwasseredelkrebse sind wegen der Krebspest, die um 1880 von Frankreich bis zum Ural grassierte, praktisch ausgestorben.

Durch Kühlkette und Flugtransport hat sich Fischküche total verändert. Früher gab es im Binnenland frisch nur Muscheln und Süßwasserfisch (der lebendig im Zuber transportiert wurde). Neunaugen, Karauschen, Stinte, Brassen: Was auffällt, ist die Fülle an Fischen, die in historischen Kochbüchern zubereitet werden. In Zeiten, da man – wie heute noch frittierte fränkische *Meefischli* – mit der Hand aß, waren die Berührungsängste gegenüber Gräten geringer.

Wie sich die hysterischen Bilder gleichen. Bei einem Lebensmittelskandal wurde 1581 eine angebliche Wurmplage festgestellt – in Altenburg verbrannte der Henker persönlich Pökelheringe, bis Hamburger Sachverständige die Tierchen als Äderlein identifizierten, die in der Salzlake zusammenschrumpfen.

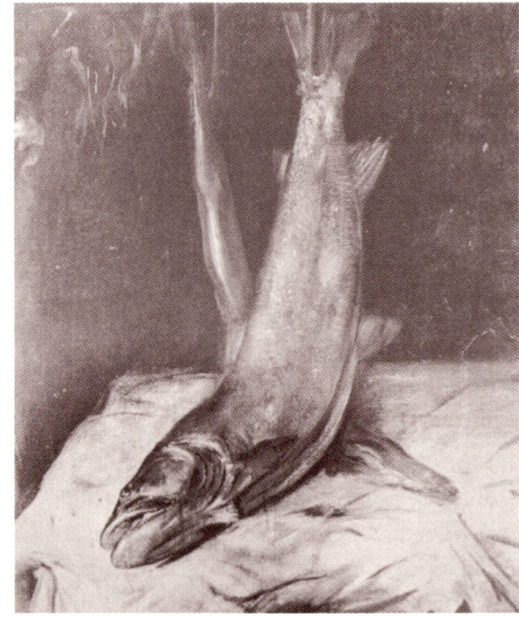

Ein majestätischer Raubfisch: Der Huchen oder Donaulachs braucht sauberes Wasser und ungestörte Flussläufe. Zeichnung von Franz von Lenbach, 1902.

WILTU MAKEN EIN GUT MUS – HAUSBÜCHER UND HANSE-SPEZEREIEN

All den Rittern zumal
Die da saßen in dem Saal,
Ließ man von Kämmerlingen
Im goldnen Becken Wasser bringen …
Der Tafeln mußten hundert sein,
Die man zur Tür trug herein.
Man setzte jegliche schier
Vor der werten Ritter vier;
Tischlaken blendend weiß
Legte man darauf mit Fleiß …
Vier Karossen mußten tragen
Manchen goldnen Becher dar …
Hundert Knappen man gebot,
Die nahmen in weiße Zwickeln Brot.

Brathuhn und Weinkanne für den Minnesänger: Steinmar begrüßt enthusiastisch den Wirt. Manessische Liederhandschrift, 1305 bis 1340.

Wir erfahren nichts Präzises, was eigentlich im Mittelalter gegessen wurde, wenn wir formelhafte Gastmahlsszenen wie aus Wolfram von Eschenbachs *Parzival* lesen. Den Dichtern geht es eher um Zeremoniell und Kostbarkeit des Tafelgeräts, um *mâze* und zierliche *hövescheit* der Adelsklasse. Und um eine Neuigkeit, die den Keim zur Verfeinerung aller Tafelsitten in sich trägt – seit dem 11. Jahrhundert nehmen auch Frauen an Festessen teil! Die Tafel der Artusrunde ist Ort der Minne und geistreicher Flirts – die sich nicht ums Essen drehen. *Von viel ezzens sage ein vraz*, schmettert Rudolf von Ems das Thema ab – nur Fresser reden darüber.

Hin und wieder blitzen Details auf: Im *Nibelungenlied* (um 1200) fertigt Küchenmeister Rumolt *sniten in öl gebruwen* – eine

Wirt du solt uns vische geben …
Wirt! Du sollst uns Fische geben, mehr als zehnerlei, Gänse, Hühner, Vögel, Schweine; Würste und Pfauen soll es geben, Wein aus welschem Lande. Davon gib uns viel und sag, man soll uns die Schüsseln füllen; Becher und Schüsseln werden von mir bis auf den Grund geleert. Wirt! Lass das deine Sorge sein. Oh weh! Doch muss Wein ein betrübtes Herz trösten. Was du uns gibst, das würze uns gut, mehr als das Maß es will, dass uns heiß werde, dass es dem Trank entgegendampft wie Rauch von einem Brand und dass dem Mann der Schweiß in Strömen fließt, als wäre er im Badhaus. Mach, dass der Mund uns wie eine Apotheke voller Spezereien schmecke.

STEINMAR, HERBSTLIED, 13. JAHRHUNDERT

Königsmahl mit babylonischer Brezel: «Esther speist mit Ahasver» aus dem Hortus Deliciarum der Herrad von Landsberg (um 1290).

Tanzende Kellner. Der Saal mit hundert Tischen (Johannes Steinhein von Konstanz, 1467).

Art Ur-Fritten aus Teig? Neidhart von Reuenthal nennt Gerichte, wie sie auch in den ersten Kochbüchern auftauchen werden: *Hechte in pfeffer, klar sulz von ohsen vuezen, eier in einem smalz gebachen*. Tannhäuser klagt in seinen Kreuzzugsliedern über die elende Schiffskost: *Mîn wazzer daz ist trüebe, mîn piscot* (Zwieback) *der ist herte, mîn fleisch ist mir versalzen, mir schimelget mîn wîn.*

Speisen wird in der Epoche des Rittertums zum distinktiven Merkmal, das ständisch ausdifferenziert wird. Werner der Gartenaere schildert in *Meier Helmbrecht* das Aufbegehren eines (scheiternden) Aufsteigers, der wie der Adel leben will: «Ach, iss lieber Roggenbrot und Hafergrütze, ehe du mit Schande ein feines Fischgericht isst: das ist die Lehre deines Vaters …

Trink du nur Wasser, Vater, aber ich will Wein trinken, und iss du nur deine Grütze; ich will etwas anderes: Hühnerbraten. Daran kann mich kein Mensch hindern. Auch will ich bis an mein Lebensende nur Weißbrot essen, Haferbrot ist für dich das richtige.»

Wild, Weizen (*schoenez brot*) und große Süßwasserfische gelten als aristokratisch, während Haferbrei, Schwarzbrot, Rüben und Wildwachsendes wie Beeren und Sauerampfer der Bauernkost zugeordnet wird. Hugo von Trimberg bringt es auf den Punkt, indem er Klassengegensätze am Genuss eines Mandelhühnerpuddings festmacht: «Mancher Bauer wird schimmelgrau und hat kaum ein Blancmanger gegessen.»

Die Konvention kulinarischen Schweigens gilt auch für historische Chroniken. So fällt die potentielle Informationsquelle des reisenden Kaiserhofs mit seinen wechselnden Gastgebern weitgehend aus. Wir erfahren nicht, was etwa auf dem Mainzer Hoffest Barbarossas gegessen wurde. Von Heinrich IV. wissen wir nur, dass er nach dem Canossagang nicht zusammen mit Papst Gregor VII. zulangt, sondern in schmollendem Protest mit dem Fingernagel an der Tischplatte kratzt. Erst der Stauferkaiser Friedrich II. (1212–1250) führt in Sizilien und Apulien eine orientalisch inspirierte Hofküche ein, die sich in Italiens ältestem Kochbuch *Liber de coquina* niederschlägt. Doch hat diese Innovation weit mehr mit italienischer als deutscher Küche zu tun.

Es sollte ein jüdischer Italienkenner sein, dem wir das erste deutsche Kochbuch verdanken. Michael De Leone, der aus einer rheinischen levitischen Familie stammte, hatte 1324–28 in Padua beide Rechte studiert. Dabei hatte er die italienische Mode schätzen gelernt, frühbürgerliches Selbstbewusstsein durch aufwendige Gastmähler und Rezeptsammlungen herauszustreichen. Als Protonotar des Fürstbischofs von Würzburg lässt er sich um 1345 ein Hausbuch aufschreiben, eine Art mittelalterlicher «Kompaktbibliothek für Laien» (Ehlert). In dieser sog. Würzburger Liederhandschrift findet sich neben Catosprüchen, einer Polizeiordnung und einem Traktat zum Baumpropfen auch das *Buoch von guoter spîse.*

Ein Henkelmann für den Kaiser: vom Reichstruchsess balanciert. Böhmenkarte aus dem Hofämterspiel (südwestdeutsch, um 1450).

Was der weltläufige Jurist unter dem Motto *groz gerichte kuenne machen / von vil kleinen sachen* notieren ließ, war keine Alltagskost wie Brei und Kochgemüse, sondern raffinierte, des Aufschreibens werte Rezepte: Schüssel von Mandeln und Kirschen, Hirschleber, veilchenblaues (!) Blamensier (eine Weißspeise aus Ziegenmilch, Mandeln, Reismehl und Hühnerbrust), griechische Hühner (mit Rosenblättern, Wein oder Essig, Zucker oder Honig und Schweinefleischfarce) oder Stör mit Safran und Salzbutter.

Noch gilt keine klare Speisenfolge. Mehrere Schüsseln kommen gleichzeitig auf den Tisch. Zeitangaben sind vage – ein Paternoster, das Umlaufen eines Felds. Die Fachsprache der Kochtechnik muss sich erst herausbilden. Statt dessen wird der Text mit Scherzrezepten gelockert («nimm das Fett von einem Kieselstein, das tut gut den hüftlahmen Mägdelein»).

Pfeffer, Safran oder Muskatblüte fehlen in wenigen Rezepten, Aal wird in Wein mit Ingwer und Zimt gesotten. Die großzügige Gewürzverwendung verweist auf die orientalische Inspiration der mittelalterlichen europäischen Hochküche. Während die kulinarische Kreativität des Abendlandes durch christliche Genussskeptik radikal eingeschränkt wird, entwickelt sich in Bagdad im 10. Jahrhundert eine raffinierte Fusionsküche. Am Kalifenhofe der Abbasiden werden indische, persische, arabische und byzantinische Anregungen verschmolzen. Die gewürzreiche islamische Kochkunst strahlt bis nach Europa aus – Vermittler sind Venedig mit seinen Kontoren und das arabisch regierte Sizilien. Die Kreuzzüge bringen Ritter aus Deutschland, Frankreich und England mit der Küche des vorderen Orients in Kontakt. *Schaffe daz der munt uns als ein apotêke smeke* (Steinmar): Aufwendige «balsamierte» Gewürzgerichte mit an indisches *masala* erinnernder Dosierung werden zur Prestigekost des europäischen Adels, zum kulinarischen Aushängeschild der «Internationalen Gotik».

Das kam teuer, wenn man kein Fortunatus-Wunschsäckel hatte. Ein Pfund Safran kostete – wie heute – den Gegenwert eines Pferdes, Pfeffer wurde körnerweise verkauft, da er als begehrte Medizin gegen Pest (und später Syphilis) galt. Die Mondänität eines Kochstils, den sich nur eine winzige Upper Class leisten kann, ist auch ein Movens des *Buches von guter Speise*. Griechische Gerichte, teilweise byzantinisch süß-sauer, prunken mit reichlicher Zuckerverwendung. Bis auf wenige sizilianische Zuckerrohrpflanzungen wurde das «weiße Salz» aus dem Orient importiert und war deutlich teurer als heimischer Honig. Das «heidnische Haupt», ein Kalbskopf mit Safran und Eiern auf Reiherpastete, spiegelt die Neugier auf Exotisches – der Begriff heidnisch steht als Synonym für islamisch (wie in Thomas von Aquins Koranwiderlegung *Summa contra gentiles*).

Das internationale *crossover* des *Buches von guter Speise* wird auch deutlich, wenn man daneben das älteste Menü Deutschlands liest. Nach der Weihung der Klosterkirche Weißenfels verspeiste der thüringische Bischof Bruno von Zeitz 1303 bis auf die Gewürze Safran und Pfeffer eher solide Hausmannskost:

Eine eyersope mit safran
Schavfleisch mit czybollen
Pükling mit leipziger senff
Gesottener aal mit Pfeffer
Gebratene Gans mit roten Rüben

Wilt Du machen ein gut Mus – mußt Du Spezereien kaufen. Gewürzhändler mit Handwaage. Aus dem Hausbuch der Mendelschen Zwölfbrüderstiftung zu Nürnberg, 1453.

Gegen Mitte des 15. Jahrhunderts häufen sich deutsche Rezepthandschriften. Nach dem Bockenheimer Papstkoch Johannes (S. 229) ist Meister Eberhard der erste namentlich bekannte Kochbuchautor Deutschlands. Er stand in Diensten Heinrichs des Reichen, Herzog von Bayern-Landshut (1404–50). Sein schmales Opusculum umfasst nur 24 ausführliche Rezepte wie Kalbsleber im Netz mit rotem und grünem Dotter, Holundermus und Mandelfischfladen, um dann zu medizinischen Traktätlein überzugehen. Eberhard geriert sich als *coquus doctus*, der Hippokrates, Albertus Magnus, Avicenna und den persischen Pharmazeuten Rhazes (Al-Rhazi) zitiert und sein Buch eher als *regimen sanitatis* sieht. Rezepte sind die praktische Umsetzung medizinischer Anweisungen!

Mit seinen Blattgoldinitialen ist das um 1445 in der Mainzer Gegend niedergeschriebene *Rheinfränkische Kochbuch* das prächtigste des Spätmittelalters. Die Rezepte stehen inmitten astrologischer Traktate, Wahrsagetexte, einem Losbuch und medizinischen Tipps.

Neu ist die Ordnung: Im Fastenblock finden sich Krebse mit Semmelmehl, mit Hecht gespickte Fastenrebhühner aus Pflückfisch, Fischkrapfen mit Rosinen und Fischleber, rotes Krebsmus oder gebratene Apfelwürfel. Einer der wenigen Pilze, die man im Mittelalter für bekömmlich hielt, waren in Teig herausgebackene Morcheln. Für verfeinerte Wild- und Geflügelzubereitung steht Rehhautsülze, Hasenblutsauce oder mit unreifen Weinbeeren gefüllte Gans. Einen regionalen Akzent setzt Paté aus Hirschleber, die mit Roggenbrot, Honig, Wein und Essig verknetet wird, oder Wachtelkraut. Auch heute reichen Toprestaurants Täubchen oder Fasan gern auf Kraut.

Das erste alleinüberlieferte Kochbüchlein stammt von *Hanns des von Wirtenberg koch* (vor 1460). Der Autor, wohl Küchenmeister bei Graf Ulrich V. (1433–80) von der Stuttgarter Linie, beginnt mit dem berühmten Kindervers:

> Wer ein gut mus will haben
> Das mach von sibennler sachn
> Du must haben milich, salcz,
> Vnd schmalcz, zugker, ayer,
> Vnd mel saffran dar zue
> So wirt es gell

Als Backen noch Männersache und «Safran macht den Kuchen gel» kein Kindervers war. Reimvorrede von Maister Hanns, des von Wirtenberg Koch: Guot Ding von allerlay Kochen, 1460.

Maister Hanns erweist sich als Spezialist für Bankett-Gags, zaubert mit lockerer Hand grünen Damaskus-Ingwer und kornblumenblaue Milch, ein künstliches Riesenei in der Schweinsblase oder ein Huhn im Glas mit aufgeblasener Haut. Sein mit Mandelsplittern gespickter Teig-Igel sollte 500 Jahre später zum Standard deutscher Parties zählen. Ganz dem Zeitgeschmack verhaftet sind Schaugerichte: im Tiergarten mit Backwerk-Eichhörnchen postiert er die Figur eines Kochs selbstbewusst neben den Bischof!

Auch wenn Hanns im Stil der Zeit viel kompiliert hat, hat er ein eindrucksvolles Dokument ausgefallener Eliteküche hinterlassen. Speckknödel oder Mandellebkuchenhirnwurst stehen mit Hanf- und Hirserezepten für süddeutsche Regionalität. Gebackener Rehkopf, Hasenwürste, gelbe Sülze mit Mandelkernen, mit Ingwer und Pfeffer bestreuter Otterschwanz, Hühner mit Quitten und Salbei oder Schleiensülze mit Baumharz entführen in eine fremd gewordene Kochwelt. Hühnermägen werden mit Mandeln zu *käs* gestockt – ein früher Beleg, dass der Leber*käse* ein Terminus technicus für Blockform ist!

Grillglut macht durstig: die Bratwurstfrau. Münchner Kochbuchhandschrift, 15. Jahrhundert.

Praktikertipps sind das *grün Fleisch*, das durch Beize mit Petersilie, Salbei, Pfeffer und Bilsenkraut vom Martinstag *piß in den summer* konserviert wird, die Blutwurst mit 63 Eiern, die bei der Verarbeitung eines ganzen Kalbs anfällt, oder die einjährige Kräutersauce mit Mai-Tau! Hanns' Küche changiert ins Magisch-Alchemistische, etwa seine Vergoldertipps oder sein Rezept, einen Stein mit Urin, Bocksblut und Liebstöckel weichzukochen.

Neben Höfen sind klösterliche Schreibstuben Zentren kulinarischer Dokumentation. Das *Tegernseer Kochbüchlein* entpuppt sich als aufs Kirchenjahr bezogener Speiseplan mit Mengenangaben für 40 Personen. Ein typisches Fastenmenü umfasst «Kässuppen, Ayrnschmalz, griesmuß, geprentz, gelbe knödl, epflmueß, ein strauben darauf, stockvisch mit gelbem süppl.» In Bodenseekonventen entstehen das *Alemannische Büchlein von guter Speise* mit Innereienrezepten wie *pfeffer* von Hischleber oder das ähnliche *Reichenauer Kochbuch*. Beide weisen Rezeptüberschneidungen mit österreichischen Texten aus Mondsee und dem Wiener Dorotheenkloster, aber auch dem *Königsberger Kochbuch* auf. Die Ritter des Deutschen Ordens delektierten sich an Aal und jungem weichen Hirschhornbast und brachten süddeutsche Spezialitäten ins Baltikum mit.

Insgesamt liegt der Schwerpunkt der frühen Kochbuchproduktion eindeutig im italien- oder frankreichnahen oberdeutschen und rheinischen Raum. Doch es gibt Ausnahmen wie das *Mittelniederdeutsche Kochbuch*, das Hans Wiswe publiziert hat. *Wyltu maken* … in einem niedersächsischen Frauenkloster des 15. Jahrhunderts wurden in ostfälischem Dialekt 103 Rezepte notiert, hausfraulich zwischen Arzneien und Tipps gegen Fettflecken eingebettet.

Norddeutsche Färbung ist an Details abzulesen. So könnte man eine gespickte Milch mit Safran als edlen Vorläufer holsteinischer *Beamtenstippe* ansehen. Die präzise Nennung von nicht weniger als 12 Gewürzen offenbart Nähe zum Gewürzhandel der Hanse. Ein fastengerechter *ossenspeck* besteht aus Stockfischhaut! Ein dilettantischer Versuch provinzieller Prangküche ist eine Burg… aus Erbspüree! Passiertes wie Hechtrogenwurst, Krebspaste oder Mus von weißen und roten Rosen war begehrt in einer Epoche notorisch schlechter Zähne.

Mittelalterliche Kochmanuale sind keine Erfindungen kreativer Köche, sie spiegeln eher den Wunsch wider, modische Extravaganzen zu kopieren. Überschneidungen und Rezeptgemeinschaften zeugen von der kulinarischen Mobilität der Epoche – so sind im 15. Jahrhundert Ravioli als Oberschichtsspeise in ganz Europa verbreitet.

Insgesamt ist der Anteil der deutschen Kochbücher gewaltig: mit ca. 45 der 130 insgesamt überlieferten liegt er klar vor England, Frankreich und Italien! Allerdings sind italienische und französische Texte wie der *Liber de coquina* oder der *Viandier* Taillevents impulsgebend. Die Kreuzzüge hatten diesen beiden Nationen einen Vorsprung gebracht – französische Ritter trugen die Hauptlast des Königreichs Jerusalem, während der Truppen-, Waren- und Ideenaustausch meist über italienische Häfen ablief. Doch deutsche Kreuzfahrer brachten nicht nur syrisch-fatimidische Hedwigsgläser aus dem Heiligen Land mit, sondern auch Konfektideen wie Marzipan, Muskazinen oder Lebkuchen – das *Buch von guter Speise* nennt sogar ein Jerusalem-Mus!

Mittelalterkost ist differenzierter, als es uns Ritterkostümfeste vorspielen. Die Aristokratie führte mit drei Fingern genau so elegant die Speisen zum Munde, wie das heute Maharajas in Rajasthan tun. Aber man verzehrte auch, was es in keinem Spezialitätenrestaurant mehr gibt: Reiher, Störche, Kormorane, Dohlen, Brennnesselblätter und Eichelbrot. Man ließ Kinder Dünnbier oder 2-prozentigen Tresterwein trinken, weil man sich vor verunreinigtem Wasser fürchtete. Man kochte zähes Fleisch erst, bevor man es briet (wie manchmal Weihnachtsgänse). Überhaupt zersimmerte man die meisten Gerichte derart, dass Mittelalterkost nach modernen Kriterien nicht besonders gesund war.

Noch ist die Kochtechnik archaisch. Da hängen in riesigen rußigen Burgküchen Schmortöpfe an Eisenketten, deren Temperatur das Personal dadurch regelt, dass es «einen (Eisen-)Zahn zulegt». Es geht schon mit dem Wasserpumpen aus dem

«Wenn der Bauch hat gut Fütterlein / So will er auch ein Mütterlein» (Olorinus): Erotik in der Gotik. Badehausszene, 15. Jahrhundert.

Hansekontor mit Treppengiebel: Historische Gaststätte der Schiffergesellschaft in Lübeck.

Brunnen los – Kochen war Schwerstarbeit, und es wundert nicht, dass ein bärenstarker Küchenknecht wie Rennewart aus Wolframs *Willehalm* später zum Recken wird. Da sind Bauernkaten, wo das offene Feuer im einzigen Raum zugleich als Heizung und Herd dient. Da locken Badehäuser, wo man mit der Nachbarin Zuber und Schüssel teilt. Und da sind die immer effektiver wirtschaftenden Städte mit ihren Stapelrechten, die es frühbürgerlichen Konsumenten ermöglichen, nicht nur Lokales oder Selbstproduziertes zu verzehren. Die Ratsherren organisieren zunehmend die Lebensmittelversorgung. Schrannenhallen und Fleischbänke, Ratskeller und Bäckerordnungen entstehen und sorgen mit ihren Gütezeichen für gastronomische Vielfalt und Qualitätssicherung.

«Hochmütige Krauthöker und Pfeffersäcke, schmierige Heringshändler und Bärenhäuter», so schmähte Christian IV. von Dänemark die Hanse. Genau diese beleidigenden Klischees belegen, dass das Aufblühen des Städtebundes sich dem Lebensmittelhandel verdankt. Bereits im 12. Jahrhundert tauschten lübsche Kaufleute in Norwegen pommersches Getreide gegen *Bergenfisch* ein – Stockfisch aus Lofotendorsch oder Kabeljau. Die Piraten Klaus Störtebeker und Goedeke Michels tragen den Beinamen Vitalienbrüder – weil sie den Provianttransport an sich rissen und Helgoland-Hummer gegen geraubtes Bier erwarben. Hochbordige Koggen aus Bremen und Hamburg, Stralsund oder Wismar spannten ein Netz zwischen Gent und Nowgorod, Bergen und London, dessen Einfluss weit ins Binnenland reichte. Die Brauerhochburgen Einbeck und Dortmund oder die anhaltinische Baumkuchenmetropole Soltau tragen bis heute den Titel Hansestadt. Das Matthiaemahl, das der Hamburger Senat seit 1356 ausrichtet, umfasste einst Forellen, Kapaun, Rehrücken, Kalbsviertel, Mandelmilch, Bier, Wein – und einen vergoldeten Alsterschwan –, heute schließt es in exotischer Banalität mit Mangosorbet. Ein lebendig gebliebenes Stück Mittelalterküche ist die nord- und ostdeutsche Vorliebe, den Salat zu süßen – im italiennahen Süddeutschland ein Faux-Pas. *North meets South* – als ein bewährtes Fusionsrezept aus Hansetagen servieren Kölner Altstadtkneipen Muscheln in Wein. Die Rheinschifffahrt brachte die Nordseemollusken mit dem südlichen Rebensaft zusammen.

Besonders fürs Spätmittelalter muss man das Bild tristen Mus-Einerleis revidieren. Temporär litt das Gros unter Missernten, Teuerungen und Hungersnöten wie 1315–17 – ein Schlüsselwerk des Bologneser Historikers Massimo Montanari trägt den griffigen Titel *Der Hunger und der Überfluss*. Doch die Pestkatastrophe 1347–53, der bis zu einem Drittel der europäischen Bevölkerung zum Opfer fiel, sollte menschliche Arbeitskraft teuer machen. Man stellte von Landwirtschaft auf weniger personenintensive Viehzucht um. Riesige Herden werden nun quer durch Europa getrieben, der transkontinentale Ochsenhandel erstreckt sich bis zum

Schachern um die Frösche: Marktszene aus Ulrich Richentals Chronik des Konstanzer Konzils, um 1465.

westukrainischen Podolien. Historiker ermitteln Fleischverzehrraten, wie sie heute wieder erreicht werden. 1449 gab München wöchentlich jedem Armen 1440 Gramm Fleisch als Sozialhilfe, und die Stadt Nürnberg fütterte selbst Kriegsgefangene täglich mit 100 Gramm! Da waren oft importierte Fastenzutaten wie Olivenöl teurer.

Das logistische Großereignis der Epoche war das Konzil von Konstanz, das 1414–18 nicht nur Kirchenfürsten aus ganz Europa am Bodensee zusammenführte. Ca. 50 000 Besucher drängelten sich in einer Stadt von 6000 Einwohnern. Der Chronist Ulrich von Richental berichtet, dass temporär 700 Dirnen, 73 Geldwechsler, 225 Schneider und 310 Barbiere, aber auch 230 Bäcker und 70 Wirte nach Konstanz zogen. Fahrende Essbuden boten flexibel multikulturelle Snacks an – schwäbische Brezeln neben Bärentatzen und italienischen Pasteten. Vor allem Frösche und Schnecken sollen den «welschen Gästen» aus dem Süden zur Fastenzeit gemundet haben.

Eins der prunkvollsten spätmittelalterlichen Fressfeste wird bis heute gefeiert: die Landshuter Fürstenhochzeit Herzog Georgs des Reichen mit der Polenprinzessin Jadwiga im Jahre 1475. Damals bereiteten 146 Köche 40 000 Hühner, 11 500 Gänse, 1537 Lämmer, 1133 ungarische Schafe, 285 Brühschweine, 232 Ochsen und 200 000 Eier zu, die mit 170 Fässern saurem Landshuter und 270 Fässern ausländischem Wein hinuntergespült wurden.

Trotz dieser Exzesse und der Luxuskochbücher wirkte die deutsche Küche aufgrund der Marktsituation archaischer und bescheidener als die der romanischen Nachbarn. Hierzulande würzte man weiterhin lieber mit Honig als teurem Zucker. Auch sind Ansätze zur heutigen Gewürzreduzierung auf den am ehesten erschwinglichen Pfeffer festzustellen. Terence Scully hat als weitere Tendenzen die Kombination von Obst mit Fleisch (die als Preiselbeerkonfitüre zum Wild fortlebt) und die Vorliebe für Schmalzgebäck bzw. Krapfen ausgemacht. Auch wird schon Kritik aus Frankreich laut: Der *Ménagier de Paris* tadelt 1393, dass Deutsche den Karpfen zweimal so lang wie Franzosen zerkochen. Und der aus der Champagne stammende Lyriker Eustache Deschamps (ca. 1345–1405) wettert auf seiner Rheinreise dagegen, dass Senf unterschiedslos auf Fleisch und Fisch geknallt wird!

HÜNRE VON RINKAWE
RHEINGAUER HÜHNER

Buoch von guoter spîse, um 1345

Von gebratem. Man sol ein huon braten – Man soll ein Huhn braten. Und röste geschnittene Semmeln und backe sie goldbraun (rot) in Schmalz und schneide sie zu Bissen wie zu einem Brotmus. Zerlege das Huhn in kleine Stücke und brate sechs Birnen. Mache ein Condiment (Würze) aus Wein und Honig, reibe dann Gewürze hinein, Pfeffer und Anis. Und mache ein (Pfannkuchen-)Blatt aus fünf Eiern, schlage sie in die Pfanne und lege jede Zutat einzeln gesondert hinein (jeweils eine Birne mit Hühnerstück und Röstbrot) und falte die Eierunterlage zusammen und lege eine umgekehrte Schüssel darüber und drehe dann die Pfanne um, schneide oben durch die Eierschicht und gieße das Condiment hinein und begieße die Eierschicht nicht. Dies heißt *hünre von rinkauwe* (Hühner vom Rheingau). Und gib es hin.

Deutschlands ältestes Regionalrezept klingt apart: Mit Huhn, Croutons und gebratenen Birnen gefüllte Pfannkuchen. Die Honig-Wein-Marinade imitiert das römische *mulsum* des Apicius. Heute werden rheinhessische *Woihinkelche* in Riesling geschmort.

EINGELEGTE WALNÜSSE

Rheinfränkisches Kochbuch, um 1445

Nym baumnusz die wyl die schalen nit vahent an czu harten… Nimm Walnüsse, so lange die Schalen noch nicht beginnen, hart zu werden. Durchstich die Nüsse mit einer festen Nadel und lege sie acht Tage in Salzwasser. Das zieht ihnen die Bitterkeit heraus. Wasche sie danach sauber und siede sie mit Wein und Honig gut durch. Bestreue sie mit Gewürz und würze auch die Brühe. Bewahre die Nüsse in dieser Brühe in einem glasierten Gefäß auf, und zwar so, dass die Brühe die Nüsse ganz bedeckt, dann schimmeln sie nicht. Verwende hierbei zum Würzen Muskat, Kaneel oder Zimtrinde oder beliebiges anderes Gewürz.

Fränkische oder pfälzische *schwarze Nüss* gehören zu den Rarissima deutscher Küche und munden ausgezeichnet zu Ziegenfrischkäse oder Wildcarpaccio. Doch das Rezept ist internationaler als man denkt: In Honig marinierte Schälnüsse liebt man in Georgien und der Steiermark, und auch die französische Küche kennt *noix verts confits*.

PETERSILWURZELMUS

Niederdeutsches Kochbuch, 15. Jahrhundert

Wyltu maken eyn moes van petercilienwortelen … Willst du ein Mus von Petersilienwurzeln machen, dann nimm dazu also viele, als du brauchst. Das soll man essen, wenn man fastet. Setz sie zum Feuer und lass sie gar kochen. Zerstoße sie in einem Mörser. Streich sie mit ihrem Saft durch ein Tuch. Nimm von Mandelkernen den vierten Teil, wieviel du von den Wurzeln hast. Schäl sie und zerstoße sie in einem Mörser. Zermahle sie mit (Süß)Wein, so gut du kannst. Dann gib die Petersilwurzeln und die Mandeln zusammen und lass sie sieden. Nimm halb so viel Reis wie Mandeln. Zerstoß ihn in einem Mörser und sei ihn durch ein Sieb. Tu das Mus dazu und lass es sieden. Gib nach Maßen Zucker oder Honig dazu, was Du gerade haben kannst. Gib einen einfachen Ingwer dazu. Das ist ein gutes Mus. Iss es, wenn du willst.

Gemüse süß: Im Mittelalter nicht ungewöhnlich und heute zumindest bei Kürbissuppen wieder en vogue. Einstige Luxusingredienzen wie Mandeln und Reis geben der Mus-Suppe eine orientalische Note.

Petersilwurzeln kennt der Durchschnittshaushalt allenfalls im Suppengrün. Dabei kann man aus den weißen Rübchen, wenn man die Mühe des Schälens nicht scheut, eine köstliche herbsüße Suppe zaubern. Kein Wunder, dass Petersilwurzelsüppchen oder Schäume längst wieder zu den Standards deutsch-österreichischer Sterneküche gehören.

KUCHEN UND TORTEN

Zunftsymbol deutschen Konditorenhandwerks ist Baumkuchen, dessen Zubereitung tief ins Mittelalter (Spießkuchen) zurückreicht. Trotz der handlichen Baumkuchenspitzen von Kreutzkamm (Dresden-München) sitzt der wahre Lordsiegelbewahrer dieser Backkunst in der Hansestadt Salzwedel in Sachsen-Anhalt. Familie Hennig von der Firma Schernikow fertigt an offener Flamme handgekellten zwölfringigen Ministerbaumkuchen mit weißer Vanilleglasur. Als das Rezept 1807 notiert wurde, gab es noch keine Couverture-Schokolade!

Marzipan – ein Zuckerwerk mit historischem Tiefgang. Das Niederegger-Museum dokumentiert in Lübeck die Geschichte dieser orientalischen Mandel-Leckerei, die zuerst in Apotheken fabriziert wurde. Von den Konfektschatullen, die persische Fürsten (*mathaban*) ihren Getreuen überreichten, leitet sich das Wort her. Die bunten Marzipanfrüchte (oder Aale) Lübecks dürften von sizilianischen *pasticcerie* inspiriert sein. Ein handliches Schaugericht aus dem Geist der Renaissance sind hingegen die urdeutschen Marzipanschwarzbrote. Die Frankfurter Variante der mit halben Mandeln geschmückten Bethmännchen wurde um 1840 in einer Bankiersfamilie kreiert. Auch braun geflämmtes Königsberger Marzipan kommt erst im 19. Jahrhundert auf.

Neben Christstollen (S. 73–74) ist Lebkuchen das deutsche Weihnachtsgebäck par excellence. Die Gewürz-Rezeptur der auf Oblaten gebackenen Fastenspezialität ließ sich in Nürnberg ideal verfeinern. Die Patrizierstadt war Knotenpunkt des Spezereienhandels und verfügte über «Des heiligen Römischen Reiches Bienengarten», wie eine Honig-Chronik von 1614 den Reichswald tituliert. Rübensirup süßt die mit Modeln gestempelten Aachener Printen. Wie Mandelspekulatius dürften sie belgisch-niederländischer Provenienz sein. Treudeutsch sind hingegen Wiesnherzen für das Oktoberfest und die Hänsel-und-Gretel-Pfefferkuchenhäuser aus dem sächsischen Pulsnitz. Thorner Kathrinchen blieben als *katarzynki* ein Symbol des polnischen Torun. Schwachgesüßte Saucenlebkuchen sind die Geheimwaffe der fränkischen Hausfrau, um Sauerbraten- und Wildsoßen würzig anzudicken.

Dominieren in älteren Rezeptbüchern süße Pasteten und Schmalzgebackenes, so entwickelt sich im 18. Jahrhundert zeitgleich mit Eiscreme und Kaffeesalon elegante Confiserie – eine Rokoko-Näscherei sind die Langenburger Wiebele aus Hohenlohe, helle Knöpfchen von Russisch Brot. Ein herrliches Pâtisserie-Lehrbuch schrieb François Goullon: *Der elegante Theetisch*. Der Weimaraner Hofkoch kann auch deutsch: Hannöversche Eischneeküchelchen, Berliner Zuckerbogen oder Kräpfel mit Rosenwasser. Die Pfarrersgattin Friederike Cotta notiert 1781 in ihr privates *Orientalisches Konfektbuch*, was noch heute auf der Schwäbischen Alb geliebt wird: Zuckerseelen, Zwetschgenkuchen und *Huzlenbrod* mit Dörrobst. Mit erschwinglichem Rübenzucker (und Herden statt offenem Feuer) wird Plätzchenbacken in der Adventszeit populär.

Das 19. Jahrhundert liebt den Triumph prächtig dekorierter und glasierter Torten – im Barock verstand man unter dem italienischen Begriff noch salzige Gemüse- oder Krebsaufläufe aus der Backpfanne.

Die weltberühmte Schwarzwälder Kirschtorte kommt schon aus sprachlichen Gründen nicht aus dem Schwarzwald (auch wenn es dort ähnliche Tortenideen gegeben haben mag), da es in vortouristischen Zeiten absolut unüblich war, ein Produkt in seiner Heimat nach seiner Heimat zu taufen – Spätzle hießen in Schwaben eben nicht «schwäbische Spätzle», und die Bayerische Creme erhielt ihren Namen in Frankreich. Vielmehr werden solche Epitheta in der Ferne eingesetzt, um Sehnsucht zu erwecken. Schöpfer war ein Lehrling namens Josef Keller aus Radolfszell, der um 1915 im *Café Agner* in Bad Godesberg die beliebten Sahnekirschen auf einen Tortenboden setzte und mit Kirschwasser tränkte.

Einen Umweg wert ist die Rum-Orangen-Bisquit-Torte, die ein Eberbacher Konditor erstmals 1962 Queen Elizabeth II. überreichte. Die anglophile Victoria-Torte huldigt ihrer Ururgroßmutter, die ihre Jugend im Odenwald verbrachte.

Torte oder Kuchen – ein deutscher Antagonismus? Ein Blick auf französische petit fours oder zierliche austro-ungarische Dobos-Torten zeigt: Deutschlands Torten neigen zur Überproportionierung, zur Buttercreme- und Sahneschlemmerei. Bei Kuchen isst man stilsicherer. All die gediegenschlichten Käsekuchen, Apfelstreusel, Prasselkuchen und Butterkuchen werden erst im 19. Jahrhundert heimisch, als Mehl und Zucker kein Luxusgut mehr sind, wenn auch Legenden den Bienenstich ins 15. Jahrhundert verlegen, als beherzte Andernacher Bäckergesellen mit geschleuderten Bienenwaben Angreifer vertrieben und sich die Siegesfeier mit gefülltem Plattenkuchen versüßten.

Auch Kuchen kann bürgerlich-üppig ausfallen. Die Dresdner Eierschecke imitiert ebenso wie der in den 1950ern populäre Frankfurter Kranz, ein mit Buttercreme gefüllter und mit Mandelsplittern dekorierter Napfkuchen, das Schichtenprinzip der Torte.

Kaffee und Kuchen: Das Dienstmädchen schenkt ein. Hauswirtschaftslehrbuch, um 1935.

MURMELTIER MIT SPECK – KOCHBÜCHER DES HUMANISMUS

Johannes Gensfleisch, genannt Gutenberg, leitet Mitte des 15. Jahrhunderts mit seiner Mainzer Bibel die Ära des Buchdrucks ein. Bald sollten die Pioniere der Verlegerbranche Koch- und Gesundheitstraktate als Absatzmarkt erkennen. In Rom hatte 1474 der Bibliothekar Andrea Sacchi unter seinem *nom de plume* Platina das erste gedruckte Kochbuch der Welt veröffentlicht: Das klassische Humanistenlatein von *De honesta voluptate* (Von der ehrbaren Lust) erhob das Genre von simplen Küchenkladden zu literaturfähigem Rang.

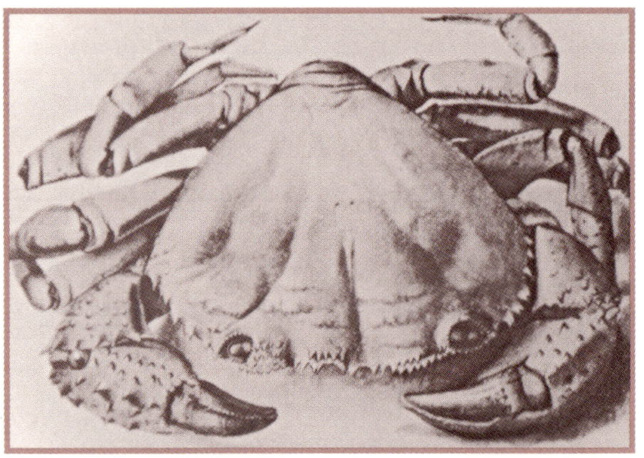

Panzertier frontal: Seekrebs von Albrecht Dürer, Aquarell und Gouache, 1495.

Deutschlands Inkunabel erschien 1485 unter dem fränkischen Titel *Kuchemaistrey* in Nürnberg bei Peter Wagner – das einzige erhaltene Exemplar steht im Britischen Museum. Sie sollte sich auch im internationalen Vergleich zum erfolgreichsten Kochbuch der Renaissance entwickeln. Bis Ende des 15. Jahrhunderts folgten nicht weniger als 13 Auflagen bzw. Raubkopien, das Werk wurde selbst ins Polnische und Tschechische übersetzt und bis 1674 nachgedruckt.

Der Editionsort ist kein Zufall, kristallisieren sich doch früh süddeutsche Reichsstädte als Sitz einer bürgerlichen Speisekultur heraus. Im Nürnberg der Dürerzeit mit seinen intensiven Handelskontakten hatte man den italienischen Trend schätzen gelernt, sozialen Rang durch aufwendige Festmähler herauszustreichen. Dazu kam, dass Venedig, Zentrum des europäischen Gewürzhandels, Partnerstadt war.

Bei Hertzog Wilhelms in Baiern und Fräulein Renaten aus Lothringen gehaltnem Beilager zu München im Fevruario des 1568 Jahres ist unter anderen Schauessen eine Pastete auffgesetzt worden, darin des Ertzherzogs Ferdinandt von Österreich Zwerglin in einem ganzen wolgeputzten Kürisse und Rennfahne verborgen war, der über 3 Spannen nicht gros gewesen. Als nu solche Pastete auff die fürstliche Brauttafel gesetzt und eröffnet worden, ist das Zwerglin herausgesprungen, auff der Tafel umgangen und gesungen …

MARTIN ZEILLER, 90. EPISTEL

Auch waren arrivierte Bürger und Zunftmeister ideale Adressaten eines Renaissance-Kochbuchs, verfügten sie doch über die finanziellen Mittel, sich kostspielige und exotische Zutaten zu kaufen. Dürers skizzierte Tischbrunnen, Wenzel Jamnitzers Merkelscher Tafelaufsatz oder das Schlüsselfelder Salz-Schiff im Germanischen Nationalmuseum künden heute noch vom Nürnberger Willen zu einer verfeinerten Tafelkultur.

Elegante Barfüßlerin: Nürnberger Hausmagd auf dem Weg zum Brunnen. Kupferstich von Hans Weigel, um 1570.

Es ist spannend, einen detaillierten Blick auf dieses erste gedruckte deutsche Kochbuch zu werfen, das vom humanistischen Forscherdrang beseelt ist, «mit hübscher warhafftiger unterweysung von mangerley speyße/ wie man die bereytten sol» Kochen aus der Sphäre des Geheimwissens zu holen.

Zum Erfolg der *Küchenmeisterei* könnte beigetragen haben, dass die im Mittelalter oft aufgeblähte diätetische Analyse nun griffig pauschal in einer *vorred* abgekürzt wird: «Ein ordenlicher koch mit wol bereitter natürlicher speiß ist hie in disser zeit der best arzt».

Der erste Teil beginnt mit Fastengerichten wie Biberschwänzen, gibt aber auch Hinweise zum Vergolden und Versilbern von Lebkuchen und anderen Speisen. Dieser alchemistisch verbrämte Snobismus war in Mailand und Venedig en vogue – ein Nachklang schwebt bis heute im Danziger Goldwasser. Letzter Schrei waren auch Spielereien mit Gemüsen in bunten Farben, so das *geschachzabeltz gebachens von fünff farben* in Dottergelb, Petersilgrün, Teigbraun, Kornblumenblau und Rosenrot, wahrscheinlich quadratisch wie ein Schachbrett angerichtet.

Der zweite Teil ist Fleischspeisen gewidmet. Rind und Hase fehlen als zu volkstümlich, ja billig. Hingegen werden Hühner, Wildpret, aber auch Regionales wie in Wein und Honig gesottene Lebersulzen, Lungenküchlein oder Salzkrapfen mit Fischleber beschrieben.

Der dritte Teil konzentriert sich auf Gemüse, Suppen, Gebackenes sowie Gerichte für Kranke und Wöchnerinnen (Milchküchlein mit Safran).

Der vierte imitiert Mediterranes wie saure und scharfe Kräuter- und Obstsaucen, die (wie *salsa verde*) meist kalt zu Fleisch gereicht werden. Im abschließenden fünften Teil werden Essig, Kräuterwein und ein kurzes Regiment für Gesundheit abgehandelt, das sich an die Schriften von Albertus Magnus anlehnt.

Faszinierend ist, dass auch scheinbar Bekanntes deutlich andere Geschmacksnuancen enfaltet. Kraut wird mit Rotwein, Kümmel, Schlehen, *krametpern* (Wacholder), Essig und Senf geschmort, *opffel muß* chutneyartig mit Zwiebeln, Salz und Schmalz in Milch oder Wein gekocht. Schwarzgemüse aus Äpfeln, Birnen und Weinbeeren erinnert an piemontesische *cognà*-Marmelade.

Akrobat mit der Pfanne. Frontispiz der Küchenmeisterei, um 1490.

Gags wie kreisrunde Eier aus zwei halben Schalen oder kornblumenblaue Mandelmilch beweisen, dass nicht Alltagsküche (deren Rezepte damals keiner Verschriftlichung bedürfen), sondern luxuriöse Kochtipps verraten werden. Neugierig machen Morchelsülze oder Krebsmus mit frischem Ingwer.

Obwohl Detailstudien ergeben, dass die meisten Rezepte schon im Fundus mittelalterlicher Handschriften überliefert sind, ist doch in der Systematik der Anordnung eine Orientierung an italienischer Renaissanceküche (*nach wellischen Sytten*) spürbar. Die *Küchenmeisterei* ist nicht Notizensammlung, sondern ein wohldurchdachtes Manual auf der Höhe der Zeit. Jahrzehnte vor Luthers Angriff auf die Speisediktate der Kirche wird hier der Grundsatz vertreten, essen sei löblich und gesund. Auch die Genussthematik wird angeschlagen: «Vill menschen sein … nit unbillichen geneigt zu natürlicher und lustiger speiße (auf die man Lust hat) sich derselben nach gesuntheyt yres leybes ordenlich zu gebrauchen.»

Nicht nur wirtschaftlich, sondern auch kulinarisch profiliert sich Augsburg, 1490 mit 19 000 Einwohnern eine der größten deutschen Städte, als Konkurrentin zu Nürnberg. Nimmt man die Fülle an Augsburger Kochbüchern, die bis ins 19. Jahrhundert erscheinen, könnte man die seit der Reformation glaubensgespaltene Lechmetropole als heimliche Kapitale deutscher Küche titulieren. Hier, wo der exzentrische Jakob Fugger der Reiche Artischocken züchten und die Schuldscheine Karls V. in Zimtholzflammen verglühen ließ, hatte sich bereits um 1470 der Salzhändler und Weinschenk Ulrich Schwarz ein höfisches Handbuch schreiben lassen. Bezeichnenderweise erschien auch in der Börsenmetropole Augsburg 1542 die erste deutsche

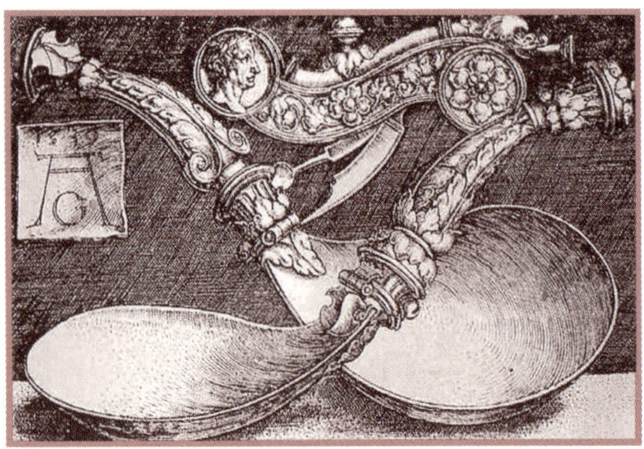

Ornament ist kein Verbrechen: manieristische Löffelentwürfe von Heinrich Aldegrever, 1539.

Übersetzung Platinas *Von der Eerlichen zimlichen auch erlaubten wollust des leibs* mit Holzschnitten von Hans Burgkmair d. J. und dem Petrarcameister.

Damit ist die Inkunabel der Renaissanceküche, die auf die Rezepte des Tessiner Kardinalskochs Martino da Como zurückgeht, auch für Deutschland erschlossen.

Berühmteste Repräsentantin der Augsburger Küche ist die Bankierstochter Philippine Welser (1527–80). *La bella Filippina* war für ihren venezianischen Look berühmt: langes blondes Haar und ein so weißer Teint, dass der Rotwein in ihrem Hals durchschimmerte, wenn sie trank. 1557 heiratet die *concubine de la ville d'Auguste* (Montaigne) morganatisch den Habsburger Erzherzog Ferdinand und lebt seit 1567 auf Schloss Ambras bei Innsbruck. Dort benutzte und erweiterte die kräuterkundige Dame – ohne Fettspritzer zu hinterlassen! – ein handschriftliches Rezeptheft, das ihr wohl die Mutter mitgegeben hatte. Die als *De re coquinaria* (Über die Kochkunst) bekannte Schrift spiegelt Essgewohnheiten einer Augsburger Patrizierfamilie wider. Nach dem Motto «vor allen dingen den Zugkher nit sparen» süßt sie Fischtorte und Hühnerfleisch mit Mandelmus und appelliert an den Instinkt: «Gwirtz wol noch deim gefalen.» Nonnenfürzchen, Hasenöhrl, Leberkrepfla oder Apfelmus sind lebendig geblieben – und inspirieren heute Touristenmähler in der *Welser Kuche* im Münchner Feldherrnkeller.

Nur 41 von 245 Rezepten behandeln Fleisch, eher Faschiertes und Pasteten als nobles Wildpret. Fast könnte man *De re coquinaria* als Fastenbuch bezeichnen. Denn Philippine kennt 61 Fischrezepte: Hecht, den sie polnisch-ungarisch zubereitet, Krebs, Karpfen, Aal, Rutte, Schleie, Hausen, Lachs, Forelle, Brachse und Äsche und … Biberschwanz, während Meerfisch vor der Kühlkette im Binnenland nur getrocknet auftaucht.

Ähnliche regionale Weltläufigkeit weist das handschriftliche Kochbuch (1553) der nicht eindeutig identifizierten Sabina Welser auf. Als Autorin kommt eine Augsburger Bürgermeistergattin oder die gleichnamige Sabine Welser in Frage, die nach kurzer Ehe von dem Nürnberger Patrizier Leonhard Hirsevogel geschieden wurde und nach Augsburg zu ihrem Vater zurückkehrte. Neben gedämpftem Kapaun, schmalzgebackenem *Bomerantzenkraut* und Genueser Mangoldtorte (*jenaweser torta*) stehen Milchrahmtorte und Semmelmus.

Eigenständige Kochvorschläge finden sich auch in Balthasar Staindls *Ein künstlichs und nützlichs Kochbuch für Mannen und Frawenpersonen* (Augsburg 1545), das nur 50 Blätter dick ist. Der Dillinger empfiehlt heimische schwäbische Küchlein und Omeletts, die in der Aschenpfanne gebacken werden. Als Eyecatcher für die bischöfliche Tafel brät er mit Grieß oder Bohnenmehl bestäubte Butter kurz am Spieß, serviert Fischsülze mit Buchstaben

Der Gebrauch der Gabel unterscheidet den Renaissance-Menschen vom Affen. Emblem von Georg Pencz, 1502-50.

oder flambierten Schweinskopf. Skurril ist sein Tipp, Zungen polypengleich auszuschlagen, bis sie weich sind.

Ein Beleg für seltenen Italianismus der norddeutschen Renaissanceküche findet sich in der Episode «Wie Eulenspiegel sich zu Hildesheim für einen Koch verdingt» (Straßburg 1515): «Eulenspiegel ging in den Garten und schnitt Rosmarin, damit er die Hühner füllen wollt auf welsche Manier» – noch heute das Standardgewürz für *pollo alla griglia*. Konservative spätmittelalterliche Gewürzrezepte füllen hingegen die Urtexte der Hanseküche, das Hamburger *Kakeboek* und Johann Balhorns Lübecker *Koekerye* (beide um 1570).

Einer der ersten, der nationale Kochidentität beschwört, ist der sittenstrenge Arzt Hieronymus Bock. Seine *Teutsche speiskamer* (Straßburg 1550) wendet sich gegen Schleckereien wie *Latwergen, Syrupen, Condita, Conservas, Täfelin, Marcipan*. Den modernen Trend zum Salzstreuer als einziger Kochleistung nimmt er mit der Aussage vorweg, gesottenes deutsches Salz sei «die allerbest wurcz» und dem Zuckerluxus klar vorzuziehen. Auch sonst hat der Herrgott Deutschland mit tollen Produkten beschenkt: Bock lobt Roggenbrot, zieht damals noch raren deutschen Käse dem Parmesan vor und erheitert mit der Warnung, Backfisch mache melancholisch.

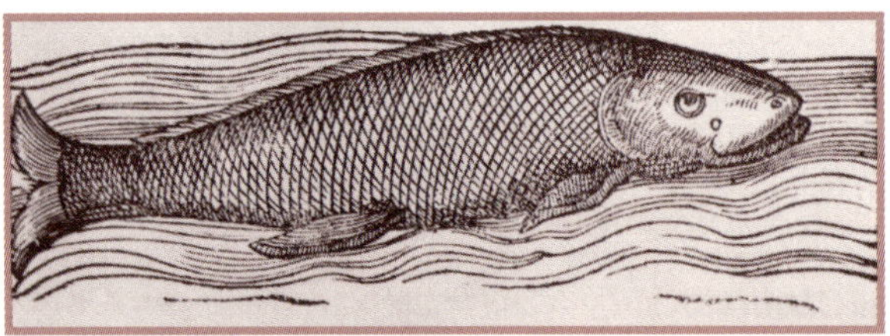

«Von Sälmling seind zwölfferley Speiß und Trachten zu machen.» Holzschnitt eines Junglachses aus Ein new Kochbuch von Marx Rumpolt, 1581.

Preistreiber jeder Kochbuchauktion ist mit seinen prunkvollen Holzschnitten das epochale *New Kochbuch* von Marx Rumpolt, erschienen 1581 in Mainz. Der aus Ungarn (bzw. der Walachei) stammende Verfasser, Mundkoch des geistlichen Kurfüsten Daniel Brendel von Homburg (1555–82), hatte für Kaiser Rudolf in Prag und Erzherzog Ferdinand in Innsbruck «kayserliche Banckete» arrangiert. Rumpolt beherrschte die europäische Hofküche, sodass er sich zu Recht rühmen durfte, «nicht aus andern büchern entlehnet» zu haben und auftrumpfte: «will einer nicht essen, mag ers zum fenster auswerffen». Wie seine italienischen Kollegen liefert er selbstbewusst ein Standesporträt des Kochs, ereifert sich aber gegen die welsche Manier, Mengenangaben festzusetzen.

Der Profi listet über 2000 Rezepte von der Hochküche bis zur Resteverwertung einer Karpfenzungensuppe auf. Steinbockkopf in Gallrat (Sülze), mit Speck, Birnen und Rosinen gefülltes Murmeltier oder die neunerlei Trachten (Gerichte) vom Adler einschließlich *Adlerknödeln* dürften ebenso Habsburger Schaugerichte sein wie der mit 90 Zutaten angemachte spanische Luxuseintopf *ollapotrida* (der abgewandelt bis 1918 in Schönbrunn zubereitet wurde). Auch Hecht- und Mandelsuppe darf man einem Kaiser servieren, während *rote Rüben saur mit Krän gemacht/ wie man es im Beyerland machet* bäuerliche Sparkost reflektieren.

Gerade in der wohlgeordneten Systematik, praktisch sämtliche Verwertungsmöglichkeiten zu dokumentieren und somit auch Nachkochbares für einfachere Stände zu liefern, liegt

Rumpolts bahnbrechende Bedeutung. Allein 83 Ochsenrezepte verrät der Meister, darunter ein Ohren-Ragout mit sauren *limonien.*

Rumpolt wurde richtungsweisend für die neue kulinarische Ära: Er wagt das erste Kartoffelrezept Deutschlands (eine Art Rösti), macht nach italienischer Sitte das einstige Hexenwerkzeug der «Pironen oder kleinen Gäblin» hoffähig und nennt nur sieben Gewürze, weniger aus professioneller Geheimhaltung, als weil der Trend der Renaissanceküche zum natürlichen, nicht überwürzten Geschmack geht. Nicht zuletzt ist er Erfinder des kulinarischen *man*, das die mittelalterliche Aufforderung *wiltu maken* ablöst.

Der Mainzer Bischofskoch handhabt deutsche und internationale Küche gleichermaßen souverän. Sein Versprechen, *ein grundtliche beschreibung wie man… allerley Speiß… auff Teutsche/ Ungerische/ Hispanische/ Italianische vnnd Frantzosische weiß* kochen und zubereiten solle, wird eingelöst mit türkischem Lungenbraten, spanischen Ochsenmarkkrapfen oder welscher Ochsenwurst *zurwonada* (Servelat).

Rumpolts monumentale Summa weltoffener deutscher Renaissanceküche «stellte mit einem Schlag alles bis dahin Erschienene in den Schatten» (Schraemli) und ließ die französischen Nachdrucke des spätmittelalterlichen *Viandier* (14. Jahrhundert) an Aktualität weit hinter sich. Zusammen mit den *Opera* des päpstlichen Geheimkochs Bartolomeo Scappi von 1570 darf Rumpolt als das richtungsweisende Kochbuch der europäischen Renaissance gelten, wenn er sich auch zeitgeistige Verirrungen wie das Hündlein, das zur *kurtzweil* aus einer «trojanischen Pastete» heraussprang, nicht verkneifen konnte.

1598 ist die Oberpfalz Schauplatz einer Weltpremiere. In Amberg erscheint *Ein köstlich new Kochbuch* – die erste gedruckte Rezeptsammlung einer Frau. Die Baslerin Anna Wecker war Gattin des Stadtmedicus von Colmar, der 1570 *Ein nutzliches büchlein von mancherley künstlichen wasseren, ölen und weinen* veröffentlicht hatte. Als Witwe siedelte sie zu ihrem Schwiegersohn Nicolaus Taurellus (Öchslin) nach Altdorf bei Nürnberg über, der in seiner weitschweifigen Widmung an Aloysia Juliana Pfaltzgräfin bei Rhein die ergötzliche Behauptung aufstellte, Lea und Rahel hätten um die Gunst Jakobs mit Pfifferlingsgerichten gewetteifert.

Koch und Köchin. Radierung von Albrecht Dürer.

Eine kleine Revolution ist Frau Annas Anordnung der Gerichte: 1. Von Mandel / Gersten und allerley Gemüß. 2. Von allerley dürrem und grünem Obst. 3. Von allerhand Fleischwerck / wildes vnd zames. 4. Von allerhand Fischen / Sülzen vnd Sössen. – Die vegetarische Priorität war seinerzeit einzigartig.

Überhaupt empfiehlt Anna, deren erstes Rezept brav mittelalterlich ein Mandel-Blancmanger ist, wenig

Fleisch, und wenn, so meist zermörsert oder in Pasteten. Bekömmlicher sind *ein herlich Essen von einem gefülten Hechtdarm*, *Würst von Mandeln* oder fränkische *Krautdorten* mit Mangold und Weinbeeren. Eine Trouvaille ist mit glühenden Felsen pasteurisierte «Steinmilch, so die Kühemelcker auff den Alpen machen.»

Praktisches Wissen und weibliche Pflegeerfahrung manifestiert sich in Tipps wie Kranken das Essen mit einer Feder in den Mund zu streichen, Wöchnerinnen mit Erbsbrühe zu stärken oder sparsam Zucker durch Süßwein zu ersetzen.

Anna Wecker(in) ist die erste, die hygienebewusst Einblicke in ihre Kochtechnik gibt und Werkzeuge wie *stürtz*, *reybeisen*, *pastetten-mödeln* nennt. Renaissanceköchinnenstolz spricht aus selbsterfundenen Rezepten wie mit Kirschen gefüllten Semmeln oder der Idee, eine Pastete im zweckentfremdeten Steinmörser zu backen.

Nur wenige Exemplare wurden vom *Kunstbuch von mancherley Essen* gedruckt. Frantz de Rontzier, Mundkoch des theaterdichtenden Herzogs Heinrich Julius von Braunschweig-Lüneburg (1564–1617) diktierte es nach 41 Jahren Berufserfahrung einem niederdeutschen Schreiber in Wolfenbüttel, der offensichtlich vom Kochen keine Ahnung hatte.

Die 2674 Rezepte mischen affektierte Imponierschüsseln wie Hirschhodenpastete mit Rosenwasser mit Braunschweiger Regionalia wie Quitten-Braunkohl. Auch Rontzier liebt Schaugerichte und kostümiert ein gebratenes Spanferkel als Hasen.

Improvisierte Sitzbänke: Das Fürstentreffen in Trier. Kolorierte Federzeichnung, 1480.

Mit diesem veralteten spätmittelalterlich-französischen Kochstil kontrastiert die topmodische Münchner Fürstenhochzeit Wilhelms V. mit Renata von Lothringen von 1568. Das Fest wurde *all'italiana* mit Motetten von Orlando di Lasso inszeniert und vom Hofdichter Massimo Troiano besungen. Allein das Tafelgepränge, die silbernen und goldenen Salzgefäße, die übereinandergelegten Tischtücher, die schichtweise je Gang abgetragen wurden, die scharfgeschliffenen Tischmesser, die die Gäste nicht selbst mitbringen mussten, die lebensgroßen Löwen aus vergoldetem Holz, die Wachsstöcke in den Pranken trugen, faszinierten den Poeten.

Man delektierte sich an den neuesten Leckereien Italiens: *savonea* (Mandel-Honig-Dragees nach dem Ferrareser Hofkoch Cristoforo da Messisbugo), Schinken und Zunge mit Zucker und Gelbe Mandelsulz auf neapolitanische Art. Selbst die *pastelli*

Der Löffel als Waffe? Die Fünf Hofämter Kaiser Maximilians I. hoch zu Ross. Kupferstich von Hans Burgkmair, Erstdruck 1526.

bianchi alla todesca, eine Art Schmalzkrapfen, entpuppen sich als in Italien populäre Leckerei, während gefüllte *polpette alla todesca* einen frühen Beleg für Klopse darstellen. Heimische Produkte wurden ebenfalls in verschwenderischer Fülle angerichtet: geräucherte weiße Renken mit Orangensaft, Petersilie und Pfeffer, Hirsch in dunkler Brühe mit gehackten Mandeln, gebratene Kapaunenlebern im Schweinsnetz, gekochte Kalbsfüße mit Pfeffer und Petersilie, Salztörtchen mit Krebsschwänzen, Hechtmilz und Fischgekröse, goldbraun gebackene Lamm- und Zickleinköpfe, mit Steinhühnern gefüllte Gänse, Hecht in Rosenwasser, gelbe Kaisersuppe sowie Schlagrahm. Ein bombastischer Gang umfasste 40 Schüsseln Salate aus Würzkräutern mit Cedratzitronenscheiben, 40 Schüsseln Fischrogensalat, 40 Schüsseln Salate aus Pfauenfleisch und Pomeranzen mit rotem Essig, 15 Schüsseln Salat aus Trüffeln, Rosinen und Kapern und nicht zuletzt 30 bayerische Radis in Form von Waldtieren geschnitzt!

Wie aß man von derartig überladenen Tafeln? Wer, wenn nicht Kaiser Karl V., geschult in spanischem, burgundischem und flandrischem Zeremoniell, konnte als Stilvorbild zierlicher Esssitten gelten?

«Wenn die Speisen von jungen Fürsten und Grafen aufgetragen wurden, setzte man jedesmal vier Trachten, in einer jeden sechs Gerichte, vor ihm auf den Tisch und nahm die Oberschüsseln nacheinander ab; gegen die, welche er nicht begehrte, schüttelte er den Kopf, wenn er von etwas essen wollte, winkte er mit dem Kopf und zog die Schüssel vor sich hin … er behielt ein Bratferkel, einen Kalbskopf und dergleichen, ließ sich nichts vorschneiden, brauchte auch das Messer nicht viel, sondern schnitt so viele Stücklein Brot, so groß, wie er sie zu jedem Bissen in den Mund stecken konnte. Das Gericht, von dem er essen wollte, löste er an der Ecke, wo es ihm am besten gefiel, mit dem Messer, sein Stück brach er mit den Fingern auseinander, zog die Schüssel unter das Kinn und aß so natürlich, jedoch reinlich und sauber, dass man seine Lust daran sah.»

Hand in Hand mit der Verbreitung der Kochbücher geht ein verstärktes bürgerliches Interesse an Tischsitten. Galten die ältesten Benimmbücher des 12. Jahrhunderts Klerikern und war *höveschkeit* ein adliges Thema des Mittelalters, so wird die Tischzucht zu einer der populärsten Literaturgattungen des Humanismus. Dichter wie der Gastwirtssohn Sebastian Brant (*Thesmophagia*) haben geistreiche Beispiele verfasst, in denen Unsitten wie Schmatzen, Erbrechen, Fluchen, Messerzücken und über den Tisch Langen gegeißelt werden.

Zu den Reimen des Meistersingers und Schuhmachers Hans Sachs sind sogar Melodien überliefert:

Ein animalisches Mahl: tierische Tischzucht. Dedekind, Grobianus, Titel-Holzschnitt 1549.

Schlag nit die Zung aus gleich eim Hund,
Zu ekeln! Tu nit geizig schlinken!
Und wisch den Mund, eh du wilt trinken,
Dass du nit schmalzig machst den Wein!

Besonders beliebt waren Tiervergleiche:

Welcher sich überd schüssel habt,
Und dazu rüdisch inn sich schnabt
Mit dem mundt, als eyn eberschwein,
Der solt billich bein seuen sein.

Einen Schritt weiter dachte der Sarkastiker und Fleischerssohn Friedrich Dedekind (1524–98) aus Neustadt am Rübenberge, der es bis zum Superintendenten der Bistümer Lübeck und Verden brachte. Seine 1549 erschienenen *Grobiana* sind als Verkehrte Tischzucht konzipiert, die scheinbar zu rüpelhaften Unflätigkeiten ermutigt und genau deswegen besonders gern in deutscher Übersetzung verschlungen wurde. Das satirische Werk, ein literarisches Pendant zu Breughelschen Wirtshaus-Genreszenen, brachte es auf über 50 Auflagen und Übersetzungen!

Bis heute lebt sein Grobianismus in Stammtischscherzen und derben Sprüchetafeln fort. Hier ein kulturhistorisch interessanter Ratschlag: «Ist Fleisch in deinen Zähnen hängen geblieben, so entferne es mit der Hand oder dem Messer. Wie das Krokodil, das seinen Rachen von kleinen Vögeln reinigen lässt, kannst Du es nicht machen. Was du aus den Zähnen gezogen hast, besieh dir genau und schlucke es hinunter.»

Seit den Kreuzzügen verwandte man dafür Zahnstocher – der Orient ersann sogar eine blumige Mundhölzchendichtung, in der die Stäbchen mit dem Atem der Geliebten verglichen werden. So betrieb Thomas Nicolas 1615 in Tübingen eine Werkstatt für Zahnstocher – die edelsten Exemplare waren aus Silber mit Edelsteinen eingelegt.

Die Detailfülle der Tischzuchten spiegelt die allmähliche Polierung des Zeremoniells wider. 1521 erregt Herzog Heinrich von Braunschweig-Wolfenbüttel Aufsehen auf dem Reichstag von Worms mit einem «zeddul (Zettel) … den er oftemal besah.» Die erste deutsche Menükarte! «Alles war uffgezeichnet, und kunnt sich also der Herzog mit dem Essen darnach richten und synen Appetitum uff die besten Trachten richten.»

Um 1600 wird es die Mode, jedem Teilnehmer einen eigenen Teller zu geben; im Mittelalter hatten sich nach Sitte mönchischer Pitanz je zwei Personen einen Teller geteilt. Besteck bürgert sich ein, dokumentiert durch Testamente, die einzelne (!) Silbergabeln vererben. Immer häufiger wird Suppe gelöffelt als mit Brot geschöpft oder getrunken, wenn auch das Wort Löffel auf *laffen* (schlürfen) zurückgeht. In wohlhabenden Häusern liegt ein Messer pro Gast aus; früher hatte man – wie heute auf Jagdpartien – sein eigenes ausgepackt. Manche leisten sich sogar den holländischen Luxus des Besteckwechsels. Die Kredenz etabliert sich ab 1500 als Prachtmöbel zur Schaustellung von Gläsern und Edelmetall. Wie der italienische Name sagt (*credenza*=Vertrauen), diente sie ursprünglich zur Aufbewahrung von Giftprüfsteinen wie Natternkopfkredenzen oder Bezoaren.

Tellermonstranz: Kredenz mit dem Majolikaservice Herzog Albrechts V. Antiquarium der Münchner Residenz, um 1570.

Die Probe aufs Exempel liefert die aufblühende Kultur der Gasthöfe, die mit ihren schmucken Fassaden noch heute Deutschlands Altstädte prägen. Auch der Kaiser, Diplomaten, Fürsten, Adlige und Staatsbeamte stiegen in festungsartigen Herbergen ab, die von bürgerlichen Wirtsdynastien geführt wurden und auf schmiedeeisernen Schildern heraldische Namen wie Schwarzer Adler oder Goldenes Lamm tragen. Die ältesten wie der *Riese* in Miltenberg oder der *Rote Bär* in Freiburg können ihre Chronik bis in die Stauferzeit verfolgen.

Wenn Meister Petz erzählen könnte: Hotel Zum Roten Bären in Freiburg … dann hätte der Riese in Miltenberg (Odenwald) auch ein Wörtchen mitzureden (die zwei ältesten Gasthöfe Deutschlands).

1535 eröffnet die mit Schiffsmodellen geschmückte Lübecker *Schiffergesellschaft* eine Trinkstube *to nutte unde wolfart des gemeyne seevarende manß unde to troste der armen.* 1530 erwirbt Heinrich Stromer, aus Auerbach in der Oberpfalz stammender Rektor der Leipziger Universität, eine Weinschankkonzession – sein Keller wird der Schauplatz von Doktor Fausts Fassritt. Im gleichen Jahr sorgt das Schankgesetz *Reformation guter Polizey* für Verlässlichkeit. Wirt wird zum festen Berufsbild. Vorher war es eher ein Nebenjob für Metzger, Winzer oder Kellermeister – wie heute in saisonalen Kranzwirtschaften.

So wurde lange vor den Pariser Restaurants im Heiligen Römischen Reich Deutscher Nation eine gediegene Bewirtungsstruktur entwickelt, die allerdings den individuellen Esser kaum kannte. Man speiste gemeinsam ein festes Menü zu fester Stunde und zahlte gleich viel, ob man wenig oder viel trank. Für Fürsten machte man Ausnahmen. In der *Linde* in Geisenheim, deren Namen heute eine Pizzeria führt, verzehrte Kaiser Karl V. 1530 für 30 Gulden: Suppe mit Röstbrot, Fisch in Specksauce, Rindfleisch mit Birne und Erbsbrei, Wildschweinskopf in schwarzer Sauce, Lachs mit Sauce, Bratlamm mit Zwetschgen, Konfekt, Obst und «gar kostbare weyn vom Rheyn.»

Studiert man direkte Quellen, so ergibt sich oft ein anderes Bild als in den für Wohlhabende geschriebenen Kochbüchern. So moniert der Humanist Erasmus von Rotterdam in einem abschreckend «gemütlichen», überheizten Gasthof die Servicewüste Deutschland: «Den Ankommenden begrüßt kein Mensch, damit es ja nicht den Anschein habe, als ob sie auf Gäste aus wären, denn das halten sie für schmutzig und gemein und eines ernsthaften Deutschen unwürdig.» Nach langem Warten erscheinen «Suppe mit Brot, Brühe mit Pökelfleisch oder

Salzhering, Gemüse und dann Braten oder gesottene Fische, Käse faul und voller Würmer». Die Tischtücher grob wie Segelleinen, wässrig saurer Wein, hölzerner Teller und «aus demselben Silber gefertigter Löffel». Auch das Publikum nervt den Gelehrten: «Einer kämmt sich, ein anderer wischt sich den Schweiß ab, ein dritter säubert seine Schuhe oder Reitstiefel und wieder einer rülpst knoblauchduftend ... es ist erstaunlich, was bei dem Essen für ein Lärm und Stimmengewirr herrscht, wenn erst einmal alle angefangen haben, vom Trinken warm zu werden. Man versteht sein eigenes Wort nicht mehr ... den Deutschen aber behagt das und, man mag wollen oder nicht, man muss dasitzen bis tief in die Nacht.»

Als Kronzeuge anheimelnder deutscher Wirtshauskultur wird gern Michel Montaigne zitiert, der um 1580 in Lindau am Bodensee in einem tannenholzgetäfelten Saal bestens speiste – es scheint, dass damals der italiennahe Süden sorgfältiger kochte: «Was die Aufwartung bei Tisch betrifft, machen sie solchen Aufwand an Lebensmitteln und bringen in die Gerichte eine solche Abwechslung an Suppen, Saucen und Salaten, und das alles ist in guten Gasthäusern mit solchem Wohlgeschmack zubereitet, dass kaum die Küche des französischen Adels damit verglichen werden kann, auch fände man in unseren Schlössern wenig derartig geschmückte Säle. Uns unbekannt waren Quittensuppe, Suppe, in die gebackene Äpfel geschnitten waren, und Krautsalat, ferner dicke Suppen ohne Brot; z. B. von Reis, von denen alle gemeinsam essen, da besonderes Gedeck unbekannt ist.

Bemerkenswert ist der Reichtum an guten Fisch ... Wild, Schnepfen und junge Hasen, die ganz anders als bei uns, aber mindestens ebenso gut hergerichtet werden, sind reichlich vorhanden. Wir sahen niemals so zarte Fleischspeisen, wie sie dort täglich aufgetragen werden. Mit dem Fleisch werden gekochte Pflaumen, Birnen- und Apfelschnitze gereicht; bald wird der Braten zuerst und die Suppe zuletzt aufgetragen, bald umgekehrt. An Früchten gibt es nur Birnen, Äpfel, die sehr gut sind, und Nüsse, sodann Käse.»

Ein Drittel aller europäischen Renaissancekochbücher erscheint in Deutschland, dazu kommen auf Märkten verkaufte Handzettel für die, die sich den Luxus eines Buchs nicht leisten konnten. Doch betrifft all das nur die Speisen einer relativ dünnen Oberschicht. Die üppige Fleischkost des Spätmittelalters ist für das Gros vorbei – die Ernährungslage verschlechtert sich in Zeiten anschwellender Bevölkerung rapide.

«Schaut den dollen Bauernhauffen»...wo die Nuppenbecher kreisen. Stich von Daniel Hopfer, 16. Jahrhundert.

Das Desaster der Bauernkriege wird auch durch immer armseligeres Essen ausgelöst. Sebastian Müntzer notiert 1543 in seiner *Cosmographia*, wie eintönig die Deutschen des vierten Stands sich ernährten: «Ihr Speiß ist schwarz rucken brod, Haberbrei oder gekocht erbsen und linsen. Fast nur Wasser und Molke ist ihr Tranck».

GEFÜLLTE GEBACKENE SALBEIBLÄTTER

Kuchemaistrey, 1485

Ein gefültz gebachenes von salvē … Nimm Dir Birnen und entkerne sie ordentlich. Siede sie weich und stoße sie in einem Mörser. Schmore sie in Honig und Wein, so dass sie feucht bleiben und tu Gewürze, Safran und Salz daran. Bestreich ein Salbeiblatt mit dem Birnenmus und deck ein anderes darüber. Drück sie zierlich (sittlich), dass sie beieinander bleiben. Mache etwas Teig mit Honig und Wein. Zieh die Salbeiblätter da durch und back sie. Richt sie an und streu Zucker darauf und setz sie so warm vor.

Schmalzgebackenes galt als Domäne der süddeutschen Küche. Das vegetarische Fingerfood profitiert vom Aromakontrast von bitterem Salbei und süßem Fruchtmus.

KNÖDEL VOM KARPFFEN ROGEN

Marx Rumpolt, 1581

Nimm den Rogen / setz ihn auff / unnd seudt jn gar an die statt / reib viel Weck darunter / und hacks durcheinander / auch ein wenig roh Karpffenfleisch darunter / auch grüne wolschmekkende Kräuter / pfeffers und gelbs / thu ein wenig schön weißes Mehl / unnd etliche Eyerdotter darunter / Nimm ein Erbsbrüh in einem Fischkessel / setz sie auff Kohlen / und laß sie auffsieden / mach Knödel auß dem Rogen / und zeuch sie in die Brüh / laß sie gemach sieden / unnd schneidt darein ein wenig Pettersilgen Wurtzel / und ein wenig Muscatenblüt / gelbs ein wenig / und laß es miteinander sieden / thu frische ungeschmälzte Butter darein / so wirdt es desto wolgeschmacker und besser.

Bäckchen, Milch und Rogen – nichts wurde weggeworfen vom selbstgeschlachteten Fisch. In unserer Jetztzeit der grätenlosen Fischfilets muss man seinen Fischhändler schon klar darauf hinweisen, dass er den Rogen nicht entsorgt – exzellente Fischbeuschelsuppen, wie sie in burgenländischen oder Wiener Fischbeisln mit Selbstverständlichkeit gereicht werden, sind hierzulande praktisch ausgestorben.

Die gekräuterten Semmelknödel sind ein schöner Beleg für die Klößemode der Renaissance – das Sieden in Erbsbrühe war fastengerecht.

GEFÜLLTE KALBSBRUST MIT ÄPFELN

Frantz de Rontzier, 1598

Die Kelberbrüst lest man gantz / unnd löset sie auff / füllet sie und sticht sie mit holtzen stecken widerzu … Item / man weichet Weißbrot in Wasser / hacks mit Kerveln (Kerbel) / Flot (Flomen) oder Speck / Ingber / hartgesottene Eyerdotter unnd geschelte Epffel, füllet die Kelberbrüste damit / unnd macht sie gahr / darnach setzet man sie vom fewr auff glühende Kohlen / schlegt drey oder vier Eyerdotter darüber / man sol aber nicht umbrüren / so man sie will zum tische geben sol man sie in die zwerch oder lenge auff schneiden / so werden die Eyer und Epffel krauß.

Sechs verschiedene Kalbsbrustfüllungen nennt der französische *Cuisinier* in Wolfenbütteler Diensten, darunter Nieren, Rosenkohl und Rosinen. Die knorpel- und fettreiche Kalbsbrust, die in bayerischen Wirtshäusern als Schmankerl angeboten wird, galt früher in allen deutschen Landen als zarter und geschmacksintensiver Leckerbissen – im italienischen Ligurien ist sie bis heute als *cima alla genovese* eine Delikatesse. Eine Ermutigung, auch aus preisgünstigen Fleischstücken Köstliches zuzubereiten.

EIN ANDER KINDERESSEN: BUNTER MANDELREIS

F. Anna Wecker(in), 1598

Stoß Mandeln klein / dann nimb so vil Reiß / der in einer guten Milch gekocht ist / nicht mehr / dann wie zu einer suppen / laß die Milch wol durch ein seigepfann lauffen / nimd deß so vil alß der Mandeln / stamffs wol under einander / saltz es ein wenig / zuckers recht / wilstu es dann gern von farben haben / so thu Mangolt oder Peterleinsafft darein / so wirt es grün / oder wilstu es rot haben / so nimb ein Trisanet (Gewürzzucker) / der machts rot / glockenblumen braun / blaw Kornblumen oder blawe Lilien ....

Die ersten Kinderrezepte Deutschlands. Neben der auch in der Gegenwart aktuellen Empfehlung, Mandelmilch als *guten kindsbrey* zu kochen, wenn das Baby Milchallergien hat, steht ein buntes Staunrezept, das immer noch auf einem Kindergeburtstag Aufsehen erregen könnte.

WILDPRET

In Deutschlands ältestes Wildgeschäft zog 2005 Deutschlands erstes veganes Restaurant ein. Nur eine Lüftlmalerei erinnert an das 1264 als Falkenhaus eröffnete Zerwirkgewölbe bei der alten Münchner Residenz, wo noch in den 1960ern auf tannenbestreuten Marmortischen ganze Hirsche aus dem Fell geschlagen wurden. Spätestens seit Tschernobyl hat Wild keinen guten Ruf. Zartbesaitete Gemüter erregen sich heftiger über den waidgerechten Schuss als den Tierquälerskandal der Massenkäfighaltung. Viele essen bedenkenlos mit Antibiotika vollgepumpte Puten, aber lassen in freier Wildbahn lebendes Reh zurückgehen.

Dabei galt und gilt Wild international noch immer als ein Paradegericht deutscher Küche. Das hängt damit zusammen, dass dieses überbevölkerte und zuasphaltierte Land einst dicht bewaldet war. Die Jagdstiche des Johann Elias Ridinger (1698–1767) fangen diese Magie des deutschen «Urwaldes» mit seinem wilden Bestiarium ein. Reviere wie das ostpreußische Rominten zählten zu den trophäenreichsten Europas.

Ein Karolinger-Jagdessen fand 826 auf der heute mit Rieslingreben bestandenen Rheininsel zwischen Mainz und Ingelheim statt. Kaiser Ludwig der Fromme hatte die Hirschjagd persönlich angeführt. Auch Karl der Große wird in Gedichten als Sauhetzer gerühmt, der einem Wisent mit einem Schwertstreich das Haupt abschlagen konnte. Staufische Jagdleidenschaft spiegelt sich in dem Pirschtraktat *De arte bersandi* (13. Jahrhundert) des Ritters Guicennans.

Ab dem 15. Jahrhundert wird das freie Jagdrecht immer mehr eingeschränkt. Das war besonders empörend, da in dieser Epoche gravierender Fleischmangel herrschte. Die landesherrlichen und adligen Privilegien wurden brutal durchgedrückt, mancher ertappte Schütz schmachtete lebenslang als Galeerensklave. Obwohl Wildern zum Majestätsverbrechen dämonisiert wird, schießen sich verzweifelte Rebellen mit geschwärztem Gesicht ihren Braten. Wildschützen wie der Jennerwein vom Schliersee werden zu Moritaten-Helden.

Die adlige Jagd entwickelt ihr eigenes Zeremoniell, das von Trophäengalerien in der Moritzburg bei Meißen bis zu Jagdhornkonzerten und Brackenzwingern reicht. Dazu gehören die richtigen Accessoires: Hirschhornmesser, rubinierte böhmische Jagdgläser oder Hirschgrantelnschmuck. Dazu gehören auch peinliche unsportliche Auswüchse, wie die im 18. Jahrhundert beliebte Festin-Jagd. Tiere wurden von Treibern in Wasserbecken gejagt und von Pavillons aus niedergestreckt. Obwohl die indischen Mogulkaiser ähnlich hetzten, tragen diese Stelljagden den Fachbegriff *deutsche Jagden*.

Jedenfalls stellte sich Wildgenuss schon bald als Privileg des Adels und der Reichen heraus – lediglich Niederwild wie Hase galt als schlichtere Speise. Frühe Kochbücher strotzen von Rezepten für Hirschleber und Rehpasteten. Der Soldatenkönig Friedrich Wilhelm I. von Preußen behauptete, beim ersten Bissen zu wissen, ob ein Rebhuhn aus der Mark, Preußen oder Kleve stamme. Heute transponiert allenfalls ein *Rehrücken Baden-Baden* oder ein märkischer Frischlingsziemer diese noble Aura. Durch das Verschwinden von traditionellen Wildgerichten verliert gerade die feinere deutsche Küche dramatisch an Profil.

Ausrottung und Bestandsbedrohung, Schutzzeiten und Jagdgesetze haben den Wildspeisezettel radikal verändert. Auerhähne und Birkhühner sind im Gegensatz zu Österreich und Südtirol seit Jahrzehnten in Deutschland ganzjährig geschützt. Hirschkolm aus zarten Geweihsprossen kennt kaum noch ein Waidmann – im Frühling ist Schutzzeit. Krammetsvögel flattern durch historische Romane – noch vor hundertfünfzig Jahren aßen wir Deutschen die als Schädlinge bejagten Wacholderdrosseln mit der gleichen Begeisterung, wie heute Maltesen Singvögel abknallen. Im Oktober 1720 wurden in Leipzig nicht weniger als 404 340 Lerchen erlegt und in eigenem Fett gebraten. Als 1876 die Singvogeljagd in Sachsen verboten wurde, ersannen die Konditoren ein Ersatzgebäck, das die verschnürten Lerchenpasteten nachahmt.

Mit Wild, das nach erfolgreicher Strecke in großen Mengen konserviert werden musste, verbindet sich eine Reihe archaischer Küchentechniken. Man ließ die Tiere unausgeschlagen abhängen, um den gewünschten Hautgout zu erreichen – Rebhühner so lange, bis sie vom Haken fielen. Nicht nur Old Shatterhand grub Bärentatzen ein, bis die Würmer sie mürb nagten. Selbst Marinieren und das einst selbstverständliche Spicken, um mageres Wildpret mürb zu halten, ist in Zeiten kurzgegarter Hirschsteaks zur Rarität geworden – nur bei Geflügel wie Wachtel oder Fasan bleibt das Bardieren mit Speckscheibe üblich, um Austrocknen zu verhindern.

ICH ESS, WAS ICH MAG – LUTHERS TISCHGESPRÄCHE UND DIE FOLGEN

Hatte sich ein Ränzlein angemäst't, als wie der Doktor Luther» – die Verse der grölenden Tischgesellschaft in Auerbachs Keller aus Goethes *Faust* verorten trotz allen Spotts den Reformator als kulinarische Figur. «Warum rülpset und furtzet ir nit, hat es euch nit gesmakket» – in der volkstümlichen Wahrnehmung bieten Luthers Sprüche bis heute eine Steilvorlage für Verdauungsscherze, gern wird sein grobianischer Wortwitz aus dem Zusammenhang gerissen. Dabei war der streitbare Gottesmann mit unübersehbarem Hang zum Schlemmen auch ein Connaisseur: Wenige wissen, dass das Kirchenlied *Ein feste Burg ist unser Gott* 1521 im Oppenheimer Gasthaus *Zur Kanne* bei einer guten Flasche Niersteiner gedichtet wurde.

Für Luther galt: Christus hat alle menschliche Nahrung rein gemacht, die Fastenregeln der katholischen Kirche sind von Menschen erdacht, unbiblisch und nichtig. Analog zur Sexualität insistiert der einstige Augustinermönch auf der Natürlichkeit guten Essens, ja Genießens: «Eine junge Frau, falls ihr nicht die hohe und seltene Gnade der Jungfräulichkeit zuteil geworden ist, kann einen Mann so wenig entbehren als essen, trinken, schlafen und sonstige natürliche Bedürfnisse. Und wiederum: Auch ein Mann kann eine Frau nicht entbehren. Die Ursache liegt darin: Kinder zu zeugen ist der Natur genauso tief eingepflanzt wie Essen und Trinken.»

Damit begibt sich Junker Jörg in bewussten Gegensatz zur rigiden Polemik fundamentalistischer Kanzelredner. Die radikalste Attacke gegen die Freuden der Tafel dürfte Johann Geiler von Kaysersberg

Erst beten, dann essen. Abraham Bach: Ein schöne Tischzucht. Kolorierter Einblattdruck, zweite Hälfte 17. Jahrhundert.

Darf unser Herrgott gute, große Hechte, auch guten Rheinwein schaffen, so darf ich wohl auch essen und trinken.

MARTIN LUTHER

Non es creatus ut sis ein Bierschlauch (Du bist nicht gezeugt, um zu saufen). Luthers Bierkrug, Wurzelholz gedrechselt, 1. Hälfte 16. Jahrhundert, Silbermontierung 1694.

(1445–1510) mit seinem Predigtzyklus *Von den Sünden des Munds* geritten haben: «Die zwölft (Narren-) Schell ist, großen fleiß und arbeit auf das kochen legen und wenden. Dann es sein etlich, die wenden vol zeit, mühe, fleiß und arbeit auf das kochen, damit sie vielerley trachten mögen in kurtzem zurichten … damit man lustig werde zu essen und den cörpel ersettigte mit aller wollüst … Diese Narren sein fürwahr nicht allein zu schelten, sondern auch zu verlachen …» Sogar unzüchtig Brotrinde abschneiden, sodass man den Laib wie einst den Leib des Apostels Bartholomäus schindet (häutet), wird von dem Straßburger Domprediger in den Rang einer Sünde gehievt.

Martin Luther hat seine Entscheidung zur selbstbestimmten Speisewahl – die genauso antimönchisches Programm war wie seine Heirat – bewusst und öffentlich in Wittenberg gelebt: «Ich ess, was ich mag, ich sterb, wann Gott will.» Die Hochzeit von Kana mit der aktiven Teilnahme des weinvermehrenden Jesus, als Standardargument gegen die Todsünde der Schlemmerei nicht neu, wird zum Exempel der eigenen Vermählung: «Christus lässt merken, dass er keinen Missfallen hat an der Kostung der Hochzeit … denn Braut und Bräutigam müssen ja geschmücket sein; so müssen die Gäste ja auch essen und trinken, sollen sie fröhlich sein.» Der Magistrat Wittenbergs hatte dem Bräutigam statt Wein einen Eimer Einbecker Bier (die Premium-Marke der Renaissance) und reichlich Wildpret gestiftet. Als Touristenattraktion stellen alljährlich Schauspieler das Hochzeitsmahl mit Katharina von Bora vom 13. Juni 1525 nach.

Eine Dauerschau in den Kellergewölben des Lutherhauses und ehemaligen Augustinerklosters demonstriert mit Modellen und Marktgeräuschen, welch zupackende Hausfrau Katharina war. Sie braute selbst Bier, schlachtete und züchtete Fische, zog im Garten mit Hilfe ihres Gatten Melonen, Kürbisse und Gurken. *Erzköchin* Käthe versorgte, wie an humanistischen Universitäten üblich, stets einen Kreis von jungen Theologen und zahlenden Kostgängern mit. Deren Notizen verdanken sich die berühmten *Tischgespräche*, die sich allerdings nur in Ausnahmefällen um Essen und Trinken drehen und sonst eher theologische Apophthegmata aufzeichnen. Dennoch finden sich in Werk und Anekdotik des Reformators Hinweise auf einen freudigen, humorvollen Umgang mit Essen, darunter das Kabarettstückchen eines theologischen Käsedistichons – Küchenlatein auf höchstem Niveau!

Non Argus, largus, non Methusalem, Magdalena,
Non Habakuk, Lazarus: Caseus iste bonus.

Nicht vieläugig wie Argus, sondern fett und kompakt, nicht uralt wie Methusalem, sondern frisch (und tränenfeucht) wie Magdalena, nicht ausgetrocknet wie der Prophet Habakuk, sondern stinkend wie (der bereits in Verwesung übergegangene) Lazarus, so solle ein guter Käse sein.

2000 machte der italienische Forscher Massimo Salani mit der Feststellung Furore, McDonald's und Fastfood komme aus dem Geist des Protestantismus, ja Atheismus. Nicht mehr die gemeinschaftsbildende Disziplin der teilenden und verzichtenden *pietas* (Nächstenliebe), sondern der egoistische Effekt schneller individueller Sättigung werde hier pervertiert. Die im Piemont gegründete SlowFood-Bewegung, die sich langsamem Genießen handwerklich erzeugter regionaler Lebensmittel verschreibt, sei eine katholische Reaktion gegen das protestantische Globalethos der Schnelle.

Dem geldzählenden Prasser schlägt die Stunde. David Kindt, Vom ryken slömer (Der Reiche Mann und der Tod), 1622. Jakobi-Kirche Hamburg.

Schisma auch in der Küche? War das Luthers Werk? Gibt es seit der Reformation in Deutschland eine protestantische und katholische Küche oder zumindest Kochmentalität? Trifft das aus dem Internet aufgeschnappte Aperçu zu: «Protestantismus schmeckt nach mehligen Salzkartoffeln, ohne Petersilie. Oder doch mit, aber nur weil Erntedank ist. Katholizismus dagegen – nur rasch der Vollständigkeit halber – schmeckt nach großen gänsefetttriefenden Knödeln, die zum sofortigen Erstickungstod führen?»

Für den bayerischen Kabarettisten und Schweinsbraten-Fan Gerhard Polt ist die Sache klar: «Ich glaube, dass es grundsätzlich zwei große Unterschiede gibt. Im Wesentlichen ist die katholische Küche schon einmal besser als die evangelische, und dann ist der katholische Glaube auch dem Wein näher – so wie er auch dem Mittelmeer näher und deswegen dramatischer ist. Der südliche Mensch ist einfach theatralischer. Pathetischer. Ein Klischee, aber ich würde das schon bestätigen. Aufs Ganze genommen liegen die Vorteile also eher eins zu null beim Katholischen.»

Paradoxerweise hat die völlige Freigabe der Fastenverbote, wie sie auch der Schweizer Reformator Huldrych Zwingli in seinem Sendbrief *Von erkiesen und fryheit der spysen* 1522 fordert, eher kontraproduktiv auf die Raffinesse des Speisezettels gewirkt. Denn nun ist der unge-

Wir sind die Jünger! Luther, Melanchthon und Reformatorenkollegen beim Abendmahl. Lucas Cranach d. J., Dorfkirche Dessau-Mildensee, 1565.

heure Einfallsreichtum katholischer Ersatz-Küche, der in falschen Braten aus Fisch, Pasteten und Biberschwänzen brilliert, hinfällig, man kann, man darf alles essen. Anstelle der theologischen Regeln und des daraus resultierenden Rhythmus von Völlerei und Verzicht, von Karneval und Fasten, tritt die Selbstdisziplin, die Eigenverantwortung des Essers – mit der Folge, dass Exzess generell verpönt wird. Auch Luther ist verständlicherweise daran gelegen, die ehrbaren Komponenten der neupostulierten «Freiheit eines Christenessers» zu betonen: «Es ist jedermann geboten, mäßig, nüchtern und züchtig zu leben; nicht (nur) einen Tag oder ein Jahr, sondern täglich und immerdar.»

Die mittelalterliche Utopie vom Schlaraffenland, zu dem man sich durch einen Berg aus Hirsebrei durchfressen muss, geißelten protestantische Prediger als obszönes Ärgernis – bedeutete sie mit ihrem Lob der Faulheit doch einen Generalangriff auf das frühkapitalistische Arbeitsethos des Protestantismus. Während Katholiken in den Fabeln von dem Wunderland (wo sogar die Hunde Muskatnüsse scheißen!) eher eine fröhliche Volksutopie, ja eine Art kulinarisches Eden vor dem Sündenfall der Arbeit sahen, verwendeten sie evangelische Kanzelredner als polemische Waffe. Die faulenzenden *Sluraffen* waren die katholischen Mönche!

Ein kniffliges Thema bleibt die unveränderte Sakralisierung des Essens – für gläubige Christen irgendwie immer eine *imitatio* des Abendmahls. Guido Fuchs hat dargestellt, wie wichtig das Tischgebet für die lutherische Kindererziehung wird – der Katechismus sieht darin die ideale Einübung in die Glaubenspraxis. Geradezu topisch wird in protestantischen Tischliedern aber auch die Inferiorität irdischer gegenüber himmlischer Speise betont – was Du hier isst, ist nicht wirklich wichtig!

Denn dis zeitliche Brod allein
Kann vns nicht gnug zum leben sein,
Dein Göttlich wort die Seele speist,
Hilft vns zum leben allermeist.

Welch Glanz in unserer Hütte: Jesus segnet die Suppe. Fritz von Uhde, Christus bei der Bauernfamilie, 1885.

Heute überwiegen Katholiken unter den weniger als zehn Prozent Deutscher, die das Tischgebet praktizieren. «Pantaleon, Pantaleon, etz fange mer zu essen on», murmelten die Mönche im fränkischen Barockkloster Vierzehnheiligen, bevor sie zulangten. Während das katholische Tischgebet eine Tendenz zeigte, ins Formelhafte, fast Karikative abzugleiten, ist das protestantische traditionell tiefernst, verweist permanent darauf, «das alle speiß vns heilig sey» (so der schlesische Kirchenliederdichter Michael Weiße, 1488–1534).

Dieser Gedanke lebt säkularisiert fort. Wenn das Essen von Gott kommt, dann darf man es nie kritisieren – wie schlecht auch immer es sei, es ist eine Himmelsgabe, und das gilt auch für Fastfood. Ein Gebet aus dem amerikanischen Blockbuster *Kevin allein zu Haus* (1990) ist nur scheinbar Komik: «Bitte segne diese nahrhaften Mikrowellen-Makkaroni mit Käse und die, die sie mir so billig verkauft haben!»

Ein Verdienst Luthers ist die Aufwertung der häuslichen Tischgemeinschaft als Treffpunkt der Familie. Das gemeinsame Essen ist ein halbreligiöser Akt – zahlreiche Stiche im Lutherhaus in Wittenberg stellen den von seiner Gattin bekochten Reformator im Kreise der Seinen dar, einmal sogar als Inbegriff bürgerlicher Intimität mit der historischen Fälschung einer Weihnachtsbaumstube. Diese demonstrative Häuslichkeit des Essens wertet die Köchin auf – nicht umsonst fällt Deutschland durch die hohe Zahl seiner von Frauen verfassten Kochbücher auf, ja fast aus der Rolle.

Umgekehrt wird Essen dadurch aber auch zum privaten Akt, zur reinen Familiensache. Bis heute herrscht in protestantischen Landstrichen die Neigung vor, aushäusiges Speisen als Verschwendung zu betrachten – nur Reiche und Vertreter gehen essen, pflegte man in Sachsen zu sagen. Sind die Teutonengriller, die den Caravan mit Aldi-Produkten vollladen, bevor sie nach Rimini fahren, statistisch eher Protestanten, die wegen der Kirchensteuer ausgetreten sind?

Frühstücken wie ein Kaiser, Mittagessen wie ein König, Abendessen wie ein Bettelmann. Auch die deutsche Vorliebe für üppige Frühstücke hat einen protestantischen Unterton. Sie legt die Emphase auf die familiärste aller Mahlzeiten, die fast ausschließlich zu Hause eingenommen wird. Und sie betont die alkoholfreie Morgenmahlzeit, die für die Arbeitspflichten des Tages stählt, während das potentiell genussvollere und geselligere Nachtmahl gern auf ein bescheidenes Abendbrot reduziert wird. Ausgedehnte Sonntagsfrühstücke, die den Festtagsbraten ersetzen, sind primär evangelische Familienliturgie. Im Katholizismus gilt formal ein Nüchternheitsgebot (ungefrühstückt!) vor der Eucharistie. Doch da keine strenge Präsenz beim Abendmahl eingefordert wird, hatten sich besonders die Männer angewöhnt, den Kirchgang lange vor dem priesterlichen Schlusssegen durch einen Wirtshausbesuch abzukürzen, bei dem schon einmal eine kräftige Brotzeit fällig wird. Schmankerln wie Münchner Voressen aus sauren Innereien oder auch die Weißwürste (die das Mittagsläuten nicht hören dürfen) dienten dazu, fürs Bier die erste Unterlage zu schaffen, bis dann wirklich der Sonntagsbraten daheim auf dem Tisch stand. Dieses doppelte Sonntagsmittagessen könnte auch ein Grund für die süddeutsche Sitte sein, im Gasthaus zumindest zwei Gänge zu verzehren – Suppe und Hauptspeise. Hingegen fällt man eher auf, wenn man in einem niederdeutschen Dorfkrug mehr als ein mächtiges Hauptgericht bestellt – nicht umsonst ist die häufigste Suppe der evangelischen Küstenregionen der festliche Sonderfall der Hochzeitssuppe.

Angeklagt wegen Gastfreundschaft: Sankt Goar, Patron der Winzer und Gastwirte, in seinem Küchenreich. Kupferstich, um 1680.

«Brod Wasser: Behe (röste) die Rinde von Haus-Brod und schitte kalt Wasser daran», notiert 1781 die Pfarrersgattin Friederike Cotta – schwer vorstellbar, dass sich ein katholischer Prälat zu solch schwäbischer Geizküche, pardon Resteverwertung, herablassen würde. Auch hier zeichnen sich prägende konfessionelle Grundmuster ab. Die kinderreichen evangelischen Pfarrhöfe stehen für karge Kost, während katholische Landpriester oft von Schäflein und Haushälterinnen mit Leckerbissen gemästet werden.

Allerdings überlagern sich im 19. Jahrhundert die Genussmentalitäten durch den wachsenden Reichtum der merkantilen protestantischen Staaten – gerade die Seehäfen oder das großbürgerlich-jüdische Frankfurt, aber auch das frühindustrialisierte Sachsen gelten als Adressen für Topküche. Wer die Philippika der lübschen Konsulstochter Tony Buddenbrook über bayerische Mahlzeiten liest, konstatiert ein kulinarisches Nordsüdgefälle zugunsten evangelischer Hansemetropolen. Vielleicht sollte man es mit Heinrich Heine halten, der in den *Memoiren des Herrn von Schnabelewopski* dafür plädiert, die Religion in der Küche nicht zu hoch zu hängen:

«Die Hamburger sind gute Leute und essen gut … Mögen die christlichen Theologen dort noch so streiten über die Bedeutung des Abendmahls; über die Bedeutung des Mittagsmahls sind sie ganz einig. Mag es unter den Juden dort eine Partei geben, die das Tischgebet auf Deutsch spricht, während eine andere es auf hebräisch absingt; beide Parteien essen und essen gut … Hamburg ist die Vaterstadt … des Rauchfleisches, und rühmt sich dessen, wie Mainz sich seines Johann Fust und Eisleben sich seines Luthers zu rühmen pflegt. Aber was bedeutet die Buchdruckerei und die Reformation in Vergleich mit Rauchfleisch.»

Dennoch wirkt bis heute die Konfession in einer Fülle von Spezialitäten und Essritualen fort – oft mischt sich Regionales und Religiöses. In Wittenberg hängt sich die Tourismus-Branche mit Lutherbrot (einem Pfefferkuchenriegel mit Honig und Persipan) ähnlich an den Reformator, wie sie in Marktl am Inn Altpapst Benedikt XVI. vermarktet. In Sachsen-Anhalt bäckt man am Reformationstag Reformationsbrötchen in Form einer Lutherrose – der fromme Leckerbissen könnte um 1667 entstanden sein, als man den Thesenanschlag zum Feiertag erhob. Bremer Braunkohl mit Pinkel gilt manchen als Genuss, manchen als passende Buße zum Buß- und Bettag. Die Sahnehaube auf dem Pharisäer sollte den Rum vor der feinen Nase des strengen Pastors der nordfriesischen Insel Nordstrand verbergen, während der Ausdruck Thüringer Weihrauch Bratwurstduft umschreibt.

Mit katholischem Augenzwinkern werden pralle Mettwürste auf Dicken Bohnen als Münsterländischer Rosenkranz getauft und kölsche Blutwurst mit Kartoffeln und Äpfeln zu *Himmel und Ärd* verklärt. Das katholische Kirchenjahr mit seinem Fastenrhythmus hat eine Fülle von Spezialitäten entwickelt – vom Osterschinken bis zur Kirchweih- oder Martinigans. Ganz oben steht der Karneval (*carnem levare* – das Fleisch wegnehmen) mit seinen Fastnachtskrapfen – der Fastschank, der letzte Alkoholgenuss vor der Kasteiung, lebt im Wort Fasching fort. Komödiantisch publikumswirksam wurden 1505 im sächsischen Zittau Speisevorschriften inszeniert: ein als Hering Verkleideter schubste am Aschermittwoch einen als Wurst Verkleideten in den Brunnen!

Als ökumenisches Symbol könnte man den sächsischen Stollen wählen, der sowohl den katholischen Königen wie ihren protestantischen Untertanen mundete: schon vor der Refor-

Eine Nonne der Abtei St. Hildegard präsentiert klostereigenen Rieslingsekt.

mation bezeugt und durch päpstlichen Butterbrief 1474 von seiner veganen Fastenkargheit (Advent war traditionelle Fastenzeit) erlöst, war er ursprünglich ein Gebildgebäck. Der erzgebirgische Urstollen symbolisierte das gewickelte Christuskindlein – man steckte sogar hölzerne Jesusköpfchen in das süße Babybett.

Zum ökumenischen Fabeltier ist auch der protestantische Osterhase geworden. Durch das Laktizinienverbot, das bis 1491 alle tierischen Produkte zur Fastenzeit untersagte, wurden praktisch 40 Tage vor Ostern alle Eier tabu – es kam zum katholischen Eierstau. Am Gründonnerstag wurden frischgelegte Eier gesammelt, am Ostersonntag gesegnet und verschenkt. Der bei Kindern beliebte Brauch färbte auf die Evangelischen ab, die das fruchtbare Tierchen als Eierboten erfanden – und teilweise die Ostereier schon am Gründonnerstag verzehren. Hübsch ist die damit vermengte Geschichte, ein täppischer Bäcker habe ein katholisches Osterlamm so verbacken, dass es einem langohrigen Hasen glich. Heute stapeln sich in den Schokoregalen jedenfalls mehr protestantische Weihnachtsmänner als katholische Nikoläuse, Millionen von Osterhasen und praktisch keine Osterlämmer.

Luther hat die deutsche Küche nicht unmittelbar auf dem Gewissen. Im Gegenteil, er hat die spätmittelalterlichen Deutschen von Todsünden-Essphobien freigemacht, allerdings durch die Kirchenspaltung auch die Rezeption der raffinierten italienischen Renaissanceküche und kulinarischen Fortschritt erschwert. «*Sunt deliciae quibus ego non delector* – Ich lob eyne reyne, gutte, gemeyne hausspeis (aber Delikatessen mag ich nicht)», stellte er in mit Latein vermischtem Makkaroni-Deutsch fest.

Damit hatte er den Tenor deutscher Küche vorgegeben. Denn genau diese Art zu kochen sollte in den nächsten Jahrhunderten die sogenannte Hausväterliteratur propagieren. Dicke Handbücher wie die *Oeconomia domestica et ruralis* (1593) des Mecklenburger Predigers Johannes Colerus sehen den Haushalt als ganzheitliche Aufgabe: Gartenbau, Fischzucht, Jagd, Imkerei, Hausapotheke und preisgünstige Einlagerung zur rechten Jahreszeit. Das Kochen wird zu einer Teildisziplin der Vorratshaltung reduziert.

So haftet dem Begriff Hausmannskost etwas Biederes, Hausbackenes an – Bodenständigkeit, für die Rentabilität, nicht Genuss im Vordergrund steht: «Sogenannte Hausmannskost ist in der Regel ein plumpes ungeschicktes Essen, ohne Geist und Verstand, ohne System und Ordnung», wird sich 1853 der Salongeher und Gastrosoph Egon Baron von Vaerst mokieren.

Das hohe Lied der kulinarischen Selbstbescheidung hallt seitdem durch dieses Land. Mal penetrant schöngeredet, wie bei Leberecht Hühnchen, der in Heinrich Seidels gleichnamiger

Luxuswunder? Christus segnet die Weinkrüge. Julius Schnorr von Carolsfeld: Die Hochzeit zu Kana, 1820, Kunsthalle Hamburg.

Prosaidylle überzeugt ist, dass den Franzosen die Trüffel, den Böhmen die Fasane und ihm Kartoffeln und ein magerer, in der Tonne blinkender Hering zugedacht ist. Mal warnend verpackt, wie beim reichen aufgedunsenen Schlemmer, «der so unbeholfen war, wie ein Maltersack» aus Johann Peter Hebels *Schatzkästlein des Rheinischen Hausfreunds*. Eine fiskalische Folge ist es, dass die Regierung Schröder es ablehnte, wie in Frankreich, wo Gastronomie seit 1980 als staatliches Kulturgut gilt, Restaurants einen ermäßigten Mehrwertsteuersatz zuzugestehen. Eine andere, dass man hierzulande Rechnungen beim gemeinsamen Restaurantbesuch auf Heller und Groschen auseinanderklamüsert – es könnte ja einer mehr gegessen haben; der peinliche Fachausdruck im Russischen lautet *nemezkij stschot*: Deutsche Rechnung!

Aber gerade das unreflektierte Beharren auf schlichter Hausmannskost, die Ablehnung von Raffinesse ist in Zeiten der Lebensmittelskandale gefährlich geworden. Denn leicht haben wir Deutsche aus der *gemeynen hausspeis* das billigste Supermarktlebensmittel gemacht und damit Luthers Aussage pervertiert. Der Wittenberger Gastgeber hatte seine Zeitgenossen mit nationalem Unterton gewarnt: «Würden wir einfache Speisen genießen ohne die ausländischen Gewürze, die den Gaumen kitzeln, würden wir ohne Zweifel länger leben». Doch heute könnte weit eher die pseudochristliche Bescheidenheit unkontrollierter Billignahrung an die Gesundheit gehen.

«Im Grunde sind wir eine genussfeindliche Gesellschaft, deren Mitglieder es sich als moralisches Verdienst anrechnen, dass sie schlecht essen.» Luther hätte diesen Satz Wolfram Siebecks wohl noch nicht unterschrieben. Mehr als der pummelige Reformator sollte die calvinistische Prägung Württembergs und die Schwärmerei preußischer Könige für das reformierte Holland das kulinarische Philistertum und Verzichtsethos Deutschlands herausbilden – so werten gelehrte Abhandlungen die ostfriesische Teezeremonie als reformierten Protest gegen die Christusblut-Weinverehrung des lutherischen Abendmahlsverständnisses.

Max Weber hat bereits 1905 in seinem Klassiker *Die protestantische Ethik und der Geist des Kapitalismus* herausgearbeitet, wie die religiöse Kontrolle nun gemeindeintern perfektioniert wird, wie die calvinistische Idealwelt zum Leistungskloster wird. Das gilt graduell auch für die kulinarische Selbstkontrolle und latente Genussskepsis des evangelischen Deutschlands.

Protestantische Theologen schlagen sich sogar ernstlich mit der Frage herum, wie das «Luxuswunder» der Hochzeit von Kana zu rechtfertigen sei – immerhin schmeckte der von Jesus aus Wasser verwandelte Wein deutlich besser als der ausgegangene ursprüngliche. War Christus etwa ein Gourmet?

PROPHETENKUCHEN

Kökerye, 1570

Ein Propheten Koke… Nimm Eier und weißes Mehl. Mache davon Teig. Rolle ihn dünn. Bestreu ihn mit Safran und Maibutter. Lass ihn dann im Ofen durchbacken.

Auch den alttestamentarischen Kuchen macht Safran gel. Frommer Name für ein Simpelst-Rezept aus dem ältesten Lübecker Kochbuch, verlegt von dem (angeblich) vom Druckfehlerteufel befallenen Johann Balhorn. *Meybottern* ist frische Frühlingsbutter nach dem ersten Weiden.

GEDÄMPFTER BIBER

Anna Huber, 1867

Man zerlegt den Biber in kleine Stückchen, gibt Schmalz in eine Kasserolle, klein geschnittene Zwiebeln und Citronenschalen, gibt das Fleisch darauf und dämpft es weich, wobei man öfter Essig und Erbsenbrühe, zuletzt auch etwas Mehl, fein geschnittene Sardellen und ein Glas Wein dazu gibt.

Die Brühe muss kurz einkochen. Der Biberschwanz ist am besten, wenn er in Essig und Wasser weich gekocht, dann mit Butter und Semmelbröseln am Roste abgebräunt und oben auf den Biber gelegt wird.

Anna Huber, «seit vielen Jahren Pfarrhofsköchin», lieferte das Anhangskapitel «Die vollständige Fastenküche» zu Marie Schandris *Regensburger Kochbuch*. Ihr Rezept für das im Wasser lebende und damit laut theologischen Gutachten fastentaugliche Nagetier ist nicht päpstlicher als der Papst. Sie verwendet Schmalz, aber keine Fleischbrühe. Stattdessen kommt weiter die in mittelalterlichen Fastenrezepten omnipräsente Erbsenbrühe zum Einsatz. Der Biberschwanz galt als Delikatesse. Biberfang ist seit 1977 in Deutschland untersagt.

BROT UND GEBÄCK

Frankreich hat für jeden Tag im Jahr einen anderen Käse, Deutschland ein anderes Brot: Katenrauchbrot, Bergischer Sonnenblumenkasten, Weinheimer Sauerkrautbrot oder die Eifelaner Achtpfünder wären eine kulinarische Reise wert. Die Münchner Hofpfisterei bäckt sei 1331 ihre Vollkornlaibe, geschichtsträchtig ist auch Kommissbrot aus der Schlossbäckerei Königswusterhausen oder der Mühle von Sanssouci. Handwerksbetriebe trotzen mit einer Palette lokaler Spezialitäten und langsamer Sauerteiggärung modisch aufgemotzten Fitnesswecken und Schnellbäckereien. Brot bleibt Identität.

Deutsche Brotgeschichte beginnt bescheiden. Den Römern erschienen die kleiereichen aber hefelosen germanischen Hirse- oder Dinkelfladen ärmlichst, sie wurden schnell hart wie Südtiroler Schüttelbrot. Mahlsteine aus Eifelbasalt zeugen davon, dass Legionäre sich lieber mediterranes Weizenbrot buken. Auch in der altisländischen *Edda* (13. Jahrhundert) wird ein Unterschied zwischen dunklem und hellem Brot gemacht.

Unser täglich Brot gib uns heute – die Bittformel aus dem Vaterunser traf für deutsche Nahrung nur bedingt zu. Für die meisten wäre bis ins 18. Jahrhundert täglich Brei, vielleicht täglich Knödel passender gewesen. Brot aus gemahlenem Getreide war eher eine Herrenspeise. Daneben existierten bäuerliche Körnerlaibe aus Hirse, Dinkel, Kleie und Buchweizen, die mit Eichelmehl gestreckt und in die Suppe getunkt wurden. Erst die Holländermühlen des 18. Jahrhunderts und die Einführung des Fruchtwechsels machten Mehl und Brot erschwinglich.

Pane utuntur nigro – sie essen schwarzes Brot, wusste schon der spätere Papst Pius II. (1458–64) von seiner Deutschlandreise zu berichten. Das dunkelste ist Pumpernickel, das nicht gebacken, sondern im eigenen Schwaden gegart wird. Die Legende, ein französischer Grenadier habe es seinem Gaul Nicolas zu fressen gegeben (*bon pour Nickel*) ist zu plakativ, um wahr zu sein – das Wort *Pompernickel* («Furzheini») meint bereits in barocken Hexenakten den Teufel.

«Wenn du die Farbe, das Gewicht, die ganze Gestalt gesehen hättest, du hättest es abgeschworen, dass es Brot sei. Es ist schwarz, grob, herbe und zu Klötzen von vier oder fast fünf Fuß Länge geformt, die ich nicht hätte aufheben können. Armes Volk, das seine eigene Erde essen muß!» stöhnte der Renaissancegelehrte Justus Lipsius. Der päpstliche Gesandte Fabio Chigi überlebte eine westfälische «Pompernickel»-Mutprobe:

Einkehr wurde gemacht unterwegs in rauchiger Hütte,
Neben dem Öchslein nahmen wir Platz und begannen zum Scherze
Schimmlige Brocken zu essen, geschnitten von schwärzlichem Brote …

Doch gerade das Urwüchsige lässt die «gotische Nahrung» (Flaubert), die in ihrer klebrigen Süße hervorragend zu westfälischem Schinken passt, um 1780 in Paris zum Kultgebäck arrivieren. Auch Preußenkönig Friedrich Wilhelm IV. lässt es sich servieren, «zierlich in Schnitten zerlegt … zum duftenden Thee». Heute ist die feine Küche süchtig nach Pumpernickelkrusten und -schäumchen.

«Weiß und schwarz Brot ist eigentlich das Schibboleth, das Feldgeschrei zwischen Deutschen und Franzosen», hatte Goethe 1792 erkannt, nachdem Franzosen sein Kommissbrot ausgeschlagen hatten. Doch mit der Frankreichmode wird Weizenbrot auch hierzulande immer begehrter. Besonderer Luxus war die aufwendige Herstellung von Brötchen, Schrippen oder Semmeln. Der Teig musste lang ruhen und von Hand geformt werden. Das Frauenzimmerlexikon *Amaranthes* schwärmt 1715 von Mundsemmeln, süße Hamburger Franzbrötchen werden Mode.

Bis 1860 wurden zwei Drittel der Brote hausgebacken, teure Weißmehlprodukte eher in der Bäckerei gekauft. Ein niedriger Ausmahlungsgrad wurde durch Bleichen mit Alaun und Chlor vorgetäuscht. Das hat sich umgekehrt – mancher Weizenwecken wird mit Körnern bestreut und eingefärbt, um wie rustikales Vollkornbrot zu wirken. Ein Pionier der Ökolaibe war der Dithmarscher Müller Stefan Steinmetz. Um 1890 erfand er eine Enthülsungsmaschine, die die Fruchtschale des Korns schonte – sein an Vitaminen und Spurenelementen reiches Steinmetzbrot war die Antwort auf das blütenweiße Kaisermehl der Kunstmühlen.

Als urdeutsch gilt ein Gebildbrot antik-christlichen Ursprungs – die Brezel. Was inspirierte die Kringel-Form: germanische Zauberbänder, Bethaltung gekreuzter Arme? Mittelalterliche Brezen tauchen im Bäckerfenster des Freiburger Doms als Zunftwappen auf. 1318 ritt erstmals am Johannistag ein Brezenreiter durch München und verteilte süße Kringel.

Um die Erfindung der Laugenbrezel streiten Schwaben und Bayern: Der Uracher Bäcker Frieder war 1477 wegen Veruntreuung zum Tode verurteilt. Der Graf versprach ihm Begnadigung, wenn er ein Brot büke, durch das dreimal die Sonne durchscheint. Da noch Frieders Katze ins Blech sprang und die Brezeln in die Lauge stuppste, gerieten sie besonders knusprig.

In München verwechselte 1839 der Bäcker Anton Nepomuk Pfannenbrenner die Zucker- mit der Natronlauge für die Blechreinigung. Bis heute unterscheidet bayerische und schwäbische Brezeln Salzkorngröße und Knusprigkeit. Es gibt die helle Fastenbreze ohne Lauge aus Biberach, die gedrehte Dillinger Allerseelenbrezel – und immer mehr Rohlinge, die tiefgefroren aus Billiglohnländern kommen, um dann mit dem Zauberwort *backfrisch* angeboten zu werden.

Brot für die Alb: Schwäbische Bäuerin präsentiert stolz einen selbstgebackenen Laib, um 1980.

SCHWEDENTRUNK UND RIESENSTOLLEN – BAROCKE EXZESSE

Dieses herliche fruchtbare landt … totaliter ruiniert und … sich die armen Einwohner … mit Wurzeln und Kraeuttern aus der Erden erhalten mussten», so beweint ein Augenzeuge 1623 die Verwüstungen der Pfalz im Dreißigjährigen Krieg. Der endlose Konfessionskampf, der 1618–48 tobt, dürfte in manchen Landstrichen den Blut- und Hungerzoll eines Drittels der Bevölkerung gekostet haben. Zum Unwort der Epoche wird der Schwedentrunk – kein Magenbitter, sondern eine Jauchefolter.

Hunger: Wolfgang Heimbach, Der Blick durchs Fenster, um 1670.

Durch diese Zäsur wurde das fragile Staatsgebilde des Reiches zerrüttet, «Deutschland als verspätete Nation» auch in seiner kulinarischen Entwicklung zurückgeworfen. Höfe und Bürgerstädte, die im Humanismus eine innovative spätmittelalterliche Kochkunst vorangetrieben hatten, stehen nun wie geplünderte Bauerndörfer vor existenziellen Versorgungsproblemen einer maroden Kriegswirtschaft. «Selbst an Festtagen gab es nicht einmal ein bisschen Schmalz für die Erbsensuppe. Nicht eine Gans und nicht ein Schwein war mehr vorhanden und der Steinweg durchs Dorf mit hohem Gras überwachsen. Die besten Äcker konnten für einen oder zwei Laib Brot erworben werden», klagt ein hessischer Pfarrherr.

Katzen, Ratten, Rinden und weichgekochtes Leder, ja Aas werden zur letzten Ration halbverhungerter Kriegsopfer. «Diesse ellende menschen …, die mehr geystern und gespenstern als lebendigen menschen gleich sahen», beschreibt ein schockierter Chronist die überlebenden Breisacher Bürger, die sich 1638 nach einer Belagerung ergaben.

Können dann ihre Seelen / die Gottes Ebenbild seyn / in solchen Mastschwein-Cörpern verharren?

GRIMMELSHAUSEN, SIMPLICISSIMUS

Dazwischen hielten sich Proviant-Oasen. Eine populäre Maulbronner Legende verlegt die Geburtsstunde der Maultasche mitten in den großen Krieg (S. 163). Manchmal konnte man auch regional schlemmen: So setzt die Kaufmannsgarde Hoken 1635 im niedersächsischen Ülzen für das alljährliche Zunftmal eine Speiseordnung fest, die wie ein Traum aus dem Märchen *Frau Holle* klingt («es gab alle Tage Gesottenes und Gebratenes»): Bruststück vom Ochsen, Zunge mit zwei Mettwürsten, Schmorbraten mit gelb gekochten Pflaumen und Stockfisch mit Rosinen, Schafswürste mit Rosinen in Weinkümpfchen getunkt.

Drei Paare und ein Musikant (Soldaten mit Dirnen in der Schenke). Radierung von Hans Ulrich Franckh, 1656.

Der dramatische Mangel stimuliert die zeitgenössische Literatur zu Essfantasien. Der *Simplicissimus* des Wein- und Pferdehändlers Grimmelshausen erlebt immer wieder kulinarische Abenteuer im pikaresken Stil, etwa wenn es darum geht, die schlaraffenlandähnliche Speckkammer eines Pfarrers zu plündern. Ein Glücksmoment ist das Bankett, bei dem der Landstreicher als Page aufwartet und heimlich ein Kalbsauge ausschlürft – damals ein Leckerbissen.

Dass Hunger Empörung über Essluxus hervorruft, ist verständlich. Bei Grimmelshausen findet sich eine frühe Ablehnung der Hochküche, die sich mit der Kritik an ausländischen Söldnern und der Überfremdung durch den Krieg vermengt:

Jtem Bey-Essen / weil sie bey dem Trunck nicht uebel schmecken sollten / allerhand Frantzösischen *Potagen* und Spanischen *Olla Potriden* zu geschweigen; welche durch tausendfältige künstliche Zubereitungen und ohnzahlbare Zusätze / dermassen verpfeffert / überdummelt / vermummet / mixtirt / und zum Trunck gerüstet waren / dass sie durch solche zufällige Sachen und Gewürtz mit ihrer Substanz sich weit anders verändert hatten / als sie die Natur anfänglich hervor gebracht … Jch gedachte / warumb wollten diese einem Menschen / der ihm solche / und den Trunck darbey schmecken läst / (worzu sie dann vornemlich bereitet sind) nicht auch seine Sinne zerstören / und ihn verändern / oder gar zu einer *Bestia* machen können? … Jch sahe einmal / dass diese Gäst die Trachten fressen wie die Säu / darauf soffen wie die Kühe / sich darbey stellten wie die Esel / und alle endlich kotzten wie die Gerberhund!

In das gleiche Horn frühnationalen Argwohns stößt der Ortenauer Johann Michael Moscherosch in seinen Satiren *Gesichte Philanders von Sittewald*: «Thut es ein Stuck Rindfleisch, Speck und Saur-Kräut nicht mehr? Muss es alles mit Feld-hünern, Wachteln, Krammetvögeln, Austern, Schnepffen, Schnecken und Trekken verpfeffert sein? Muss es dan mit eitel Melonen, Citronen, Lemonen, Pomerantzen, Ragouts und Olliportidos (spanische Eintöpfe) hergehen? Mit solchen Trachten, da mit einer jeden zwölff arme Mänschen hätten erhalten und gespeiset werden mögen?»

Der schwarze Hirschhornkäfer: frugales Stilleben von Georg Flegel, 1637.

Gerade in der Notsituation des Krieges bildet sich das bis heute gültige Klischee heraus, deutsches Essen solle einfach und ungewürzt sein. Salat mit der Gabel zu essen ist für Philander «welsche Torheit»: «Ich esse wie ein redlicher bayerischer Schwab, wozu solln mir denn sonst die Finger? Wie kann mir der Salat wohlschmecken, wenn ich ihn nicht mit den Fingern ess? Wenn du die Hände gewaschen hast, was scheust du dich, den Salat ordentlich anzugreifen?»

Ein unvoreingenommenes Dokument für die Realität deutscher Volksküche liefert der gelehrte vatikanische Nuntius Fabio Chigi, der 1644–48 in Münster an den Vorverhandlungen für den Friedensschluss mitwirkte. Der spätere Papst Alexander VII. hat Hexameter geschmiedet, in denen er sich angetan von der patriarchalischen Schlichtheit lokaler Bauernmahlzeiten zeigt:

> Kein lukullisches Mahl mit Apollinischen Künsten bereitet
> Bietet die Tafel, denn Schlemmen und eitle Kniffe der Kochkunst
> Sind im Herzen verhasst Westfalens tapferem Sohne.
> Alle Gemüse mengt dieser in deftiger Schüssel zusammen,
> Ist zufriedenen Sinns, kann goldige Butter er streichen
> Auf sein schwärzliches Brot und des Sonntags den Schinken sich langen.

Dass nach dem Frieden von Münster und Osnabrück 1648 und den Jahren der Not kollektives Schlemmen angesagt war, verriet schon das Friedensbankett, das die kaiserlichen und schwedischen Gesandten 1649 in Nürnberg gaben. Fürsten und Generäle stärkten sich an vier Gängen à 150 Speisen. «Der fünfte Gang bestand aus Gartenfrüchten, die teils in silbernen Schüsseln gereicht wurden, teils aber an lebenden Bäumen hingen, die man auf die Tafel setzte.» Symbolischer Höhepunkt war eine Friedenstaube, die einer Pastete entschwebte. Das Volk erhielt zwei gegrillte Ochsen und Brot und durfte sich sechs Stunden um einen weinspeienden Löwen drängeln, der in einer Pfote einen Palmzweig, in der anderen ein zerbrochenes Schwert umklammerte.

Dieses Festmahl kann als Auftakt zum deutschen Barock als kulinarische Epoche gesehen werden.

Nun, da die Glaubenskriege blutig ausgekämpft sind und die meisten Fürstentümer sich auf der Basis *cuius regio eius religio* verpuppen, konzentrieren sich immer mehr Potentaten auf den ostentativen Prunk der Hofhaltung. Der Tisch wird zur Bühne. Wie man in der Architektur Versailles nachahmte, so versuchte man durch tagelange Festmähler die Glorie absolu-

Das ökumenische Bankett zu Nürnberg 1649: die Friedenstaube schwebt über den Häuptern von Katholiken und Protestanten. Kupferstich nach einem Gemälde von Joachim Sandrart.

tistischen Fürstentums auszustrahlen. Doch nicht nur Frankreich wurde bestaunt. Vor allem die Wiener Kaiserresidenz mit ihrem italienisch, teilweise spanisch beeinflussten Küchenzeremoniell war bis ins 18. Jahrhundert stilprägend.

Sine Baccho et Cerere Venus friget: Ohne Speis und Trank fröstelt die Liebe. Gemälde von Hans von Aachen, um 1600.

Besonders trumpfte der Dresdner Hof Augusts des Starken (1670/94–1733) auf. Der zum Katholizismus konvertierte «Landesvater» (dem man über 200 Kinder nachsagt) ließ es auch während Hungersnöten im Lande lukullisch krachen und brachte zeitweilig über 120 Kilo auf die Waage. Seine Leibspeise waren auf polnische Art mit Bier gemästete Kapaune – schließlich war man auch *rex Poloniae*. 28 Tage lang feiert der Wettiner Casanova 1719 die Heirat mit Erzherzogin Marie Josepha, wo beim Venusfest die Damen entblößte Brüste zeigten – die Volksutopie vom Schlaraffenland fokussiert sich absolutistisch auf Ihro Majestät. 1730 wird beim als Zeithainer Lustlager getarnten Manöver für 20 000 Gäste ein

Rauchen kann tödlich sein: Das Tabakskollegium zu Schloss Königswusterhausen. Um 1737. Georg Lisiewski oder Dismar Degen zugeschrieben.

Riesenstollen von 1,8 Tonnen gebacken und von einem Achtspänner gezogen. Zwingerbaumeister Pöppelmann musste dafür einen eigenen Backofen konstruieren. Heute werden die überdimensionalen silbernen Stollenmesser als Kopien verkauft, ein Riesenstollen gehört seit 1994 zum Programm des Dresdner Weihnachtsmarkts.

Die Elbresidenz der Kurprinzessin Maria Antonia ist am 21. August 1754 Schauplatz eines denkwürdigen Kochduells. Dilettierende Adlige trugen die Querelle, ob die deutsche oder französische Küche besser sei, aus: Baron Wetzel trat mit *Katzengeschrey von Kalbfleisch* und *Kräutersalat mit Gelbeiern* gegen das *Truthühner-Ragout in weißer Sauce* des Hugenotten-Generals Fontenay und die *Fasanen au Millerot* von General von Hallot an – leider ist der Sieger nicht überliefert.

Von barocker Verkleidungsfreude und Hollandschwärmerei künden die gestellten Wirtschaften oder Bauernhochzeiten. Leibniz beschreibt so ein karnevaleskes Fest am Geburtstag des brandenburgischen Kurfürsten 1700 in Charlottenburg: Adlige traten als Marktschreier, Taschenspieler, wahrsagende Zigeunerinnen auf, verkauften in Buden Schinken, Wurst, Ochsenzungen und die Modegetränke Limonade, Tee, Kaffee und Schokolade.

Als Freund schlichter Hausmannskost positionierte sich der preußische Soldatenkönig Friedrich Wilhelm. Der ebenfalls 120 Kilogramm schwere gichtleidende calvinistische Herrscher eines bankrotten Landes bewunderte die holländische Kultur und ahmte deren gediegene Gemütlichkeit auch bei Tische nach. Sein Tabakskollegium macht es sich im Jagdschloss Königswusterhausen ganz bürgerlich mit Bier und Tabakspfeifen bequem.

Schon aus merkantilistischer Sparsamkeit achtete der König, der in Wusterhausen an einem Tag bis zu 1500 Rehe und Hirsche und 400 Wildschweine schießen und das Fleisch verkaufen ließ, auf regionale Identität. So speiste die Königsfamilie am 27. Juli 1735 Kalbfleischsuppe mit Hechtklößchen, grüne Erbsen mit Hammelkarbonade, Spreekarpfen mit Kirschmus, Zander mit Mostrichsauce, mariniertes Rindsmaul, Hammelbraten mit Gurkensauce und Krebse mit Butter und Petersilie. Deftige Volksgerichte wie Erbsen mit Speck, Kaldaunen mit weißen Rüben oder Weißkohl mit Rindfleisch entsetzten Königin Sophie Dorothea und waren der Klatsch Europas.

Gern versuchte der Regent sich als Hobby-Koch, schließlich hatte er 1713 die Hofküche auf fünf Mitarbeiter reduziert – und acht Meisterköche, fünf Mundköche, vier Zuckerbäcker, drei Brettmeister, drei Pastetenbäcker und zwei Dutzend Beiköche kurzerhand gefeuert: «Der König begann damit, dass er sich die Hände wusch, bevor er den Karpfen oder Hecht schlachtete, dann wiederum, bevor er die Stücke in den Kessel tat, zum dritten Mal, um den Salat mit Salz und Essig anzumachen, dann wusch er sich, ehe er das Öl daran tat, und dann noch zweimal, bevor er den Fisch anrichtete und sich zu Tisch setzte.»

«Ich hab mein teutsch maul noch so auf die teutschen speißen verleckert, dass ich keinen eintzigen französischen ragout leyden noch eßen kann.» Als trampelige Verfechterin der Eigenart deutscher Küche kann Liselotte von der Pfalz gelten. Die in Heidelberg aufgewachsene Prinzessin lebt 1671–1722 in der Hofgesellschaft in Versailles. Ihren Frustrationen über den homosexuellen Gemahl Philipp von Orléans (Bruder von Ludwig XIV.) und das französische Essen, das sie aufgrund einer Fleischbrühallergie («Ich kotzte biß auffs bludt») nicht verträgt, hat sie in über 30 000 humorvoll-derben Briefen mit persönlicher Orthographie Luft gemacht. Die rundliche Schnellesserin schätzt Pfälzer und Hannoveraner Aromen, liebt Kümmelbrezen mit Butter, geräucherte Gänse, Biersuppe, Sprotten und Mettwürste. Sie klagt, dass die Köche Braunkohl nicht zubereiten können, lässt sich ein Sauerkrautrezept aus Hannover schicken und übersetzt es ins Französische. Manchmal schlägt ihr Ton ins Banausenhafte um – Burgunderwein stinkt und macht Magenschmerzen, der modische Tee schmeckt nach Heu und Mist, Schokolade macht Bauchgrimmen und Kaffee üblen Atem und «kotzerich». Aufschlussreich für die realen Ernährungsgewohnheiten des deutschen Adels ist, dass sie trotz kurfürstlicher Abkunft offensichtlich mit derben Spezialitäten aufgewachsen ist.

Modern wirkt Liselottes frugale Mittags-Diät: Rote Rüben, Äpfel, Apfelsinen oder Pfirsiche, Wasser mit etwas Weißwein. Als frühe Salatverfechterin betont sie, dass frische Blätter gesund sind und das Salat-Kochen der Volksküche unnötig sei.

Das Ritual der Rituale ist das Festessen zur Kaiserkrönung: Die seit 1562 in Frankfurt stattfindende Zeremonie wurzelt tief in mittelalterlicher Symbolik – so gehen die Hofämter der Kurfürsten teilweise noch auf den Sachsenkaiser Otto den Großen (936–973) zurück. Der Ablauf der letzten Frankfurter Krönung 1792 ist detailliert von Goethe eingefangen worden. Auf dem Römerberg wurde tagelang von vier Metzgern in einer Grillhütte ein Ochse am Spieß gebra-

Der Kampf um den Kaiserochsen: Frankfurter Krönungsgrillhütte 1612. Anonymer zeitgenössischer Kupferstich.

ten – eine Kunst, die man noch heute in der Ochsenbraterei auf dem Oktoberfest erleben kann. Kaum war der Pfalzgraf bei Rhein (später der Herzog von Bayern) als Erztruchsess zu dem stattlichen Tier geritten, um eine Ochsenscheibe auf Silberplatte zur kaiserlichen Tafel im Römersaal zu bringen, durfte sich das Volk auf den mit Würsten und Geflügel gefüllten Braten stürzen. Die Fassbinder lieferten sich mit den Metzgerburschen mit Messern und Äxten erbitterte Raufereien um die Trophäe des Ochsenkopfs. Der rechtssichernde Fresspakt mit dem Volk wurde durch die heraldische Spielerei eines Doppeladlerbrunnens, der aus den Schnäbeln Rot und Weißwein spie, unterstrichen.

Die kulinarischen Profile deutscher Höfe von den Festen des Blauen Kurfürsten Max Emanuel bis zur von Knigge gelobten Saarbrückener Tafel, die je nach Finanzlage prassten oder sparten, stoßen inzwischen auf breitgefächertes touristisches Interesse. Schauessen mit historischen Rezepten werden veranstaltet und die Stiftung Preußischer Schlösser und Gärten hat kürzlich die Hofküche von Sanssouci originalgetreu restauriert. In der Amalienburg (Nymphenburg, München) wird der Castrol-Herd (1735) von François Cuvilliés gezeigt – der erste vollummauerte Kochherd! Gerade die kleinen Duodezfürstentümer, Reichsstädte und geistlichen Herrschaften kultivierten damals stolz lokale Spezialitäten. Erben dieses barocken Essföderalismus sind die vielen Hoflieferanten, handwerklich geführten Bäckereien und Metzgereien.

Die anschwellende Bewunderung für die französische Küche in der Nachfolge von Francois Pierre de la Varennes *Le Cuisinier François* (1651) spiegelt sich in zeitgenössischen Kochbüchern. Johann Sigismund Elsholtz, Berliner Hofmedicus des Großen Kurfürsten, gibt 1682 seinem *Diaeteticon*, das Würzkombinationen der mittelalterlichen Säfte-Lehre wiederkäut, einen Anhang «Der französische Koch» bei.

Bacchus in Germania: Elfenbeintrinkkrug von Georg Petel. Augsburg um 1630.

Das Nürnberger Autorinnenteam, das 1691 unter dem pompösen Barocktitel *Der aus dem Parnasso ehmals entlauffenen vortrefflichen Köchin, Welche bey denen Göttinnen Ceres Diana und Pomona viel Jahre gedienet, Hinterlassene und bißhero, bey unterschiedlichen der Löbl. Koch-Kunst beflissenen Frauen zu Nürnberg, zerstreuet und in großer Geheim gehalten gewesene Gemerck-Zettul* hausfrauliche Geheimrezepte verspricht, ist mit 117 Suppen, 28 Karpfenrezepten und einer Riesenauswahl an süddeutschem Schmalzgebäck (u. a. in Geweihform) bürgerlich fränkisch orientiert. Trotzdem kündigt die 3. Auflage 1712 auch französische Speisen für *curieuse köchinnen* auf. Dass genau diese Kapitel wegen angeblich absurder, abgeschmackter und lächerlicher Vorschriften dann fehlen, macht das Werk zu einem der letzten «vorfranzösischen» Kochbücher.

Unverhohlen lobt hingegen die *wohl unterwiesene Köchinn* und Theaterdichterin Maria Sophia Schellhammer 1699 in ihrem Brandenburgischen Kochbuch den französischen Kochstil, vielleicht auch, weil sie seine Qualität durch Hugenotten selbst kennengelernt hat.

Erwähnt werden soll hier auch das reich illustrierte *Neue Saltzburgische Koch-Buch* Conrad Haggers, das 1719 in Augsburg erschien. Der Alpenrheinländer verwöhnte ab 1701 den Fürsterzbischof der Salzachstadt und erdachte ein ganzes Jahr lang täglich eine neue Suppe. Sein 1700 Seiten dickes Kompendium, als Berufsanweisung für Herrschaftsköche konzipiert, umfasst die gesamteuropäische Kochkunst einschließlich jüdischer Rezepte.

Johann Albrecht Grunauer, Mundkoch der Markgräfin zu Brandenburg-Bayreuth-Kulmbach und «anjetzo Gast-wirth zum schwartzen Adler in Christian-Erlang», verspricht 1733 in seinem *Vollständigen und vermehrten, auf die neueste Art eingerichteten Koch-Buch* ein originelles Nebeneinander aus Altfränkischem und Frankreichmode: «Suppen/ Potagen/ Mußen/ Ragout, Fricassée, Rolaten, Boeuf-à la mode … Driffeln, Dartoffeln». Neben Bärentatzen sauer zu machen, gebackenem Petersilkraut und Ziegenfleisch in Sauerampfer steht ein frühes Rouladenrezept (mit Bindfaden!) und Ragout-fin-ähnliches Kalbfleisch mit Muscheln. Eine Bettelmannssuppe erweist sich als Vorläufer der Sparküche. Vieles wirkt schon recht modern, und sei es wegen der Vorliebe, Gemüse in Mehlschwitze zu zerkochen.

Als früher Exponent einer veredelten bürgerlichen Küche kann Marcus Loofft gelten. Sein erfolgreiches *Nieder-Sächsisches Koch-Buch* von 1758 mit 710 Anweisungs- plus 52 Confitü-

Ein Ferkel mit Allongeperücke: Händel als Vielfraß. Karikatur von Joseph Goupys, 1754.

renregeln (eingemachte Pflaumen, die grün bleiben) ist bei aller Kenntnis französischer und selbst türkischer Pilaf-Rezepte doch eine Fundgrube für norddeutsche Fischküche und originelle Suppen (Lammkopfsuppe mit jungem Hopfen, Entensuppe mit märkischen Rüben). Der Stadt-Koch in Itzehoe reicht Sauerampfersauce zu Schollen und einen *Judenkarpfen* in Zwiebeln, Nelken, Muskatblumen und Bier. Seine süße Ochsenzunge mit Sukade oder Hagebutten erinnert an den Renaissance-Luxus der Hanse, Fleisch zu zuckern, der in holsteinischen Rezepten nachlebt. Neben Potthast und Hammelkeulwurst zu Sauerkohl fällt ein Trend zur Verfeinerung auf: Ordinäre Bratwurst wird mit Koriander und Zitronenschalen veredelt, junge Hühner mit Krebsragout sind Vorläufer des Bremer Stubenkükens.

Mit dem inspirierenden *Allerneusten Kochbuch* von Jean Neubauer ist die Frankreichmode hierzulande endgültig fest etabliert. Der Münchner Koch des Grafen von Wahl, der seinen Vornamen Johann romanisierte, titelt 1773 alle Speisen auch französisch: *bechemelle*, klare Hopfensuppe, Krebspasteten mit Kalbseuter, Karpfen schwarz mit Schweineblut, Fischotter in Burgunder oder einen *Crem von Champagner*.

Die neue Opulenz festlichen Speisens erheischt das Zusammenspiel unterschiedlichster Spezialisten.

Komponisten wie Heinrich Schütz und Johann Sebastian Bach machen aus den lateinischen Gebetsformeln des *Benedicite* und *Gratias* aufwendige Tafelmusik – oder eine legere Kaffeekantate. Auch im dritten Millenium erklingt beim (seit 1356 veranstalteten) Matthaei-Mahl des Hamburger Senats Georg Philipp Telemanns *Musique de table*. Der Kapaunliebhaber Georg Friedrich Händel war selbst für seine aufwendigen Gastereien berühmt.

Nach italienischem Vorbild erscheinen Tranchierbücher, die das zierliche Aufschneiden von Birkhuhn und Spanferkel bei Tische lehren: «Zumercken ist auch, so er in der Lufft ein oder die andere Speise zerleget, dass er sie nicht zu hoch von der Schüßel hebe, damit die abgeschnittenen Stück im herabfallen nicht die Anwesenden mit der Suppen betreischen.» Mattia Giegher, ein Moosburger aus Oberbayern, der in Padua das erste Buch über Serviettenfalten (und Tranchieren) verfasste, wird 1642 in Königsberg übersetzt. Von Giegher kräftig abgeschrieben haben Autoren wie Georg Philipp Harsdörffer (*Vollständiges vermehrtes Trincir-Buch… nach italienischer… Hofart mit Fleiß beschrieben…* Nürnberg 1652) und der Jenenser Student Andreas Klett (*Trenchier- und Plicatur-Büchlein* 1657, *Wohl-informirter Tafel-Decker* 1717). Bis ca. 1750 bildeten Magisteressen und Doktorschmäuse deutscher Universitäten einen Höhepunkt bürgerlicher Speisekultur. Mit dem Examen ging für die meist begüterten Studenten die Verpflichtung einher, dem Lehrkörper ein aufwendiges Essen auszurichten. Da Professorengattinnen ein Privileg auf das Catering hatten, raunt man, dass manche Barock-Dissertation vom Professor selbst geschrieben wurde, um das Haushaltsgeld aufzubessern. Heute leben solche akademischen Gemeinschaftsspeisungen nur noch an britischen Elitekollegs fort.

War es süddeutsche Italienmode oder waren die Mühlenradkragen der niederländisch-norddeutschen Ratsherrentracht, die man so leicht bekleckern konnte, daran schuld? Ende des 17. Jahrhunderts wird jedenfalls die einst über Venedig und Katharina von Medici nach Frankreich eingeführte Gabel allmählich in Deutschland akzeptiert – wenn auch Lieselotte von der Pfalz ungerührt mit Messer und fünf Fingern isst und der Alte Dessauer den englischen Königshof schockiert, weil er grobianisch das Messer in den Mund steckt. Das Besteck, das einst im Futteral am Gürtel steckte, wird durch Couverts und individuelle Teller abgelöst. Der Service *à la française* mit seinen in der Mitte der Tafel plazierten Schaugerichten setzt sich im 18. Jahrhundert durch.

Bahnbrechend war die Erfindung des europäischen Porzellans durch die Alchemisten Johann Friedrich Böttger und Ehrenfried Walter von Tschirnhaus 1708/9. Die frühesten Meißner Erzeugnisse dienten als Chinoiserien, als Teevasen und Teetassen. Bald sollte Porzellan in Dekor und Gebrauch europäisiert werden wie Kändlers fulminantes *Schwanenservice* für den Grafen Brühl (1737–42) mit seinen 2200 Teilen. Tafelaufsätze aus Bisquit oder bunt bemalt, wie die Nymphenburger Commedia-dell'arte-Figuren Bustellis, verdrängten die oft eingefärbten Zuckerstatuen, die seit der Renaissance vornehme Tafeln schmückten – die Porzellanfigurinen wurden in der Hofkonditorei aufbewahrt! Auch wenn schon 1739 die ersten Zwiebelmuster gefertigt wurden, zog es die Oberklasse bis ins 19. Jahrhundert vor, von silbernen Tellern zu speisen, während das einfache Volk aus irdenen oder hölzernen löffelte – Porzellan für alle gibt es erst im 19. Jahrhundert.

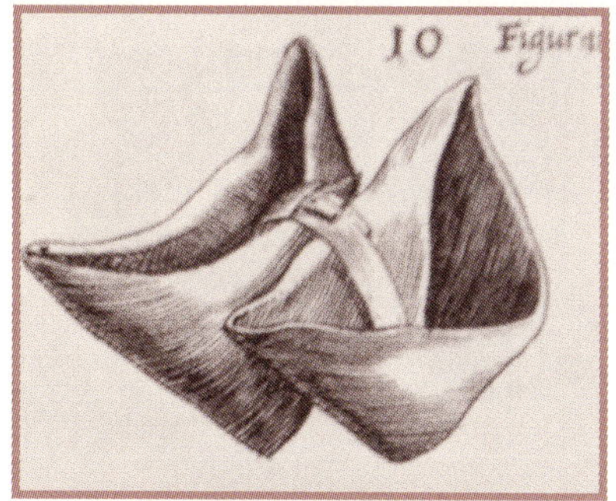

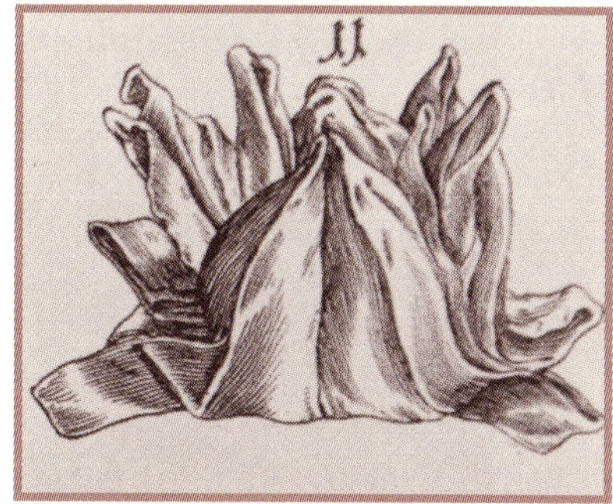

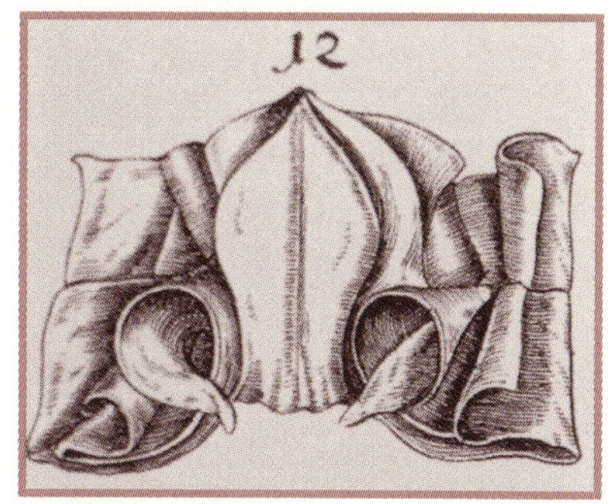

Krautköpfe und Bischofsmützchen: Die Kunst der Faltung. Serviettenplikaturen, um 1665.

Wachsendes Interesse an Agrarwissenschaft (Georgik) und Ökonomie flankiert die zunehmende Globalisierung des Lebensmittelhandels. Physiokratische Landwirtschaft wird in einer feudalen Ära, die den chinesischen Kaiser bewundert, weil er selbst als erster Bauer des Landes rituell den Pflug

Apfel-Cramerin. Nymphenburger Porzellanfigurine von Franz Anton Bustelli, um 1756.

führt, zum Staatsziel. Ein frömmelnder Polyhistor wie Paul Jacob Marperger, der selbst wenig vom praktischen Kochen versteht, listet 1716 in seinem *Küch-und Keller-Dictionarium* nach Art der französischen *Encyclopédie* das Kochwissen seiner Zeit auf: «See-Speisen, See-Wasser, Seelen-Gastirungen der Japaner, Seelen-Speise, Segen Gottes, Seleri, Semmeln ...». Neben einer evangelisch geprägten Geschichte biblischen Essens stehen die neuen «Sorbitiones Exotica, seynd ausländische, fremde Schlürff-Tränke, als da seynd Thee, Caffe, Choquolade, Tisane, Scherbet etc.»

Die Kolonialisierung Amerikas, der Indien- und Ostasienseehandel, die Sklavenplantagen Brasiliens und der Karibik führen auch in Deutschland zu einer Erweiterung und Neustrukturierung des Speisezettels. Markanteste Novität ist die zukünftige Volksnahrung Kartoffeln, die erst in Europa von meist zwerghafter Größe zu faustgroßen Knollen gezüchtet werden. Die «Schlürfgetränke» Gelee und Eis beginnen als Oberschichtsgenüsse ihren Siegeszug, eine eigene Frühstückskultur etabliert sich, die die morgendlichen Milch- und Biersuppen zunächst durch Kaffeesuppen ablöst.

Hoffnungsträger Kartoffel: Friedrich II. verneigt sich vor der Knollenfrucht. Gemälde von Robert Warthmüller: «Der König ist überall», 1886.

«In Teutschland / und im gantzen Reich ... speiset man wol / aber auf teutsche Manier / das ist / man richtet die Speisen insgemein mit Butter / mit Wein / und mit Spezereyen; man isst Stockfisch und Kraut in großer Menge / welches eben einem ieden nicht anstehet», so warnt 1687 ein übersetzter italienischer Führer – Trockengewürze galten kräuterorientierten italienischen Barockgourmets als altmodisch. Offensichtlich bewahrte die deutsche Küche trotz aller Identitätskrisen ein eigenes konservatives Profil. Die Fülle spannender regionaler Rezepte belegt, dass im Lande des Meißner Porzellans und des Augsburger Tafelsilbers zwischen kulinarischem Krähwinkel und epigonenhafter Frankreichmode neues Selbstbewusstsein wächst. Mit dem Fortschritt des ausgehenden Barock gibt es für breite Kreise eine reelle Chance, von der ewigen Kraut-, Mus- und Rübenkost wegzukommen.

ERD-AEPFFEL WARM UND KALT ZUZURICHTEN

Wolf Helmhard von Hohberg, 1682

Lasset sauber gewaschene Erd-Aepffel im Wasser sieden, biß sie bald weich / und die Haut herab gehet / schählet solche ab / schneidets zu Plätzlein / lassets in Fleischbrüh mit Muscatenblüh / Pfeffer / Ingber / und geröstetem Mehl sieden / dass die Brüh etwas dicklicht wird / werfft bey dem Anrichten ein Stuck Butter hinein. Wer will / kann die Erd-Aepffel auch gantz lassen / absonderlich / wann sie nicht zu groß seyn. Man pfleget solche auch kalt mit Oel / Eßig / Pfeffer / und Saltz / nachdeme sie vorhero abgesotten / zuzurichten / und als einen Salat zu geniessen.

Das in Nürnberg erschienene Ökonomiehandbuch des protestantischen Adligen aus Niederösterreich, der in Regensburg starb, enthält das erste deutschsprachige Kartoffelsalatrezept. Bis heute hat sich in Süddeutschland bis auf die zugefügten Zwiebeln kaum etwas geändert, während Berliner Varianten Mayonnaise und Gurke favorisieren.

KREBS-SÜLTZE

Johannes Coccejus, 1739

Nehmet schöne Krebse, siedet sie, oder brühet sie nur, welches noch besser, scheelet sie aus, schneidet die Füße und das Beste von den Schalen davon, stoßet selbiges in einem Mörsel, treibet das Zerstoßene mit einem Wein durch ein Sieb, oder lasset es nur zuvor einen Wall im

Wein thun, und zwinget es alsdann durch; leget ein Stücklein Hausenblasen dazu, würtzet die Brüh mit ein wenig Pfeffer, Ingber, Cardamomen, Muscatenblüth, Zimmet und Saffran, zuckert solches nach Belieben, giesset etwas wenig Eßig dran, und lassets miteinander sieden; Indessen legt die ausgescheelte Krebse in eine Schüssel, und wenn sich die Brühe ein wenig gesetzet und geläutert hat, giesset solche darüber, und lasset sie völlig bestehen.

Sülzen sind ein deutsches Thema – schade, dass sie kaum einer mehr selbst macht und dass nur die gröberen Varianten wie Knöcherlsulz und Schweinskopfsülze präsent sind. Die gewürzte Flußkrebssülze zeigt, dass deutsche Barockköche einem *jambon persillé* durchaus eigene Aspik-Kreationen entgegenzusetzen hätten. Beim Nachkochen ganze Flußkrebse verwenden, das bisque-artige Aroma steckt nicht nur im Fleisch, sondern auch im Panzer.

RAGOUT VON EINER GANS MIT BORSDORFER AEPFELN

Marcus Loofft, 1758

Die Gans hauet man in Stücken, denn ein wenig ausgewässert und in einer kurzen Suppe, nemlich mit ein wenig Wasser, ganzen Zwiebeln, Lorbeerblättern, Kräutern und Gewürz, gar gekocht, denn ein wenig braun Mehl gemacht, und das gekochte Gänsefleisch dazu gethan, nebst in Würfeln geschnittenen Borsdorfer Aepfeln, Corinten, ein wenig Zucker, und so man will, in feine Striemeln geschnittenen Mandeln, und denn die kurze Suppe durch einen Sieb darauf geben, das Fett muss man aber erstlich abnehmen, denn solches zusammen durchkochen, dass nur wenig kurze Brühe darauf bleibet, und so es nöthig thut, ein wenig gesalzen, so ist es recht und gut.

Zwiebeln, Lorbeerblätter, Kräuter – was wie ein modernes *bouquet garni* klingt, gewinnt durch Zucker-Obst-Würzung und die – in Kombination mit Gans – exotischen Mandeln eine norddeutsch-barocke Färbung. Die flachen feinsäuerlichen Borsdorfer Äpfel (nach Pohrsdorf bei Wilsdruff in Sachsen, auch Maschanzker) waren in ganz Nord- und Ostdeutschland als erlesenes Tafelobst geschätzt.

WURST UND SCHINKEN

Deutschland ist Wurstweltmeister – über 1500 Sorten wurden hierzulande entwickelt, eine überwältigende Auswahl lockt in den regional geordneten Vitrinen des *KaDeWe* in Berlin.

«In den Halbhandschuhen die Finger, die die Wurst hielten und selbst rosigen Würsten glichen»: Heinrich Mann verortete in *Der Untertan* den Spießbürger als Wurstfetischisten, und Hannelore Kohl behauptet 1996, dass 88 Prozent aller deutschen Haushalte Wurst zum Abendbrot essen.

Dabei dürften die *farcimina* einst von Roms Kohorten eingeschleppt worden sein. In mittelalterlichen Kochbüchern werden spannende Rezepte von gewürzreichen Wild- und Geflügelwürsten überliefert – das aufwendige Häckseln und Füllen in zarte Därme war eine Fleißaufgabe der feinen Küche. Erst der hugenottische *Würstchenkeller* von Friedrich Niquet macht 1839 die Berliner mit ihrer Lieblingsspeise vertraut, die ersten Wurst-Cutter machen sie erschwinglich.

In *frankfurter* beißt die Welt, doch in Deutschland sind sie selten. Das hängt mit ihrer verzweigten verzwickten Geschichte zwischen den Kaiserstädten Wien und Frankfurt zusammen.

Frankfurts Metzger am Schirn waren stolz auf ihre Bratwürstchen, die sie Krönungswürste nannten – war doch auch der Grillochse zur Kaiserkrönung damit gefüllt. 1798 eröffnet Johann Georg Lahner aus Gasseldorf in Oberfranken nach einer Frankfurter Lehre in Wien eine Fleischhauerei. Seine feinfarcierten Frankfurter Würstel wurden so populär, dass sich später sogar Kaiser Franz Joseph Lahnerwürstel als Frühstück in die Hofburg bringen ließ. Von der Habsburgermetropole aus traten die nunmehr Wiener getauften Sied-Würstchen ihren Siegeszug durch Deutschland an.

In Frankfurt sind echte Frankfurter selten – die Edelmetzgerei Meyer in Sachsenhausen besteht auf den feinen Unterschieden: Frankfurter sind etwas länger als Wiener und aus purem Schweineschinkenfleisch (früher teurer als Kalb!), werden von besonders straff gespanntem Naturdarm umhüllt, stärker angeräuchert, und als halbgare Frischwurst verkauft (deswegen meist eingeschweißt). Das Gros der Frankfurter Frankfurter sind Neu-Isenburger Dosenwürste für den Export – seit 1890 auf Ozeanriesen und in Luxuszügen als Snack geschätzt.

Die wahre Spezialität der Frankfurter Kleinmarkthalle ist längst die *Rindsworscht* von Gref-Völsing. Besonders aufwendig zu zerkleinern, wurde sie zunächst für die einheimischen jüdischen Familien produziert.

Mit der Wurst verbindet sich eine basisdemokratisch mittelalterliche Esssitte – traditionell werden selbst feinste Sacherwürstel mit der Hand gegessen. Kanonisch gehört dazu der Senf, der früher meist hausgemacht war. Der Steinguttopf der 1726 in Düsseldorf begründeten Firma ABB (Adam Bernhard Bergrath) wurde sogar von Vincent van Gogh in einem Stillleben verewigt. Dieser Mostrich wird bis heute mit Traubenmost angerührt.

Archaischer ist die grob gewolfte (am besten messergewiegte) Bratwurst aus Schweinemett. Sie galt als Stolz der Zünfte: 1601 tragen in Königsberg 103 Fleischhauerknechte eine 1005 Ellen lange, mit Bier und Pfeffer gewürzte Bratwurst ins Schloss – ein Vorläufer fürs Guinness-Buchs der Rekorde. Ehrwürdig im besten Sinne ist die *Wurstkuchl* in Regensburg, wo seit 1820 Familie Schricker Schinkenbratwurst auf dem Rost brät. Die älteste Bratwurstküche der Welt ging aus der Steinmetzkantine der mittelalterlichen Steinernen Brücke hervor. Fingerkurze Nürnberger Bratwürste verfügen wie die Thüringer über ein EU-Herkunftssiegel.

Französisch inspiriert sind Kochwürste wie die Trierer Andullien, bayerische Leoni (Lyoner) und wohl auch die Münchner Weißwurst aus geschlegeltem Kalbfleisch. Die Zuzel-Wurst, die das Mittagsläuten nicht hören darf, gleicht einem mittelalterlichen *boudin blanc*, auch wenn sie erst 1857 in der Gaststätte *Zum Ewigen Licht* «erfunden» wurde. Einen französisch-badischen Touch könnte auch Leberkäse haben: Ein Mannheimer Metzger im Gefolge des pfälzischen Kurfürsten Karl Theodor brachte 1776 den Fleischkäse nach München.

Bereits um 1500 sind Gewürze wie Safran, Zimt und Muskat in Aufschnittware wie Leberwurst, Blutwurst und Hirnwurst überliefert. Die *Wurstologia*, 1657 *cum privilegio farciminali & consenso porcorum* (mit Füllselprivileg und schweinischer Zustimmung) gedruckt zu *Schweinfurth/ im Lande Wursten/ durch Hans Darm* rühmt in Makkaroni-Deutsch die «Würste, wie dieselben an unterschiedlichen Orten verarbeitet werden.»

Feingewiegte Mett- und Brägenwürste aus Göttingen und Braunschweig galten als Luxus aus deutschen Landen, daneben salamiartige Stracke und luftgetrocknete Eichsfelder Feldgieker. Mit Rotwein und Rum in Kälberblasen gefüllt, lagerten sie eine Zeitlang in kühler Erde. Sparsame streckten die Wurst mit Graupen (Pinkel) oder Kartoffeln (Vogelsberger Kartoffelwurst).

Die deutsche Schinkengeschichte beginnt mit dem Hl. Ulrich. Der Augsburger Bischof pflegte nach der Ostersonntagsmesse an seine Lämmchen «Osterschinken» zu verteilen.

Das Reifen von Schinken bedarf bestimmter Voraussetzungen – als ideal erwies sich die Bergluft des Schwarzwaldes und die Seeluft holsteinischer Katen. Doch zum eigentlichen «Vaterland der Schinken» wurde bald Westfalen. Hier wurde nach ähnlichen Qualitätskriterien produziert wie heute im spanischen Jabugo. Die frei streifenden Tiere weideten herabfallende Eicheln, im 18. Jahrhundert verbot ein Eichenregister das Fällen der Bäume.

Heute sind Wurst und Schinken, Speck und Rauchfleisch in der Sinnkrise – Konservierungsmittel, unbekömmlich kurze Reifung, aufgespritztes Raucharoma lassen bewusste Konsumenten zweifeln. Wenige Betriebe praktizieren natürliche schlachtwarme Verwurstung. Ansonsten gilt auch hier – das Produkt entscheidet. Die Rettung des schmackhaften Schwäbisch-Hällischen Schweins, das König Wilhelm I. von Württemberg um 1820 durch Kreuzung schwarzer Landrassen mit chinesischen Maskenschweinen züchten ließ (um höheren Fettanteil zu gewinnen!), ist ein Signal in die richtige Richtung, um das Vertrauen der Verbraucher wiederzugewinnen und Interesse internationaler Gourmets für deutsches Fleischerhandwerk zu wecken.

DER TEUTSCHE SÄUFT GETROST – EINE KULTUR DES TRINKENS?

Armer Teufel. Dabei klang die Geschichte so plausibel. Der Trierer Dombaumeister hatte dem Höllenfürsten weisgemacht, das größte Wirtshaus der Welt zu errichten. Da diese Idee so gut zu Deutschland passt, begann der arglose Luzifer fleißig Säulen zu schleppen, bis er merkte, dass er mit einem Kirchenbau genasführt werden sollte und die letzte Säule voller Wut auf den Domplatz schmiss – wo sie geborsten als Domstein und Kinderspielplatz bis heute liegt.

Maßlosigkeit im Essen, vor allem aber im Trinken, zieht sich als Topos durch die deutsche Geschichte. In der Drosselgass in Rüdesheim werden über 1000 Euro teure Trinkhörner staunenden Koreanern und Briten angeboten. Zu Füßen des Heidelberger Schlosses verkaufen Souvenirläden meterhohe Keramikstiefel, auf denen in Fraktur Sprüche stehen wie «Nur wer diesen Stiefel leeren kann, der ist fürwahr ein ganzer Mann!»

Dass das frühere Zeiten tatsächlich so sahen, ja, dass man durch Trinkfestigkeit eine ganze Stadt retten kann, beweist die schöne Episode vom Rothenburger Stiefeltrunk von 1631, die alljährlich als Theaterspektakel wiederaufersteht. Als der protestantische Bürgermeister Georg Nusch einen Willkomm-Krug von 13 fränkischen Schoppen (über 3 Liter Wein) in einem Zug leeren konnte, machte ihn das für den kaiserlich-katholischen Feldherrn zum Helden und Partner. Tilly verschonte die eroberte Stadt und schenkte den Ratsherren das Leben – Zecher-Humanität mitten im Dreißigjährigen Krieg.

Perkeo und sein Fass: Probierglas aus Heidelberg.

De regione scias quod regio frigida multum tollerat de vino sed calida minime. Et ideo unus theutonicus plus bibit quam duo latini.
Wisse über dieses Land, dass eine kalte Region viel Wein verträgt, eine heiße aber sehr wenig. Und deswegen zecht ein Deutscher allein mehr als zwei Italiener.

KONRAD VON EICHSTÄTT, *SANITATIS CONSERVATOR*

Ähnlich ging es bei dem Freibeuter Klaus Störtebeker zu. Der Anführer der Vitalienbrüder pflegte Gefangene vor die Alternative zu stellen, einen Stürzbecher (Störtebeker!) auf einen Zug zu leeren und sich mit diesem Akt zu seiner Piraten-Mannschaft zu verpflichten – oder über die Klinge zu springen! Auch hier scheint die

Trinken ist Kameradenpflicht: Münsteraner Burschenschaftler beim Altbierstiefel-Kneipen. Um 1970.

Wilhelm Busch: Ruinen machen vielen Spaß. – Auch sieht man gern das große Fass. Oder was Spießbürgern wirklich imponiert.

bündische Verpflichtung gemeinsamen Trinkens vor, die sich wie ein roter Faden von altgermanischen Walhalla-Gelagen bis zu Oktoberfest, Burschenschaftler-Kommers und Schaffermahlzeiten durchzieht und in abgeschwächter Form das zähe Fortleben deutscher Stammtische erklärt. Wie zog sich doch Bismarck aus der Patsche, als er peinlicherweise dem Zaren mit bereits geleertem Glas gegenüberstand: «Ich würde Euer Majestät gern zuprosten, aber wir Deutschen sagen: Wer es ehrlich meint, trinkt aus.»

Trinken, viel trinken ist männlich. Selbst der Hofzwerg des Heidelberger Kurfürsten fühlte sich in seiner Ehre angegriffen, als ihm dieser das typisch barocke Ansinnen stellte, als kleinster Mann des Landes das größte Fass des Landes zu leeren. *Perche no*, antwortete der aus dem Trentino stammende Winzling keck – warum nicht? Noch heute ziert eine mit Römerglas zuprostende Statue Perkeos das Gewölbe des Heidelberger Schlosses, in dem das gut 222 000 Liter fassende Karl-Theodor-Fass lagert – *very very German*! Für das Monster mit Tanzbodenterrasse wurden nicht weniger als 90 Eichen verzimmert. Es war nicht das einzige im Reich. August der Starke hatte auf dem Königstein von Hofbaumeister Pöppelmann ein Ungetüm für 252 900 Liter fertigen lassen, das bald leckte und verrottete, da solche Prunkstücke zwar den Willen zum Suff demonstrierten, aber wenig praktikabel waren und viel zu selten befüllt werden konnten.

Saufen bedeutet auch raufen und fluchen. Die deutsche Geschichte, und vor allem die deutsche Kirchengeschichte, liest sich wie ein Sisyphuskampf gegen Alkoholmissbrauch. Offensichtlich setzten die frischgebackenen Christen ihre altgermanischen Metgelage nun einfach zu Ehren von Heiligen fort. *Germanis bibere est vivere* wurde zum geflügelten Wort – der Deutsche lebt, um zu saufen. Der Wormser Reichstag sah sich 1495 gar veranlasst, das nötigende Zutrinken zu verbieten. Der Württemberger Graf Eberhard im Bart forderte, Zuprosten wie eine Gotteslästerung zu bestrafen! Karl V. resignierte: «Für der Deutschen Saufen, der Spanier Raufen, der Italiener Liebestreiben lassen sich keine Gesetze schreiben.» Selbst die zukünftigen Kaiser wurden vor ihrer Krönung in Rom rituell gefragt: «Willst du mit Gottes Hilfe dich nüchtern halten?»

Der beste Wirt ist ein Schelm: Der Narrenwirt. Anonymer Kupferstich, um 1700.

Die Reformatoren, die den alkoholischen Exzess des Karnevals praktisch abgeschafft hatten, spitzten das Thema theologisch zu. Martin Luther, selbst ein bekennender Freund Einbecker Biers, seufzte:

«Es muss ein jeglich Land seinen eigenen Teufel haben, Welschland seinen, Frankreich seinen, unser deutscher Teufel wird ein guter Weinschlauch sein und muss Sauf heißen, dass er so durstig und hellig ist, dass er mit so großem Saufen Weins und Biers nicht kann gekühlt werden. Und wird solcher ewiger Durst Deutschlands Plage bleiben, hab ich Sorge, bis an den jüngsten Tag.»

«Zyterend hend» und schlimmere Suchtsymptome erwuchsen für Sebastian Franck *Von dem grewlichen Laster / der truncken heit*. Der religiöse Querdenker ordnete damit 1531 den Alkoholismus wieder in den alten Todsündenkonnex der Schlemmerei ein. Der Görlitzer Matthäus Friderich warnte 1552 in seinem Sendbrief *Wider den Saufftteuffel* eher vor der enthemmenden Wirkung des Alkohols: «Wenn nun der Sauffteufel einen Menschen einnimpt, so sind die andern Lasterteuffel auch nit weit.»

Doch bei allen Auswüchsen sollte man auch sehen, dass in vergangenen Jahrhunderten deutlich Alkoholärmeres als heute konsumiert wurde. Als wir noch etwas von süßen Weinen verstanden, schätzten wir Moselauslesen wie Berncasteler Doctorenberg – ein Blick auf die Etikette zeigt, dass genau diese nicht durchgegorenen Tropfen zwischen 7,5 bis 8 Prozent Alkohol aufweisen. Der meiste Wein war dünn, sauer und leicht – heute zuckern Weinbaugesetze solche Niedrigalkoholika auf. Dazu kommt, dass die einst verwendeten Wildhefen, um nicht selbst abzusterben, weniger durchgoren. Auch das Bier war dünner – das österreichische Schankbier bewahrt eine Erinnerung daran, während im Norden die alkoholreichere böhmische Pilsmode durchschlug. Eine konservative Biertrinkernation wie England hält an Ales fest, die mit 3,5 bis 3,7 Prozent Alkohol eher den Dünn- oder Schiffsbieren vergangener Tage nahekommen.

Auch waren sich die meisten Medizinschriftsteller in der Nachfolge der Schule von Salerno einig, dass Wassertrinken zum Essen schädlich sei – was es angesichts der hygienischen Verhältnisse bzw. fauligen Zisternenwassers oft auch war. Fabio Chigi berichtet um 1648, dass die Münsteraner Behörden aus Furcht vor Krankheit Wassertrinken verboten! Manchmal wurde Wein bewusst zur Desinfizierung beigemischt. Viele tranken ihren Alltagswein wie heute Büromaschinenkaffee – wie soll man sich sonst erklären, dass ein jährliches Weindeputat von 750 Liter für einen Barockmönch nichts Ungewöhnliches war? Die Pfälzer Eigenart, bei Kellerfesten Halbliterschoppen zu reichen, erinnert noch an die Epoche unbeschwerten Weinschlürfens. Übrigens war im 15. Jahrhundert Wein teilweise so spottbillig, dass man den Mörtel damit anrührte. Als 1880 in Münster eine saubere Wasserleitung die Brunnen ersetzte, war das ein schwerer Schlag für die Altbierbrauereien.

Frauen tranken keine Mass: Bierklatsch im Dachauer Wirtshaus. Ölgemälde von Wilhelm Leibl, 1874.

Der böse Friederich aus dem *Struwwelpeter* hat Kuchen, Leberwurst und eine dicke Flasche Wein auf seinem Tisch. Das Alkoholtrinken von Kindern, die bis ins frühe 19. Jahrhundert generell als kleine Erwachsene behandelt wurden, war gang und gäbe. Auch hier geht es um die Furcht vor verdorbenem Wassser. Tatsächlich war die Heilkunde in einer Aporie, was denn nun besser sei: «Dem Gesinde gieb seinen Wein … aber den Kindern gib jedem sein Geschirrlein voll und nicht mehr, denn er schadet ihnen, weil der Wein stark und kreftig, sie aber schwach und jetzung wachsend sind. Denn er zerstört und corrumpiert die Natur, inflammirt die Leber und schwechet das Hirn wo sein zu viel, dagegen aber sterket er die vires vitales und hilft der Verdewung, machet gut Geblüt und reinigt die humores, wo sie den mit mass und rechter Portion trinken. Sie werden aber zu vollen Flaschen, wenn man sie zum Saufen gewenet, derhalben ihnen zu Zeiten ein Wassertrüncklein auch wol dazwischen tut», riet der Berliner Leibarzt Leonhard Thurneyser (1531–96). 200 Jahre später wundert sich Goethe bei seiner lebendigen Beschreibung des Rochusfestes zu Bingen: «Niemand schämt sich der Weinlust, sie rühmen sich einigermaßen des Trinkens. Hübsche Frauen gestehen, dass ihre Kinder mit der Mutterbrust zugleich Wein genießen.»

Eine Zügellosigkeit, die sich durch die Zeiten zieht, ist die deutsche Art, nach dem Essen oder gar dem Nachtisch weiterzupokulieren (oder gänzlich ohne Speise zu trinken). Schon der romanischstämmige Frankenbischof Gregor von Tours verwunderte sich, dass man, «nach-

Ein infernalisches Gebräu: Schnapsteufel mit Brennkolbenschwanz: Neuruppiner Bilderbogen, um 1840.

dem der Tisch abgedeckt war, auf den Bänken sitzen blieb, wie man vorher gegessen hatte, und weiter zechte.» Heute staunen italienische Wirte über die barbarische Kühnheit, nach dem Espresso noch eine Flasche Wein entkorken zu lassen – und profitieren davon.

Während in vielen mediterranen Regionen Alkoholgenuss fast ausschließlich an Essen gebunden ist, hat Deutschland immer auch den puren Rausch favorisiert. Hauffs *Phantasien im Bremer Ratskeller*, wo sich der Erzähler eine ganze Nacht in den historischen Gewölben einschließt, um zu zechen (und zu träumen), thematisieren ebenso urdeutsches Trinkerglück wie das Kommerslied vom Kurfürstenkater:

> Wütend wälzt sich einst im Bette
> Kurfürst Friedrich von der Pfalz
> Wider alle Etikette rülpste er aus vollem Hals:
> War halt doch ein schönes Fest!
> Alles wieder voll gewest!

Genau das, einmal richtig im Freundes- oder Kollegenkreis alkoholisch über die Stränge geschlagen zu haben, gehört zum positiven Erinnerungsschatz vieler Landsleute – dass alle voll waren, dürfte hingegen kaum das Maximalziel einer Pariser oder Palermitaner Party sein.

Vor der Reichstagswahl. Wirtshausszene von Ernst Henseler, 1877.

Übrigens, gegen den einstigen Dauerkater burschenschaftlichen Kneipens gibt es ein bewährtes Mittel, das heute eher asketische Skitourengeher in den Anorak stecken. Der Nuss-Mandel-Rosinen-Mix «Studentenfutter», der schon in Grimms *Wörterbuch* auftaucht, sollte mit seinen Nussölen den Kater absorbieren.

Soziologen haben analysiert, dass sich das Trinkerproblem in der öffentlichen Wahrnehmung der Moderne intensiviert, da es eine Schwächung des Arbeitsethos bewirkt. Verschärfend kommt hinzu, dass im ausgehenden 18. Jahrhundert statt Dünnbier und Wein nun Fuselschnaps für viele zugänglich wird. Korn- und Kartoffelbrandexzesse beschleunigen wie in England und Irland die Verelendung des Proletariats. Arbeiter vertrinken den Monatslohn. Damit wird ein erschwinglicher Bierpreis zum politischen Anliegen des 19. Jahrhunderts – für die Volksgesundheit und das Familienleben ist es besser, die Männer kippen eine *lüttje Lage* aus Korn und Bier als nur Schnaps. Denn Bier wurde wenigstens als flüssige Nahrung bewertet.

Der Ort, wo man trinkt, ist von sozialer Ambivalenz: die Gaststätte ist zugleich an die Klostertradition anknüpfender würdevoller Beherbergungsbetrieb und Platz sinnlicher und alkoholischer Ausschweifungen. Das gemeinsame Trinken mit seinen Mutproben und starken Sprüchen etabliert sie als prädemokratischen Freiraum – wobei der Wirt durchaus einmal Spion der Staatsmacht sein konnte. Wirtschaften wie die *Krone* in Assmannshausen hatten als «Vereinslokale» von Liberalen und Sozialisten auch eine politisch-emanzipatorische Funktion. Andererseits wäre vielleicht auch ein Hitler ohne den Missbrauch der Foren der Münchner Bierkeller nicht so leicht zur politischen Größe aufgestiegen.

Wirte schlagen Alarm

Preißn trinken uns das Bier weg

Regionale Wadlbeißerei oder freistaatlicher Notstand? Schlagzeile der Abendzeitung am letzten Oktoberfestabend 2007.

Wer über mangelnde Qualität deutscher Küche klagt, sollte eben auch sehen, dass hierzulande immer das alkoholische Getränk Priorität genoss – nicht umsonst wird man im Gasthaus vom Kellner bedient, also von der Person, die im Keller Wein oder Bier holte. Bei Getränken ist das vielbeschworene regionale Bewusstsein plötzlich da. Man knabbert Chips oder Minisalami aus der Aufreißtüte, aber beim ordentlich gezapften Pils oder dem Viertele versteht der Kunde keinen Spaß. Der Köbes, der in Köln ungefragt ein frisches Glas Kölsch vor den Gast setzt, wenn der vergessen hat, sein ausgetrunkenes mit Bierfilz abzudecken, ist eine traditionshütende Respektsperson. Als 2007 die EU den Namen *Äppelwoi* verbieten will, geht ein Aufschrei ehrlicher Empörung nicht nur durch Hessen.

In Historikerkreisen wird ernsthaft die These diskutiert, dass die Bolschewistische Räterepublik von 1918 im stockkonservativen München nur deswegen eine kurzfristige Chance hatte, weil das Wilhelminische Reich im 1. Weltkrieg eine katastrophale Bierverschlechterung mit immer lauerer Stammwürze anordnete und der Wittelsbacherkönig nicht dagegen protestierte. Heute wird das Wort Biergartenrevolution von der Presse für Braveres wie den Wunsch nach längeren Öffnungszeiten hochgespült. Schon der *Simplicissimus* hatte einst einen grantelnden Bierdimpfl mit der Aussage: «Mit einem hellen Bier hat's angefangen – und mit der Republik hat's aufgehört!» porträtiert.

Träum ich oder trink ich? Das Münchner Kindl beim Verkuppeln der Wiesn-Sirenen.

So wundert es nicht, dass das Oktoberfest weltweit zum Aushängeschild deutscher Identität wurde – längst hat das Maßkrugstemmen ältere kulinarische Deutschlandklischees wie die Rheinweinseligkeit in der Drosselgass oder westfälische Knochenschinkentafeln mit Bullenkopp-Krügen auf die Plätze verwiesen. Das Magisch-Völkerverbindende an der Wiesn manifestiert sich nicht nur in Tracht und Blasmusik. Es liegt auch im archaischen Ritual, in der alle Stände vereinenden Zechergemeinschaft. Wer ein Festzelt betritt, begibt sich auf Zeitreise in eine Epoche, als das Trinken noch etwas galt, als man mit dem Nachbarn anstieß, ja den Krug teilte. Übrigens: Anstoßen ist ziemlich deutsch – Franzosen tun es selten. Die gemeinsame Bierbank auch.

Frankfurt-Vedute mit Sachsenhäusener Äppelwoi-Kellnerin und griffsicheren Rippengläsern aus dem Spessart.

Die deutsche «Nationalneigung zum Trunke» hat ein genuines Gefäßdesign hervorgebracht. Nicht alle Germanen setzten ihre Lippen an Auerochsenhörner. Venantius Fortunatus beschreibt im 6. Jahrhundert eine Art Kampftrinken aus Lindenholzbechern, die römischen Museen exponieren Stürzbecher aus Glas. Im Mittelalter bevorzugte man Zinn oder Steingut. Ab dem 15. Jahrhundert gab es Trinkgefäße aus grünem Waldglas, die so schöne Namen wie Krautstrunk oder Nuppenbecher trugen.

Tonangebend für Trinkgeschirr wurde Holland – der klassische Römer mit grünem Stiel entlehnte im 16. Jahrhundert seinen Namen dem niederländischen *roemen*, also preisend einen Trinkspruch auf jemanden ausbringen. Prestigereicher blieben allerdings goldene oder silberne Humpen – die meisten Reichsstädte verfügten über ein Ratssilber. Auch die Reichshumpen, die mit Wappen aller Fürstentümer und Reichsstädte geziert waren, gehörten zur Prozedur politischen Trinkens. Gemälde zeigen, dass die kostbaren Gläser und Karaffen auf Anrichten standen und bei Banketten bis ca. 1760 den Gästen zu jedem Schluck aufs Neue gereicht wurden. In feineren Restaurants lebt die Sitte fort, den Wein nicht auf den Tisch zu stellen, sondern nachzuschenken.

Erst mit dem Pressglas wurden Gläser für alle erschwinglich, heute ist ein irdenener *bierstein* eher die Ausnahme. Der Münchner «Hofbräuhausadel», der seine persönlichen Maßkrüge im Schrank verschließen darf, pflegt die altväterliche Sitte des eigenen Mundbechers.

Der Saufteufel zeigt in Deutschland immer noch Präsenz, aber er verlagert seine Angriffspunkte. Mit Alcopops zugedröhnte Jugendliche bevölkern Diskotheken und manchmal auch die Straße. Dramatischer als sozialverträgliches Wirtshauszechen sind die Alkoholprobleme, die alleine zu Hause angetrunken werden. Hingegen werden altehrwürdige reine Trinkstuben selten. Hygieneinspektoren rücken den letzten Bastionen archaischen Zechens zu Leibe.

So dürfen Gastwirte kein Bier in Stiefeln mehr anbieten. Für die winzige Minderheit der fahrenden Zimmermannsburschen, die seit über 100 Jahren ihre kameradschaftliche Solidarität bei solchem gemeinschaftsfördernden Bierkreisen und Singen pflegt, ist das ein harter Schlag. Immerhin, ein gesetzliches Schlupfloch für die Tradition gibt es noch – man darf seinen persönlichen Stiefel mitbringen und den Wirt bitten, ihn zu füllen.

Bleibt eine diffizile Frage – hat der Saufteufel die Defizite deutscher Küche mit angezettelt? War und ist für viele jedes Essen generell Sättigungsbeilage bzw. reiner Untergrund für die «viehischen Nachgussbedürfnisse der alten … Deutschen» (Nietzsche)? Noch provozierender gefragt: Haben biertrinkende Völker ein potentielles Problem mit der feineren Küche? Immerhin könnte das Beispiel England zu denken geben, wo man in gehobenen Restaurants im Gegensatz zu Deutschland eigentlich kein Bier serviert. Ähnlich skeptisch äußert sich 1838 der bekennende Bierliebhaber Antonius Anthus in seinen *Vorlesungen über die Esskunst*:

«Wie aber ein Mensch, der irgend eine Zunge hat, über Tisch Bier trinken kann, ist ein Problem … Ich habe Tatsachen erlebt, bei deren Erinnerung mir die Haut schaudert. Ich habe gesehen, wie man während des Suppenessens Bier getrunken, wie man gesottenes Rindfleisch aß und Bier dazu trank, wie man Gansbraten aß und dazu Bier trank, wie man Gurkensalat aß und auch Bier trank, wie man Pasteten und Torten aß und auch Bier trank, und wie man, freilich konsequent, beim Dessert zu Äpfeln und Konfitüren eben auch Bier trank. Dieses Biertrinken über Tisch scheint mir nahe am Gipfel des Ungeschmacks und barbarischer Roheit zu liegen.»

Die schöne Coletta: Münchner Schankkellnerin. Toni Aron, um 1890.

Wie dem auch sei, Biertrinken bewirkt andere Esssitten als Weintrinken. Die konsumierten Mengen bedürfen kräftiger Kontraste. Mehrgängige Degustationsmenus wie zum Wein haben da kaum eine Chance, auch wenn sich kreative Regionalisten an Gourmetrezepten mit Bier versuchen. So bleibt das Bier ein idealer Partner zu deftiger Hausmannskost, die sich auf ein Gericht beschränkt. Lokale, die eine ähnliche Auswahl weltweiter Biersorten wie Weinetiketten anbieten, sind als Geschäftsidee kaum gefragt. Die meisten Deutschen experimentieren mit Bier nicht gern, und wenn Alfons Schuhbeck ein Weißbiersorbet anbietet, so grantelt es im bayerischen Blätterwald.

Der napoleonische Offizier, der in Franken in der Hoffnung auf *Fisematenten* galant mit *toujours l'amour* toastete, schenkte dem deutschen Volke den schnell vernuschelten Begriff Schorle. Doch populär ist das Mischen von Wein mit Wasser erst in unseren Tagen geworden.

Heute gibt es einen unübersehbaren Trend weg vom Alkohol. Mineralwässer boomen, zum Weißwurstfrühstück wird immer häufiger ein Weißbier light gezapft, Restaurants kapieren, dass 0,1 l von einer ausgesuchten Lage mehr sein kann als ein Schoppen fragwürdigen Landweins. Vielleicht sollte man ja den Punktesammlern aus Flensburg einen Michelin-Ehrenstern verleihen. Denn der Führerschein hat auch die kulinarischen Karten der Autofahrernation Deutschland neu gemischt. Das erzwungene Alkoholnippen emanzipiert die Papillen für die feineren Genüsse der Küche.

BIERSUPPE

Rosalie, 1846

In einem Stückchen frischen Butter röstet man ein halbes Loth feines Mehl hellgelb und rührt nach und nach eine halbe Maß Weißbier daran. Wenn dieses nun zu kochen anfängt, so würzt man es mit einem Stückchen Zimt, Zucker, etwas Zitronenschale, einer Gewürznelke und gißt das Bier kochend heiß durch ein Haarsieb in eine Suppenschüssel, in welcher vorher 3 Eigelb mit kaltem Bier abgequirlt sein müssen und richtet sie unter anhaltendem Schlagen mit einer Ruthe, über gebähte (geröstete) Schnitten an.

Das Ulmer Rezept für 4 Personen von der *aechten bürgerlichen Köchin* stammt aus der Zeit, als Biersuppen teilweise noch zum Frühstück gelöffelt werden.

WEIN

«Aber der 1540er Würzburger Stein war noch lebendig … Auf nur schwer fassbare Weise ließ dieser Wein sogar seinen deutschen Ursprung ahnen. Etwa zwei Schluck konnten wir von der jahrhundertealten Substanz nehmen, ehe sie durch die Berührung mit der Luft verging, ihren Geist aufgab und in unseren Gläsern zu Essig wurde.» So schwärmt der englische Weinpapst Hugh Johnson von der Degustation eines fränkischen Milleniumweins.

Seit Jahrtausenden reifen in Deutschland Reben. Das steinerne Römerschiff in Neumagen belegt ebenso wie lateinische Trinklieder, dass der Steillagenweinbau an der Mosel bereits auf antike Zeit zurückgeht. Kaiser Probus (276–282) ermutigte Veteranen, Trauben anzupflanzen. Das Weinmuseum in Speyer bewahrt eine Phiole mit bernsteinfarbenem Wein, der um 400 n. Chr. gekeltert wurde – der älteste konservierte Tropfen der Welt?

Die Gründungslegende mittelalterlichen Weinbaus verrät professionelle Recherche: Karl der Große beobachtete in seiner Pfalz zu Ingelheim das Rheintal und ließ in Johannisberg, wo der Schnee zuerst schmolz, Weinberge anlegen. Dabei soll der Kaiser weiße Trauben bevorzugt haben, herabtropfender Rotwein färbte seinen Bart zu stark. Karolingische Gesetze erlassen ein (wenig befolgtes) Verbot, Trauben mit Füßen zu treten, und untersagen Lagerung in Tierhäuten. Angeblich lockten schon damals grüne Kränze in Buschenschanken und Straußwirtschaften.

Gerade mit den blumigen Namen historischer Weinberge verbindet sich eine Erfindung von globalem Rang – der *cru* ist weitgehend eine Idee aus deutschen Landen. Denn lange bevor Napoleon III. 1855 Bordeaux-Châteaux nach Lagen klassifizieren ließ, hatten all die Oppenheimer Krötenbrunnen, Sommeracher Katzenköpfe und Forster Ungeheuer deutsche Spitzenterroirs mit unverwechselbaren poetischen Flurnamen belegt. Einer der berühmtesten war einst die Wormser Liebfrauenmilch. Das echte *Wormser Liebfrauenstift-Kirchenstück* wächst noch heute im Kirchgarten, «soweit der Turm der Liebfrauenkirche seinen Schatten werfe».

Schade, dass deutsches Kitsch-Marketing und lasche Qualitätskriterien den Ruf solcher Gewächse ins Lächerliche gezogen, ja ruiniert haben. Kaum einer scheint zu ahnen, welches Potential in einem verballhornten keltischen Namen wie Kröver Nacktarsch (*Nacktas* = felsiger Hang), in Hallgartener Jungfer oder Herxheimer Honigsack stecken könnte. Immerhin knüpfen Große Gewächse Erster Lagen wie Erbacher Marcobrunn, Stettener Brotwasser oder Rödelseer Küchenmeister wieder an die edle Tradition deutscher Crus an.

Bleiben wir bei den einheimischen Rekorden. Zwar kannten schon die Römer einen *vinum consulare*, doch die planmäßige Lagerung gereifter Jahrgangsweine ist weitgehend eine deutsche Barockmode. Die schwungvoll bemalten Riesenfässer im Zisterzienserkloster Eberbach künden davon ebenso wie der einzigartige Bremer Ratskeller mit seinen *Priölken* genannten Zecher-Separées. Die von Hauff besungenen *Phantasien* erstrecken sich auch auf die Preise der Raritäten. Für einen Tropfen 1653er Rüdesheimer Roseweins wurde bereits 1893 die stolze Summe von 3620 Mark errechnet. Doch lassen wir lieber den Sommelier-Poeten von einem 1718er schwärmen:

«Welche Würze des Geruches! ... Nehmet alle Blüten von den Bäumen, pflücket alle Blumen in den Fluren, führt Indiens Gewürz herbei, besprengt mit Ambra diese kühlen Keller, löset den Bernstein in bläuliche Wölkchen auf – mischet aus ihnen allen die feinsten Düfte, wie die Biene ihren Honig aus den Blüten saugt, wie schlecht, wie gemein, wie unwürdig gegen die zarte Blume deines Kelches, mein Bingen und Laubenheim, gegen deine Düfte, Johannes und Nierenstein von 1718.»

Das mittelalterliche Deutschland war Europas größter Weinproduzent. Besonders die Pfalz, die 843 bei der Teilung des Frankenreichs *propter vini copiam* zu Deutschland geschlagen worden war, wurde zum «Weinkeller des Hl. Römischen Reichs.» Vom Rhein drang der Wein ab 1000 in die Nebentäler. Die Klöster förderten Weinbau, da sie den «Sankt-Urbans-Trank» zur Messfeier benötigten und zugleich so bequem den Zehnten kassieren konnten. Zugleich errangen Winzerorte früh städtische Freiheiten und wurden zu Zentren bäuerlicher Selbstverwaltung. Selbst Regionen wie Schlesien, Ostpreußen oder Niederbayern produzierten saure leichte Alltagsweine à la *Meißener Schattenseite* – Kreuzbergs Dönerspieße drehen sich auf einem ehemaligen Weinberg! Im 13. Jahrhundert wurde fränkischer Wein zum doppelten Preis von «hunnischem» gehandelt, im 16. Jahrhundert galt in England *Rhenish* als Luxuswein, französischer Claret als Alltagsgetränk. Ulm und Köln waren Drehscheiben des europäischen Weinhandels.

«Ein rheinisches Mädel beim rheinischen Wein, daß muß ja der Himmel auf Erden schon sein». Illustration zu einem Rheinliederbuch, um 1900.

Während des Dreißigjährigen Kriegs brach der Export deutschen Weins ein. Aufgelassene Wingerte, Klimaverschlechterung und Absatzprobleme durch höhere Zölle führten langfristig zu einer Umorientierung. Barocke Klöster und adlige Grundherren beginnen nun, auf sortenreinen Anbau zu setzen. Vorher galt die bäuerliche Cuvée des gemischten Satzes als Garant vor Schädlingsbefall und Missernten. Feinrassiger Riesling wird jetzt planmäßig kultiviert. Schon 1540 hatte Hieronymus Bock in seiner *Teutschen Speiskammer* von Riesling an Rhein und Mosel berichtet. Als mittelalterlicher Rieslingpionier wird der ummauerte Steinberg vermutet, den burgundische Mönche in Eberbach mit autochthonen Reben bepflanzten, da die mitgebrachten Rotweinreben schlecht gediehen.

Auch sonst wird mit neuen Sorten hauptsächlich aus Frankreich experimentiert. Der Speyrer Kaufmann Johann Seger Ruland baut 1711 Grauburgunder (Ruländer) an, über das Elsass wandert die auch Tokayer getaufte Rebe zum Kaiserstuhl. Markgraf Karl Friedrich von Baden pflanzt um 1780 Markgräfler Gutedel aus Walliser Fendant-Chasselas-Trauben. Der Württembergische Lemberger geht auf die alte blaufränkische Rebe zurück.

Zum Musterweingut und Riesling-Propagandisten wurde das den Fürstäbten von Fulda gehörende Schloss Johannisberg mit seinem Wein-Raritäten-Kabinett der Bibliotheca subterranea. 1720 wird in Südlage der erste reine Rieslingried angepflanzt. 1775 kam der Reiter, der vom Abt den Lesebefehl überbringen sollte, verspätet zurück. Die halbfaulen Trauben ergaben einen köstlichen edelsüßen Wein – die Spätlese war erfunden und wurde um 1850 zur Auslese verfeinert. Im strengen Winter 1858 wird auf Johannisberg der erste Eiswein gekeltert. Zum Pionier moderner Klassifizierung und Flaschenabfüllung wird der neue Besitzer Fürst Metternich. Sein System unterschiedlicher Siegelfarben ist ebenso unverändert gültig wie seine 1830 erlassene Anweisung, keinen Flaschenwein ohne Unterschrift des Kellermeisters auf dem Etikett herauszugeben.

Gerade durch diese Innovationen und strengen Klassifizierungen erlangt deutscher Wein im 19. Jahrhundert wieder seinen Weltruf – Rhein- und Moselrieslinge zählen zu den teuersten Tropfen auf den Karten der Grand Hotels. Die aufbrandende Wirtinnenromantik der Burschenlieder kann man bei allen nationalen Untertönen auch als Imagewerbung betrachten. Zugleich blüht durch Wegfall der Zollschranken der Binnenweinhandel – bis der Anschluss des Elsass 1871 den deutschen Weinmarkt überflutet.

Mit Vatermörder und Melone: Verkostung einer Flaschenbatterie durch Pfälzer Juroren.

Auch damals ist qualitätsmäßig nicht alles eitel Sonnenschein. Einerseits treiben Staatsweingüter und die 1872 gegründete Weinbauhochschule Geisenheim das Wissen um Rebsorten und Terroir voran. Das Weinbaugesetz von 1892 deklarierte (im Gegensatz zu Frankreich), ob ein Wein naturrein ist. Andererseits wird um 1850 an der Mosel die moderne Weinverfälschung durch die Nasszuckerung (Chaptalisierung) eines Ludwig Gall begründet, die bis heute den Ruf deutscher Weine schädigt. Schon im 18. Jahrhundert hatte man Neckarweine mit gärungshemmender Bleiasche gesüßt. 1710 empfahl der Nürnberger *Zu allerley guten Geträncken treuhertzig anweisende wohlerfahrne und Curiose Keller-Meister* einen Trick, wie man Rotwein aus Weißwein machen könne.

In gewisser Weise konnte Deutschland von der amerikanischen Reblaus profitieren, die um 1850 an der Rhonemündung eingeschleppt wurde und Frankreichs Weinbau in seiner Existenz bedrohte. Die Ausbreitung im Zeitlupentempo erreicht Deutschland relativ spät – um 1900 sind nur 1,5 Prozent der Weinstöcke von dem Schädling infiziert. Als sich auch noch staatliche Reblauskommissare der Seuche annahmen, gelang es relativ problemlos, die alten Direktträger durch resistente aufgepropfte amerikanische Stöcke zu ersetzen.

Verbraucherunfreundliche großmaschige Weinbaugesetze von 1930 und 1971 degradierten deutschen Wein zur zuckergesüßten Massenware und forcierten ertragreiche Sorten wie Müller-Thurgau. Strenge Qualitätsnormen bleiben weitgehend Sache der VDP-Güter. Erst in den letzten Jahren hat ein Umdenken eingesetzt. Deutscher Wein bekommt allmählich wieder den in der zweiten Strophe der Nationalhymne verheißenen «guten Klang in der Welt».

Ob es nachhaltig ist, gegen den Prosecco-Boom mit Bosecco vom Bodensee anzukämpfen oder den angeblich altmodischen fränkischen Bocksbeutel durch schlanke Flaschen zu ersetzen, mag offenbleiben. Man kann auch konservativ sehr erfolgreich sein. Ein Weltklasse-Winzer wie Egon Müller Scharzhof vermarktet seine Wiltinger Edel-Auslesen ungerührt mit altbackenem Nostalgie-Etikett! Junge Weinmacher setzen verstärkt auf autochthone Rebsorten wie Riesling, Elbling oder Frühburgunder. Die mineralische Struktur des Terroirs wird ebenso zum verkaufsfördernden Argument wie Alte Reben, Steillagen oder natürliche Hefen. Der ehemalige deutsche SlowFood-Vorsitzende Otto Geisel fordert als Weinsachverständiger gar eine radikale Kehrtwende, um deutsche Qualität von Eichenchip-Chardonnays aus Übersee abzusetzen. Ein Reinheitsgebot für Wein!

Ähnliche Qualitätsschwankungen vom handgerüttelten deutschen Winzersekt bis zur Blubberperle prägen auch den deutschen Sektmarkt.

Alkohol am Zügel. Deutscher Schampus für Herrenreiter. Rotkäppchen-Werbung, um 1910.

«Bring er mir *sack*, Schurke», herrschte der Fallstaffdarsteller Ludwig Devrient (1784–1832) den Kellner von *Lutter & Wegner* am Berliner Gendarmenmarkt an. Bei Shakespeare war ein sherryartiger *vino secco* damit gemeint, doch der humorvolle Aufwärter stellte dem Mimen wie üblich eine Bouteille Schaumwein hin. Der Name Sekt war geboren.

Von Frankreichs Champagnern lernen, galt für Deutschlands ersten Sektbaron. Georg Christian Kessler, 1787 in Heilbronn geboren, brachte es bis zum Teilhaber von Veuve Cliquot in Reims, bevor er 1826 in Esslingen eine Sektfabrik eröffnet und mit regionalen Marken wie *Neckar Mousseux* wirbt. Johann Jacob Söhnlein versektet 1864 in seiner Rheingauer Schaumweinfabrik Reben aus Schloss Johannisberg. Sein *Rheingold* von 1876 trifft den Zeitgeist – Wagner lässt ihn zur Eröffnung des Festspielhauses in Bayreuth ausschenken. Wilhelm II. ordnet an, deutsche Schlachtschiffe fortan mit Rheingold-Sekt zu taufen! Später favorisierte der Kaiser Saale-Unstrut-Perlage: 1894 verlor die Freyburger Sektkellerei Kloss & Foerster einen Namensschutzprozess gegen eine Champagnerfirma um ihre Marke Monopol und taufte sie wegen des roten Flaschenverschlusses in *Rotkäppchen* um.

Als Prophet deutscher Billigweine und (Skandälchen) erweist sich der Vater des Thomas Mann'schen Helden Felix Krull. Der fiktive Sektfabrikant (Loreley Extra Cuvée!) erwidert auf den Vorwurf unerlaubter Zusätze: «Ich muss billig herstellen, weil das Vorurteil gegen die heimischen Fabrikate es so will – kurz, ich gebe dem Publikum, woran es glaubt!»

VOM GEIST DER KOCHKUNST – GASTROSOPHEN DES GENUSSES

Ja, antwortete Voltaire Friedrich dem Großen (1740–1786), der ihn mit dem Rebus $\frac{p}{\grave{a}}$ *à* $\frac{6}{100}$ (à sous p à cent sous six = à souper à Sanssouci) zum «Souper nach Sanssouci» beschied. *J grand a petit* (*J'ai grand appetit*) – «Ich habe großen Appetit!» Der Alte Fritz wird mit dieser virtuosen Logelei noch nicht zu Deutschlands erstem Gastrosophen. Aber sein Verhältnis zur Küche ist typisch für eine Zeit, die darin weniger Pomp als Lebensstil sieht, die das relativ Intime, Ungezwungene kleiner Runden schätzt, für die Tafeln Ausdruck geistreicher *art de vivre* wird. Die Tischgesellschaften des Preußenkönigs lösen das kulinarische Zeremoniell des Ancien Régime zugunsten eines salonartigen Speisestils in «bunter Ringelreihe» auf, der auch für das elegante Bürgertum Vorbildcharakter haben konnte. Die von einer internationalen Küchenbrigade zusammengestellten Mahlzeiten blieben auf acht Schüsseln (darunter meist vier französische und zwei italienische) beschränkt. Allerdings stand der Kirschenliebhaber im Alter zunehmend auf Ungenießbares wie *à la russe* in Branntwein geschmortes Fleisch oder extrem überwürzte Braten, verrührte seinen Kaffee mit Champagner und Senf und schneuzte schon mal in die Gardinen. Friedrichs Mundkoch André Noel de Périgieux, der neben seiner *Bombe de Sardanapal* (farcierter Weißkohlkopf mit Speck, Würstchen, Knoblauch und Safran) auch Aalpasteten mit Chilli fabrizierte, wird zum vertrauten Domestiken, mit dem der Souverän täglich um 9 Uhr vormittags persönlich den Speisezettel be-

Primus inter pares: Wo ist der König? Tafelrunde Friedrich II. in Sanssouci mit Voltaire und den führenden Köpfen der Berliner Akademie. Gemälde von Adolph von Menzel.

Der Mensch ist, was er isst. LUDWIG FEUERBACH

spricht. Die *Kulinarische Epistel*, die Friedrich der Große 1772 auf seinen französischen Hofkoch dichtet, hat nichts von barocker Satire, sondern ist, wenn auch mit der Herablassung eines Königs, durchaus ernst gemeinte Bewunderung eines Profis.

Er denkt selbst. Nur von eignen Gnaden Mann.
Ein Newton ist er, wenn's im Fleischtopf hutzelt.
Ein Cäsar, wenn die Bratpfanne aufprutzelt.
Kein Held der Gegenwart reicht an ihn 'ran!
Das weiß, wer immer sinnlich fühlen kann.

Nicht Schlemmen und Prunken, sondern elegantes, genussvolles Essen wird zum Modethema der Zeit, genährt durch die Impulse der Französischen Revolution und der napoleonischen Besatzung. Das gastronomische Grundwissen, noch beim Alten Fritz fast vollständig auf antike Nachrichten bezogen, wird zur globalen Wissenschaft aufgewertet. Johann Georg Forster (1754–94), Bibliothekar des Kurfürsten in Mainz und Pariser Abgeordneter der revolutionären Mainzer Clubbisten, hatte mit seinem Vater den Weltumsegler Cook begleitet und sieht in eurozentristischer Arroganz Tafelkultur als distinktives Merkmal abendländischer Zivilisation: «Nur der Europäer kann daher bestimmen, was ein Leckerbissen sei, denn nur er ist vor allen anderen Menschen im Besitz eines feinen unterscheidenden Organs und einer durch vielfältige Übung erhöhten Sinnlichkeit, oder mit anderen Worten: er hat wirklich einen leckeren Gaumen, und neben seinen Gastmählern besteht der Genuss, selbst einer chinesischen Tafel, nur in einer unflätigen Fresserei.»

Gastrosoph mit Gänsefeder: Carl Friedrich von Rumohr. Gemälde von Friedrich Nerly d. Ä.

«Im Gegensatze nämlich zu dem Walfischfraße der Grönländer und zu ähnlichen verabscheuungswürdigen Rohigkeiten, pflegt bei den gesitteten Völkern eine gewisse Überfeinerung der Kochkunst einzutreten», postulierte auch der Danteübersetzer und Kunsthistoriker Carl Friedrich von Rumohr (1785–1843). Der «Winckelmann der Küche» gab seinen *Geist der Kochkunst* zunächst 1822 unter dem Namen seines Kochs Joseph König heraus. Auch wenn sich Caroline Schlegel mokierte, «abscheulich, einen Menschen über einen Seekrebs so innig reden zu hören wie über einen kleinen Jesus», so sieht sich Rumohr als romantischer Moralist, den der nationale Ehr-

Standortvorteil? Berliner Käseverkäufer mit Bauchladen vor dem Palais des Prinzen Heinrich.

geiz umtreibt, Deutschland mit schlichter guter Kost zu reformieren. Der sächsische Freiherr weiß, wie zensorisch er seinen Landsleuten zu kommen hat: Kochkunst sei beileibe nicht «lüsteley der reichen», Schlemmerei und Schleckerei (unschwer als deutsche Pendants zu *gourmands* und *gourmets* zu identifizieren) seien «ungeheure Laster». Unter Rückblick auf die Antike schlägt er einen kühnen Bogen von der dekadenten, nicht *arthaften* römischen Küche der Kaiserzeit zur französischen.

Rumohrs kulinarische Sozialisation erfolgte eher auf Italienreisen, auf denen er den Bayernkönig Ludwig I. und den preußischen Kronprinz begleitete – und in Rom mit Taubeneintopf gesundkochte! Seit dieser Zeit hat Rumohr eine Vorliebe für grüne Gemüse kultiviert, unterscheidet er Olivenöl von Capri, Corfu und Olevano.

Als nationaler Kochideologe mit aufklärerischem Unterton erweist sich der Schlossherr von Reinhardtgrimma als Kind seiner Zeit. Doch wahrhaft faszinierend bleibt er in kulinarischen Einzelnotizen, aus denen ein überzeugender Geschmack kombiniert mit durchdachten Kochanweisungen hervorleuchtet. Bestechende Kochprosa ist sein Lob einer guten Bouillon: «Indes wird man durch keinen noch so künstlichen Zusatz je den Fehler einer schlechten Fleischbrühe gut machen können. Eine Fleischbrühe, welche nicht gehörig ins Wallen erhalten, nicht aufmerksam geschäumt und gesalzen worden ist, oder die der Rauch geschlagen hat, oder in welcher Kräuter und Wurzeln durch zu langes Kochen den besten Geschmack verdünstet haben, wird jederzeit einen schalen und schlechten Geschmack behalten, was man auch hinzusetzen möge.»

Als Fanatiker puren Geschmacks und Vordenker deutscher *nouvelle cuisine* fordert Rumohr: «Entwickle aus jedem essbaren Dinge, was dessen natürlicher Beschaffenheit am meisten angemessen ist.» Für den Autor bedeutet das, Meeresfische in Seewasser ziehen zu lassen, Forelle in eigener Brühe «mit frischer Butter und gutem Brot» zu reichen oder mageres Geräuchertes als widersinnig abzutun.

Norddeutsches Bohnenkraut oder oberdeutscher Beifuß statt albernem Safran: Rumohr ist auch einer der frühesten Liebhaber des Regionalen, das er in den abgeschmackten und «entarteten» Kochbüchern, den «Winkelinstituten der Schlemmerey» meist nicht findet. Er kritisiert Marx Rumpolt, dass er nichts von «häuslichem Bedürfnis» liefere und keift die gute Katharina Daisenberger mit ihren Hechtstriezeln wegen «apicischer Geschmacksverirrung» an. Immer wieder lobt er die intuitive Küche, die gleichsam romantisch-genetische Volkskultur ist: «Ein kunstgerechtes Sieden der Fische wird an den meisten fischreichen Orten, vorzüglich aber in Holland, durch eine stumme Überlieferung in allen Klassen der Gesellschaft fortgepflanzt und erhalten …» Beherzt spricht er deutsche Mankos an, etwa die Einfallslosigkeit, alle Fische mit Zwiebel, Essig und Pfeffer zu sieden oder die «Barbarei eines in Butter gebratenen Aales». «Vergebens habe ich viele hundert deutsche Köchinnen zum Besseren zu leiten versucht.» Nicht auf bestem Fuße steht Carl Friedrich von Rumohr mit der deutschen Hausfrau, auch wenn sein Opus gleich sechs adligen Damen auf einmal gewidmet ist. Wie er vorlaute Küchenjungen und verliebte Dienstmädchen kritisiert, so schilt er auch Romane lesende Frauenzimmer, die den Haushalt nicht ordentlich besorgen oder dumpf an überalterten Handgriffen wie dem Wässern von Fleisch festhalten: «Es scheint, dass auch die deutschen Frauen bey vorrückender Bildung, täglich unfähiger werden, mit der gemeinen Nothdurft des Lebens sich zu befassen, ihre Vorräte auf Jahre im Voraus zu sammeln, festzuhalten und auszutheilen.»

Bemüht, wenn auch den Rang der Kochkunst hebend, wirken Rumohrs kunstgeschichtliche Parallelen. So erinnert ihn ein «ächtes Nationalgericht» wie halbrohes englisches Rindfleisch an den Strengen Stil der griechischen Antike. Ähnlich wie der «schmackhafte Kjebab der Türken» ist dieser Braten als «Urspeise der Menschheit» ein lebendiges Relikt aus der goldenen Vergangenheit homerischer Küche und steht hoch über den «Nachäffungen» und «Übermischungen» französischer Rezepte.

«Der Mensch isst ebensowenig, um zu leben, als er lebt, um zu essen. Er isst, weil er Hunger oder Appetit hat oder, in Deutschland, weil's zwölf Uhr schlägt». Ist Rumohr der moralisierende Praktiker, so ist Gustav Blumröder alias Antonius Anthus (1802–53) der witzige Theoretiker unter den deutschen Gastrosophen. Die Enge seiner Berufslaufbahn, die ihn als Gerichtsarzt nach Kirchenlamitz im Fichtelgebirge und als liberaler Abgeordneter der Paulskirche nach Frankfurt führte, kompensierte er im privaten Freundeskreis mit *Vorlesungen über die Esskunst* (Leipzig 1838). Darin erzählt er von chinesischen Tischsitten und omanischen Straußeneieromeletten und beklagt die Unfähigkeit seiner Landsleute, einen vernünftigen Salat anzurichten. Ihr Fett kriegen auch die amerikanischen «Dollarmänner» ab: «Mit welcher hastigen Verdrießlichkeit schlingen und schlucken sie und eilen, mit der geschäftsstörenden Pause so schnell als möglich fertig zu werden! Es sind keine fünf Minuten vergangen, und schon steht einer nach dem andern eilfertig auf, und geht, noch käuend, ab.» In lesenswerten französischen und italienischen Reiseimpressionen räsoniert er geistreich über Anregungen ausländischer Küche. Französisches Weizenbrot passt besser zu feinen Speisen, Schwarzbrot zu «Butter, Radieschen, Schinken, Käse… unter idyllischen einfachen Verhältnissen im Freien». Seine Betrachtungen kulminieren in Hypothesen kulinarischer Gegensätze und Wahlverwandtschaften:

«Ein gebratenes Zicklein mit jungen Hopfensprossen als Salat, diese beiderseitige Jugend, wie die Liebe der Nachtigall zur Rose, wie stimmt sie so freundlich zusammen!… Rebhühner gehen mit den waldbewohnenden Morcheln eine freundnachbarliche Beziehung ein. Die fetteren, milderen Bratwürste lieben dagegen die Nähe strengerer Gesellschaft von Sauerkraut, sauren Gurken, Senf und dergleichen – und zwar aus ähnlichem Grunde, warum das zur nichtssagenden Indifferenz gekochte Rindfleisch die schärferen Gegensätze von Senf, Meerrettich, roten Rüben, Schnittlauch mit Eigelb und Essig, Radieschen, Salzgurken, Bohnensalat etc. verlangt.»

«Auch die Esskunst bedürfte einer Umgestaltung, nicht auf dem blutigen Wege der Revolution, sondern auf dem vernünftigen der Reform.» In seiner zwölften und letzten Vorlesung prophezeit, ja wünscht Anthus die zukünftige Einmischung der Chemie: «Man darf aber nur von dem Chemiker etwas dafür erwarten, der zugleich Sinn und Talent für Esskunst hat.» Sein Plädoyer für innovative Esskultur gipfelt in der Erfindung der *Antoniuswurst* aus Mett, westfälischem Schinken, Sardellen, Pfeffer, Piment, Zitronenschale, Gewürznelken und Ingwer – heiterer Platonismus in der Küche. «Die Idee des Lebens soll sich abspiegeln in der Idee dieser Wurst: sie soll anregen, aber nicht befriedigen ... kennen Sie nun, meine sehr verehrten Herren, einen denkenden Wurstmacher, einen Wurstmacher von philosophisch-ästhetischer Bildung?»

Der Theaterdirektor und Zeitungsverleger Eugen Baron Vaerst (1792–1855) schreibt aus der Warte des flamboyanten Weltmanns und kultivierten Genießers. Auf Reisen und Feldzügen hatte der Offizier Russland, England, Frankreich, Holland und Spanien erlebt und sich in Italien einen Bären für Schinken mästen lassen. Seiner *Gastrosophie oder die Lehre von den Freuden der Tafel* «zum Besten vaterländischer Esskünstler» war trotzdem kein großer Erfolg beschieden, häufig öffnet man unaufgeschnittene Exemplare.

Dabei liest sich die Schrift oft bestürzend aktuell und herzerfrischend polemisch: «Wer in Deutschland ein Kochbuch schreiben will, der muss damit anfangen, den Töpfer zu lehren, den Herd zu bauen, damit er nicht bloß Feuer von unten oder von oben, sondern auch beides zugleich geben könne; er muss den Fleischer lehren, das Fleisch zu hacken, und vor allen Dingen den Bäcker, das Brot zu backen, namentlich die Semmel, die oft eine Art von Leder und vollkommen unverdaulich ist.» Das A und O guter Küche sind erstklassige Produkte: «Ich habe mich bei uns in vielen Städten vergebens bemüht, für höhern Preis allemal das beste Fleisch zu bekommen.»

Anmut und Würde: Klassizistisches Milchmädchen mit Zinnkanne. Adolf Schmidt, 1834.

Immer wieder arbeitet Vaerst sauber heraus, wie Qualität entsteht, etwa wenn er die unendliche Sorgfalt beim Transport britischer Hammel auf Springfederwagen rühmt, die völlig stressfrei geschlachtet werden. Aber auch sonst erweist er sich als Fundgrube prophetischer Warnungen, indem er der Nahrungsmittelindustrie bereits in ihren Kinderschuhen Aromaverwässerung vorwirft: «Gewächse in Treibhäusern, die bloß durch die Kunst reifen, sind ohne Süßigkeit, Geschmack und Aroma», «Forellen aus Teichen sind wenig schmackhaft.» Statt Maikäfermast für Hühner … «sperrt man die Thiere in enge Ställe; ihr eingeweichtes Futter wird ihnen in großer Menge vorgeworfen – ein für die Leute höchst bequemes, aber ganz unpassendes Verfahren.» Wenige deutsche Qualitätsprodukte hat der Baron von seinem Verdikt ausgenommen, etwa Vierländer Gemüse, Kresse aus Erfurt oder gepökeltes Hamburger Rindfleisch. Und er kennt noch Äpfel, so aromatisch, dass sie eine Stube parfumieren, heute eine Welt verlorener Wohlgerüche.

Vaerst litt an der Genussfeindlichkeit der deutschen Gesellschaft. «Solange in Deutschland Leute von Verstand und Bildung, ja solange es vornehme Herrn unter ihrer Würde halten, sich um die Küche zu bekümmern, so lange werden wir keine athenischen oder Pariser Diners haben.» Statt dessen plädiert er für aufgeklärten Epikuräismus: «Meine Lust ist mein Arzt. Diese Regel ist gut für alle verständigen Menschen.» Kurzum, Gastrosophen werden alt, denn «der Gastrosoph wählt aus dem Guten das Beste, in schönster Form, mit gewissenhafter Rücksicht auf Gesundheit und Schicklichkeit!»

«Ich verlange die Gespräche bei Tische ebenso leicht und abwechselnd als die Speisen.» Manchmal lässt der Autor seine ethnologische Fabulierlust ins Kraut schießen und versteigt sich zu rassistischem Kannibalismus (Weiße schmecken besser als Schwarze!!!) oder dem ergötzlichen Statement: «Die Hindu trinken geschmolzene Butter, wie wir hitzige spanische Weine.»

«Unsere nordische Butter ist gegen Luccheser Öl doch nur eine Schmiere.» Auch Vaerst outet sich als früher Italienfan. Umso eindringlicher seine poetischen Schlusssätze, die das spontane Erlebnis saisonaler Tiroler Küche würdigen:

«Ich kam in missmuthiger Stimmung nach jahrelangem Aufenthalt in Italien nach Deutschland; mir ging es wie Winckelmann: die spitzen Dächer waren mir zuwider. Im schönsten Frühlingswetter war ich durch die Lombardei gefahren, über Verona, längs der Adige; Oel- und Cypressenbäume hatten mich begleitet und selbst die Felsen waren grün belaubt und bewachsen. Nach achtundvierzig Stunden fuhr ich zwischen wildem Schneegestöber durch das Pusterthal nach Innsbruck und stieg in der Goldenen Sonne ab. Es war Mittagszeit, ich fand einen elend geschriebenen Küchenzettel und den Kellner mit dem bekannten: ‹Was schaffen's?› Ich forderte Austern und Gänseleberpasteten und Trüffeln und erhielt zu meiner Beschämung nur etwas Besseres. Prächtige Lachsforellen, Spargel, dick und lang gestreckt wie die Cedern des Libanon, auf der Zunge zerfließend wie Butter, kurz Spargel, wie man ihn in Italien nie findet, und endlich ein köstlich gebratenes Haselhuhn.

Ich war mit meinem Vaterlande, selbst mit den Dächern vollkommen ausgesöhnt.»

Dieses neue Interesse für gepflegtes Essen durchzieht breite Kreise der Gesellschaft. Der runde Tisch wird zum Ort des Austauschs, wo sich Adlige mit ausgewählt geistreichen oder berühmten Bürgern unterhalten – oder auf Manieren achten: «Schon das Halten von Messer und Gabel will gelernt sein. Die Finger müssen stets möglichst leicht oben auf den Griffen ruhen», belehrt der kulinarisch eher einsilbige Freiherr von Knigge seine Leser.

Immanuel Kant ringt in seiner *Metaphysik der Sitten* um eine ausgewogene Wertung des Phänomens: «Der Schmaus, als förmliche Einladung zur Unmäßigkeit in beiderlei Art des

Genusses, hat doch, außer dem bloß physischen Wohlleben, noch etwas zum sittlichen Zweck Abzielendes an sich, nämlich viel Menschen und lange zu wechselseitiger Mitteilung zusammen zu halten: gleichwohl aber, da eben die Menge (wenn sie … über die Zahl der Musen geht) nur eine kleine Mitteilung (mit den nächsten Beisitzern) erlaubt, mithin die Veranstaltung jenem Zweck widerspricht, so bleibt sie immer Verleitung zum Unsittlichen.» Übrigens hielt der Philosoph, nach dem die Königsberger die Uhr stellten, auf seine ausgedehnten Mittagseinladungen mit gutem Wein (Bier galt Kant als «langsam tödliches Gift»), Kabeljau und Senf, bei denen er sich klugerweise anspruchsvolle akademische Gespräche verbat.

Kant rührt Senf an. Zeichnung von Carl Friedrich Hagemann, 1801.

Der modische Stellenwert des Essens spiegelt sich auch in der Literatur. Paradebeispiel ist der Haushalt des Dichterfürsten und Sauerkrauthassers Goethe. Der Olympier und Wirtsenkel aus Frankfurter Patrizierfamilie, dessen Mutter beim Besuch des Großherzogs von Sachsen-Weimar selbstbewusst konstatierte: «Ich fürcht mich nicht vor Fürsten, ich kann kochen», hat leibliche Genüsse immer wieder thematisiert. Sein Romanheld Werther verrät seine Gefühlsintensität auch dadurch, dass er für die *soft skills* des Kochens und das Abfäden von selbstgepflückten Zuckererbsen schwärmt.

Bezeichnenderweise verschießt sich der empfindsame Jüngling in Charlotte in dem Moment, als sie ihren Geschwistern Brot aufschneidet. Die Kinderschar, die einen liebevollen Platz in der bürgerlichen Gesellschaft hat, wird ihm zum symbolischen Anblick eines Versorgt- und Aufgehobenseins, das er vergebens ersehnt.

«Sie hielt ein schwarzes Brot»: Werther erblickt Lotte. Gemälde von Ferdinand Raab nach Wilhelm von Kaulbach, um 1865.

Versorgt war Goethe spätestens, als er «die wahnsinnige Blutwurst» (so Bettina von Arnim) Christine Vulpius heiratete. Der Dichter, dem schon auf seiner Italienischen Reise hinreißende Marktporträts gelungen waren, führte fortan eine ausführliche Familienkorrespondenz für seinen Speisezettel – kulinarischen Flirts war er auch früher nie abgeneigt. «Guten Morgen mit Spargels», lässt er schon am 3. Mai 1777 Frau von Stein ausrichten, umgarnt die Willemer mit Artischocken und schickt zweideutige Billets der Art: «Hier noch zur guten Nacht, ein Ragout. – – Allerley – –! Gewürzt –! Sie fühlen mit was!»

Gleicher Geschmack: E.T.A. Hoffmann (links) und der Schauspieler Ludwig Devrient mit Sektbouteillen 1815 in der Weinstube Lutter & Wegner am Gendarmenmarkt in Berlin (Gemälde von Carl Themann).

So wird gerade Goethe als bürgerlicher Künstlerfürst zum Symbol gesitteten Speisens, das fein ohne Affigkeit ist. Gibt es ein eleganteres Picknickszenario als die von seinem Adlatus Eckermann eingefangene Landpartie: «Wir setzten uns mit dem Rücken nach den Eichen zu, sodass wir während des Frühstücks die weite Aussicht über das halbe Thüringen vor uns hatten. Wir verzehrten indes ein paar gebratene Rebhühner mit frischem Weißbrot und tranken dazu eine Flasche sehr guten Wein, und zwar aus einer biegsamen feinen goldenen Schale, die Goethe in einem gelben Lederfutteral bei solchen Ausflügen gewöhnlich bei sich hatte.»

Spartanischer gings bei dem Gärtnersohn Friedrich Schiller zu, der den säuerlich stechenden Geruch faulender Äpfel in der Tischschublade als Arbeitsstimulanz schätzte. «Schiller hatte keinen Sinn für das Auserwählte, Erlesene; im Sinnlichen war er ohne alles Feingefühl: kratzende Weine, schlechter Schnupftabak, garstige Weiber», ätzte sein Kumpan Petersen über den Dichter, der sich aus Geldmangel oft mit Knackwurst und Kartoffelsalat beschied. Goethes Lob «er ist so groß am Theetisch, wie er es im Staatsrat gewesen sein würde» dürfte sich eher auf die Konversationskünste des Dramatikers bezogen haben.

Überhaupt könnte man ein Porträt der Klassik und Romantik nach den Speisevorlieben ihrer Protagonisten schreiben – die instinktive Spontanküche der Bettina von Arnim, die Schlem-

Outdoor-Mahlzeit: Das Biedermeierwohnzimmer unter den Baum verlegt. Die Familie Farina, Gemälde von Heinrich Franz Gaudenz von Rustige, 1837.

mereien Schlegels, die Zuckerbäckerpoesien Brentanos, die Zechereien E. T. A. Hoffmanns, die Extravaganzen Hermann Fürst von Pückler-Muskaus. Selbst Hölderlin liefert ein überraschendes Fastfood-Bonmot über den Earl of Sandwich: «Er hat die Menschheit vom warmen Mittagessen erlöst, wir schulden ihm tiefen Dank.» Wer genauer wissen will, was der deutsche Geistesadel speiste, kann in handschriftlichen Rezeptsammlungen von Goethes Großmutter Anna Maria Lindheimer oder der Schillermuse Louise von Lengefeld stöbern. Oft war es so Einfaches wie die «Erdbeeren auf Semmelscheiben» im *Kunst- und Mirackelbuch* der Dorothea Grimm (1795–1867). Und oft mussten sich junge Genies mit dem harten Brot und miefigen Kleinbürgergeiz demütigender Freitische herumschlagen, wie sie eindringlich in Karl Philipp Moritz' Entwicklungsroman *Anton Reiser* geschildert werden.

Zurück nach Weimar. Der literarische Cercle um Großherzogin Anna Amalia im Wittumspalais entfaltete auch kulinarische Strahlkraft, machte das gehobene Bürgertum mit französischem Savoir vivre vertraut. Küchenmeister und Hotelier François le Goullon traf bei seiner Idealisierung der kochenden Zunft den Originalton der Musenresidenz: «Und selbst die alltäglichsten Produkte müssen sich unter seinen Künstlerhänden durch Ansehn und Geschmack zu einem höhern Rang erheben. – Ähnlich dem Dichter, durch dessen Einkleidung auch das Gemeine sich zu etwas Edlen gestaltet.» Einer von Goullons Braten titelt *arcadisches Lamm* – Illmenauer Hellenenschwärmerei am Bratspieß.

Sein Kochbuch *Der neue Apicius* erscheint in modischem Taschenbuchformat und geizt nicht mit parfümiertem Küchenfranzösisch, das nun zum Herrschaftswissen wird. Goullons Ausführungen zu «Gast-Gelage, *grand dîner* oder sogenannter großer Tafel» lesen sich wie eine Prophezeiung kreativer Luxusglobalküche: «Hier wo nichts Gemeines erscheinen darf, müssen sich immerwährend Geschicklichkeit und Erfindungsgeist die Hand bieten, um durch die äußerste Eleganz und Neuheit Auge und Gaumen zugleich in Anspruch zu nehmen. Das Edelste, Köstlichste, was uns zu Land und Meer aus den fernsten Zonen für den Wohlgeschmack zugeführt wird.» Goullon empfiehlt den «Feinzünglern» warme Wachtelpastetchen und Ananasgelee und ist einer der ersten, der Käse («Bisquit der Zecher») einen hohen Rang einräumt. Geschickt weist er darauf hin, dass Tafelluxus in den «regsamen Damastwebereien Sachsens und Schlesiens» Arbeitsplätze sichere. Zugleich sieht er sich als Anstandslehrer, der das berüchtigte Ellenbogenverbot ausformuliert und statt aufgesetzter provinzieller Tischsitten wie dem ständigen Nötigen eine «gewisse freundliche Harmonie» fordert. Auch das ist Weimarer Klassik: Ein denkender Koch (wenn manchmal auch nur in Allgemeinplätzchen), der selbstbewusst die höfische Position des Zeremonienmeisters in die lockere des *arbiter elegantiarum* umwandelt.

«Lasst uns die Franzosen preisen! Sie sorgten für die zwey größten Bedürfnisse der menschlichen Gesellschaft, für gutes Essen und bürgerliche Gleichheit, in der Kochkunst und in der Freyheit haben sie die größten Fortschritte gemacht», schwärmte Heinrich Heine in seiner *Reise von München nach Genua.* Doch in einem zeremoniellen Detail musste sich die tonangebende französische Nation geschlagen geben. Unser modernes Essverhalten im Restaurant mit portionierten Tellern statt gemeinschaftsfördernden Schüsseln geht auf den Service *à la russe* zurück. Diese mehr das speisende Individuum betonende und die Tafelhierarchisierung aufhebende Mode wurde erstmals um 1810 bei einem Diner der russischen Botschaft in Clichy bei Paris praktiziert und setzte sich allmählich auch in Deutschland durch. Sie ersparte langwieriges Komplimentieren und garantierte gleichmäßig heiße Speisen. Da nun keine Schüsseln mehr in der Mitte des Tisches stehen blieben, schlug die große Stunde des Tischschmucks und der Blumenvasen – ob der Duft der Blüten den Esser ablenke, wurde zum heiß diskutierten Thema.

Mit der Trias Rumohr–Anthus–Vaerst darf die auch kulinarisch erwachende deutsche Nation eine Bandbreite gastrosophischer Reflexion feiern, die den französischen Klassikern des *Almanach des Gourmands* von Grimod de la Reynière oder der *Physiologie des Geschmacks* von Brillat-Savarin (die vier Jahre nach Rumohr erschien) gleichberechtigt an die Seite tritt.

Insgesamt sind durchaus alle Ansätze zu einer geschmacklichen Verfeinerung vorhanden, gibt es doch im 19. Jahrhundert fast doppelt so viele deutsche als französische Gastrosophica! Selbst Nietzsche reflektiert in *Ecce Homo* über den Speisezettel des Übermenschen: «Ganz anders interessiert mich eine Frage, an der mehr das Heil der Menschheit hängt, als an irgendeiner Theologen-Kuriosität: die Frage der Ernährung. Man kann sie sich, zum Handgebrauch, so formulieren: wie hast gerade du dich zu ernähren, um zu deinem Maximum von Kraft, von *virtù* im Renaissance-Stile, von moralinfreier Tugend zu kommen?»

Antiker Tempelbau als profane Küche: preußische folly *im Marmorpalais in Potsdam.*

Doch das Entscheidende gelang den deutschen Gastrosophen nicht – der Schulterschluss mit den tatsächlich praktizierenden Köchen. Sie waren auch am Kochtopf Dichter und Denker. So blieben ihre Schriften bei aller Tiefe ohne Breitenwirkung: «Rumohr erreichte in Deutschland mit seinem Kochbuch nichts. Die Hausfrauen verkochen und vermanschen die Gottesgaben, und die feine, die bürgerliche und die Hotelküche begnügen sich mit dem Allerweltsabklatsch der französischen.»

Erst im 21. Jahrhundert scheint die Zeit in Deutschland für kulinarische Vernetzung reif zu sein. Heute eröffnen Vordenker wie das schwäbische Allroundgenie Vincent Klink, der Jahrhundertkoch Eckart Witzigmann, der Germanist Alois Wierlacher oder der Restaurantkritiker Jürgen Dollase einen interaktiven Diskurs zwischen Praktikern und Theoretikern, wird Kulinaristik zur *gaia scienza*, zur fröhlichen lebendigen Wissenschaft.

BLUMENKOHLSALAT MIT HUMMER

Carl Friedrich von Rumohr, 1822

Kleingebrochenen, härtlich abgesottenen Blumenkohl mit dem zerschnittenen Fleische von Hummern gemischt, in einer kalten Tunke von feinzerstoßenen Kräutern, welche, mit dem feingehackten Kopfeingeweide des Hummers gemengt, vermöge einiger Löffel guten Essigs durch ein reinliches Haarsieb getrieben werden. Dieses Durchgetriebene wird bis zur Siedhitze erwärmt, stark gesalzen, mit schwarzem, weißem und etwas Cayennepfeffer gewürzt, dann abgekühlt, endlich mit dem Saft einer Zitrone und mit mehreren Löffeln guten Öles angefeuchtet. Man kann auch eine Schalotte mit den gemengten feinen Kräutern zerstoßen und den gesamten Kräutersaft mit Öl mischen, ohne ihn überall aufgesotten zu haben. Wie man auch diese Tunke bereiten möge, so wird man doch wohltun, sie auf eine Art anzurichten, die angenehm ins Auge fällt; z. B. das Fleisch des Hummers in der Mitte, die Blumenkohlsprossen umher, am Rand aber die schön grünliche, etwas dichte und cremeartige Tunke.

«Härtlich abgesotten» – Rumohr popagiert Gemüse *au point* oder *al dente* in einer Epoche, die ihre Gartenfrüchte gnadenlos zu Brei zerkochte. Seine Kräutervinaigrette gleicht einem *pesto* und kündet von der kulinarischen Intelligenz, den Eigengeschmack der Produkte zu unterstreichen. Leichte, moderne Küche, angerichtet nach ästhetischen Gesichtspunkten!

EINE OCHSENZUNGE MIT HANBUTTEN

Auguste Wilhelmine Fontane, 1795

Man kocht die Zunge mit Wasser und Salz gahr, ziehet die Haut ab und schneidet sie in der Mitte voneinander. Alsdann nimmt man eine Hand voll Hanbutten, lößt diese ganz weich kochen und schlägt sie durch ein Sieb. Thut etwas Fleischbrühe, ein Glas weißen Wein, einen Löffel voll Essig, etliche Zitronenscheiben, etwas gestoßene Nelken und Zucker dazu, läßt sie mit einem Stück Butter aufkochen, und richtet sie über die Zunge an.

Feine hugenottische Bürgerküche von der Großmutter des Dichters Theodor Fontane. Eine spröde, schwierig zu verarbeitende Strauchfrucht wie die Hagebutte wird mit Zitrone, Wein und Gewürzen zu einer köstlichen Sauce verarbeitet. Wem das Auskochen der Früchte zu kompliziert ist, der kann auf fränkisches Hiffenmark zurückgreifen.

KRAUSE JÄGER SCHNITTEN

Charlotte von Kalbs Mutter, um 1780

Es werden 4 Eyweiß zu Schaum geschlagen, ein halb (Pfd) Zucker und ein halb (Pfd) gehackter Mandeln darein gerührt, geschnittene Citeronen Citronat Zemet-Nägelein nach Gutdünken wohl untereinander gemacht eines Messerrüken dick, auf Oblaten gestrichen Fingers Breite Stücklein daraus geschnitten und in einem nicht so heißen Ofen gebacken.

Eine handschriftlich notierte Mandelmeringue aus dem Schillerhaus in Weimar, die sich herrlich für den feinen Teetisch eignet!

KAFFEE, TEE, SCHOKOLADE

Was haben äthiopische Ziegen und der Augsburger Arzt Leonhard Rauwolf (1540–1596) gemeinsam? Sie waren beide Propagandisten des Kaffees. Die herumtollenden Tiere machten vor über 1000 Jahren Mönche auf die stimulierende Wirkung der Bohnen aufmerksam. Der Siegeszug des schwarzen Tranks, der über Arabien den Islam erobert, begann – 1554 eröffnet in Istanbul das erste europäische Café. Der Orientreisende Rauwolf war der Erste, der das Modegetränk den Abendländern beschrieb.

Um den Geburtsort des ältesten deutschen Kaffeehauses streiten sich zwei Hansestädte. Im Bremer Schütting, dem Gildehaus der Kaufmannschaft, schenkte 1673 (oder 1697?) der Holländer Jan van Huesden das «außländische indianische Getränk» aus – zehn Jahre bevor mit türkischen Beutebohnen die Wiener Kaffeehauskultur begann. 200 Jahre später sollte die Heimat von Jacobs und Kaffee Hag 120 Kaffeeröstereien zählen – sogar Münchner Dallmayr-Kaffee hat bremische Wurzeln. 1677 eröffnete ein englischer Kaufmann eine Hamburger Kaffeesiederei. Das *Café Prinzess* in Regensburg, heute eine moderne Konditorei, besteht seit 1686. Wer Kaffeehausnostalgie sucht, ist im *Arabischen Coffeebaum* in Leipzig von 1711/25 besser aufgehoben.

«Aber bitte mit Sahne» – deutsche Cafés wie das ehemalige *Kranzler* sind in erster Linie Konditoreien. Dass es hierzulande auch intellektuelle Kaffeehauskultur statt Kuchenschlemmerei gab, zeigen allenfalls vergilbte Fotos vom *Romanischen Café* in Berlin. Ein Abglanz von Alt-Schwabing weht noch durch den *Schellingsalon* von 1871. Der *Wiener Billardsalon* in der Münchner Schellingstraße zählte so gegensätzliche Politiker wie Franz-Josef Strauß und Lenin zu seinen Stammgästen.

«Hingegen betreiben wir den Negerhandel, um ein paar Leckereien, wie Zucker und Kaffee, genießen zu können», monierte der frühe Globalisierungskritiker Johann Georg Forster. Doch der hanseatische «Waaren-Agent» J. C. Zimmermann notierte 1849: «Der Caffée ist nun einmal ein Bedürfnis geworden, und man kann ihm seine Wohltätigkeit nicht absprechen.» Das gilt heute für mit Pappbechern durch die City eilende Landsleute, besonders aber galt es für die kursächsischen Truppen, die dem Alten Fritz ausrichten ließen, «ohne Gaffe gönn mr nicht gämbbfen», was ihnen den Spottnamen Kaffeesachsen eintrug. Immerhin war der Monarch pfiffig genug, den teuren Kaffee mit Zichorie strecken zu lassen. So wurde er zum Ahnherrn aller dünnen «Blümchen-» und «Schwerterkaffees» und DDR-Blends wie «Erichs Krönung»: Die Mischung aus Zichorie, Zuckerrübenschnitzel, Spelz und Roggen-Gerstengemisch konnte Kaffeemaschinen ruinieren. Als ökologischer Dinkel- oder Malzkaffee erlebt Muckefuck (*mocca faux*) ein Revival – es muss nicht immer koffeinfreier Kaffee Hag sein, den der Bremer Ludwig Roselius 1906 entwickelte, weil sein Vater an zu hohem Kaffeekonsum gestorben war.

Die *Süddeutsche Zeitung* behauptete kürzlich, nichts könne die Münchner Schickeria mehr schockieren, als wenn man mit lauter Stimme in einem Szenespot ein Kännchen Kaffee bestellt. Denn längst hat sich die Nescafé-Nation in die Feinheiten von *latte macchiato* und *espresso* eingearbeitet, während ein guter Mokka praktisch verschwunden ist, ganz zu schweigen von der Dröppelminna einer Bergischen Kaffeetafel.

In Hamburg ist man schon einen Schritt weiter, verlangt weltläufig portugiesischen *galão* – Kaffee ist wieder so international geworden wie einst.

Das gilt trotz Sarotti-Mohr für Kakao weniger. Marken wie Bensdorp oder Kaba vermitteln den Eindruck, Trinkschokolade sei entweder holländisch oder für Kinder – sehenswerte Nostalgie ist die holländische Kakao-Stube *Bartels* in Hannover. Dabei begann der einst mit Chili gewürzte tiefschwarze Aztekentrunk seine Karriere als Aufputschdrink des Adels, doch diese spanisch-italienische Mode setzte sich (trotz Dresdner Schokoladenmädchen) in Deutschland kaum durch. Dafür dokumentieren Rezepte wie *Chocoladensuppe über gebähtem Brot* oder die verpönte Sitte, hartes Butterbrot in die Kaffeetasse «einzuditschen», wie die exotischen Schlürfgetränke zögerlich Milchsuppen zum Frühstück verdrängten.

Die ersten deutschen Pralinen wurden 1676 auf Initiative des französischen Gesandten am Sitz des Immerwährenden Reichstags in Regensburg angeboten.

Die Herstellung fester Milchschokolade, eine Erfindung (1875) des Schweizers Daniel Peter, fand bald Widerhall. Als älteste deutsche Schokoladenfabrik gilt Halloren in Halle, die mit einem Museumszimmer aus purer Schokolade lockt. Trotz rühmlicher Ausnahmen blieben deutsche Chocolatiers mit ihren Dumping-Tafeln meist im Schatten der Schweizer Konkurrenten – erst in letzter Zeit klinken sich kleine Manufakturen in den Trend zur kakaoölreichen Edelschokolade ein.

Wenige wissen, dass der deutsche Amtsschimmel Geburtshilfe bei der Weltkarriere von Nutella geleistet hat. Er verbot der piemontesischen Mon-Chérie-Firma Ferrero den Namen Supercrema, weil in einer deutschen Krem Sahne drin sein muss, und zwang sie so zur griffigeren Wortschöpfung Nutella.

Zum Teeguru der ersten Stunde wurde ein Kieler Professor. Wilhelm Ulrich Waldschmidt bekräftigte 1690 in *Thee domi militiaeque valetudinis custos* die gesundheitsbewahrende Kraft des chinesischen Blätteraufgusses: «Trincket Thee ihr Dames, dass ihr nicht zu früh alt werdet.» Die Nachbarschaft zu Holland machte Ostfriesland zur Hochburg der Teetrinker. In Petitionen an den Preußenkönig weigerten sich die Friesen hartnäckig, Petersilaufguss zu trinken, und entwickelten lieber ein Zeremoniell mit Stövchen und Kluntjes. Heute wird der Teekonsum zwischen Aurich und Norden nur von Iren, Libyern und Kataris übertroffen. Ob die Sitte, Sahne auf den Tee «aufzulegen», letzten Endes anglo-indisch ist, wäre ein eigenes Forschungsfeld.

HENRIETTE DAVIDIS – DIENSTMÄDCHEN- UND HAUSFRAUENREZEPTE

Das Ehrengrab gleich beim Haupteingang des Dortmunder Ostenfriedhofs schmücken meist frische Blumen in einer Suppenterrine. Deutschlands berühmteste Köchin Henriette Davidis (1801–76) hat auch ein Säkulum nach ihrem Tod viele Verehrer. Regelmäßig führen Guides zu ihren Kultstätten: selbst die eiserne Herdplatte ist zu Denkmalsrang geadelt und in ihrem Geburtsort in einen Eisenbahn-Stützpfeiler vermauert worden!

Lebenslang Pfarrerstochter: Fräulein Henriette Davidis, um 1860.

Die protestantische Pfarrerstochter sollte mit ihrem *Praktischen Kochbuch* von 1845 den Sektor umkrempeln. Denn wie keine andere verband sie ihr Schreiben mit praktischem sozialen Sendungsbewusstsein. Ihre Schriften erschlossen, belehrten und förderten neben dem bürgerlichen Publikum einen neuen, aufstrebenden Kreis von Adressaten – das Heer von Mädchen aus den einfachen Ständen, das sich seinen Lebensunterhalt als Dienstboten verdienen musste und durch solide Kochschulung den ersten Schritt zur beruflichen Qualifikation und Arbeitsplatzsicherung tun sollte. Durch die allgemeine Schulbildung und Alphabetisierung wurden diese jungen Frauen zu potentiellen Käuferinnen von Kochliteratur. Kein Wunder, dass Henriette Davidis die erste deutsche Schriftstellerin war, die trotz anfänglicher Übervorteilung von den Abschlagszahlungen ihrer Bücher leben konnte. Zu ihren Lebzeiten erschien ihr Bestseller in nicht weniger als 21 Auflagen.

Solche Romane muss man den schönen, deutschen Händen übergeben, die Romantik des Kochens, Einmachens, der Erziehung.

BERLINER LITERARISCHE BLÄTTER 1841, NR. 8

Das Leben der Johanna Friederika Henriette Davidis ist ein hochinteressantes

Frauenschicksal in voremanzipierter Zeit. Als zehntes von dreizehn Kindern wurde sie in Wengern im 1613 erbauten Alten Pfarrhaus geboren – da lernt man von Kindesbeinen auf «möglichste Sparsamkeit». Nachdem dem jungen mitgiftlosen Mädchen zwei Verlobte weggestorben waren, musste sie «in Stellung» gehen. Bis 1857 war sie als Kindererzieherin, Gouvernante und Krankenpflegerin tätig. Die Idee, ihr Wissen niederzuschreiben, kam ihr, als sie 1841–48 als Haushaltslehrerin an der Mädchenschule in Sprockhövel wirkte – aus dem knappen klaren Stil des Skripts wuchs das Buch. Erst mit 74 wird die Erfolgsautorin, die ihre Zeit tätig mit dem Betreuen fremder Leute Kinder verbracht hatte, eine eigene Wohnung in Dortmund beziehen.

Werfen wir einen Blick auf die handliche taschenbuchgroße Erstausgabe von 1845 – sie ist in bibliophilem Reprint bei Pfarrer Methler, der in Wetter-Wengern das Henriette-Davidis-Museum aufgebaut hat, zu beziehen. Schon der erweiterte Titel verheißt die praktische Botschaft «mit besonderer Berücksichtigung der Anfängerinnen und angehenden Hausfrauen.» Hier versprach jemand Unterstützung für die Hilflosigkeit bürgerlicher Bräute, die plötzlich aus behütetem Elternhaus in die Verantwortung eines Haushalts geworfen wurden. Guter Rat war da teuer – der Ehemann fühlte sich für «Weibersachen» wie Küche nicht zuständig, das Personal scheute man sich wegen Klassenschranken zu fragen, die Mutter war in vortelefonischen Zeiten oft schwer erreichbar.

Der Hummerreiter: Jugendstileinband für einen Longseller.

Didaktisch-tüchtig beginnt Henriette Davidis mit einer Fülle allgemeiner Vorbereitungsregeln. Tipps wie «Etwas über die Kochgeschirre» oder «Vom Verbessern einer geronnenen Sauce» stehen neben Hinweisen zu Farcen, Trüffel, Petersilienbutter oder «Kerry-Pulver (!) aus Corcuma, Coriander und weißem Pfeffer». Aus ferner Vergangenheit scheint der Rat zu stammen, Krebse mit Milchbrot zu füttern oder Feldhühner ungerupft mehrere Wochen in einer Haferkiste aufzubewahren.

Der eigentliche Rezeptteil beginnt in klassischer Schlichtheit mit der detaillierten Beschreibung klarer weißer Rindfleischsuppe. Dieser wohltemperierte Stil zieht sich durch das ganze Werk. Davidis kennt weder zur Hoch- noch zur Volksküche Berührungsängste. «Steckrüben auf gewöhnliche Art» oder «billige Klöße» stehen neben Kükenpastete und Arrac-Creme. Nie setzt die Pastorentochter auf grelle Effekte, sondern auf kundige Verfeinerung auch der einfachsten Gerichte. Bouillon gewinnt durch Mitkochen von *Scorzoner* (Schwarzwurzeln) und Petersilwurzel, an den Steckrüben darf eine Prise Muskat nicht fehlen. Resteverwertung ist selbstverständlich.

Trotz landschaftlicher Akzente wie Potthast oder «westphälischer Kaltschale» hat Davidis ein stilbildendes überregionales, ja gesamtdeutsches Kochbuch geschrieben, das selbstverständlich auch französische Omelette soufflée und britische Mock-turtle-Pastete integriert, dafür weitgehend Süddeutsches vernachlässigt. Dennoch fasziniert, welch ungeheure Fülle spannender und heute verschollener Rezeptideen Davidis auflistet: Hagebuttensuppe, farcirter Hecht, Kalbsbraten in Buttermilch, gebackenes Apfelmus oder getrocknete Heidelbeeren. Natürlich hängt diese breitgefächerte Auswahl auch mit dem Anliegen der Autorin zusammen – die Leserinnen sollten für bürgerliche Tafeln kochen lernen und in fremden Städten vermittelbar sein. Damit deckt sie die Bandbreite realen Kochens vom Festtagsdiner mit Wildschweinskopf («man schickt den Kopf zum Schmied, um ihn mit glühendem Eisen gehörig absengen zu lassen») bis zum sparsamen Alltagsessen wie Schweinefleisch-Klopsen mit Sardellen oder dem westfälischen Butterkuchen zur Kaffeetafel ab. Immerhin sollten knausrige Nachbarn lästern, die Davidis habe für das Ausprobieren der Rezepte einen ganzen Bauernhof durchgekocht. Mit Erfolg, denn nach *Davidis* kann man auch heute noch ausgezeichnet kochen, wenn man die unzeitgemäße Mehlschwitze weglässt.

Ordentliche Puppe: Kinderspielküche aus Lünen, um 1900.

Davidis ehrgeiziger Plan, eine umfassende Hauswirtschaftslehre zu schreiben, blieb Fragment. 1848 bemüht sie sich, in *Praktische Anweisung zur Bereitung des Roßfleisches* die geächtete Armennahrung schmackhaft zuzubereiten. Titel wie *Der Gemüsegarten* (1850) und *Die Hausfrau* (1861) sehen Haushaltsführung als gesamtheitliche Aufgabe – Bügeleisen Entrosten, Regentonnen Reinhalten, schwarze Tinte Gewinnen und weiße Seife Kochen, Ungeziefer Vertilgen und Lebensmittel vor Verderben Schützen zählen eben auch zu den Frauenpflichten. Für frühes Einüben der Rolle als «Frau am Herde» sorgt 1856 *Puppenköchin Anna*. Schließlich erscheint das *Praktische Kochbuch für liebe kleine Mädchen* in einer Zeit, wo man Jungs Zinnsoldaten und Mädchen Puppenstubenküchen schenkt. Vielleicht idealisierte Fräulein Henriette sich auch selbst etwas im Vorwort von *Der Beruf der Jungfrau:*

> Allen, allen Töchtern nah und fern –
> die nach alter Sitte auch noch gern
> Sinnig fein in Küch' und Keller walten,
> um den Wohlstand aufrecht zu erhalten …
> Pflichtgetreu zum Wirken stets bereit –
> Ihnen allen sei dies Werk geweiht.

Ordnung, Ordnung, liebe sie … Die Städtische Küche. Bilder zum Anschauungsunterricht für die Jugend, 1890.

Weibliche Selbstbehauptung, ohne den Rahmen zu sprengen – die stets streng gekleidete Pastorentochter bewies mit ihrem Erfolg, dass ein erfülltes und geachtetes Leben auch außerhalb der Ehe möglich war. Noch zu Lebzeiten erschienen englische, holländische, französische und dänische Ausgaben, posthum wurde sie in den USA mit zwei Auflagen zum Begriff. Bis 1875 gelang es dem Verlag, den Preis für das *Praktische Kochbuch* konstant zu halten: 1 Thaler!

Nach ihrem Tode glich der Posten der Davidis-Bearbeiterin einer Art Gralshüterin deutschen Kochwissens. Luise Rosendorf, Luise Holle, die bayerische Kulinaria-Sammlerin Erna Horn haben das Buch aktualisiert – noch 1997 erschien eine Neubearbeitung von Kurt Hensch.

Auch wenn es manchen Deutschen, die ihre zur Hochzeit geschenkte *Davidis* auf dem Küchenbord von Generation zu Generation vererbten, so schien, hat Henriette Davidis das Kochen nicht erfunden. Sie steht vielmehr in der erstaunlichen Traditionslinie meist protestantischer deutscher Frauen, die nicht nur kochten –sondern darüber schrieben!

Ausgehend von Anna Weckers *Neuem Kochbuch* sind bereits im Barock Frauenkochbücher wegen ihrer nachkochbaren Authentizität begehrt. Die prominentesten Vertreter sind die *aus dem Parnasso entlauffenene* Nürnberger Köchin mit ihrer Notizensammlung von 1691 (S. 87), die Theaterdichterin Sophie Schellhammer und «ein in der Koch-Kunst wohlerfahrenes und geschicktes Weib« wie Susanna Eger. Ihr *Leipziger Kochbuch* von 1745 ist eins der frühesten mit sorgfältigen Mengenangaben.

Ende des 18. Jahrhunderts wird mit dem neuen Selbstwertgefühl der bürgerlichen Gesellschaft das Frauenkochbuch zum weitverbreiteten Phänomen. Goethes Schwiegertochter Ottilie trägt sich mit dem Gedanken, ein Nationalkochbuch zu schreiben – also Rezepte zu sammeln, wie die Brüder Grimm Märchen und Sagen aufspürten. Titel wie *Archiv weiblicher Hauptkenntnisse für diejenigen jedes Stands, welche angenehme Freundinnen, liebenswürdige Gattinnen, gute Mütter, und wahre Hauswirthinnen seyn und werden wollen. Hrsg. von einer Gesellschaft von 42 deutschen Frauen…* Leipzig 1787–88 belegen, dass das Austauschen von Rezepten zum Gesellschaftssport gebildeter Damenkränzchen wird. Friederike Unger stilisierte ihr *Neuestes Berlinisches Kochbuch* von 1794 gar als «Bekenntnisse einer schönen Seele».

Zugleich etablieren immer mehr Praktikerinnen erfolgreich Regionalkochbücher auf dem Markt.

Marie Schreiber findet 1785 im *Berliner Kochbuch für herrschaftliche Tafeln* den richtigen Mix aus Fein und Viel. Sie empfiehlt Hühnerfricassee und Marasquino-Cremes, aber auch Milchbrei oder einen ärmlichen Sattmacher wie Grünkohl mit Kaldaunen.

Eine bis heute populäre Gestalt ist die schwäbische Apothekerstochter Friederike Louise Löf(f)ler (1744–1805) aus Kürnbach. Die Trompetersgattin und Mutter von sieben Kindern versorgte als «Landschaftsköchin» das württembergische Abgeordnetenhaus. Ihr *Neues Kochbuch oder geprüfte Anweisung zur schmakhaften Zubereitung der Speisen…»* von 1791 erlebte als *Stuttgarter Kochbuch* bis 1930 fast 40 Auflagen und wurde in wolga- und amerikadeutschen Auswandererhaushalten als fettfleckige Kostbarkeit gehütet.

Aechte bürgerliche

Köchin.

Ein praktisches
Hand- und Hülfsbüchlein
für
deutsche Bürgerfrauen und Töchter.
Von
Rosalie.
Nach eigener vieljähriger Erfahrung zusammengestellt und herausgegeben.
Zweite vermehrte Auflage.

Ulm.
Druck und Verlag von J. C. Seitz.
1846.

Deutsche Bürgerfrauen und Töchter, kocht nach Rosalie!

Die Stärke der Löfflerin liegt in zuverlässigen Angaben, leichter Nachkochbarkeit und einer gelungenen Mischung aus Volkstümlichkeit (Geduldzeltlein von Eierschaum) und französischer Raffinesse. Spannend klingt Ragout von blättrig geschnittenen Kalbsohren mit Muskatnuss und Morcheln oder mit Ochsenzunge gespickter Brustkern. Sprichwörtliche *Suppenschwaben* können sich an Fastenbrezen-, Bier- oder brauner Ochsenfleischsuppe mit Brotrinde und Wurzeln delektieren.

Weit über die Region erfolgreich war Sophie Juliane Weilers *Neuestes Augsburgisches Kochbuch* von 1801. Der Wälzer mit 1040 Rezepten enthält Gewichtstabellen der Reichsländer und empfiehlt in folgenden Ausgaben Kräuterpulver, da man während der Kontinentalsperre nur an geschmuggelte Gewürze kam. Süddeutsche Klassiker mit Fastenrezepten sind das *Vollständige bayerische Kochbuch für alle Stände* der Maria Katharina Daisenberger oder das *Regensburger Kochbuch*, das 2013 in 98. Auflage erschien. 40 Jahre diente die Rezeptlieferantin Marie Schandri als Köchin im altehrwürdigen *Goldenen Kreuz*, wo sich einst Kaiser Karl V. mit Barbara Blomberg vergnügt hatte.

Die Liste lässt sich fast endlos erweitern. Betty Gleim, Pionierin der Frauenbildung und glühende Patriotin, etablierte das Stubenküken in der feinen Bremer Küche. Antonie Metzner wählte 1836 in Quedlinburg den pädagogischen Titel *Die sich selbst belehrende Köchin*. 1834 erscheint anonym in Leipzig *Das neueste und einfachste Kochbuch* «für Mädchen und angehende Hausfrauen bürgerlichen Standes, denen es an Gelegenheit zum mündlichen Unterrichte in der Kochkunst fehlt».

Der volksbildnerische Impetus macht auch vor Proletarierfrauen nicht Halt. 1868 gibt Lina Morgenstern in Billigstbroschur für 30 Pfennig die *Kochrecepte der Berliner Volksküchen* heraus. 1882 veröffentlicht der Verband Arbeiterwohl *Das Häusliche Glück* in der Hoffnung, dass der Mann seinen schmalen Lohn nicht in Kneipen verzecht, sondern lieber lecker zu Hause isst.

Gerade die frühen Frauenkochbücher sind zugleich mit einer erbittert geführten Debatte über das Rollenverhalten der Frau verbunden. Leider wird fast immer polemisiert – trotz des Vorbilds von Betty Gleim scheint sich kaum einer die geistreiche gutkochende Frau vorstellen zu können.

Auch Goethe verklärt lieber in seiner *Zweiten Epistel* die Jugendjahre eines erwachenden Hausmütterchens:

Lass der andern die Küche zum Reich! Da gibt es, wahrhaftig,
Arbeit genug, das tägliche Mahl durch Sommer und Winter
Schmackhaft stets zu bereiten und ohne Beschwerde des Beutels.
… Immer ist so das Mädchen beschäftigt und reift im Stillen
Häuslicher Tugend entgegen, den klugen Mann zu beglücken.
Wünscht sie dann endlich zu lesen, so wählt sie gewisslich ein Kochbuch,
Deren Hunderte schon die eifrigen Pressen uns gaben.

Wie schwer der Wunsch nach höherer Bildung mit der altmodischen Hauswirtschaft und ihrem zeitraubenden Autarkie-Ideal (alles sparsam selbst herstellen!) zu vereinen ist, beklagt die gegen viele Widerstände zur Schriftstellerin gereifte Fanny Lewald in ihren Erinnerungen.

«Eine ordentliche Königsberger Familie legte sich also im Herbst ihre zehn, zwanzig Scheffel Kartoffeln in den Keller. Einige Scheffel Obst wurden im Sommer geschält und aufgereiht und bei dem Bäcker getrocknet, Pflaumen- und Kirschmus im Hause gekocht. Von allen Gemüsearten wurde der nötige Vorrat im Herbste für das ganze Jahr angeschafft, und in Beeten von grobem Sand, je nach ihrer Art, in den Keller untergebracht, was man Einkellern nannte. In gleicher Weise wurden ganze Fässer voll Sauerkohl und Gurken, Töpfe voll roter Rüben und marinierter Heringe eingemacht, der feineren Früchte und der für Krankheitsfälle nötigen Gelees und Fruchtsäfte nicht erst zu gedenken. Selbst Kamillen, Holunder und Kalmus («deutscher Ingwer») wurden für vorkommende Fälle im Sommer von den Kräuterleserinnen gekauft und als Vorrat für den Winter aufbewahrt … Die Männer bezahlten in vielen Fällen diese Art der Wirtschaft nur mit mehr Geld als nötig, die Frauen mit einem Aufwand von

Kraft, der oft weit über ihr Vermögen ging, und zu irgendeinem nicht auf den Haushalt und die Familie bezüglichen Gedanken blieb denjenigen, die wir bei allem selbst Hand anlegen mussten, wenn ihr Sinn nicht entschieden auf Höheres gerichtet war, kaum noch Zeit übrig.»

Genau gegen diesen «höheren Sinn» giftet 1806 die anonyme Verfasserin der *Cölner Köchinn*:

> «Kann ein junges Frauenzimmer zeichnen, malen, singen, tanzen, fremde Sprachen stammeln, etwas über Mathematik, Philosophie und Geschichte schwatzen, so sagt man, sie habe eine vollkommene Erziehung erhalten. Von der hauptsächlichen Wissenschaft aber, von den Pflichten, wozu sie Natur und gesellschaftliche Ordnung bestimmt hat, weiß sie gar nichts. Kommt nun ein solches Mädchen aus dem aelterlichen Hause um die Gattinn eines Mannes zu werden, an dessen Loos sie das ihrige verknüpft hat, so ist es natürlich, dass derselbe ihr die Verwaltung seines Hauswesens anvertraut. Hat sie nun gar keine Kenntnisse in diesem Fache, so ist diese Unwissenheit die reichliche und bittere Quelle vieles Unheils und Jammers.»

Marianne Strüf wirbt 1844 für ihr *Wirthschaftliches Haus- und Lese-Buch für Frauen und Töchter jeden Standes* mit einem Frontalangriff auf emanzipatorische Bestrebungen: «Väter, Mütter, gebt das Buch Euren Töchtern, Männer, gebt es Euren Frauen in die Hände! Es trägt gewiss viel dazu bei, unter dem deutschen, weiblichen Geschlechte die Gelehrsamkeits- und Künstler-Koketterie, die gemüthlose, dressierte Glanzsucht zu vertilgen und ihm Liebe für das schöne, gemüthliche häusliche Walten beizubringen!»

Die Vorstellung vom Heimchen am Herde, früher eher Resultat pragmatischer Arbeitsteilung, wird nun ideologisch aufgeladen. Zu diesem Zeitgeist passen auch die gutgemeinten Verschulungstendenzen der Henriette Davidis. Lange bleibt in Deutschland die höhere Töchterschule, die Koch- und Hauswirtschaftslehre vorsah, die einzige Weiterbildungsmöglichkeit für Frauen – 1900 können erstmals Frauen ohne Ausnahmegenehmigung im liberalen Großherzogtum Baden studieren! So wird das Kochenlernen als einer der wenigen offenen «Bildungswege» forciert – und die Hauswirtschaftslehrerin zum geachteten Beruf. Die ersten Fachkräfte werden 1884 im Pestalozzihaus in Berlin von der konservativen Frauenrechtlerin Hedwig Heyl (*ABC der Küche*) ausgebildet. 1897 eröffnet die ostpreußische Offizierstochter Ida von Kortzfleisch in Hessen die erste wirtschaftliche Fachschule für Landmädchen. Die Elevinnen heißen Maiden und tragen Schürzen.

Wer hat Angst vor Ida von Kortzfleisch? Defilée der Zöglinge einer Landmaidenschule vor der Bildungsreformerin (1912).

Um 1900 beginnen die Weck-Gläser der teuren Metalldose ernsthaft Konkurrenz zu machen – vorher hatte man Eingemachtes meist in kühlen Steinguttöpfen im Keller gelagert oder durch Schmalz, Honig, Essig, Wein oder Salz konserviert. Die technische Entwicklung entlastet die Hausfrauen (bzw. führt zu weniger Bedarf an Dienstpersonal). Sie fordert aber auch neues Know-how, das durch Gebrauchsanweisungen, Bücher und Kochschulen vermittelt wird. Die mündlich überlieferten Tipps der Muhme verstummen angesichts der ersten Geschirrspülmaschine (1886) oder des ersten elektrischen Küchenherds (1896) – ganz aus dem Geist des Pariser Elektrizitätspalastes auf der Weltausstellung 1889. Frauen werden zu Erfinderinnen wie Melitta Benz aus Dresden, die ein flusiges Löschblatt aus dem Schulheft ihres Sohnes mit der Schere durchstößt und 1908 in Dresden ein Patent auf Kaffeefilter anmeldet. Andere wie die Kochschulleiterin Elise Hannemann tüfteln an immer perfekter wärmeisolierten Kochkisten, die Heizmaterial sparen, aber auch fast alles zu Brei zerkochen. Klassiker wie *Dr. Oetkers Schulkochbuch* von 1912 belegen: Kochen ist zum Unterrichtsfach geworden – mit allen positiven und negativen Folgen der Normierung.

Kinderglück dank Technik: Rezeptbuch für AEG Elektroherde.

Buchhändler profitieren davon: Die Deutschen brauchen für alles einen Ratgeber. Dieser Langzeittrend gilt seit dem 19. Jahrhundert für den Haushalt. Doch die starke Stellung der Kochbücher, ja die angemahnte Verschulung führt auch zum Verlust instinktiven Kochens, zur unselbständigen Befolgung von Anweisungen. Im 18. Jahrhundert hatten Autorinnen noch gegen Mengenangaben polemisiert – schließlich hatte die Hausherrin im «Fingerspitzengefühl», wie viele Mäuler man satt zu kriegen hatte, und dann sollte noch etwas für die Resteverwertung übrig bleiben! Doch wenn man im Unterricht die Warnung eingetrichtert bekommt, «wenn die Hausfrau die Gerichte nicht richtig zusammenstellt, ist die Gesundheit der Familie ernsthaft gefährdet», trauen sich das nur wenige. Die Folge sind auch völlig überforderte Ehefrauen wie das heulende *Lämmchen* aus Hans Falladas *Kleiner Mann was nun*, die angesichts dicker Kochbücher examensähnliche Ängste ausstehen und sich nicht einmal einen beherzten Griff ins Salzfass zutrauen.

Was koche ich heute? Mein Kochbuch weiß es. Cover um 1946.

Kochen wird zur Pflichterfüllung. Dass es auch Spaß machen kann, scheinen all die bienenfleißigen bierernsten Kochbuchautorinnen zu vergessen oder nicht für erwähnenswert zu halten. Haben sie mit dieser Mentalität dem Abschied vieler moderner Frauen von der Küche, dem heutigen Verschwinden des Unterrichtsfaches Kochen, Vorschub geleistet?

Henriette Davidis war aus biedermeierlicher Pfarrhofphilanthropie zur sozialen Frage vorgestoßen und hatte sie auf ihre konservative Art durch praktische Qualifizierung der Frauen in der Küche zu beantworten versucht. Doch ihre Leserinnen sind nicht mehr Hüterinnen von Kochgeheimnissen, sondern Lernende, die Rezepte hinkriegen oder verhauen. Unter ihren Nachfolgerinnen reift die kochgeschulte deutsche Hausfrau langsam zur Staatsbürgerin, die in der Küche funktioniert wie Männer in der Kaserne. Aufgesetzte Panegyrik wie im *Deutschen Sparkochbuch* (München 1917) bringt es auf den Punkt: «Die jetzt geforderte Kriegssparsamkeit ist nichts anderes, als die Erziehung zur naturgemäßen Lebensweise, zur Genügsamkeit … werden die Frauen aller Stände gezwungen sein, die Fleischrationen zu verringern und unter reichlichem Gebrauch von Gemüse und Kartoffeln die Mahlzeiten ausgiebig zu gestalten; ja die Hausfrau, die unsere Zeit recht erfasst hat, wird zur Dichterin und Denkerin – am Kochtopf.» Es scheint leider so, dass die Kreativität der deutschen Frauen für ein einziges Ziel gefordert und vergeudet wurde: Sparsamkeit.

Liebe geht nicht mehr durch den Magen. Es ging auch anders. Wie ein Echo aus galanteren Zeiten motiviert 1830 das hugenottische Berliner *Küchentaschenbuch* vom «Sohn einer Hausfrau» damit, dass ein gelungener Teller auch den erotischen Reiz der Köchin erhöhen könnte:

Angebrannt! Bibi Johns in: Unter Palmen am blauen Meer (BRD 1957, Regie: Hans Deppe).

Nach der Tafel wird er sagen
Wie ein Gott hab ich gespeis't.
Und wie ein verliebter Tändler,
In des Brautstands Rosenzeit
Geht er rasch zum Modehändler,
Um zu kaufen, was Euch freut …
Und ihr …
Werdet liebevoll umfangen,
Und wie eine Braut geküsst.
Seht wie feine Männersitte
Durch dies Büchlein ihr erreicht.

Feine Männersitte: Der kochende Mann spielt in diesem weiblichen Universum eine eher tölpelhafte Rolle. Natürlich gab es die Profis, die in Restaurants, für Adelsdiners und Feldküchen zuständig waren. Aber bürgerliches Kochen war bis aufs Tranchieren weiblich – wobei der Titel einer Berufsköchin Frauen bis ins 19. Jahrhundert verwehrt blieb.

Zwei kichernde Backfische spähen durchs Fenster der Junggesellenbude, wo ein gespreizter Jüngling linkisch auf dem Gaskocher ein Süpplein anrichtet – natürlich das Maggi-Fläschchen in Greifweite. Therese Haslingers *Junggesellen- und Touristen-Kochbuch* (München 1896) spielt mit dem Skandalon, dass ein Mann für sich selbst kocht – und ist zugleich das erste Männerkochbuch für Laien. Natürlich gibt es jede Menge Eiertipps und als männliches *gender food* sechs verschiedene Katersalate, darunter mit eingedostem Nürnberger Ochsenmaul. Höhepunkt ist der nach einer Erfolgsoperette benannte Mikadosalat, der aus Schinken, Zunge, Rindswurst, Austern, Sardellen, Krebsnasen, Büchsenchampignons, Remoulade, Cayennepfeffer und Maggi komponiert wird. Doch irgendwie lässt die Autorin keinen Zweifel daran, dass das Notlösungen sind, solange man unverheiratet ist, und «dass der Kochkunst wahre Virtuosin das Weib doch bleibe.»

Jungs in der Puppenküche. Kochbuchmuseum Dortmund

Sauerkraut mit Hecht

Henriette Davidis, 1845

Sauerkraut wird vorsichtig aus dem Fasse genommen … nicht gewässert, mit kochendem Wasser und reichlich halb Butter und halb Schweineschmalz, am besten in einem irdenen Geschirr, mit ganzen Pfefferkörnern in kurzer Brühe, fest zugedeckt, gahr gekocht. Wem es beliebt, läßt einige Wacholderbeeren und Kümmel, in ein Läppchen gebunden, darin auskochen. Beim Anrichten des Sauerkrauts wird ein wenig Kartoffelmehl oder ein Enteneidotter daran gerührt.

Der Kohl wird nach vorhergehender Anweisung recht gut und fett zubereitet; der Hecht wohl geschuppt, ausgenommen und gespült, der Kopf davon geschnitten, und die Leber in die Schnauze geklemmt; mit etwas Butter, grobem Gewürz, Salz und so viel kochendem Wasser, dass er bedeckt ist, zu Feuer gesetzt, das Übrige weich gekocht und die Gräten gut herausgenommen. Nun wird das Sauerkraut lagenweise mit dem Hechtenfleisch in eine Schüssel etwas erhöht angerichtet, einige Löffel gute Sahne darüber gegossen, mit gestoßenem Zwieback bestreut, der Kopf des Hechtes mit der Leber in der Schnauze in die Mitte der Erhöhung gesetzt und im Ofen gelb gebacken. Damit der Kopf unversehrt bleibe, lege man während des Backens ein mit Butter bestrichenes Papier darüber.

Man kann zu diesem Gericht auch Krebse kochen, solche aus den Schalen brechen, mit

Krebs-Farce füllen, in wenig Wasser gahr kochen und den Rand der Schüssel damit garnieren, welches sehr hübsch aussieht und dieselbe noch feiner macht.

Ohne Beilage gegeben.

Praktikertipps zu Sauerkraut mit Pflückhecht und gezupften Krebsschwänzen – Davidis' Variante von *choucroute de la mer* prunkt mit Hechtkopf und delikater Fischleber. Hechtenkraut war in der bürgerlichen Küches des 19. Jahrhunderts populär und z. B. Leibspeise König Ludwigs II.

AUFLAUF VON QUITTEN

Friederike Löfflerin, 1795

5 bis 7 Quitten werden weich gesotten, und wenn sie kalt sind, geschält. Dann wird das Mark auf dem Riebeisen bis auf das Steinigte abgerieben, zu 12 Loth Mark ein Vierling Zucker gesiebt, das Weisse von 8 Eiern zu Schaum geschlagen, das Mark nebst dem Zucker in eine schüssel gethan, der geschlagene Schnee nach und nach darein, und die ganze Masse überhaupt recht schaumigt gerührt, die abgeriebene Schale von einer Zitrone darein gethan, eine blechene Schüssel oder Porzellanblatte mit Butter bestrichen, der Saft von einer Zitrone in die Masse gedrukt, solche eingefüllt, die Blatte auf einem siedenden Hafen oder heisse Asche gesezt, und ein Dekel mit schwachen Kohlen darüber, bis es gelb aufgezogen ist.

Ein eleganter Fruchtschnee von der feinsäuerlichen Quitte – auch heute ein bestechendes Gericht.

KÄSE UND MILCH

Holsteiner Tilsiter, Würchwitzer Milbenkäse, Allgäuer Bergkäse … im Vergleich zu Frankreich und Italien, aber selbst zu England oder Irland ist die Auswahl hochrangiger deutscher Käse eher bescheiden, und manche Affineure schauen immer noch entgeistert angesichts der Frage, ob sie denn der Spitzengastronomie auch einheimische Produkte anbieten würden.

Das hat Gründe: «In der Einfachheit des urgermanischen Lebens ist Milch eins der Hauptnahrungsmittel für Reich und Arm, Jung und Alt; Milch in der einfachsten Art, frisch oder gestanden.» Aber eben nicht Käse. Tatsächlich hielt sich im kalten Klima Milch, Rahm oder Stippmilch frisch, es gab nicht wie bei mediterranen Völkern den Impetus zum Käsemachen. Auch mussten die meisten Bauern durch die weitverbreitete Felderteilung eher Subsistenzwirtschaft betreiben und konnten wenig Milchüberfluss zum Käsen erwirtschaften. Selbst die Ärzte warnten, dass gesottener Käse Nierensteine hervorrufe. Der Frankendoktor Anthimus (S. 17) riet im 6. Jahrhundert stattdessen zu Frischkäse mit Honig oder gesalzener warmer Milch.

So war deutscher Alltagskäse meist eine Art hausgemachter Handkäse aus Quark (ein sorbisches Wort). Harzer Roller, der aus Karl May bekannte Altenburger Ziegenkäse oder Odenwälder Frühstückskäse entstehen ebenso nach dieser Methode wie Würchwitzer Milbenkäse, der in Holzkisten mit Hilfe von Milben fermentiert wird. Wieder stark nachgefragt wird der zartbittere Nieheimer Hopfenkäse: der westfälische Sauermilchkäse wurde ursprünglich gegen Schädlinge zwischen Hopfenblätter gebettet.

Product placement auf der Alm mit abgepacktem Weichkäse. Gemälde von Rudolf Epp, um 1905.

Professionelle Käsereien entstehen erst im 19. Jahrhundert. Damals holte man holländische und Schweizer Gastarbeiter ins Land, um Viehzucht und Milchleistung gezielt zu verbessern – noch heute heißen die Melker in Norddeutschland *Schweizer*. Einen Investitionsschub löste der protektionistische

Deutsche Zollverein von 1834 aus. Es lohnte sich plötzlich, einheimische Ware auf den Markt zu werfen. Der Allgäuer Käsepionier Karl Hirnbein eröffnet 1830 eine Weichkäserei, wo er belgischen Romadur und Limburger Backsteinkäse imitiert. Damit wird er zum geistigen Ahnvater aller deutschen Goudas, Chesters und Rotkäppchen-Camemberts.

Damals wandelt sich das flachsspinnende Allgäu zur Käselandschaft. Dass ein Vorzeigeprodukt Allgäuer Emmentaler heißt, sagt alles über die helvetische Entwicklungshilfe. Auch den Tilsiter führt um 1840 eine geschäftstüchtige Frau Westphal mit Hilfe von Schweizer Sennen in Ostpreußen ein – von wo er gen Westen bis Holstein vordringt.

Den Kahlschlag der bescheidenen deutschen Käsekultur leitet die Regulierungswut der Hygienebehörden in den Siebzigerjahren des 20. Jahrhunderts ein. Mit wenigen Ausnahmen dürfen nur noch große Milchwerke pasteurisierte (Einheits-)Käse herstellen. Deutschland verabschiedet sich bis auf Allgäuer Bergkäse und wenige Nischenprodukte für Jahrzehnte aus der Welt der edlen Rohmilchkäse. Deutscher Käse landet im eingeschweißten Schmelzkäse- und Billigsektor und muss mühsam wieder ein Image aufbauen. Immerhin wurde 1997 hierzulande erstmals mehr Käse als Wurst verzehrt.

Dem Image deutschen Käses aufhelfen könnte das schönste Milchgeschäft der Welt. *Pfunds Molkerei* in Dresden erhielt 1891 von der Keramikmanufaktur Villeroy & Boch eine abwischbare Innenhaut aus Majolikakacheln voller Girlanden und Putti. So wurde das Gefällige mit dem Hygienischen verbunden, schließlich war Paul Gustav Leander Pfund der erste, der in Deutschland Dosenmilch abfüllte. Auch nach der Wende wird in dem ehemaligen HO-Laden Regionales wie Magdeburger Bördespeck, Leipziger Sauermilchkäse und Altmecklenburger Tilsiter degustiert.

Gerne macht man hierzulande Käse mit Paprika, Kümmel oder Zwiebeln pikant an – Spundekas, Mainzer, Allgäuer Weißlacker oder bayerischer Obatzda aus Camembert gelten als solide Grundlage für Alkoholisches. Welche Delikatesse ein Handkäs mit Musik werden kann, erlebt man ausgerechnet im Trubel der Drosselgass in Rüdesheim. Das Weingut Georg Breuer serviert ihn im Tontopf mit rheinischen Walnüssen, Rieslingrosinen und Traubenkernessig.

Barbarorum laudatissimus cibus, die hochgepriesene Speise der Barbaren, nannte Plinius die Butter. Die Klöster fördern die Produktion, bischöfliche Butterbriefe erlaubten im Mittelalter den Genuss auch während der Fastenzeit. Das leichte Salzen schützte Marktbutter davor, schnell ranzig zu werden. Meist wurde zuhause gebuttert. Dabei fiel saure Buttermilch mit Butterflöckchen an – einst beliebtes Erfrischungsgetränk oder Basis von Suppen. Heute werden durch Subventionen Butterberge aufgetürmt, nur wenige Marken wie Berchtesgadener Almbutter mit der alpinen Modelprägung schaffen es, Unverwechselbarkeit zu signalisieren.

Die Stipp-, Dick- oder Stöckelmilch fast völlig verdrängt hat ein Produkt mit thrakisch-türkischem Namen: Joghurt wurde zum Diätrenner, als der russische Nobelpreisträger Ilja Iljitsch Metschnikow ab 1906 den *bacillus bulgaricus* als Lebensverlängerer pries. Erst mit den Fruchtmix-Produkten kam Joghurt ab den 1960ern aus der Medizinecke heraus und wurde zum besonders von Frauen geschätzten Standardfrühstück. Nicht verschweigen sei, dass deutsche Milchwerke längst in großem Stil Feta, Mozzarella und Ayran produzieren.

ALLES FALSCHER HASE – AM DEUTSCHEN ESSEN SOLL DAS REICH GENESEN?

Die Protagonisten der Proklamation im Spiegelsaal von Versailles, mit dem 1871 das Zweite Deutsche Reich begründet wurde, verkörpern zwei kulinarisch höchst unterschiedliche Temperamente. Der greise Kaiser Wilhelm I. blieb trotz seiner prominenten französischen Hofköche Urbain Dubois und Emile Bernard ein sparsamer Kommissknopf, der eigenhändig die halbausgetrunkenen Rotweinflaschen ans Kerzenlicht hielt, um den Pegel mit Bleistift zu markieren, damit die Dienerschaft nichts wegtrinken konnte.

Bismarck hingegen war ein Schlemmer von fast mythischen Ausmaßen, der laut Zeugnissen seines bayerischen Leibarztes Ernst Schweninger zum Frühstück bis zu 16 Kiebitz-Eier verzehrte – noch heute wird in Italien ein *filetto à la Bismarck* mit Spiegelei getoppt. Der ungestüme Appetit des Kanzlers fiel auch ausländischen Politikern auf. «Fürst Bismarck mit einer Hand voller Kirschen und der anderen voller Garnelen, die abwechselnd gegessen werden, klagt darüber, dass er nicht schlafen kann und nach Kissingen gehen muss», notierte der britische Premierminister Disraeli 1878 auf dem Berliner Kongress. Essen war Chefsache für den Gourmand Bismarck, der die Speisekarte bei Empfängen oft selbst zusammen-

Antikulinarischer Bürgerschreck: der tolle Bomberg setzt mit seinem Reitpferd über eine festlich gedeckte Tafel. Münster, Gasthaus Großer Kiepenkerl.

So ein französischer Lampe ist doch gar nichts gegen einen pommerschen Hasen, kein Wildgeschmack, ganz anders als unser Schmandhase, der sich seinen Wohlgeschmack von Heidekraut und Thymian holt.

OTTO VON BISMARCK

Stehimbiss bei Kaisers? Souper beim Berliner Hofball. Gemälde von Adolph von Menzel.

stellte. Bei besagtem Berliner Kongress wurde bei Russischem Rehziemer mit Trüffelsauce, Kaiserinnensuppe, Straßburger Krammetsvogelpastete, Wiener Enten, Pariser Ananastörtchen und Türkischer Bombe über die politische Neugliederung des osmanischen Balkans entschieden.

Es lohnt, den Eisernen Kanzler als kulinarischen Zeitzeugen genauer zu betrachten, denn er verkörpert das Janusgesichtige der deutschen Küche der Gründerzeit. Einerseits war Bismarck ein Weltmann, der Champagner ebenso zu schätzen wusste wie den burgenländischen Blaufränkischen aus Pöttelsdorf, der noch heute seinen Namen trägt. Einen politischen Gegner konnte er mit einem süffisanten Satz fertig machen: «Graf Arnim vertrug wenig Wein.» Andererseits gerierte sich der pommersche Junker gern als lukullischer Grobian, der bei einer geizigen Gastgeberin demonstrativ eigene Stullen auspackte und sich mit seiner Gattin Johanna von Puttkamer stritt, ob er Wildschweinkopf in Sauer essen dürfe. Sein Adelsideal autarker bodenständiger Lebensmittelversorgung gewinnt angesichts moderner Skepsis gegenüber globalen Lebensmitteltransporten unerwartete Aktualität. «Die meisten Speisen lieferten die eigenen Wälder, Gärten und Teiche, ja der Fürst erklärte, dass er in Varzin fast ausschließlich von seinem Grund und Boden lebe», schreibt ein Biograph über den entlassenen Bismarck auf seinem hinterpommerschen Landgut. Prophetischer als seine Aufwertung des Herings (siehe S. 35) könnte ein rotzig dahingeworfenes Statement sein, das die Unmündigkeit der Konsumenten als politisches Phänomen analysiert: «Der Bürger will nicht sehen wie Gesetze und auch nicht wie Würste gemacht werden!»

Folgenreicher als die Speisegewohnheiten Bismarcks sollte die gastronomische Rolle Berlins als neuer Hauptstadt Deutschlands werden. Spree-Athen sendete und sendet höchst widersprüchliche kulinarische Signale aus. Sicher brachten bereits die hugenottischen Asylanten ab 1720 höfische Verfeinerung in den kargen altbrandenburgischen Speisezettel, rangen der «Streusandbüchse des Heiligen Römischen Reichs» ungeahnte Delikatessen ab. Die französischen Protestanten zogen in Gewächshäusern und Stadtgärten grünen Salat, Blumenkohl, Spargel, Gurken, Spinat, Artischocken, Erbsen und Bohnen, züchteten neue Obstsorten (Berliner Ananas!) und machten die Begüterten mit Franzbrötchen aus Weizenmehl vertraut.

Ein später Kronzeuge dieser hugenottischen Tradition, die auch in die Küchen des märkischen Landadels eindringt, ist Theodor Fontane. Seine *Wanderungen durch die Mark Brandenburg* stecken voller Schilderungen eines kulinarisch selbstbewussten Altpreußens, das bei aller Frankreichmode durchaus auf eigene Delikatessen und regionale Schlichtheit hält. Im Roman *Cécile* trinkt die elegante Tischgesellschaft zu Kerbelsuppe und Schmerlenessen im harzischen Altenbrak an der Bode obergäriges Braunschweiger Mumme-Bier («Nicht Wein, nichts Fremdes»); ein schlesischer Förster löffelt saure Milch, in die ein blühender Lindenzweig getaucht ist. Auf Schloss Stechlin riecht man förmlich die jahreszeitenbezogene Spezialität: «Losgelöste Krammetsvögelbrüste, mit einer dunklen Kraftbrühe angerichtet, die, wenn die Herbst- und Ebereschentage da waren, als eine höhere Form von Schwarzsauer auf den Tisch zu kommen pflegten.»

Doch Fontanes Kulinaria sind bereits ein Abgesang. Die moderne Großstadt Berlin, die am schnellsten wachsende des Kontinents, schwillt zwischen 1800 und 1900 von 170 000 auf 1,9 Millionen Einwohner an. Da hat das Gros anderes zu tun, als ländlichen Spezialitäten wie Haselhühnern und Krammetsvögeln nachzuspüren.

Essen als logistische Herausforderung: Europas größter Wochenmarkt wird 1886 vom Gendarmenmarkt in die an die Eisenbahn angeschlossene Markthalle am Alexanderplatz verlegt. Mit mahnendem Optimismus setzt sich der Arzt und Stadtverordnete Rudolf Virchow für professionelle hygienische Schlachthöfe ein: «Die erste Aufgabe, welche verfolgt werden muss, (ist) nicht die Herstellung billigen, sondern gesunden Fleisches.» Immer mehr übernehmen Colonialwarengeschäfte und die Pioniere der Lebensmittelindustrie mit Markenprodukten und Massenwaren die Funktion der Bauernmärkte – die Spezialisierung des fremdbestimmten Angebots von heute setzt ein.

Schwarz-weiß-rote Wappenküken: Das Deutsche Reichshuhn wurde 1895 aus asiatischen und mediterranen Rassen gezüchtet.

Unzweifelhaft legte die neue Reichshauptstadt eine glanzvolle gastronomische Karriere hin. So verspeisten die Abgeordneten des Reichstags beim denkwürdigen Reichsfischessen am 29. November 1876 über 20 Gänge, darunter Weserlachs aus Hameln mit holländischer Tunke, Schleie aus

Lübichen in Bier, karpfenartige Goldorfen aus Wiesbaden und Lauenburger Schattsee-Muränen, geliefert von Bismarck. 1891 wird anlässlich der Deutschen Kochkunstausstellung in Berlin vom Deutschen Gastwirtsverband für 30 Mark ein 14-gängiges Menü aufgetischt, das Elchziemer, Waldschnepfen, Edeldisteln flämisch und Gefrorene Mandarinen auf Bäumen umfasste. Berlins Hautevolee knackt um 1900 jährlich 50 000 der heute praktisch ausgerotteten Helgoländer Hummer.

Nassforsche Attacke mit der Rieslingflasche: Der Galante Tischherr. Zeichnung von Christian Wilhelm Allers, 1887.

Vibrierend innovativ war die Restaurantszene des kaiserzeitlichen Berlin, die durchaus mit den elegantesten Etablissements von Paris oder London wetteiferte. Viele Namen gründerzeitlicher Gastronomen sind nach der deutschen Wiedervereinigung als Logos glorifizierter Vergangenheit wiederbelebt worden.

Unter den Linden versorgten (in Anspielung auf das Studentenlied «Lindenwirte» getaufte) Spitzenrestaurants wie Mühlings *Hotel de Rome*, *Dressel* oder *Hiller* das weltstädtische Publikum. Das von dem Mainzer Jakob Adlon 1907 eröffnete Lieblingshotel Kaiser Wilhelms II. leistete sich den Luxus, fast ausschließlich französische Kellner einzusetzen. Der Bismarck-Gegenspieler Friedrich von Holstein (1837–1909), graue Eminenz der deutschen Außenpolitik, ordert in *Borchardts Weinstube*, die Speisekarten für unfein hält, oder bei *Habel*, 1779 vom Kellermeister des Alten Fritz gegründet, sein Spezialschnitzel. Ein klassisches Holsteinschnitzel garniert für den eiligen Diplomatentisch: Hors d'œuvres wie Spiegelei, Sardellenfilets, Kapern sowie Canapés mit Räucherlachs, Hummer oder Sardinen auf ein Kalbschnitzel mit Bratkartoffeln, eingelegten Gurken und roten Rüben. Traiteure und Hoflieferanten bieten in ihren Versandkatalogen Poularden mit Speck um-

Peinliche Verwechslung in Agrarierkreisen. Karikatur von Thomas Theodor Heine, 1912.

wickelt und mit ganzen Perigordtrüffeln gefüllt an. Borchardts Konkurrent Jules Fehér kitzelt den Gaumen des Berliner Geldadels mit kolonialen Delikatessen wie Moussaka (!), Perlhuhn à la Birma, Kängurusteak oder dem kulinarischen Karl-May-Traum «Bärenrücken auf Trapperart» (in Whisky und Rotwein mariniert) mit Süßkartoffel und Pfeilwurzmehlsauce.

Doch schon damals ging der Trend zur Sozialisierung des Luxus. Der als Konsument und Gaststättenbesucher entdeckte Mittelstand wurde durch Prunkdesign und Kampfpreise gewonnen.

Der Breslauer Weinhändler und Großgastronom Berthold Kempinski lockt ab 1889 mit Moselwein zu 90 Pfennig, halben Portionen von Poularde mit Reisrand oder Lachs in Zitronensauce bis zu 10 000 Gäste täglich in seinen Belle-Époque-Speisetempel in der Leipziger Straße. 1892 gründen die Württemberger Brüder Carl und August Aschinger nach amerikanischem Vorbild in der Rossstraße das erste Schnellrestaurant, das für Erbsenstippe und Umsonstschrippen mit Senf legendär geworden ist, aber auch Feineres wie Fasan mit Lebercroutons und Maronenpüree erschwinglich machte. Aschinger erzeugte alles selbst und wurde durch Rationalisierung und Einsatz modernster Maschinen Europas größter Gastronomiebetrieb. Die Pioniere der Restaurantkette eröffneten an die 30 «Bierquellen» und ließen täglich über eine Million Brötchen backen. Ein Aschinger-Mega-Eikochautomat schaffte 942 Eier auf einmal, eine Püriermaschine erzeugte pro Stunde 360 Pfund Hechtfleischfarce.

«Mauern gleich heidnischen Totengrüften, indische Felsennester und Thronsäle von Gotenkönigen» (Jules Huret) als Speisesaaldesign anno 1906: Bruno Schmitz, Architekt des Kyffhäuser- und Völkerschlachtdenkmals, türmt den Riesenrestaurantpalast *Rheingold* auf, wo in elf Sälen 4800 Gäste von 110 Köchen, 250 Kellnern und 137 Hilfskräften umsorgt wurden und allein das Silbergeschirr die Investition von einer halben Million Goldmark kostete. Und noch ein märchenhafter Rekord einer bildungshungrigen Epoche: Im elektrisch beleuchteten, rund um die Uhr geöffneten *Café Bauer* unter den Linden lagen nicht weniger als 600 Zeitungen aus, die den Wiener Cafetier jährlich 30 000 Mark kosteten.

Am anderen Ende der sozialen Skala stehen die Ernährungsprobleme der übervölkerten Kapitale, die für die Ärmsten der Armen eine entwürdigende Kost vorsieht. In der Volksküche *Strammer Hund* in der Friedrichstraße war das Besteck mit Eisenketten an den Tisch angekettet, die Erbssuppe wurde aus eisernen Rucksacktornistern auf den Teller gepumpt – und wieder abgesaugt, wenn der Gast nicht zahlen konnte. Vielleicht geht der banausenhafte Abscheu vieler Landsleute vor Innereien darauf zurück, dass es für die meisten Arbeiter allenfalls Herz, Magen und Kaldaunen als Fleisch gab – nur zu Kaisers Geburtstag verteilten die Suppenstationen ein Stückchen Roastbeef. Heinrich Zille hat in seinen Hinterhof- und Proletarierbildern das Elend dieser aufs Existenzminimum reduzierten Volksküche eindringlich eingefangen. Pferdeknacker vom Wurstmaxe oder in Zwiebeln totgesimmertes Bollenfleisch galt bereits als bescheidener Luxus – oft musste ein Butter- oder Margarinebrot genügen. In den Eckkneipen stärkte man sich zur Molle Bier mit Gilka-Likör aus dem auf der Theke aufgestellten «Hungerturm»: Solei mit Öl und Senf oder kalte Boulette, die Volksversion der eleganten Kalbfleischfrikadelle hugenottischen Angedenkens. Während eine (typisch deutsche)

Meene Wurscht is jut! / Wo keen Fleisch is, da is Blut, / Wo keen Blut is, da sind Schrippen – / An meine Wurscht is nich zu tippen! Wurstmaxe und Pferdeknackerbertha von Heinrich Zille.

Parlamentsdebatte über Restaurantluxus 1908 buchstäblich im märkischen Sande verlief, packten sozial engagierte Damen wie die Breslauer Kinderbuchautorin Lina Morgenstern (1830–1909) das Problem tatkräftig an. Die Volksküchenbewegung der «Suppenlina» gab – unter dem Patronat der Kaiserin Auguste – nahrhafte Kost zum Selbstkostenpreis an Bedürftige ab. Nicht immer war Fortschritt durch Rationalisierung erwünscht, vor allem wenn er die Privatsphäre der Familie einschränkte. Als das Architektenteam Taut & Gessner 1908 Mietshäuser mit Zentralküche baut, kochen die protestierenden Bewohner lieber heimlich auf ihrem Zimmer Henkelmannkost und schmierten Butterbrote, die sie auch bei sonntäglichen Ausflügen «ins Blaue» und in Gartenlokale mitnahmen.

«Die Berliner Küche ist ein großer Suppentopf, in den jeder mal seinen Löffel tunkte.» Zuwanderung hat das kulinarische Profil Berlins bis heute bestimmt. 1890 gab es nur 40 Prozent gebürtige Berliner. Der Rest brachte Rezepte aus Sachsen und Schlesien, aus Pommern und Ostpreußen mit: Kalbsbrust mit Stachelbeerkompott, Senfgurken und Himmelreich. Königsberger Klopse sind erst in Berlin zum Nationalgericht geworden – bezeichnenderweise in der Billigvariante aus Rind- und Schweinehack. Autochthon scheint allein das Wort Eisbein zu sein. Der abgenagte Schweinsknochen wurde als improvisierter Schlittschuh unter die Stiefel gebunden.

So saugt Berlin kulinarisch mehr an als es abgibt, entwickelt eine faszinierende Küchenvielfalt. Was aber ins Reich zurückstrahlte, ist selten feinere Lokalküche: Berliner Leber (im Idealfall vom Kalb mit Borsdorfer Äpfeln und frischgestampftem Puree) oder erstklassiger Kassler Rippenspeer, angeblich benannt nach dem Schlachtermeister Johann Cassel in der Potsdamer Straße, der geräucherten Schweinerücken *à la Berlinoise* in Salzlake pökelte.

Wild aus königlicher Jagd: Die Küche im Wittelsbacher Palaste zu München. Stahlstich aus Rottenhöfers «Kochkunst».

Berlins kulinarische Gabe an die Nation besteht weit eher aus vergröberter, oft durch treffenden Sprachulk schmackhaft gemachter Budikenkost: Schnell- und Armeleuteküche im Geist von Happenpappen und Hoppelpoppel. Berliner Schnauze macht aus mit Gurke gefülltem Hering Rollmops. Feinfarcierte hugenottische *Saucisschen* wandeln sich zur Bockwurst, wohl 1889 erstmals vom Gastwirt Richard Scholtz in der Skalitzer Straße zum Bockbier servierte Brühwurst. Schinkenbrot mit Spiegelei greift als phallischer *Strammer Max* dem unsäglichen heutigen Werbespruch von den Wurstessern, die bessere Liebhaber seien, vor, während gepfefferter *Hackepeter*, eine Kreation des Gasthofs Martin in der Landsberger Straße von 1903, eher Kastrationsängste auslöst. Ein echter *Stolzer Heinrich* hätte als Bratwurst in Lebkuchenbiersauce heute schon nostalgischen Kultstatus, würde man ihn nur noch kriegen. Dass der Mutterwitz, sich schlichtes Essen schönzuformulieren, auch im Rest Deutschlands ankam, beweist das kölsche Käse-Röggelchen *Halver Hahn*, wohl 1877 aus einem Wettulk erstanden. Nicht zu vergessen die Imbisskultur des Ruhrpotts mit seiner hohen Zuwanderung polnischer Bergleute, die bis heute das Krautpilzfleisch Bigos, Krakauer und Schlesische Gurken populär macht.

Der internationale Hang zu französischer Verfeinerung prägt auch die übrigen Residenzen Deutschlands. Johann Rottenhöfer, Mundkoch der bayerischen Könige Max II. und Ludwig II., publiziert in seiner *Neuen vollständigen theoretisch-praktischen Anweisung der feineren Kochkunst* (München 1858) über 2000 Rezepte. Das aufwendig illustrierte Opus galt bis ins 20. Jahrhundert in deutschen Kochschulen als Vorbild. Rottenhöfer, der auf Reisen in Malta, Griechenland, Italien und Paris auch mediterranen Kochstil kennenlernte, bewegt sich souverän auf internationalem kulinarischen Parkett. Seine französisch betitelten Rezepte integrieren Regionales in die Spitzenküche. *Consommé aux quenelles de foie* wird natürlich mit Kalbsleberknödeln gereicht. Braun eingemachtes Gemswild – eine Hommage an die Jagdleidenschaft der Könige – steht neben Kartoffeln auf Berchtesgadener Art mit Süßrahm. Sauerkraut wird bayerisch oder *à la franconienne* mit Erbspuree eingekocht, warme Heringspastete mit Kartoffeln serviert. Schwarze Buttersauce zu paniertem Kalbshirn (eins von 21 Hirnrezepten!) oder frische Wildschweinsblutwürste sind heute fast verschwundene Delikatessen – schließlich muss das frische Wildblut unaufhörlich gerührt werden, bis es in der Küche eintrifft! Doch nicht alles ist regional, was so heißt – Rottenhöfers zwölf Rezepte für Bayerische Creme (*fromage bavarois, creme bavaroise*) spiegeln ebenso französische *grande cuisine* wider wie seine Abbildungen von Silberspießchen oder sein dekorativer Fettsockel zum Aufbocken eines Kalbskopfs. Dass der Erfinder der Prinzregententorte Mürbteigzwetschgenkuchen statt Augsburger Datschi-Hefeteig empfiehlt, ist für Altbayern ein starkes Stück.

Maßstäbe eleganter Kochkunst setzt der Jurist und Etikette-Spezialist Ernst von Malortie (1804–87). Als Oberschenk und Reisemarschall des Herzogs von Cumberland und späteren Königs von Hannover ist er in der Welt diplomatischer Diners zu Hause. Auffallend ist, mit welcher Selbstverständlichkeit in seinen Werken *Das Menu* (1872) und *Die feine Küche* (1880) auch Deutsches zu den «vorzüglichsten Gerichten für die Gesellschaftstafel» gezählt wird. Neben Poularde Demidoff oder Potage Véfour mit Rebhuhnklößchen steht *turbot farci à l'allemande* (mit Champignon-Petersilie-Fischfarce in Rheinwein, Bouillon und geschmolzener Butter gedämpfter Steinbutt), *Mandelpudding Kielsmannsegg* und natürlich eine der verkanntesten Kreationen Hannoveraner Küche: Cumberlandsauce aus Senf, Orangenschale und Johannisbeergelee.

Im ausgehenden 19. Jahrhundert galt das höfische Dresden, Hauptstadt des frühindustrialisierten Königreichs Sachsen, als «Hort der Schleckerey». In der Stadt der Eierschecke wirkte der Hofkoch Friedrich Tuiskon Baumann, in Erinnerung an Talleyrands Leibkoch auch der «deutsche Carême» getauft.

Baumanns Erfahrungen flossen in den «Blüher» ein, eine typische lexikalische Mammutaufgabe, wie sie Deutsche damals in vielen Disziplinen schulterten. Lange vor dem ersten *Larousse Gastronomique* von 1938 erschien 1898 in Leipzig Paul Martin Blühers *Meisterwerk der Speisen und Getränke*, eine Enzyklopädie, die nicht weniger als «sämtliche Weine und Schaumweine der Erde, nach Ländern und alphabetisch geordnet», aber auch «Bowlen, Punsche und Amerikanische Getränke (mixed drinks)» katalogisiert.

Der zweite Wälzer deutscher Küchengelehrsamkeit ist J. J. Webers *Universal-Lexikon der Kochkunst*, das in Leipzig ab 1878 in neun Auflagen erschien. «Das praktische Geschenk für Frauen und Jungfrauen» wandte sich nicht bloß an «alle Gaue Deutschlands», sondern auch an «junge Mädchen, die sich in die Ferne verheiraten und dem Erwählten gern nach seiner heimatlichen Weise den Tisch besorgen möchten». Buttermilchkaltschale, warmer Hopfenkeimchensalat oder Pommersche Entensuppe steht für selbstverständliche Regionalität, die nun auch in anderen Städten nachgekocht werden soll.

Was den modernen Leser stutzig macht, ist die Fülle an verschwundenen, fast ausgestorbenen Gerichten. So gibt es allein acht Auerhahn- und 25 Krammetsvögelrezepte und Exotica wie Hirschohren mit ausgelösten Muscheln, Trüffeln, Zitronenschale und Muskatblüte oder Hirschkolbensalat (Junggeweih) mit Karpfenmilch.

Einbauküche de luxe: Franz Pfordtes Reich im Hamburger Atlantic (um 1910).

Wie geschlechtsspezifisch 1890 noch gespeist wurde, verraten die Tipps für ein *Herrenfrühstück*: Bouillon in Tassen mit Caviar-Schnitten und Sardellen-Pastetchen – Austern mit Zitronenvierteln – Rinderfilet mit Madeira-Sauce – Zander au gratin – gefüllter Truthahn – Rehkeule mit Salad und Compot – Makronen-Auflauf – Dessert und Früchte. Für den *Größeren Damenkaffee* empfiehlt der *Weber*: Kaffee mit Schlagsahne, dazu Aschkuchen, Streußelkuchen, böhmische Kolatschen, Butterteig-Brezeln, Zucker-Zwieback, Vanille-Créme mit Biscuits, Makronentorte mit Punsch à la Romaine, Weißbrodschnitten mit Caviar, Lachs, verschiedenem Käse und geräucherter Gänsebrust, nebst feinem Moselwein. Feines Tafel-Obst, Äpfel, Winterbirnen, Nüsse, Datteln, Feigen.

Am besten wird gegessen in der Welt
In Hamburg, diesem edlen Beefsteakhorte
Und hier, doch selten ohne vieles Geld,
Ganz ausgezeichnet, in der Tat, bei Pfordte.

So dichtete der chronisch verschuldete Detlev von Liliencron über das renommierteste Restaurant der Kaiserzeit. Franz Pfordte (1840–1917) aus Delitzsch in Sachsen eröffnete 1878 in Hamburg das *Pfordte* und begeisterte 1900 *Tout Paris*, als er die Küche des deutschen Pavillons auf der Weltausstellung leitete. 1909 zog Deutschlands bester Koch ins neu eröffnete *Atlantic* um, wo er erstmals Arbeitsteilung und spezialisierte Küchenbrigaden im Stile Escoffiers einführte, die Gäste mit Schildkröten- und Aalsuppe verwöhnte und ihnen durch das Format der damastenen Riesenservietten imponierte.

«Die Benennung der Gerichte ist, wie es in der Gesellschaft gebräuchlich ist und nicht anders sein kann, Französisch» (Malortie) – doch genau das wurde in Deutschland zur Sprachfrage. Denn das Reich war hin- und hergerissen zwischen dem Wir-sind-wieder-wer-Gefühl, das natürlich mit dem Zeitgeist französischer Speisekarten einherging, und der oft aggressiven Ablehnung all dessen, was vom Erbfeind kam. Gastronomieprofis äußerten sich höchst kontrovers in dieser *querelle*. Der Speisekartensammler Robert Stutzenbacher klagt 1893: «Es ist übrigens eine ungerechtfertigte Zumutung an die Hoteliers, welche doch von allen Ständen am meisten mit internationalem Publikum zu verkehren haben, hier reformatorisch vorzugehen» und spottet über holprige Eindeutschungen wie *nach Geldbeutelart* für *à la financière*. Der Enzyklopädist Blüher konstatiert einen meist fehlerhaften französischen Küchen-Jargon, «dass eine reine deutsche Karte fast unmöglich ist» und empfindet Hybridbildungen wie Hirschsteak als «entsetzlich». Noch kennt Europa keine Amerikamode, sondern schmückt seine Speisekarten mit einer verwirrenden Vielfalt von Namen aus aller Herren Länder. Würde heute ein Toprestaurant Speisen *à la Belgrad* anbieten?

In diesem Zusammenhang ist das kulinarische Image von Wilhelm II. interessant, einem Schnellesser, der zum Leidwesen der Hofgesellschaft mit seiner als Messer angeschliffenen zweizinkigen Kaisergabel zwölf Gänge mühelos in zwei Stunden exekutierte. Ganz wie moderne Politiker rühmte sich der Rotkäppchensektfan seiner Vorliebe für Volkstümlich-Deftiges wie Kartoffelsuppe mit Schinkenknochen, während er privat am liebsten Angelsächsisches wie *pie* und *mutton steak* verzehrte. Zugleich konnte er sich dem Nimbus des französischen Starkochs Auguste Escoffier nicht entziehen. Beim Festbankett der neuen Hamburg-Atlantic-Line des Reeders Albert Ballin, für die Escoffier das gastronomische Consulting übernahm, toastete er 1913: «Wir beide sind Kaiser – ich Kaiser aller Deutschen, Sie Kaiser aller Köche». Hinterher konnte sich der Monarch die Bemerkung nicht verkneifen: «Wenn Sie Deutscher wären, würden alle Speisekarten der Welt auf Deutsch gedruckt!» Für den Berliner Hof setzte Wilhelm das jedenfalls Mitte der 1900er Jahre mit einem Speisekartenerlass durch. Fortan speiste man auf KPM Öltunke und Dunstobst statt Mayonnaise und Kompott – lediglich bei diplomatischen Empfängen wurde Speisekartenfranzösisch durchgehalten. Zu einer rigiden Nationalküche führte dieses Lippenbekenntnis übrigens nicht. So lässt sich Wilhelm II. am 2. Juli 1913 an Bord der Yacht Hohenzollern bei der Kieler Woche Seezungen nach Polignac und Kartoffelauflauf nach Richelieu servieren, trinkt dazu 1893er Kiedricher Auslese und 1878er Château Margaux.

Es überrascht nicht, dass die extremste Imitation französischen Speisezeremoniells von dem Monarchen gepflegt wurde, der das bayerische Oberland mit Kopien von Schlössern des Sonnenkönigs füllte. Der schwergewichtige, wahrscheinlich bulimische Märchenkönig schätzte neben seiner Leibspeise Hechtenkraut aufwendige Französische Küche, die eine Bedingung erfüllen musste – die Speisen waren wegen seiner schlechten Zähne passiert. Einer der tiefsinnigsten Filme, die je über Essen gedreht wurden, ist Hans Jürgen Syberbergs *Theodor Hierneis oder wie man ehemaliger Hofkoch wird* (1972) – vielleicht, weil kein einziges Gericht gefilmt wird, sondern lediglich der Hauptdarsteller Walter Sedlmayr mit sensibler Dickschädeligkeit über Essen und seinen Dienstherrn Ludwig II. redet. Der menschenscheue *Kini* liebte es, zu somnambuler Stunde allein an exotischen Orten wie der Grotte in Linderhof oder der maurischen Berghütte auf dem Schachen bei Partenkirchen zu speisen – ein Tischlein-deck-dich-Fahrstuhl ersparte ihm den Kontakt mit den servierenden Domestiken, die teilweise Larven tragen mussten. Doch auch in diese hermetisch abgeschirmte kulinarische Flucht sollte der politische Alltag eindringen. Der 82-jährige Hierneis erinnert sich 1952 in seinen Memoiren, wie er dem König *filets mignons de veau à l'Allemagne* servierte: «‹Warum heißen sie *à l'Allemagne*?›, wollte der König weiter wissen. ‹Weil sie in den deutschen Landesfarben mit Trüffel, Speck und roter Zunge gespickt sind, Majestät!› … Der König fragte weiter: ‹Gibt es das Gericht auch *à la Bavière*?› Aus meinem Küchenwissen musste ich diese Frage verneinen, denn zu den bayerischen Farben wäre blau nötig gewesen, das man aber zu solchem Zweck nicht kennt.»

Warten auf Kundschaft: Kolonialwarenladen des Großvaters des Autors. Chemnitz, um 1910.

Nun, deutsche Köche des Mittelalters hätten gewusst, wie man Speisen mit Kornblumen blau färbt. Übrigens hat solches *flag food* bis heute überlebt. Der Erfolg der Fürst-Pückler-Creme dürfte auch darauf zurückzuführen sein, dass Schokoladen-, Vanille- und Himbeereis die Farben der schwarz-weiß-roten Reichsflagge imitiert, während der sahnige Welfenpudding im heraldischen Weiß-Gelb des Hauses Hannover einst ein Protestessen gegen die Reichseinigung war. Hingegen symbolisiert die Ludwigs Nachfolger Luitpold gewidmete schokoladenschwarze Prinzregententorte mit ihren acht Böden geradezu staatstragend die einstmals acht Regierungsbezirke Bayerns.

Aber bei allem Reichtum, aller parvenühaften Lust, an der Welt der Delikatessen teilzuhaben und sich etwas zu gönnen, gibt es dennoch gravierende Gegenströmungen, die bis heute zur kulinarischen Zivilisationswüste Deutschland beigetragen haben. So ist gerade der Militarismus des Adels extrem essfeindlich – in der Kindererziehung galt: wenig essen und nicht murren. Wenn die letzte deutsche Kronprinzessin Cecilie ihren Kindern das, was sie nicht aufgegessen hatten, am nächsten Morgen usw. so lange servieren ließ, bis sie es taten, dürfte sie in weiten Kreisen ihrer Untertanen Zustimmung gefunden haben. Gewiss kann man so eine Haltung bewundern, da sie Respekt vor Lebensmitteln, Disziplin und in gewisser Weise auch Mitfühlen mit den Armen impliziert. Aber umgekehrt führt ein solches pädagogisches Prinzip auch zur Abtötung jeglicher kulinarischen Instinkte, jeglicher Restaurantkritik, jeglichen selbstbestimmten Essens.

Gutes Essen hat im 19. Jahrhundert – übrigens auch bei den französischen Romanciers – durchaus den Anhauch des Spießbürgerlich-Ungeistigen. Gesunder Appetit und Embonpoint gelten als unfein. Fontanes brillanter Causeur über die Qualität der Oderbruchkrebse aus *Frau Jenny Treibel* – heute eine Inkunabel deutscher SlowFood-Mentalität – bekommt von seinem Gesprächspartner eins übergebraten wegen der Unwürdigkeit des Themas: «Mir ist nur immer merkwürdig, dass Du, neben Homer und sogar neben Schliemann, mit solcher Vorliebe Kochbuchliches behandelst, reine Menüfragen, als ob Du zu den Bankiers und Geldfürsten gehörtest.» Grützners Mönchsgemälde, die älteren zechenden Herren in abgedunkelten deutschen Ratskellern oder die frühstückenden Festungswärter Spitzwegs sind nicht nur Genremalerei zum Schmunzeln. Sie verbreiten auch die Botschaft, dass der Gourmet egoistisch an sich, seinen Bauch und seine Kehle denkt, anstatt sich für nationale Aufgaben zu stählen. So haftet dem Genuss das Etikett des Kleinstädtischen, ja schlimmer noch Partikularistischen, an der größeren Idee des Vaterlands Desinteressierten an, wie es ein Bonmot Heinrich Heines aus dem *Chinesischen Spion in Hamburg* zum Ausdruck bringt: «Der Esstisch ist das einzige Schlachtfeld, auf dem die Hamburger sich auszeichnen und sich als wirkliche Helden zeigen. Als Auszeichnung müssten sie den Suppenlöffel am Ordensbande und die Gabel im Knopfloch tragen.»

Nazi-Ideologen sollten später dem wilhelminischen Bürgertum vorwerfen, es habe nicht die Kraft zur nationalen Küche besessen. Gerade deswegen gilt: Das wirtschaftlich potente Kaiserreich sollte für lange die letzte Glanzzeit deutscher Küche sein.

WILDSCHWEINSKEULE AUF SCHWARZBURGER ART

Jules Fehér, 1914

Die Keule eines jungen Schweines von Schwarte befreit, gehäutet und gespickt, wird in einer aromatischen Braise, der auch Thymian, Wacholderbeeren und etwas Ingwer beigefügt wurden, weich gedünstet und auskühlen lassen. $^1/_2$ Pfund Butter wird mit 5 Eigelb schaumig gerührt, eine Prise Zimt, 50 Gramm Zucker, 100 Gramm brauner Pfefferkuchen, 15 Gramm Ingwer und gestoßene Nelken dazugegeben und so viel geriebenes Schwarzbrot eingerührt, dass man eine geschmeidige Masse behält. Diese wird auf die ausgekühlte Keule gestrichen, Zucker und Zimt obenauf gestreut, etwas Jus unter die Keule gegossen und in heißem Ofen krustieren lassen. Den übrigen Fond der Keule legiert man mit etwa 200 g Hagebuttenmark und serviert die Sauce apart.

Klassische deutsche Wildküche mit den kräftigen Aromen von sauren Hagebutten und dunklem Schwarzbrot, verfeinert durch Gewürze wie Zimt, Nelken und Zucker. Der Name spielt auf das thüringische Fürstengeschlecht an.

BOEUF FUMÉ AU RAIFORT À L'ORANGE
RINDERRAUCHFLEISCH MIT ORANGENMEERRETTICH

Ernst von Malortie, 1880

Ein Stück Rauchfleisch (Rippenstück, am besten Hamburger Rauchfleisch) legt man am Tag vor dem Gebrauch in Wasser. Zum Gebrauch bindet man es in ein Tuch, setzt es mit frischem Wasser aufs Feuer und lässt es je nach Größe (5 oder 7 Stunden) langsam kochen. Wenn es gar ist, pariert man es ein wenig, schneidet es in Scheiben und richtet es an. Es wird nur mit Jus serviert und nicht weiter garniert. Vorher kocht man 5 oder 7 Liter Äpfel zu Brei. Wenn sie gar sind, gibt man eine Stange Meerrettich, gerieben, dazu, von 7 süßen Orangen reibt man die Schale mit Zucker ab, drückt den Saft aus und gibt beides nebst dem nötigen Zucker zu den Äpfeln, streicht den Brei durch ein Sieb und serviert ihn warm in einer silbernen Kasserolle dabei.

Pökelfleisch mit Meerrettichapfelmus: Wegen seiner erlesenen Schlichtheit eins der schönsten Rezepte der Epoche.

CREME BAVAROISE AUX FLEURS DE SUREAU
BAYRISCHE CREME MIT HOLLUNDERBLÜTEN

Johann Rottenhöfer, 1858

50 g frische Hollunderblüten gibt man zu dem Safte von 2 Zitronen in eine Tasse und läßt sie zugedeckt über Nacht stehen. Dann rührt man 280 g Zucker mit 8 Eidottern schaumig, gibt 4/10 l Weißwein und 25 g geweichte Gelatine dazu, rührt dieses auf dem Feuer zu einer Creme ab, seiht diese, rührt den von den Hollunderblüten durch ein Haartuch gedrückten Zitronensaft dazu und vermengt das Ganze, wenn es bis zum Stocken gerührt ist, mit dem Schnee von 8/10 l Rahm. Die Creme wird dann in eine Form gefüllt, die man auf dem Eis stocken läßt.

38 Rezepte für Bayerische Rahmsulzen listet Rottenhöfer auf, doch selbstverständlicher ist die *Bavaroise* in der französischen Pâtisserie. Die Namensherkunft ist ungewiss: Hat Prinzessin Isabeau de Bavière (1371–1435), Gattin von Charles VI., das Sahnespeisenrezept aus ihrer Heimat mitgebracht, oder war es eine Huldigung mit einem Blancmanger im französischen

Stil, das der Prinzessin besonders gut schmeckte? Waren es bayerische Prinzen im Paris des 18. Jahrhunderts, die die Creme naschten, oder war es ganz banal ein Schweizer Dessert aus Rahm einer bayerischen Kuhrasse? Noch völkerverwirrender ist der *Larousse Gastronomique*, für den die *bavaroise* ganz lapidar eine crème anglaise ist …

Für bayerische Identität und frühlingshafte Frische sorgen die Fliederbeerblüten – gerade in Süddeutschland wird aus Holunderblüten gern Sirup oder bäuerlicher Schaumwein gewonnen.

JOHANNISBEERPUDDING

Universallexikon der Kochkunst, 1878

$^1/_2$ kg von der Rinde befreite(s) Semmel(brot) wird in Stücke zerschnitten, in $^3/_4$ l Milch eingeweicht und nebst dieser und 125 g Butter so lange über dem Feuer verrührt, bis sich der Brei vom Kasserol ablöst; nachdem derselbe erkaltet ist, rührt man 8 Eidotter mit 150 g Zucker, der abgeriebenen Schale einer Zitrone und etwas gestoßenem Zimt zu Schaum, fügt allmählich die Semmelmasse und zuletzt den Schnee der 8 Eiweiße hinzu, thut in die gut gebutterte Form zuerst eine Schicht abgestielter, dick mit Zucker bestreuter Johannisbeeren, dann die Hälfte der Masse, abermals eine Schicht Beeren und den Rest des Teiges, kocht den Pudding im Wasserbade 2 Std. lang und gibt ihn ohne weitere Zutaten auf.

Nichts für die Schnellküche: Klassischer Bread-and-Butter Pudding, der lauwarm aufgetragen wird. Gerade vitaminreiche Beeren gehören zu den selten werdenden heimischen Genüssen – während für die Füllung rote Johannisbeeren ideal sind, könnte man den fertigen Pudding mit weißen, schwarzen und roten garnieren.

SCHNÄPSE, BRÄNDE, LIKÖRE

Hochprozentiges ist eine Erfindung orientalischer Alchemisten – das Wort Alkohol kommt aus dem Arabischen. Folgerichtig waren Alkoholika – wie jetzt noch in der Homöopathie – zunächst das Terrain kräuterkundiger Ärzte und Klosterapotheken. Internationales Arkanwissen ist bis heute in der Vielfalt deutscher Klosterliköre präsent. Benediktinerelixire aus Ettal erinnern an gelbe und grüne Chartreuse, das Weltenburger Konkokt verrät orientalische Safranfäden, Tausendgüldenkraut und Pomeranzenschalen als Zutaten. Ein breites Anwendungsspektrum ist Meister Hanns geläufig. Für den Kochbuchautor des 15. Jahrhunderts ist Branntwein kein Genussmittel, sondern eine Mischung aus Medizin und Kosmetik: Man solle ihn gegen Mundgeruch trinken und ein wenig in die Nasenlöcher geben, er vertreibe Sommersprossen und – frische schalgewordenen Wein auf. Erst der Straßburger Arzt Hieronymus Brunschwygk macht 1500 in seinem *Liber de arte distillandi* das Geheimwissen allgemein zugänglich. Doch sind es lange eher Liköre als harte Brände, die konsumiert werden.

Ei, Ei, Ei Verpoorten – hätten Sie gewusst, dass dieser Slogan auf den Samba *Ay ay ay Maria, Maria aus Bahia* zurückgeht und diese Verlinkung sublimes historisches Bewusstsein beweist? Denn Eierlikör ist ein Brasilienimport aus den fernen Tagen des 17. Jahrhunderts, als Moritz von Nassau als niederländischer Statthalter das Amazonasland regierte. Dabei lernten die Besatzer einen Indianercocktail schätzen, der aus Rum, Rohrzucker und Advocado-Pulpe gemixt war. In Amsterdam verballhornte man das Indio-Wort *abacate* zu Advocaat und ersetzte die Guacamole durch Eigelb! Dann musste nur noch ein Herr Verpoorten 1876 in Heinsberg bei Aachen eine Likörfabrik eröffnen …

Überhaupt galten die Holländer mit ihren Geneverstuben europaweit lange als Vorbilder – sogar Campari hat als *bitter d'Olanda* angefangen! 1598 schlägt so die Geburtsstunde des Danziger Goldwassers. Der Mennonit Ambrosien Vermöllen verlässt die spanischen Niederlande aus Glaubensgründen und erwirbt im liberaleren Danzig die Bürgerrechte. Im Gepäck hat er ein Rezept für Pomeranzenlikör, in den Blattgoldflitter gestreut wird. Die Mischung aus Alchemie und Pfeffersackluxus begeisterte Europas Adel, die deutsche Zarin Katharina die Große putschte sich für ihre Orgien damit auf.

Auch *Underberg*, der mit seinem Papierfläschchen die beruhigende Gewissheit einer helfenden Notfallampulle nach Eisbeinexzessen vermittelt, ist Imitat holländischer Boonekamp-Magenbitter. Eine Altberliner Likörstube wie *Leydicke* steht mit ihren Persico- und Allasch-Flaschen seit 1877 für Amsterdamer Flair.

Weltstar unter Deutschlands Spirituosen ist *Jägermeister* aus Wolfenbüttel – laut Homepage im internationalen Spirituosen-Ranking zeitweise die Nummer 9. Das könnte auch damit zu tun haben, dass die Werbung bewusst den «Charme des Nationalen» einsetzt und zugleich bricht. Denn das Etikett mit Frakturschrift und Hirschtrophäe hat gerade wegen seiner einst von Landsleuten belächelten Nostalgie perfekten internationalen Wiedererkennungswert. Jägermeister ist *cool Germany*, besonders wenn Jägerettes als Promotiongirls dazu tanzen. Die Popularität in italienischen Bars dürfte auch damit zu erklären sein, dass man bei einer Blindverkostung leicht auf einen Amaro-Magenbitter tippen könnte.

Von Frankreich lernen galt hingegen für Bingener Scharlachberg oder Asbach Uralt. Der Geist des Rheinweines etablierte erfolgreich einen Weinbrand als Konkurrenzprodukt zum Cognac – leider assoziieren die meisten das Produkt eher mit Weinbrandbohnen als mit den exzellenten Vintage-Jahrgängen, die in Rüdesheim erhältlich sind.

Die Fülle regionaler süddeutscher Obstschnäpse geht meist auf bäuerliche Brennrechte zurück. Edelbrände schmecken desto besser, je kleiner und wilder die Streuobstsorten sind. So ist echtes Schwarzwälder *Chriesewässerle* aus winzigen Wildkirschen gebrannt. In den letzten Jahren werden verstärkt sortenreine Apfel- und Birnenbrände destilliert, daneben werden Spezialitäten wie Zibärtle (Novemberwildpflaumen) oder Quitten- und Topinamburschnaps hochgeschätzt. Rekordverdächtig ist das badische Oberkirch in der Ortenau mit seinen 900 Abfindungsbrennereien – ein Straßburger Kardinal hatte 1726 den Renchtaler Bauern umfangreiche Brennrechte eingeräumt.

Von folkloristischem Reiz sind Steingutflaschen mit Bayerwald-Bärwurz und Enzian. Da die Pflanzen streng geschützt sind, kommen die Wurzeln heute meist aus Plantagen. Lediglich die Berchtesgadener Brennhütte Grassl darf ein winziges Deputat Alpenenzian stechen. Als Alternative gilt Holzfassenzian von Lantenhammer am Schliersee.

Norddeutschland ist Kornland. Steinhäger aus der Steingutkruke zählte VIPs wie den Dramatiker Christian Dietrich Grabbe und Marlene Dietrich zu seinen Fans. Die Brennrechte für Deutschlands ältesten Branntwein gehen auf den Großen Kurfüsten zurück. Umso enttäuschender ist ein Besuch in Steinhagen am Teutoburger Wald. Ein Musterbeispiel, wie man hierzulande ein weltbekanntes kulinarisches Erbe herunterwirtschaften kann — einst arbeiteten hier 20 Kornbrennereien, heute versetzt eine einzige Brennerei Korn mit Wacholderlutter.

Lokalrunde bei Mutter Köhm. Zeichnung von Wilhelm Busch.

Als Alternative bietet sich Hanseatisches wie der auf Schiffen gereifte *Kieler Sprotte Aquavit* oder *Bommerlunder*, ein Kümmel nach Rezeptur von 1760 an. Oder Flensburger Rum – solange Schleswig noch zu Dänemark gehörte, blühte der Zuckerrohrimport von den Jungfraueninseln (Antillen). Das Handelshaus Johannsen hält die Tradition des in Flensburg ausgereiften Übersee-Rums aufrecht.

ERBSWURST, MAGGI, RUMFORDSUPPE – PHILANTHROPISCHES FASTFOOD?

Ist ein Amerikaner der Promotor des deutschen Eintopfs gewesen? Benjamin Thompson Graf Rumford (1753–1814) war einer der ersten, der sich ernsthaft Gedanken darüber machte, wie man mit schmalem Budget die schlechte Volksernährung verbessern könne. Der bayerische Kriegsminister legte nicht nur ab 1789 den Englischen Garten in München an, sondern war über fünf Jahre für die Führung der Armenhäuser zuständig. Als billige Sozialhilfe erfand er die nahrhafte vegetarische Rumfordsuppe aus Gerstengraupen, Kartoffeln und Erbsen – in ihrer zerkocht-sämigen Konsistenz erinnert sie an mittelalterliches Mus.

Auf der Radtour: Velocipedist verfeinert die Wirtshaussuppe mit Liebig's Fleisch-Extrakt aus der Zinntube. Liebig-Sammelkarte, um 1910.

Rumford blieb nicht der einzige Ausländer mit Deutschlandbezug, der die Ernährung reformierte. Der Pariser (oder Pfälzer?) Nicolas-François Appert (1750–1841), ehemaliger Leibkoch von Herzog Christian IV. von Pfalz-Zweibrücken, erfand das Vakuumieren und die Konservendose. Napoleon, der den Tüftler 1810 mit 12 000 Francs prämierte, erkannte sofort, worin das Potential der Dosen lag. Im planbaren Verproviantieren von Militärs, Schiffen und Expeditionen mit «eisernen Rationen» – noch heute liegt die Sahara voller rostender Sardinendosen. Ausgeschlachtet wurde die Erfindung allerdings zunächst von Engländern, die ab 1810 kommerziell Weißblechbüchsen herstellten – nach schweren Vergiftungen war man vom Blei abgekommen.

Vater, mein Vater, ich werde nicht Soldat,
derweil man bei der Infanterie nicht Maggi-Suppen hat. –
Söhnchen, mein Söhnchen! Kommst du erst zu den Truppen,
so isst man dort auch längst nur Maggi's Fleischkonservensuppen!

REKLAME VON FRANK WEDEKIND

Ein Gespenst geht um in Europa – dieser Satz des Kommunistischen Manifests galt auch für die weitverbreitete Furcht vor einer unkontrollierbaren Bevölkerungsexplosion. Thomas Robert Malthus hatte 1798

Mahlzeit: Bauarbeiterfamilie löffelt Suppe aus dem Henkelmann. Zeichnung von Adolf Menzel.

in seinem *Essay on the Principles of Population* gewarnt, dass die Menschheit schneller wachse als die Lebensmittelversorgung. Angesichts dieses Bedrohungsszenarios sollte sich das 19. Jahrhundert in seinem Fortschrittsoptimismus der Reform und Rationalisierung der Ernährung verschreiben. Die rasch anwachsende Armenschicht sollte mit kräftigender Kost versorgt werden, um nicht zur sozialen Zeitbombe zu werden. Die extrem langen Arbeitszeiten ermöglichten es proletarischen Müttern kaum, in Ruhe ein solides Gericht zu Hause zu kochen.

Leitidee war die Herstellung einer vorgefertigten Bouillon. Schon der Pariser Denis Papin (1647–1714) trug sich mit Gedanken, eine Armensuppe aus Gelatine und Knochenleim herzustellen. Schließlich hatte er mit seinem *digestor* den ersten Dampftopf mit Schraubverschluss und Druckventil erfunden, der in 120 Grad heißem Dampf Speisen in einem Drittel der Zeit sieden konnte. Sein Korrespondenzpartner Leibniz schwärmt 1714 in den *Utrechter Denkschriften* von *Kraft-Compositiones* und *Extrakt aus Fleisch* für Truppenmärsche. 1756 wurden zwei Drittel des Fleisches in der Hofküche Ludwigs XV. in Versailles für konzentrierte Bouillon ausgekocht – ein Verfahren, das für Volkskost als zu teuer galt. Erst als dem französischen Forscher Donné 1831 mit Knochenleimsuppe gefütterte Hunde wegstarben, war man sich einig, dass echte Fleischbrühe nicht zu ersetzen sei.

Den wissenschaftlichen Durchbruch sollte 1847 die *Chemische Untersuchung über das Fleisch und seine Zubereitung zum Nahrungsmittel* des Gießener Professors Justus von Liebig bringen. Sein Schüler Max von Pettenkofer begann 1848 in der Münchner Hofapotheke mit dem Verkauf von «kondensiertem Fleisch» zunächst an Kranke. Die zündende Geschäftsidee hatte 1861/62 der Hamburger Georg Christian Giebert. Er hatte auf Brasilienreisen bemerkt, dass riesige Rinderherden nur wegen Häuten, Horn, Knochenseife und Talg geschlachtet wurden und witterte die Chance, billig an den Rohstoff Fleisch zu kommen. 1863 wird von einem deutsch-niederländischen Konsortium in London *Liebig's Company* gegründet. In dem Werk in Fray Bentos in Uruguay werden täglich 500 Rinder geschlachtet, in gusseisernen Kochpfannen *made in Germany* dampfen je 7000 Kilo Fleischbrei, schließlich benötigt man für ein Kilogramm eingedickten Rindssirup ca. 30 Kilo Muskelfleisch.

1895 kostete ein Porzellanglas Fleischextrakt eine Reichsmark, doch mit den ersten Kühlschiffen stieg der Rindfleischpreis steil an. Nach dem Ausbruch des Ersten Weltkrieges wurde der Firmensitz 1924 nach Europa verlegt, heute wird das teure Nostalgie-Konzentrat in winzigen Mengen in Belgien produziert.

Gründerzeiten: Auch sonst ergoss sich aus deutschen Landen ein Strom von Erfindern, deren Namen noch heute berühmt sind.

So macht der Frankfurter Apothekerlehrling Heinrich Nestle (1814–90), der wegen seiner vormärzlich-republikanischen Gesinnung ins Exil nach Vevey in die Schweiz ging und sich dort Henri Nestlé nannte, ein Vermögen mit einem 1867 erfundenen Kindermehl. Die Mischung aus Schweizer Kuhmilchextrakt, Zucker und gemahlenem Weizenzwieback traf den Zeitgeist bürgerlicher Mütter, die begierig auf künstliche Säuglingsnahrung waren. Denn selbst zu Stillen galt als bäurisch, während man Ammen mit zunehmender Klassen-Distinktion misstraute.

Das preußischste aller Instant-Essen ist die berühmte Erbswurst. Für 27 000 Taler verkaufte der Berliner Koch Grünberg († 1872) sein Patent für die gepresste Masse aus Erbsenmehl, Speck, Gewürzen und Salz an die preußische Regierung. Nachdem Versuche, einen Trupp von zwanzig Mann sechs Wochen ausschließlich auf Brot und Erbswurst zu setzen, zu keinen erkennbaren Gesundheitsschädigungen führten, wurde das Hartpulver als Kraftnahrung des Kriegs gegen Frankreich 1870/71 freigegeben. Die Maschinerie war gewaltig. 1200 Personen verarbeiteten in der Berliner Erbswurstfabrik täglich 225 Zentner Speck und 450 Zentner Erbsmehl, 28 Scheffel Zwiebeln und 40 Zentner Salz zu 75 000 Einpfundwürsten. 18 Holzarbeiter waren allein damit beschäftigt, die Kisten zu zimmern, in denen jeweils 100 bis 150 Erbswürste für die Front verpackt wurden. Hat die Erbswurst Sedan gewonnen?

1889 kaufte die florierende Firma Knorr die Erbswurstrechte auf. Der aus Braunschweig stammende Carl Heinrich Knorr (1800–75) hatte bei Heilbronn mit Dörrobst, Zichorien- und Getreidehandel begonnen und Hülsenfruchtmehle mit Gewürzen und Trockengemüsen vermischt. Nach dem Tode des Patriarchen übernahmen die weitgereisten Söhne Carl Heinrich und Alfred Knorr die Fabrik und führten ab 1886 Suppenpulver in großem Stil ein. Was bisher als handgemixte Geheimrezepte in französischen Épicerien verkauft wurde, verkommt in ihren unternehmerischen Händen zur Tütensuppe.

Drei Jugendstilgrazien werben für Kokosfett. Plakat um 1910.

Auch die französische Seite dachte über Truppenverpflegung nach. Da der Butterpreis 1850–60 auf das Doppelte stieg, setzte Napoleon III. eine Prämie von 100 000 Goldfrancs für *beurre artificiel* aus.

Der Gewinner hieß Hippolyte Mège-Mouriés. Der Chemiker erfand nach jahrelangen Experimenten auf einem Versuchsbauernhof das perlmuttschimmernde Oleomargarin, das 1869 im Pariser Patentamt eingetragen wurde. Die Urmargarine bestand aus Rindertalg, Kuhmilch, Wasser und etwas labhaltigem geschreddertem Kuheuter. Später wurde auch mit Waltran, Palmöl, Erdnuss- und Kokosfett experimentiert – heute ist die meiste Margarine wie mittelalterliche Fastenbutter rein pflanzlich. Eine frühe Variante war ein 1864 in Frankfurt an der Oder erprobtes Verfahren, Hammeltalg mit Milch und Mohnöl zu strecken.

Die frühindustrielle Verwertung dieser französischen Erfindung begann in Deutschland. Gleich nach dem Krieg eröffnet ein gewisser Benedict Klein 1871 in Köln die erste Margarinefabrik, im gleichen Jahr gründen holländische Butterhändler in Kleve und Goch am Niederrhein Produktionsstätten, die 1924 den buttrigen Namen *Rahma* (sic!) annehmen und heute längst im Konzern Unilever vereint sind. In der Zwischenkriegszeit war Deutschland weltgrößter Margarineproduzent. Denn gerade die sparsamen Deutschen sollten dem Ersatzprodukt wie keine zweite Nation verfallen – so lästerten die Österreicher nach dem Anschluss bezeichnenderweise über die *Hitlerbutter*. Erst mit der Konkurrenz des Butterbergs wird Margarine zum Gesundheitsprodukt hochgejubelt. *Becel* startete 1965 in Apotheken!

Zum Synonym für deutsche Einheitswürze ist das Maggi-Fläschchen geworden. Jahrzehntelang waren die Design-Klassiker aus dem Jahre 1887 verlässlicher als Salz- und Pfefferstreuer auf Wirtshaustischen eingedeckt. Doch wenige wissen, dass den Thurgauer Großmüller Julius Maggi (1846–1912) auch wohltätige Motive bei der Entwicklung von Speisewürze und Suppenwürfel umtrieben. Der Schweizer Geschäftsmann korrespondierte ausgerechnet mit Auguste Escoffier, dem brillantesten Koch der Epoche, über das Desiderat erschwinglicher Volksernährung. Der Südfranzose, der sich aus einfachen Verhältnissen zum Star der Gesellschaft hochgekocht hatte, war der richtige Ansprechpartner – während seiner umjubelten Zeit im Londoner Ritz ließ er regelmäßig übriggebliebenes Essen an Bedürftige verteilen. Auch Maggi bewies im Singener Fabrikalltag soziales Engagement – das Hegau war damals noch eine Armenregion.

Die Geschäftsidee des berühmten Suppenwürfels von 1900? Es muss nicht immer teurer Fleischextrakt sein, auch Sojasauce und Gemüsebrühen würzen und schmecken.

In der Bielefelder *Rezeptwiese* von Dr. Oetker werden längst vollständige Menüs erprobt, aber in den Köpfen der Deutschen ist der Name Oetker wegen seiner Tütenpuddings fest verankert.

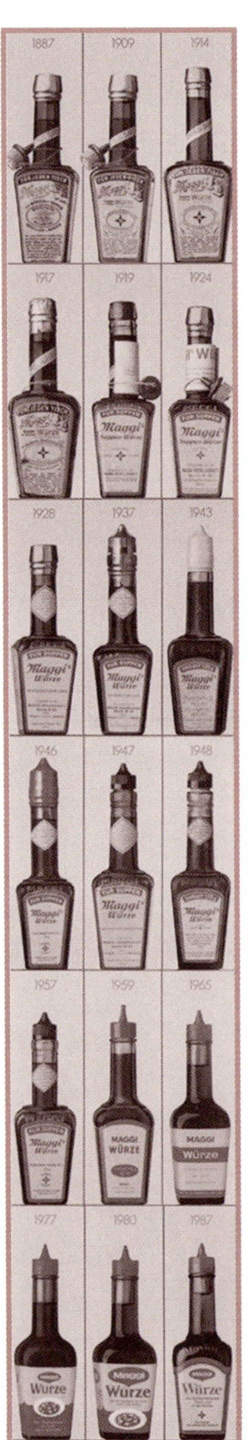

Der Deutschen liebste Flasche … als es noch keinen Aceto Balsamico gab? Hundert Jahre Maggi-Phiolen.

Auch sprachlich war es ein weiter Weg vom mittelalterlichen englischen Blutwurstpudding im Tümmlerdarm bis zum modernen Eins-Zwei-Drei-Fix-Einrühren-Vanillepudding. Der erste deutsche Pudding von 1683 glich noch einer Art Serviettenfleischknödel nach Art eines französischen *boudin*. Unser heute schon wieder altmodisch werdender Pudding ist norddeutsch, seine Vorläufer sind die oft salzigen Mehlpuddinge, die als «englischer Kloß» ab 1700 an der Nordseeküste verzehrt werden. Erst mit dem erschwinglichen Rübenzucker wurde Pudding süß, mit der Erfindung des Puddingpulvers auch einfach und günstig. Dr. Oetker verlangte 1894 pro Tüte 10 Pfennig.

Arbeitsalltag in der Konservenfabrik. Gemälde von Max Liebermann, 1879. Museum der bildenden Künste, Leipzig.

Der Siegeszug der Zuckerrübe in Deutschland, der billigen Süßstoff für alle garantierte, ist ein Resultat der Kontinentalsperre. 1745 hatte der Chemiker Andreas Sigismund Markgraf (1709–1783) vor der Akademie der Wissenschaften in Berlin einen wenig beachteten lateinischen Vortrag über den Zuckergehalt der Runkelrübe gehalten. Sein Schüler Franz Karl Achard begann 1801 mit dem Versuchsanbau auf Gut Cunern in Schlesien.

Als dann infolge der Blockade gravierender Rohrzuckermangel drohte, ordnete Napoleon im pfälzischen Departement Tonnerre/Donnersberg Rübenanbau in großem Stil an. In Schwabenheim bei Rheinhessen entstand eine kaiserliche Zuckerfabrik, in Wachenheim eine Fachhochschule. Auf die Massierung von Zuckersiedereien im Kölner Raum geht der Begriff Rheinisches Rübenkraut zurück.

Nach dem Sturz Napoleons mussten die Rübenzuckerfabriken zunächst mit staatlichen Interventionen gegen den Weltmarkt abgestützt werden – erst mit der Sklavenemanzipation ab 1833 stieg der Rohrzuckerpreis auf den Plantagen. Deutschland, das Land ohne Flotte und Kolonien, setzte voll auf die Rübe. 1865 sotten im Gebiet des deutschen Zollvereins 265 Zuckerfabriken vier Millionen Zentner Rübenzucker. Ganze Landstriche stellten von Getreide auf Rüben um, sodass bereits 1880 exportstützende Subventionen gezahlt werden mussten – Gustav Freytag hat in seinem Unternehmerroman *Soll und Haben* die Sorgen deutscher Zuckerfabrikanten eingefangen. 1885 schließt in Hamburg die letzte kontinentale Zuckerrohrsiederei.

Ein erfolgreiches Beispiel für Rationalisierung durch Dauerbackwaren ist die Firma Bahlsen in Hannover. Da auf englische *cakes* hohe Zollschranken bestanden, importierte Hermann Bahlsen 1889 aus Glasgow 15 Meter lange Kettenöfen, in denen die gezähnten, lokalpatriotisch nach dem Philosophen Gottfried Wilhelm von Leibniz getauften *Leibniz-Cakes* bräunten. 1911 wurde das Wort zu Keks eingedeutscht.

Bahlsen vom Fließband: Die schöne Hartkeks-Stanzerin. Um 1960.

Die Dame am Schaltpult: Vollautomatische Packanlage für Salzletten. Um 1960.

Bahlsen, der früh seine Mitarbeiter ins Ausland entsandte und Auslandsfirmen gründete, um Zollschranken zu umgehen, wurde zum Waffeltycoon. 1905 wurden Keksfließbänder eingeführt. 1913 betrug der Ausstoß täglich 500 Zentner Kekse, für die pro Jahr 60 000 Zentner Mehl, 4000 Zentner Butter, 240 000 Zentner Zucker, 385 000 Liter Milch und drei Millionen Eier verbacken wurden.

Bahlsens simple aber erfolgreiche Idee bestand darin, die Ware zu verpacken – bisher eher eine Usance von Luxuskonfiserien und Hoflieferanten. Damit wurde die «Ikonographie» des Produkts entscheidend. Bewusst wurden Graphiker und Künstler wie der Dadaist Kurt Schwitters mit dem *branding* betraut. Bis heute bewährt sich das einer ägyptischen Hieroglyphe nachempfundene Tet-Zeichen: schließlich bedeutet es «ewig dauernd». Der Leuchtreklame-Pionier setzte auf hohe Produktmobilität, schickte ambulante Keksverkäufer herum, lockte mit Kampfpreisen von einer Reichsmark für eine Blechdose voller Salzletten.

Trotz Gratiskeks grazil: Fabrikarbeiterinnen in der Arbeitspause. Plakat um 1910.

Markenartikel werden durch Werbung geschaffen. Das geht mit naiv volksbildnerischen Ansätzen los wie der Hausfrauen-Enzyklopädie der Liebig-Sammelbildchen: Fremde Sitten fremder Völker, Nationaldichter, Tänze oder weltweiter Bergbau. Eine Serie zeigt ein gähnend leeres Nobelrestaurant, das durch die originelle Idee des Kochs, Fleischextrakt zu verwenden, gerettet wird. Ein Vordenker eingängiger Werbebotschaften war auch der Bremer Kaufmann Ludwig Roselius, Erbauer der Böttcherstraße. Er platzierte Kaffee-Hag-Pakete, die an ihrem aufgedruckten Rettungsring (vor den Gefahren des Koffeins!) leicht erkennbar waren, in Stummfilmen und ersann Sprüche wie «Stahlharte Nerven durch Sport und Kaffee Hag!»

Der Suppenwürfel-Rosinenbomber oder die Werbung entdeckt das Bombardement des Konsumenten. Plakat um 1910.

So haben deutsche Pioniere der Lebensmittelindustrie unsere Ernährungsmentalität früh konditioniert. Ein pseudomedizinischer Überbau (v)erklärte ihre Produkte zur gesunden, hygienischen, nahrhaften Kost – was dabei meistens auf der Strecke blieb, war die Frische. Ähnlich wie heute bei der Weltraumnahrung trieben neben unternehmerischem Gewinnstreben philanthropische und militärische Interessen die Entwicklung des frühen *convenience food* voran.

Ihre Motive waren auch, schnell, einfach und hygienisch zuzubereitende und leicht transportierbare Lebensmittel zu schaffen. So strotzen besonders Kolonialkochbücher vor Werbung für Erbswurst, Trockenmilch und Maggi – angesichts von paniertem Alligator, Antilopenkopf mit Remoulade oder Elefantenherz mit Madeira sehnt sich die blonde Frau in der Ferne nach heimatlicher Verlässlichkeit.

Längst sind Fertigerzeugnisse nicht nur Küchenhilfe, sondern diktieren den Speisezettel der meisten Deutschen. Auch wenn einige gern ihr Maggi-Fläschchen durch mit Konservierungsstoffen vollgepumpten Aceto Balsamico ersetzen – wer hat noch nicht mehr oder weniger lustvoll neudeutsche Klassiker wie Ravioli aus der Dose, Iglu-Fischstäbchen oder Bihunsuppe konsumiert? Doch auch hier hat sich die kulinarische Wahrnehmung umgedreht. Längst gilt Abgepacktes nicht mehr als chic und individuell. Unbehagen angesichts für den Laien kaum zu identifizierender Zusatzstoffe lässt die Lebensmittelindustrie in Generalverdacht geraten – was ist eigentlich Ascorbinsäure oder wieso stammt Zitronensäure nicht von Zitronen? Das Schlagwort von der Lebensmittelfälschung macht die Runde – allerdings gab es die schon immer, wie etwa 1715 ein Leipziger Anonymus mit *Der entdeckte Betrug aller Menschen im Handel und Wandel* anklagt. Doch bei der Mockturtle-Suppe wusste jeder, dass sie nicht aus Schildkrötenfleisch besteht, von der gesetzlich sanktionierten Schummelei, dass Kalbsleberwurst kein Gramm Kalbsleber enthalten muss, erfahren nur die, die das Kleingedruckte auf dem Etikett entziffern. Dabei können erfolgreiche Industrieprodukte durchaus eine Vorreiterrolle für gesunde naturbelassene Lebensmittel spielen, wie etwa Hipp mit seiner längst nicht mehr «amerikanischen» Babynahrung zeigt.

Die Bärmutter als Nährmutter. Bärenmarkewerbung 1912.

Das entfremdete Legehuhn. Karikatur aus dem Simplicissimus, 1917.

Jeder Bergsteiger, der einen Teller Erbswurstsuppe mit knackigen Würstchen und frisch gewiegter Petersilie verzehrt, weiß es. Instantnahrung und Fertigprodukte können köstlich schmecken, wenn man mit ihnen souverän umgeht und es nicht beim bloßen Aufwärmen belässt. Die zeitgenössischen Kochbücher reagierten durchaus enthusiastisch auf die neuen arbeitssparenden Grundstoffe, aber sie gaben deswegen das kulinarische Denken nicht auf. So macht sich 1870 Henriette Davidis mit voller Überzeugung zur Propagandistin der jungen Nahrungsmittelindustrie und liefert Rezepte für ein Liebig's Fleisch-Extrakt-Kochbuch: «Wenn der Professor Baron v. Liebig im Interesse der Wissenschaft sich weltberühmte Dienste erworben hat, so sind die Frauen ihm nicht weniger zu Dank verpflichtet. Das von ihm erfundene Fleischextract ist auf dem Gebiete der Ernährung von ganz unersetzlichem Wert, nicht nur für größere Zwecke als Krankenhäuser, Hospitäler, Wohltätigkeitsanstalten, daneben Hotels, Restaurationen, Reisende, sondern auch namentlich für die Hausfrau.»

Die Fleisch-Extraktsuppe in Webers *Universal-Lexikon der Kochkunst* ersetzt um 1880 nur einen Arbeitsschritt: Die Kraftbrühe wird aus Fleischextrakt, Knochen, Mark und Wurzelwerk ausgekocht. Oder modern ausgedrückt: Kaufen Sie ruhig Puddingpulver, aber reiben Sie in die Milchspeise ungespritzte Zitronenschale hinein, und geben Sie die Mandeln selbst dazu! Oder wagen Sie sich noch einen Schritt weiter: Machen Sie Ihr Suppenpulver selbst! Wie's geht, hat Alexander Herrmann, bis 2010 Präsident der Jeunes Restaurateurs Deutschlands, kürzlich in seiner Fernsehshow *Koch doch!* vorgemacht.

RUMFORDSUPPE

Benjamin Graf von Rumford, 1797

Es ergab sich, dass die wohlfeilste, schmackhafteste und nahrhafteste Speise eine Suppe war, die aus Gerstengraupen, Erbsen, Kartoffeln, Schnitten von feinem Weizenbrot, Weinessig, Salz und Wasser bestand.

Die Art, diese Suppe zu bereiten, ist folgende: Das Wasser und die Gerstengraupen werden zusammen in einen Kochkessel getan und zum Kochen gebracht; dann werden die Erbsen hinzugetan, und das Kochen wird über mäßigem Feuer zwei Stunden lang fortgesetzt; dann werden die Kartoffeln (die ungekocht oder gekocht schon geschält sind) hinzugetan, und das

Kochen wird noch eine Stunde lang fortgesetzt. Während dieser Zeit wird die Flüssigkeit im Kessel fleißig mit einem großen hölzernen Löffel umgerührt, um die Kartoffeln gänzlich zu zerreiben, und die Suppe zu einer gleichförmigen Masse zu machen. Sobald dies geschehen ist, werden Weinessig, Salz und zuletzt, wenn die Suppe aufgetragen werden soll, Brotschnitte hinzugetan.

Brot zur Suppe war einst selbstverständlich – das germanische Wort, das als *soupe* oder *zuppa* in die romanischen Sprachen einging, bedeutet «eingebrocktes Brot.»

Rumfords Armensuppe ahmt die breiigen mittelalterlichen Suppen nach, die meist eintopfartiges Hauptgericht waren. Zur gleichen Zeit beginnen sich leichtere klare Bouillons als appetitanregende Vorspeise in der feineren Küche durchzusetzen.

SEKUNDENBOUILLON

Therese Haslinger, 1913

Zwei knappe Teelöffel voll Maggi's Suppenwürze übergieße man mit einer Bouillontasse voll kochenden Wassers, in dem man allenfalls ein Stückchen frischer Butter in der Größe einer Erbse oder doppelt soviel Rindermark schmelzen ließ, um – wie viele es lieben! – der Bouillon einen angenehmen Fettgehalt zu verleihen und ein «paar Augen» oben schwimmen zu sehen – beim Junggesellen müssen es ja nicht immer ein paar Veilchen-, Glut- oder Taubenaugen sein!

Sonst ist nur das nötige Salz erforderlich – nach Belieben etwas Muskatnuß, frischer Schnittlauch, eventuell auch ein Eigelb.

Neckische Küche im Jugendstil – bodenständig der Tipp, die Instantsuppe mit Rindermark, frischem Schnittlauch und Dotter aufzupeppen.

KLÖSSE, MAULTASCHEN, SPÄTZLE

Die deutsche Küche definiert sich gern über einfache Alltagsgerichte. Doch die Genese des scheinbar Selbstverständlichen ist oft am schwierigsten zu erforschen. Eine Fülle von lokalpatriotischen Erfinderlegenden versucht, den Primat für emblematische Speisen zu beanspruchen. So behaupten die Friedersrieder bei Cham im Bayerischen Wald schlichtweg, schon die Heiligen Drei Könige hätten bei ihrer Rückkehr ins Morgenland bei ihnen Knödel gegessen!

Die Deggendorfer Ausstellung *Kloß. Knödel. Knedlik* ist 2007 in der Stadt der Knödelwerferin grenzübergreifend den nahrhaften Kugeln nachgegangen.

Herausgekommen ist dabei: Das Wort Knödel stammt ebenso wie das Wort Nudel von lateinisch *nodus* (Knoten). Bis auf ein paar Luxusnocken verfestigt sich die deutsche Kloßtradition unter italienischem Einfluss im 16. Jahrhundert. Damals wird die mittelalterliche Breiküche durch geformte Mehlspeisen abgelöst, die zunehmend Fleischgerichte ersetzen. Dass trotz vogtländischer *grüner Glitscher* und holsteinischer *Mehlklüten* der bayerisch-österreichische Knödelkosmos dominiert, könnte mit der gegenreformatorischen Erneuerung der Fastenverbote zu tun haben.

Kartoffelknödel oder Kartoffelklöße? Da freut sich die Hausfrau im Gänschen. Pfanni-Werbung, um 1950.

Umgekehrt ist der relativ späte Coburger oder Thüringer Kartoffelkloß in gewisser Weise die Antwort der protestantischen Köchinnen auf das katholische Knödelwunder. Seit 1949 ist das männliche Ritual des Kartoffelstampfens und Auswringens im Rückgang – wie generell hausgemachte Klöße. Damals warf die Firma Pfanni ihr erstes Trockenkartoffelknödelpulver auf den Markt.

«Schwäbische *Pelmeni* könnte man sie nennen … württembergische *Ravioli* oder deutsche *Jiaozi*.» Die schwäbische Maultasche schillert global. Die populärste Legende spielt in Maulbronn im Dreißigjährigen Krieg. Als die Mönche in schlimmen Hungerzeiten und mitten in der Fastenzeit ein Stück Fleisch ergattertern, entschieden sie sich, es zu faschieren, mit Grün zu vermengen (grüne Krapfen waren Mode!) und in Teigtaschen zu hüllen, damit es Gott und gierige Nachbarn nicht sehen konnten – die Fauststube der Klostergaststätte lädt bis heute zu Maultaschenmenüs.

Für den Historiker gibt es das kleine Problem, dass die *Herrgottsbescheißerle* im 17. Jahrhundert nicht Maultaschen heißen. Der Dialektbegriff steht damals eher für das weibliche Geschlechtsteil. Noch im Wörterbuch der Brüder Grimm gelten Maultaschen als süßes schlesisches Gebäck. So tauchen sie auch zunächst in schwäbischen Rezepten auf, z. B. «Gebackene Maultaschen mit Früchten und Mandeln gefüllt» (Johanna B. Kiesin 1796). Mit Fleisch oder Mangold gefüllte Maultaschen heißen in Schwaben bis ins 18. Jahrhundert eher *rafioln* oder *krapfen*. Verweist die fiktive Verbindung mit der Tiroler Landesfürstin Margarethe Maultasch darauf, dass sie über Italien und Österreich eingewandert sind – auch Südtiroler Schlutzkrapfen können je nach Jahreszeit süß mit Kletzen (Trockenbirnen) gefüllt sein? Sind die Teigtaschen gar mit den vielen russischen Prinzessinnen, die nach Württemberg heirateten, ins Land gekommen? Oder ging alles von China aus? Der Esshistoriker steht vor dem typischen Dilemma, dass Rezepte ferne Anleihen sein können – oder ganz banale «antidiffusionistische» Neuerfindungen aus den Produkten, die eben zur Verfügung stehen.

Die Geschichte der Spätzle ist ebenfalls eine Herausforderung, denn auch die frühesten *spatzen* scheinen Süßspeisen gewesen zu sein. Kommt das Wort Spätzle, das erst im 19. Jahrhundert populär wird, von Pasta, oder ist es eine Volksetymologie zu *spezzato* (geschnetzelt) und geht gar auf verschlungenen Wegen auf die staufische Hofküche Kaiser Friedrichs II. zurück? Sind Spätzle ein Italianismus, obwohl sie im strengen Sinn eher Mehlspeise als Nudeln sind, denn sie werden direkt ins heiße Wasser geschabt und nicht getrocknet? Die Urspätzle hießen wie heute auf der Alb oder in Südschwaben *Knöpfle* (*Knöpflich* in Franken) und waren nicht nur kürzer, sondern meist größer. In dem Märchen von den «Sieben Schwaben» von Sebastian Sailer (1714–77) werden die Knöpfle noch einzeln gezählt, was eher auf kleine Knödel deutet.

Ich esse Knödel, also bin ich. Werbefoto, Sachsen, um 1950.

Sicher scheint nur eins zu sein. Die Verbreitung in Schwaben wurde durch den Dinkelanbau gefördert – traditionelle Dinkelspätzle verkleben leichter als Weizenware, mussten deswegen nicht getrocknet und konnten ohne Eier zubereitet werden.

«Der echte Schwabe hat Montags Nudeln, Dienstags Hutzele, Mittwochs Knöpfle, Donnerstags Spätzle, Freitags gedämpfte

Grundbirn, Samstags Pfannkuchen, Sonntags Brätle und Salätle», schrieb Karl J. Weber (1767–1832) in seinem Riesenwerk *Demokritos oder hinterlassene Papiere eines lachenden Philosophen.* Bis weit ins 20. Jahrhundert war es nicht ungewöhnlich, dass die modernen Sättigungsbeilagen die eigentliche Hauptspeise stellten – dass man früher drei, vier, fünf Knödel nacheinander verdrückte, wirkt heute selbst im Knödelparadies Bayern märchenhaft. Doch Fleisch war meist nur in Form von Bratensoße präsent. Diese typisch deutsche angedickte Soße führt heute meist ein tristes Dasein in Form zäher brauner Tütenpampe. Auf dem Rückzug sind auch die Fleischbrühsuppen, in die Markklößchen, Grießnocken oder *Leberkneteln* (Rumohr) gegeben werden – früher oft ein Hauptgericht.

Handgeschabte Spätzle, ein frischgeriebener Kartoffelkloß oder ein duftig-lockerer Semmelknödel zählen ebenso zu den Sternstunden deutscher Hausmannskost wie hausgemachte Maultaschen mit einer grobgewiegten Füllung aus Fleisch, Petersilie, Spinat und Gewürzen. Doch einige ihrer industriell gefertigten Vettern liegen schwer wie Wackersteine im Magen. Längst sind es nicht mehr harmlose Faule-Weiber-Spätzle aus dem Spätzle-Schwab (Spätzle-Presse), die zum Verschwinden dieser Produkte aus der deutschen Spitzengastronomie führen – gerade die einfachsten Speisen brauchen eben besonders viel Sorgfalt.

STECKRÜBEN, SCHWARZMARKT, EINTOPF – VOLKSKÜCHE VON WELTKRIEG ZU WELTKRIEG

Die jubelnden Patrioten, die die deutschen Soldaten 1914 zu den Zügen an die Front brachten, ahnten nicht, dass bald ein millionenfacher Blutzoll gefordert würde – und Schmalhans für Jahre Küchenmeister sein würde. Schon 1915, als die Westoffensive in den Grabenkämpfen der Marne endgültig steckenblieb, wurde die prekäre Lebensmittelsituation des verstädterten und dichtbevölkerten Deutschen Reiches deutlich. Aufgrund militärischer Einkesselung und Flottenschwäche war man weitgehend von Lebensmittelimporten abgeschnitten. Die Regierung musste Brotkarten einführen. 1916 verkündete Reichskanzler Bethmann Hollweg mit der «Verordnung zur Sicherung der Volksernährung» totale Zwangsbewirtschaftung und Hausdurchsuchungen gegen Hamsterei. Im gleichen Jahr wurde das Backen von Weihnachtslebkuchen und Weizenbrot verboten, die Stammwürze des Kriegsbiers auf maximal 4 Prozent reduziert.

Alles ohne – ohne alles. Ausriss aus einer Küchenkladde aus den Tagen des 1. Weltkriegs.

Einer der ersten, der auf die Notküche reagierte, war Konrad Adenauer, damals als Beigeordneter der Stadt Köln für Ernährung zuständig. 1915 meldet er ein Patent an: «Verfahren eines dem Rheinischen Schrotbrot ähnelnden Schrotbrotes». Getreulich bäckt das Café *Profittlich* in Rhöndorf bei Bonn, Wallfahrtsstätte der Bonn-Nostalgiker, das Gerste-Mais-Brot als «Adenauers Patentbrot» nach.

Für viele wurde auch so ein Laib bald zum Luxus. Große Teile der Bevölkerung, vor allem die Frauen, Alten und Kinder im Hinterland, lebten ab dem Winter 1915 von kindskopfgroßen Steckrüben, die früher meist an das Vieh verfüttert worden waren. Heute

Erz hat stets ein Reich stark gemacht, Butter und Schmalz haben höchstens ein Volk fett gemacht.

HERMANN GÖRING

Erst kommt das Fressen, dann die Moral: Eine Postkarte thematisiert die Hamsterproblematik. Um 1918.

tauchen die Wruken, Mecklenburger Ananas oder bayerisch Dotschn getauften Riesenrüben wieder in der Spitzenküche auf – als Beilagenportiönchen zu Rehsteak oder Taubenbrust. Doch wenn man die verzweifelten Versuche der Kriegskochbücher sieht, falsche Orangenmarmelade aus Steckrüben oder Wurst aus Kartoffelschalen zu zaubern, spürt man die existenzielle Not, die Familie mit Surrogaten satt zu kriegen. Elly Petersen gibt in *So kocht man gut und billig für 3 Personen um eine Mark* Nährhefe statt Öl auf Kartoffelsalat, empfiehlt Marmeladebrot ohne Butter, Fisch statt Fleisch und Käse statt Wurst. Marga Hinzpeters *Sparkochbuch* zeigt auf dem Cover ein Küchenmesser, das in einer Rübe steckt. Einige ihrer Tipps: «Spiegeleier ohne Fett zu bereiten» (in Brühwürfelbrühe braten!), Eigelb mit Salz aufquirlen, um die Speise gelber wirken zu lassen oder alte Schrubber weiterverwenden, um Tücher zu schonen. Die Davidis-Überarbeiterin Luise Holle spricht in ihrem *Kriegskochbuch* tapfer von den «Schwierigkeiten der jetzigen Kochkunst, welche Hausfrauentatkraft und Hausfrauenerfindungsgabe doch überwindet», kreiert immer dünnere Suppen und erfindet Notgerichte, die heute nach *nouvelle cuisine* klingen: statt Kapern Gänseblümchenknospen oder grüne Holunderbeeren in Salz und Essig einlegen!

Außerparlamentarisches Protestpicknick gegen Luxusrestaurantschließung durch das Reichswucheramt. Karikatur Simplicissimus, 1917.

Wenn es einen Dolchstoß gab, dann war das die Hungerwaffe. Die miserable Versorgungslage demoralisierte Soldaten und Heimatfront. Besonders deutlich wurde das, als ab 1917 wohlgenährte amerikanische GIs auf ausgemergelte deutsche Truppen stießen. Noch bei den Friedensverhandlungen wurde um Ernährung gepokert – Lebensmittel gegen Herausgabe der Flotte lautete eine der Forderungen der siegreichen Entente. Amerikanische Quäker schickten die ersten Lebensmittelpakete in ein Deutschland, in dem ein Ei Schwarzmarktluxus war und Familien sich auf Nachtkerzenwurzeln und Brennnesselpudding stürzten.

Nach dem Versailler Frieden sorgten die Umstände dafür, dass gutes Essen angefeindetes Privileg weniger blieb. Reparationen und Inflation, Arbeitslosigkeit und soziale Spannungen bewogen die Behörden, die Zwangsbewirtschaftung auch in Friedenszeiten fortzusetzen. 1920 inspiziert die Staatsanwaltschaft Restaurantküchen. Ein diplomatischer Treff wie das *Adlon* setzt 1919 neben Gänseleber für 32 Mark in neuer Bescheidenheit Hafergrützensuppe für 1,50 Mark auf die Karte. Auf Bildern und Karikaturen der Weimarer Republik von Dix bis Grosz entsteht der Eindruck, dass nur blutsaugerische Kapitalisten und Kriegsgewinnler in Chambre-Separées tafeln, während das Volk bei margarinegebratenen Buletten aus Bucheckern, Eichelmehl, Karotten und Zwiebeln darbt.

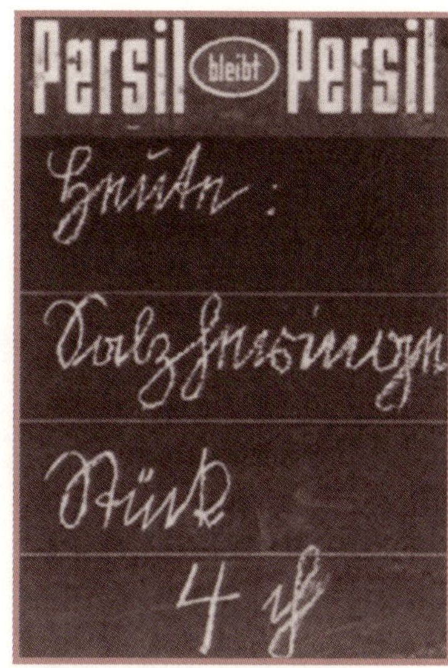

«Für mich blinkt in des Krämers Tonne / Ein Hering mager nur und klein.» Heute: Salzheringe Stück 4 Pfennig.

Die tagespolitischen Dimensionen der Debatte zeigt der bayerische Versuch, Gesetze mit Gefängnisandrohung gegen Schlemmerei zu erlassen. Teilweise wird die Ausstellung von Lebensmitteln im Schaufenster verboten. Restaurantbesuche galten als «hemmungslose Gier und absolute Ich-Sucht, während unterernährte Kinder nach Milch schreien.» So gewinnt kultiviertes Speisen in der öffentlichen Wahrnehmung eine obszöne ausbeuterische Konnotation, mit der ambitionierte Restaurants in Deutschland bis in die späten 1970er kämpfen mussten.

Das altehrwürdige wilhelminische Fachorgan der kochenden Zunft *Kochkunst und Tafelwesen* heißt nun schlichtweg *Die Küche* und schwankt zwischen Pessimismus und Positivem: «Tausende von jungen Köchen hielten noch nie Hummer, Steinbutt oder Poularde in den Händen und können weder einen Fond noch eine Sauce ansetzen. So wurden sie zur Pfuscharbeit erzogen.» Während dieser Redakteur dem Verfall der *grande cuisine* nachjammert, erkennen andere, dass gerade die Not des Kriegs auch interessante Verzichtsansätze gebracht hat: «Die Menüs waren zu schwer. Wir hatten kein Interesse am Nährwert der Speisen und fragten nicht nach dem Kaloriengehalt. Der Krieg war uns ein guter Lehrmeister.» Ein deutscher Futurist prophezeit 1929 das Ende individueller Küche – Essen sei «notwendige Nahrungsaufnahme, wie auch eine Maschine Öl und Benzin braucht, um arbeiten zu können. Das ist unser Essen heute: ein Koch ist nur noch romantischer Überrest einer erledigten Vergangenheit oder selbst Maschine im Mechanismus der internationalen Herberge.»

Mitte der 1920er kommt es durch die Reformen des Reichskanzlers und Bierhändlersohns Gustav Stresemann zu einem gewissen Aufschwung. Ganz im Stile bürgerlicher Retrotrends wird *Hühnchen Hindenburg* auf französische Manier mit Zwiebeln und Cognac abgelöscht. Der emigrierte Elsässer Eugene Lacroix geht mit einem Bastkorb voll Gänseleberpastete in Frankfurter Hotels hausieren. 1923 bietet *Walterspiel* in der Münchener Fürstenstraße als Silvestermenü «Frische Perigordtrüffel, weiße Schildkrötensuppe, Heidschnucke oder Ge-

Motorisierter Pfingstochse? Pumpernickel-Lieferwagen. Foto um 1920.

birgsforellen mit geschlagener Butter». In Berlin brilliert das *Kempinski* wieder mit Hummer, Rentierfilet und Triester Gulasch, das *Borchardt* serviert Gans auf bulgarische Art und Kalbsrücken Carlton. Zur Sensation avanciert der gigantische Themenrestaurantkomplex *Haus Vaterland*. Amüsierfreudige Berliner haben die Wahl zwischen einem Grinzinger Heurigen, einem Arizona-Blockhaus mit Wildwestbar und einem mondän-schwülstigen Türkischen Café. Stündlich taucht ein Gewittersimulator eine Rheinkulisse samt Loreley in Knattern und gespenstisches Licht. Die *Deutsche Luft Hansa* reicht 1928 auf dem Flug Berlin-Paris als kalten Imbiss «Garnierter Lachs mit Remouladentunke, Kalbskeule, Schinken, Kaltes Geflügel, Gemüsesalat, Butter und Brot, Fruchttörtchen, versch. Käse und Radieschen.» 1929 eröffnet *Karstadt* in Berlin als erstes Kaufhaus eine Lebensmittelabteilung. Erste Restaurantkritiker wagen es, Essen unter die Lupe zu nehmen: «Lieblose Zubereitung von Gerichten, ausgelaugte Bohnen, Blumenkohl als Gummistrünke nun auf dem Teller leise vor sich hinweinend», klagt ein Kenner 1930 in der Hauptstadt.

Bockwurst für Bahngäste: Blonder Wurstmaxe auf dem Perron.

«Rohen Schinken in Röllchen, manchmal mit Gurken oder Salaten gefüllt, lehne ich ab!» Einer der wenigen Grandseigneurs der deutschen Zwischenkriegsküche ist Alfred Walterspiel, der 1926 das Hotel *Vier Jahreszeiten* in München erwarb. Der Baden-Badener hatte in Cannes, St. Petersburg und London gelernt, war Küchenchef im *Adlon* und im *Atlantic* in Hamburg und führte 1910 das Deutsche Restaurant auf der Brüsseler Weltausstellung. 1952 wird er in *Meine Kunst in Küche und Restaurant… Erfahrungen… eines internationalen Kochs* über Teller mit Familienwappen und Mode reflektieren: «Unsere Damen kommen nicht allein des Essens wegen. Sie wollen Anmut, Schönheit, Toilette zeigen, wozu sie kaum irgendwo so gut Gelegenheit haben wie im Restaurant.»

Walterspiel wird bis heute von Sterneköchen dafür bewundert, dass er trotz damals gängiger Luxusgerichte wie selbstgeschlachteter Schildkröten (deren grünes Fett er mit süßem Mosel abkocht) sein Gespür für das Einfache nie verlor: «Suppen brauchen heimatliches Wasser, heimatliche Luft, und heimatliche Zutaten.» Der weltgewandte Bratkartoffelfan lässt sich seinen deutschen Schneid nicht abkaufen und setzt wie selbstverständlich Hering mit Bauernbrot oder Weißkrautsalat mit senfmarinierten Regensburgern neben *Hummertartelette Hans Knappertsbusch* und Herrentoast.

Andererseits wurden in den 1920er Jahren auch modern verschlankte, noch heute gültige Esssitten angedacht. Die fürchterlichen Hekatomben junger Menschen auf den Schlachtfeldern und die Präsenz von Kriegsversehrten machen den gesunden sportlichen Körper zum Privileg. Teile der Gesellschaft legen die Steifheit des Bürgertums, Stehkragen und Korsett ab. Baden, einst Männerathletik, wird nun zum zweigeschlechtlichen Volkssport – Frauen im Einteilerbadeanzug müssen anders auf ihre Figur achten als Korsettträgerinnen. 1927 trifft Sophie Sukup mit *Iß Dich schlank* den Zeitgeist einer neuen Generation, die die *femme fragile* und sportliche Bubikopfmädels schätzt – auch wenn für viele schlecht ernährte Familien dieser Körperkult wie Spott klang.

Softdrogen statt Eisbein für das Großstadtgewächs. Femme fragile von Christian Schad, um 1928.

Es sind Zeiten des alternativen Experimentierens, bewusster Ernährung und erfolgreicher Rohkostapostel. Rudolf Steiner spricht 1924 über *Geisteswissenschaftliche Grundlagen zum Gedeihen der Landwirtschaft*, auf denen die biodynamische Demeter-Bewegung fußt. Die Mazdaznan-Diät des geheimnisumwitterten (deutschen?) Philosophen Otoman Z. A. Ha'nish (1844–1936) inspiriert sich an indo-persischem Vegetarismus und macht dem 1892 in Leipzig gegründeten Deutschen Vegetarierbund esoterische Konkurrenz. «In der Tat nähren sich heute die breiten Massen so, als ob sie ein Volk von Selbstmördern wären», alarmiert Clara Ebert in ihrer *Küche der Zukunft auf fleischloser Grundlage*, 1929 im Verlag für angewandte Lebenspflege gedruckt und dem Müsli-Erfinder Prof. Bircher-Benner gewidmet. Erst jetzt wird der gesundheitliche Wert von frischem Gemüse und Rohkost betont – bisher war die deutsche Hausfrau so stolz auf Einge-

Der Triumph der Kante: konsequent minimalistisches Bauhausdesign von Adolf Falke. Berlin, um 1930.

Form follows function: kurze Wege in der Frankfurter Küche. Zeitschrift Das Neue Frankfurt, 1926/27.

machtes wie heute auf Eingefrorenes. In Deutschland hatte wirkliche Frischeküche nur kurzzeitig eine Chance!

Frischer Wind und klare Linien: Das bereits 1916 von Philipp Rosenthal für seine französische Gattin Maria de Beurges entworfene *Maria Weiß* wird zum Kultgeschirr der Epoche. *Urbino*, das erfolgreichste Bauhausporzellan von Trude Petri, wird seit 1931 unverändert von KPM produziert. Margarete Schütte-Lihotzky (1897–2000), erste Architektin im Hochbauamt der Stadt Frankfurt, inspiriert sich an amerikanischen Küchenwaggons für ihre ausgefeilte *Frankfurter Küche*, die jüngst bei Versteigerungen Spitzenpreise erzielte. Der nur sechs Quadratmeter große Prototyp aller Einbauküchen wurde 1926–1930 ca. 8000-mal in Sozialwohnungen eingebaut und verkürzte den Tagesweg der Hausfrau von 90 auf 8 Meter! Als Kommunistin verfemt, sollte die Wienerin später im sibirischen Magnetogorsk, in China und Kuba ihre Frankfurter Ideen weiterentwickeln. Design zum Lutschen ist der tanzende Goldgummibär, 1922 in Bonn von Hans Riegel erdacht und bis heute mit dem Akronym *HAnsRIegelBOnn* vermarktet.

Das sozialistische S in ihrem Namen versuchte die NSDAP besonders durch kleinbürgerliche Essenskontrolle einzulösen. Auch wenn im Gegensatz zum Antialkoholiker und Vegetarier Hitler einige hohe Parteigenossen es liebten, es bei Champagner und Gänseleber krachen zu lassen, so lautete der offizielle Tenor doch, Schlemmen sei für einen wahren Volksgenossen irgendwie anrüchig großbürgerlich. So wurde bereits im Jahr der Machtergreifung im Oktober 1933 verfügt, dass jede Gaststätte im

Reich – also auch die feinsten Hotelrestaurants – ein günstiges Eintopfgericht anbieten müsse, um «den Armen im Volk zu zeigen, dass das ganze Volk mit ihnen fühlt».

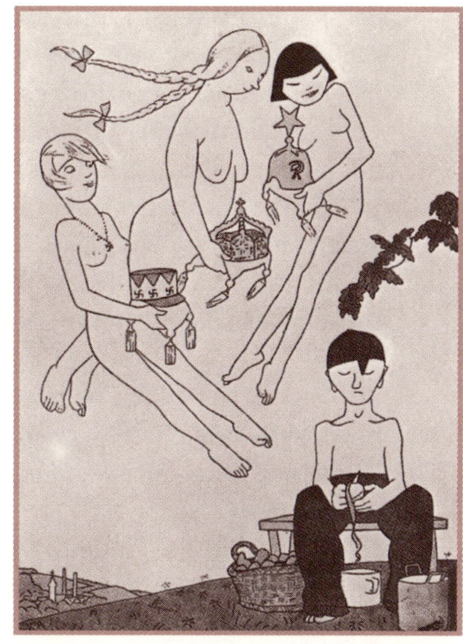

Hättest du nur weiter Kartoffeln geschält! Der deutsche Michel vor dem verhängnisvollen Parisurteil. Karikatur von Karl Arnold, 1931.

Die Olympiade 1936 in Berlin, wo deutsche Köche an *kidney pie* und indischem Lammcurry Weltläufigkeiten zu beweisen suchten, blieb Episode – wobei selbst bei diesen Gerichten ideologietreu gekocht wurde. Arisch-indisch und englisch mit seiner geradlinig-sportlichen, an homerisch-germanische Urküche erinnernden Grilltradition galten im Gegensatz zur französischen Verkünstelung als systemkonforme Varianten der Auslandsküche. Hingegen feindete man den Fünfuhrtee als in den Salon verpflanztes «jüdisches Vagabundentum» an. Robert Ley, Reichsleiter der Arbeitsfront, wettert gegen «sinnlose Übernahme der internationalen Küche», und ein de facto arbeitslos gewordener Staatssekretär für Fremdenverkehr macht 1940 die Restaurantszene der Weimarer Republik nieder: «Zumal in den Großstädten boten die als führend erachteten Gaststätten das Bild eines hoffnungslosen kulturellen Tiefstandes. In den Räumen herrschte Geschmacklosigkeit und fremdländische Modeverirrung.» Während Parteibonzen lukrative Geschäfte mit «Coca-Cola eisgekühlt» einfädeln, polemisiert schon 1937

Nur noch Vaterland, nicht mehr Kempinski. Berlins Mega-Gaststätte im Olympiajahr 1936.

der stramm nationale Friedrich Hussong in *Der Traum von der deutschen Küche* gegen amerikanisches Fastfood: «Ein wesentlich derselben Rasse wie die Engländer angehöriges Volk wird hier durch törichte Ernährungsweise, durch die Hast des Schlingens, durch Missbrauch unvernünftiger Mengen bald von Pfeffer, bald von Zuckerzeug und durch förmliche Vergiftung mit Eisgetränken zur Nation der Magenleiden.»

Auch die Nazis gaben ihrem Volk Zucker – 1936 wird in Dresden eine Persipan-Sparpraline kreiert, die sich erfolgreich als Weihnachtsschleckerei behauptet: der Dominostein.

Ansonsten wurde unter Führung des Oberkochs Rudolf Wilke an einem nationalen Kochstil gewerkelt, der Fremdartiges auch sprachlich ausmerzen sollte: Es heißt jetzt Gallert und Mundtuch statt Gelee und Serviette. Göring lässt sich stilgerecht germanisch von seinem Lieblingskoch Friedrich Wilhelm Ganter («Wotan der Küche») selbst mit Pfeil und Bogen erlegtes Reh «Widukind» servieren. Hundertzehnprozentige Volksgenossen schmücken den Weihnachtsbaum mit Keksen in Hakenkreuzform.

Die Sparküche des Eintopfs wird zum Nationalgericht verklärt. «Ganz Deutschland saß gestern Kopf an Kopf / In Einheit zusammen um den Topf», dichtete 1939 die Gelsenkirchner Allgemeine Zeitung. Hohe Parteigenossen essen demonstrativ das Löffelgericht aus Gulaschkanonen, Familien spenden, was sie am Sonntagsbraten gespart haben, an die Winterhilfe, Frontkochbücher geben dem Eintopf die Weihe martialischer Feldküche. Wer zu Hause Eintopf isst, unterstützt in moralischer Volksgemeinschaft die Soldaten im Krieg.

Dabei taucht das Wort Eintopf erst um 1900 auf. Es ist subtile Revanche der Geschichte, dass trotz aller *Irish stews* (ein Spottwort der Briten für Armeleutefraß), Bayerwälder *Pichelsteiner*, Elsässer *bäckeoffe* und französischer *pots-au-feu* die Lieblingsspeise der Nazis der jüdischen Küche entstammt.

Eisenfresser vor Hakenkreuztapete. Karikatur von John Heartfield.

So galt die spanische *olla potrida*, die in deutschen Rezeptbüchern der Renaissance und des Barocks omnipräsent ist, ursprünglich als judenchristlicher Eintopf – zwangskonvertierte Marranen aßen demonstrativ Schweinefleischsuppen, um Zweifel der Inquisition an ihrer christlichen Glaubenstreue zu zerstören. Der meistgegessene «Eintopf» in Deutschland war jahrhundertelang die von Heinrich Heine besungene «Himmelsspeise» *Tscholent* oder *Schalet* (von altfrz. *chalet*). Das Sabbatgericht der Juden simmerte in der Kochkiste oder auf kleinster am Freitag entzündeter Glut und enthielt Graupen, Kartoffeln, Erbsen, Hammel, Rind oder Geflügel. Gerade das religiös verursachte Prinzip des Zerkochens hat die christliche deutsche Hausfrau gern übernommen.

Folgenschwer war die generelle Sparrichtung nationalsozialistischer Küche. Zwar durchlebte das «Tausendjährige Reich» zunächst eine kurzfristige Periode gefühlten Wohlstands. 1937 werden die ersten Fünfmarkraten für den Kraft-durch-Freude-Volkswagen eingezahlt, 1938 eröffnet Herbert Eklöh in Osnabrück konsumoptimistisch den ersten Selbstbedienungsladen. Aber der Reichsausschuss für volkswirtschaftliche Aufklärung hatte früh erkannt, dass die Wirtschaftspolitik auf Autarkie und Krieg hinauslief. So propagierten Parteistellen vorauseilend eine sparsame Ersatzküche mit «deutschen Ernteschätzen»: Mehr Kohlehydrate, Kartoffeln, Brot und Fisch (ab 1935 gefrorenes Fischfilet!), weniger Eiweiß, Fett und Fleisch, Frischgemüse statt Konserven. *Fleischlose Tage – Kochvorschriften aus allen deutschen Gauen*, so schallte der neue Ton des patriotischen Vegetarismus 1934 aus dem Frauendienst-Verlag. «Im deutschen Haushalt sind nach Möglichkeit nur deutsche Erzeugnisse zu verwenden … das deutsche Volk ringt um seine Nahrungsfreiheit … In diesem nationalen Kampf hat auch der Verbraucher seinen Mann zu stellen und seine Ernährungsweise den heimatlichen Möglichkeiten anzupassen. In vorderster Front steht hier die deutsche Frau … sie muss den Erfordernissen der Verbrauchslenkung Verständnis und freudige Einsatzbereitschaft entgegenbringen», fordert die Einleitung des *Bayerischen Kochbuchs* von 1938. Statt Rezepten spricht man lieber von Kochvorschriften.

«Am Kochtopf wird der Krieg gewonnen», doch mit dem Krieg werden trotz gigantischer Beschlagnahmungen in besetzten Gebieten die Ressourcen knapp. 1940 muss die Gastronomie Fleischmarken einführen – die Kellner im *Adlon* knipsen sie mit Silberscheren ab. Zum beliebten markenfreien Klassiker wird Szegediner Krautgulasch mit Thüringer Klößen. Zumindest in der Kapitale, in der Diplomaten der Achsenmächte und der immer weniger werdenden neutralen Länder ausharren, überleben lukullische Oasen wie das aus Zuckmayers *Des Teufels General* berühmte *Horcher*, das Mouton-Rothschild augenzwinkernd als österreichischen Rotwein in der Karaffe ausschenkt und mit einer französischen Entenpresse Consommé aus angebratenen und zerdrückten Rinderfilets fabriziert. Derweilen erfriert und verhungert eine Armee in Stalingrad, die mit Landsersprüchen von *Huak* (Hungerabwehrkanone) und *Kälberzähnen* (Graupensuppe), *Negerschweiß* (dünner Kaffee) und *Chinesenschweiß* (Tee) die bittere Realität nicht mildern kann.

An der Heimatfront wird seit 1942 zweimal wöchentlich Feldküchenessen ohne Vorspeisen propagiert, das Oberkommando der Wehrmacht OKW verrät in seinem *Original-Feldkochbuch* 295 Eintopfgerichte, doch die Rezepte werden immer kläglicher – oder moderner? Liselott Alverdes, Kochkameradin der deutschen Frau, erweitert ihre Bestseller *Ich koche für Dich* und *Ich kann alles* um ein Kapitel *Küche und Luftschutz*, worin sie von Alkohol im Bunker abrät. 1944 verkündet eine Broschüre die Kochvorschrift für Gerstengrütze: 250 g Graupen, 1 Brühwürfel, 1 l Wasser. Da mag in den Bombennächten der letzten Kriegswochen mancher ähnlich wie Bertolt Brecht empfunden haben: «Eine gute Rindssuppe geht mit dem Humanismus ausgezeichnet zusammen.»

Diese katastrophenschwangere Epoche hat bis heute das unterbewusste Essverhalten der meisten Deutschen geprägt. Generationenlange Abschottung (ca. 1915–60) von der internationalen Küche aufgrund von Krieg, Armut, Importproblemen oder Ideologie sollte nach dem Zweiten Weltkrieg in die Gegenreaktion einer frenetisch bejahten Internationalität bis zur weitgehenden Selbstaufgabe heimischer Kochtraditionen umschlagen. Langvergangene Hunger- und Notzeiten leben in unserer Überflussgesellschaft fort in einer Agrarpolitik und einem Aufesszwang, die das Kriterium Quantität vor Qualität, Masse vor Klasse setzen.

Manche Lebensmittelverfälschung oder Imitation wurde aus Mangel im Krieg erdacht. Als Provisorium ersonnene Rezeptideen wie Schokolade aus gerösteten Roten Rüben haben weite Kreise Deutschlands so vom feinen Aroma des Originals entfernt, dass gerade unsere Nation besonders willig und kritiklos der Vergröberung der einheimischen Küche durch die Lebensmittelindustrie und ein standardisiertes Supermarktangebot erlegen ist – sie war auch schon vorher vom Gros der in Notzeiten kochenden Hausfrauen nichts anderes gewöhnt. Unsere Fastfood-XXL-Kids schleppen mit ihren Pfunden unbewusst das Trauma der Kriegsgenerationen mit sich herum.

PREIS-WANDERVOGELGERICHT

Luise Holle, 1917

Man nimmt Kartoffeln und Mohrrüben zu gleichen Teilen, putzt sie und schneidet sie möglichst klein. Ebenso putzt und zerteilt man eine große Knolle Sellerie. Man schichtet die Zutaten abwechselnd, jede Schicht mit Salz, nach Belieben auch mit etwas Pfeffer und geriebener Zwiebel bestreut in ein leicht mit Fett ausgestrichenes Kochgeschirr, stellt dies in ein Gefäß mit kochendem Wasser und kocht das Gericht im Wasserbade langsam weich. Es wird gestürzt und mit gehackter Petersilie beim Anrichten bestreut.

Was für Zeiten, in denen man mit so einem kreuzbraven Standardgericht einen Preis gewinnen konnte. Immerhin ist das Zerkochen der Zutaten vermieden, aber die Wanderjugend, die mit der Klampfe durch die Fluren zog, hätte doch ein paar originellere Kräuter oder Pilze auftreiben können. Notküche romantisch verklärt.

KRAUTSCHNITZEL

Clara Ebert, 1929

100 g dickgekochter Grünkernschrot werden mit 1/2 kleinen Weißkrautkopf, den man gedämpft und fein gewiegt hat, und einer Hand voll feingewiegter Pilze vermengt, hierauf 1 Ei, Zwiebel und Salz dazu getan, worauf man kleine Schnitzel formt, die man hellbraun bäckt.

Die Küche der Zukunft greift auf mittelalterlichen Dinkelgrünkern zurück. Ein treudeutsch bodenständiges Rezept, das am besten schmeckt, wenn man knackig blanchierten Spitzkohl und frische Pfifferlinge nimmt. Muss man das ganze Schnitzel nennen?

SALADE DE HARENG BADOISE
HERINGSSALAT BADISCHE ART

Alfred Walterspiel, um 1930

Ein entsprechendes Quantum weiße kleine Bohnen, für 3 Personen etwa ein Pfund, tags zuvor einweichen. Vorsichtig in Salzwasser abkochen, damit sie weich werden, dabei aber doch nicht platzen.

Sechs Scheiben kalter Schweinsbraten, an dem noch etwas Fett bleibt, ebenso die Filets von drei gewässerten Heringen in Streifchen schneiden und mit einer kleinen feingehackten Zwiebel, Olivenöl, etwas Essig – aber kein Salz –, Pfeffermühle, frisch gehackten Kräutern und den Bohnen vermischen.

Ein fast mediterran marinierter Heringssalat ohne Mayonnaise und Kartoffeln. Die befremdliche, aber weitverbreitete Mischung aus Schwein (Schinken) und Hering entstammt protestantischer Resteküche, der Braten mildert die salzige Schärfe des Herings.

LÖWENZAHNSALAT

Reichsausschuss für Volkswirtschaftliche Aufklärung, 1944

300 g Löwenzahnblätter (man nimmt nur junge Blätter) ☙ 20 g Speck ☙ eine Stange Lauch ☙ ein bis zwei gekochte Kartoffeln ☙ Salz ☙ 1 EL Essig ☙ $^1/_2$ Tasse Milch ☙ eine kleine Zwiebel

Speckwürfel in einer Pfanne auslassen. Lauch und Zwiebel in Ringe schneiden und dazu geben. Die gekochten Kartoffeln in die Pfanne reiben. In die lauwarme Tunke gibt man die fein geschnittenen Löwenzahnblätter und lässt den Salat gut durchziehen. Kalt servieren.

Hoppelpoppel aus Bratkartoffeln mit frischem Löwenzahn von der Wiese. Schmeckt lauwarm besser. Löwenzahnsalate zählen heute zu den Schmankerln Südtiroler Küche.

MINERALWASSER

Die meisten deutschen Delikatessen sind Wässer – jedenfalls bis vor kurzem laut Liste der EU-geschützten Lebensmittel. In der Tat war Deutschland schon immer als Land der Bäder und Trinkkuren berühmt – bereits römische Legionäre schwitzten in den kaiserlichen Thermen Triers.

Im 13. Jahrhundert setzt mit den Naturwissenschaften ein vermehrtes Interesse an der heilenden Wirkung von Wässern ein. Friedrich II. lässt seinen Hofastrologen Michael Scotus in den vulkanischen Thermen von Pozzuoli nach den Ursachen salziger und bitterer Wässer forschen. In Deutschland entstehen Badestuben, die die Funktion von Reinigungsanstalt, Friseur, Gasthaus und manchmal auch Bordell unter einem Dach integrieren. Im 16. Jahrhundert werden die meisten Etablissements wegen Syphilis und körperfeindlicher Moral, aber auch steigender Feuerholzpreise geschlossen.

Dafür tritt jetzt der medizinische Aspekt des Badens und Trinkens in den Vordergrund, begünstigt durch spektakuläre Wunderheilungen wie 1556 in Pyrmont. «Die Heylquellen seyndt die natürlichen Composita Gottes», rühmt Paracelsus 1525 in seiner Schrift *Von den natürlichen bedern*. Der Bergbautheoretiker Georg Agricola analysiert 1546 in *De judicio aquarum mineralium* unterschiedliche Wasserqualitäten. Balneologische Pionierarbeit leistet 1581 der Wormser Arzt Tabernaemontanus mit seinem *New Wasserschatz*. 1624 entdeckt der Brüssler Jan Baptista van Helmont das *gas sylvestre*, die Kohlensäure.

Die Trinkkur wird zur Modetherapie des Barock. Ein organisierter Kurbetrieb setzt nach dem Dreißigjährigen Krieg ein. Der Lütticher Badeinspector Franz Blondel (1613–1703) führt 1661 in Aachen das Heiltrinken ein. Manche Ärzte empfahlen tägliche Rationen von bis zu 20 Litern! Einer der ersten Orte, die Mineralwasser in mit Schweinsblasen verschlossenen Steingutkrügen und Fässern versandten, war Bad Schwalbach im Taunus.

Wandelhallen, Parks, Nobelhotels und inkognito kurende Majestäten schaffen ab dem 18. Jahrhundert eine elegante Aura. In Kurorten wie Bad Ems oder Baden-Baden schlürft man aus geschliffenen Trinkgläsern, flirtet und urlaubt.

Das färbt auf das Prestige der Mineralwässer ab. In Zeiten berechtigter Skepsis gegen Brunnen- und Zisternenwasser war es Luxus, sich vom Apotheker Mineralwasser schicken zu lassen. Der hessische Uhrmacher Johann Jacob Schweppe entwickelt 1783 in Genf ein Verfahren, Wasser mit Kohlensäure zu versetzen. 1790 eröffnet er in London die Soda-Fabrik, die 1870 Indian Tonic Water erfinden wird. 1822 gründen Friedrich Adolph August Struve und Conrad Heinrich Soltmann ein berühmtes Berliner Mineralwasserunternehmen, das bis nach Moskau expandierte. Im 19. Jahrhundert förderten die größeren Städte öffentliche Trinkhallen, noch gibt es kaum Wasserleitungen.

Selterswasser ist zum Gattungsbegriff geworden, *seltz* bedeutet auch auf englisch oder französisch Mineralwasser. Heute vermarktet die 1896 gebohrte Augusta Victoria Quelle in Selters an der Lahn den großen keltischen Namen (*saltarissa*). Einst war Niederselters im Taunus berühmter, dessen Wasser europaweit in Tonkrügen geliefert wurde und den Fürsten von Nassau reich machte.

Der Premiumsprudel Apollinaris aus Bad Neuenahr ist nach einem Weinpatron benannt – schließlich wurde der Säuerling 1852 entdeckt, weil darüber gepflanzte Weinstöcke einfach nicht gedeihen wollten. Um 1890 begann man, Tonkrüge mit eigenen Apollinaris-Schiffen über den Rhein bis nach England zu transportieren, wo *The queen of table waters* zur bevorzugten Labung Königin Victorias wurde. Um 1900 wird die Glasflasche eingeführt. 1913 werden 90 Prozent ins Ausland exportiert – um die 40 Millionen Gebinde! Auch der heutige Marktführer Gerolsteiner begann 1895 mit einer Lieferung nach Australien.

1905 schlägt nach einem Preisausschreiben die Geburtsstunde des Apfelsinendrinks Sinalco («ohne Alkohol»), der schon vor hundert Jahren in Südamerika und der Türkei goutiert wurde. 1925 bringt die Firma Frigeo Brausepulver-Limonade auf den Markt. Die erste deutsche Coca-Cola wird 1929 in Essen abgefüllt. 1931 startet in Köln das Konkurrenzprodukt Afri-Cola, das Coca-Cola anhand von amerikanischen Kronkorken mit der Aufschrift *koscher* mit einer antijüdischen Kampagne überzieht. Als Sexy-mini-super-flower-pop-op-cola gelang es Afri-Cola, das Lebensgefühl der 68er einzufangen und mit den provozierenden Fotoshootings von Charles Wilp Werbungsgeschichte zu schreiben. Aus Rohstoffmangel wird während des Krieges milchsäurevergorene Fanta erfunden.

Lange prägte das purgierende Medizin-Image den Mineralwasserkonsum. Als esoterischer Wundertrunk voller Lebensenergie wurde vor allem ab 1904 das sächsische Margonwasser propagiert. Marken wie Staatlich Fachingen setzen noch heute aufs Heilwasser-Etikett.

Doch seit den 1980ern ist Mineralwasser zum dynamischen Kultgetränk geworden, hat im Restaurant den Krug mit Leitungswasser oder den altmodischen Siphon verdrängt. Gesundungsversprechen weichen zunehmend Fitness- und Wellnessverheißungen, das von Nonnen gemanagte Adelholzener inszeniert die pure Natur des alpinen Quellgebiets.

Eine Anekdote aus dem Land des berühmten Mineralwasserprüfinstituts, das Carl Remigius Fresenius (1818–97) in Wiesbaden gegründet hat: Das Coca-Cola-Tafelwasser Bonaqua darf hierzulande nicht «gutes Wasser» heißen, da Gattungsnamen für Produkte nicht schützbar sind – der Weltkonzern musste auf den küchenlateinischen Rechtschreibfehler *Bonaqa* zurückgreifen.

HAWAIITOAST UND METT-IGEL – WIRTSCHAFTSWUNDERSCHLEMMEN

Cecilienhof 1945. Die Staatsmänner der Potsdamer Konferenz entschieden bei deutscher Kost über das Schicksal des besiegten Landes: Truman, Churchill und Stalin speisten Störsuppe mit Zwiebel-Speckbrot und Lammrücken mit Kartoffelschiffchen – ein Menü, das heute als nostalgischer Höhepunkt einer Stadtführung angepriesen wird.

Doch was kochte die Trümmerfrau im zerbombten Deutschland? Auf jeden Fall schmale Rationen auf Lebensmittelkarte, die durch gelegentliche Hamsterfahrten aufs Land aufgebessert wurden. Notkochbücher wie Karola Molls *Der heruntergekommene Lukull*, dessen Karikaturen einen radelnden Römer mit Toga und Hamsterer-Rucksack zeigen, gruben schon wieder die Rezepte des ersten Weltkriegs aus. Falsches Schnitzel aus Kartoffeln, Eichelkaffee und Rindenbrot, Steckrüben ohne Fett, präsentiert mit der Tapferkeit einer schusseligen Durchschnittshausfrau, der auch mal ein Kuchen anbrennt.

Harte Zeiten. Manche retteten sich durch Bratkartoffelverhältnisse, einige sollen aus purem Hunger sogar die Volksgruppe gewechselt haben – wie die sogenannten Speckdänen in Schleswig. Im Ruhrgebiet sang man:

Trümmerfrau beim Einkehren: Nur der Keller von Berlins berühmtester Weinstube überstand die Bombennächte. Sommer 1946.

Deutschland Deutschland ohne alles
Ohne Butter, ohne Speck
Und das bisschen Marmelade
Frisst uns die Besatzung weg.

Da war es kein Wunder, dass die ca. 9,5 Millionen Care-Pakete, die sich über die besiegte Nation ergossen, der Gipfel kulinarischen Glücks waren. Appetitlich verpackt, aus dem exotischen Schlaraffenland jenseits des Ozeans, wo Zigaretten und Nylon-

Wissen Sie, was ich jetzt brauche? Ein Wurstbrot, wo die Wurst so richtig überlappt!

WERNER ENKE, *ZUR SACHE, SCHÄTZCHEN*, 1968

Blutwurst und Schokowindbeutel: die Fresswelle erreicht den Comic. Erstes Mecki-Heft 1952.

Alles für mich: Blondes Pummelchen mit Russisch Brot, Löffelbisquit und Leibniz-Keks. Bahlsen-Werbung, um 1960.

strümpfe offenbar auf den Bäumen wuchsen, retteten sie Zigtausende von Deutschen vor Hungersnot – und gewöhnten sie an praktisch-hygienische Supermarktkost der Lebensmittelindustrie statt frischer Produkte. So ein Care-Paket mit 40 000 Kalorien Nährwert enthielt ca. 8,8 Pfund Dosenfleisch, 5,8 Pfund Nährmittel, 3,5 Pfund Zucker und Schokolade, 3,2 Pfund Marmelade und Kekse, 2 Pfund Gemüse, 1 Pfund Kakao, Kaffee, Getränkepulver, 350 Gramm Milch, 200 Gramm Butter, 200 Gramm Käse. Manchmal kam es zu skurrilen Verwechslungen, wenn Landkinder Tomatenketchup für Himbeermarmelade hielten.

Doch mit der Währungsreform 1948 und der Einführung der D-Mark verbesserte sich die Versorgungslage. Seit 1948 wird offiziell wieder Alkohol ausgeschenkt. 1950 schafft Westdeutschland die Lebensmittelkarte ab (DDR 1958), 1956 eröffnet das *KaDeWe* in Berlin seine berühmte Lebensmittelabteilung. Auch die Tante-Emma-Läden füllen sich mit Waren. Der vom Mangel traumatisierte

Deutsche beginnt zuzugreifen und endlich wieder üppige Portionen zu genießen. Die Agrarindustrie macht trotz Inflation Fleisch, «gute Butter» und Sahne erschwinglicher – aber Statistiken belegen auch, dass das Herzinfarktrisiko nie so gering war wie während der Zeit der praktisch fettfreien Schwarzmarktküche, als man 1947 für ein Pfund Butter 250 Mark hinblätterte.

Auch durch die Kochbücher weht ein frischer Wind: Zur Ikone flippig-biederer Nierentischküche wird 1954 Lilo Aureden mit *Was Männern so gut schmeckt*. Nur wer das brave, völlig entsext funktionierende Sparhausmütterchen von einst dagegenhält, kann nachvollziehen, wie keck und modern ihr Konzept «Mal etwas anderes kochen» klang. Lilo Aureden pfeift kess auf enzyklopädische Kochbuchwälzer, nennt dafür lieber Balkanhirten als Vorbilder und plädiert «Von allem das Praktische!», um auch selbst Zeit zu haben, sich apart zurechtzumachen. Ihren deutschen Michel verblüfft sie mit chilenischer Seeaalsuppe und afrikanischem Bananensalat, serbischem Reisfleisch, türkischen Tomaten und Kullerpfirsichen in Sekt. Lilo weiß, «Männer lieben Paprika», aber eben auch die «ollen Kamellen vom Küchenschürzenzipfel der Frau Mama», denen seufzend das Kapitel «Was Vati so gern isst» gewidmet ist: Himmel und Erde, hessisches Backpflaumensoufflé *Schwarzer Magister* oder Hammelhals mit frischen Gurken. Hut ab vor ihrem Motto: «Wer ohne Kräuter kocht, kocht nicht richtig.»

Benehmen ist Glückssache: Der gierige Topfgucker als idealer Ehemann, 1954.

Der Schauspieler Clemens Wilmenrod alias Carl Clemens Hahn, Deutschlands erster Fernsehkoch («Hinter mir steht in der Fernsehküche die Hetzpeitsche der Stoppuhr»), erfindet exotische Expressgerichte wie den Hawaiitoast mit Dosenananasscheibe und Schmelzkäse, Paprika und Cocktailkirsche. Am 20.2.1953 hatte der Pionier erstmals im WDR vorgekocht, 16 Jahre nach der Weltpremiere des ersten Fernsehkochs Marcel Boulestin beim BBC am 21. Januar 1937 in *Cooks night out*. Dass Wilmenrod keinerlei Kochausbildung hatte und desto freudiger mit Dosen und Tuben hantierte, machte ihn besonders volkstümlich.

Picobello picante: Der Fernsehkoch mit Menjoubärtchen setzt auf Latin Lover.

Alles easy. Knödelkocherin im Cocktailkleid mit frischer Dauerwelle. Pfanni-Werbung, 1960er.

Spargelessen will gelernt sein. Hausbuch des guten Tons, um 1960.

Es muß nicht immer Kaviar sein: auch Johannes Mario Simmel würzt seinen Agentenkrimi innovativ mit Rezepten purer Nierentischästhetik: «Mosaikbrot, Käseigel, Fliegenpilzeier, russischer Salat, Tomaten mit Mayo-Tupfern». Eine zeitgeistige Trouvaille ist die Journalistin Ursula von Kardorff, die als Kochcirce eine Männereinladung in einer Stunde hinzaubert: «Bast-Sets, ein paar Kerzen ... leuchtend lasierte Schüsseln, eine Keramiktaube oder ein handgeflochtenes Körbchen – schon verwandelt sich auch die kärglichste Untermieteratmosphäre ... legen Sie auf Butterbrötchen Bananenscheiben mit Paprika bestreut ... gießen Sie kaltes Bockbier in Bauernbecher ... Ihr Gast wird begeistert sein!»

Modegerichte in Ost und West sind Ragout fin in Muschelschalen, poppige Mett-Igel, Hackepeterschweine und auf Zahnstocher gespießte Silberzwiebeln zum Cocktail. Die Cowboy-Romantik männlichen Grillens ersetzt den guten alten Braten. Wie amerikanisch diese Wirtschaftswunderparties waren, beweist ein skurriler Vorläufer von 1939 – Elisabeth Andersens *Feine Tropenküche*. Auch wenn die Autorin aus dem fernen Port-au-Prince auf Haiti zensurtäuschend forderte, «im Ausland das Deutschtum zu bewahren», so nimmt trotz Hummer in brauner Sauce (Mehlschwitze!) ihre Rezeptauswahl mit Chop suey, amerikanischen Cocktails oder «Palmmark mit Catchup, Sellerie und hartgekochten Eiern» schon das Nachkriegsfingerfood in vielem vorweg und schließt bezeichnenderweise mit einer Hollywooddiät.

So wird das innovative, leicht von der Hand gehende, schnelle Kochen zum Gesellschaftsthema und zur tatsächlich gefühlten Entlastung der Frau. Meine Zeit gehört mir – flinke Kreativität statt buchstabengetreuer Rezeptbefolgung ist das Motto selbstbewusster Frauenküche. Ein Produkt wie die 1963 erstmals auf den Markt geworfenen Fischstäbchen macht viele glücklich, Ravioli aus der Dose auch. «Der alte Herd sorgt für die Zucht der Frau, Mikrowellen entlassen sie in die Freiheit von Zeit und Raum», schwärmt 1973 ein Mikrowellenkochbuch. Dafür packt *mann* jetzt auch im antiautoritären WG-Haushalt an, wie in Peter Fischers *Schlaraffenland, nimm's* *in die Hand! Kochbuch für Gesellschaften, Kooperativen, Wohngemeinschaften, Kollektive und andere Menschenhaufen sowie isolierte Fresser (*Wagenbach 1975). Neben vietnamesischen Solidaritätsrezepten taucht scheinbar Bekanntes auf: «Eintöpfe sind uns durch Mutters Frustküche, Mensa, Kantinen und billigen Kneipenfraß gründlich verleidet worden. Gerade deshalb muss man diese gaumenfreundliche Landschaft für sich erobern – und damit der Vergangenheit einen entscheidenden Schlag versetzen.»

Das Tischleindeckdich der Nachkriegszeit mit Tiefkühltruhen und Supermärkten schien die alte Volksutopie Frau Holles fast mühelos wahrzumachen – das gebackene Brot muss nur mehr aus dem Regal statt dem Ofen gezogen werden. Zugleich deutet sich der «Abschied vom Herd» an. «Die Küche verlor ihren Anspruch, zentraler Ort des häuslichen Geschehens zu sein. Sie wurde zum Arbeitsraum degradiert, zu einem zwar praktisch perfekten, aber in seiner kommunikativen Isoliertheit unwirtlichen Ort, der schnelle Erledigungen förmlich programmierte.» Das sich ausbreitende Fernsehen verändert die familiären Ernährungsgewohnheiten: «Panem et circenses zu deutsch Chips und Fernsehen.» Das Frühstück mit seinem relativ geringen kochtechnischen Aufwand, der durch Fertigprodukte wie Kaba, Nescafé und Nutella noch reduziert wird, entwickelt sich zur familiären Hauptmahlzeit. Formale Esszimmer werden allmählich zum bürgerlichen Fossil.

Das Wirtschaftswunderdeutschland ermöglicht gastronomische Karrieren. Der bereits 1930 in Krefeld gegründete *Hühner-Hugo* beglückt Berlin mit Imbissbuden, die Suppe für 1 Mark und 25 Pfennig anbieten. Der Linzer Kellner Friedrich Jahn, der 1955 mit Hühnergrillen in der Schwabinger Amalienstraße begonnen hatte, zieht nach amerikanischem Vorbild mit der Restaurantkette *Wienerwald* Deutschlands erste Systemgastronomie hoch. Genormte Qualität von Hühnersuppe und Backhendln, pseudorustikale Heurigensitzecken und Preisdiziplin sorgen neben dem hausfrauenfreundlichen Slogan *Heute bleibt die Küche kalt, wir gehen in den Wienerwald* für einen Welterfolg. 1980 betreibt der Selfmademan über 1500 Lokale in 18 Ländern – und heizt die Käfighaltung von Geflügel kräftig an. In der gleichen Amalienstraße hatte auch *Käfer* 1930 als Kolonialwarengeschäft begonnen – die Delikatessendynastie bekocht mittlerweile Bundestagskantine, Basler Messe und die Formel 1 in Bahrain.

Die Hausfrau, die nicht selber kocht, hat mehr Zeit zum Kokettieren. Wienerwald-Werbung um 1970.

Zugleich brachte die Umsiedlung und Vertreibung aus den Ostgebieten auch einen Austausch höchst unterschiedlicher deutscher Regionalküchen. Spezialitäten wie Rügenwalder Teewurst oder gebackenes Königsberger Marzipan werden in den Westen exportiert. Schlesische Fleischerkunst ist mit Grützwurst, Oppelner und dicken Serdelki-Ketten bis heute auf dem Wochenmarkt in Münster aufzuspüren. Kreutzkamm versendet seine

Müll und Technik statt Eros und Picknick. Collage von Klaus Staeck.

Dresdner Weihnachtsstollen nun von München aus – während Bertolt Brecht höchste Funktionärskreise vergeblich bemüht, um sich ein paar Flaschen Bier aus seiner bayerischen Heimat in die Sowjetische Besatzungsszone schicken zu lassen.

Leider ist trotzdem bis auf wenige Ausnahmen das Qualitätsbewusstsein für die Küche der deutschen Ostgebiete verloren. Während in Athen authentische Lokale die Aromen des einstigen griechischen Westanatoliens evozieren, versteckt z. B. das von der Landsmannschaft geführte *Haus Schlesien* in Bad Godesberg in einer von Pasta-Banalitäten strotzenden Allerweltsspeisekarte ein lustloses *Schlesisches Himmelreich*. Wenn selbst die Vertriebenenverbände keine Freude an ihren Kochtraditionen ausstrahlen, isst man im Zweifelsfall besser ostdeutsch in Polen oder Tschechien selbst, denn viele Gerichte der ostjüdischen und slawischen Küche unterscheiden sich bis auf die Namen nur in Nuancen.

Mir graut vor Kraut! In den 60ern verstärkt sich der Trend zur Abwendung von der deutschen Küche. Für manche wie Franz-Josef Degenhardt, der in seinem genialen Chanson *Deutscher Sonntag* 1965 das «Blubbern fetter Saucen» mit dem Image eines hässlichen, bigotten, kryptofaschistischen Deutschlands verband, war der Ekel politisch. In der bis heute nachwirkenden «kulinarischen Entnazifizierung» wird ähnlich wie bei der Volksmusik manches Bodenständige in Sippenhaftung genommen – verklemmte kulinarische Ersatzentschuldigung anstatt tätiger Aufklärung? Zugleich wird in einer Allianz aus aufklärerisch-sozialbewegter Linken

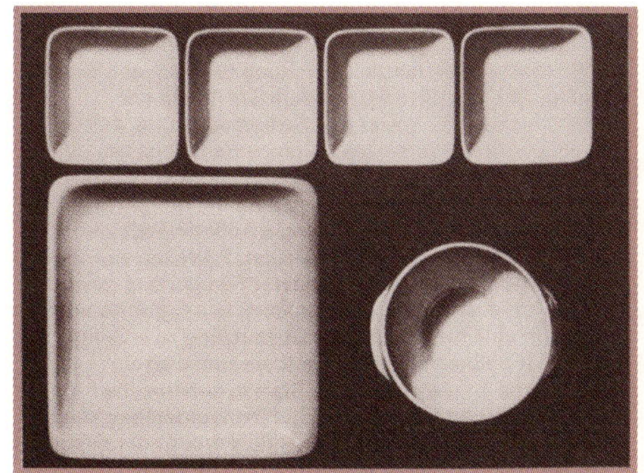
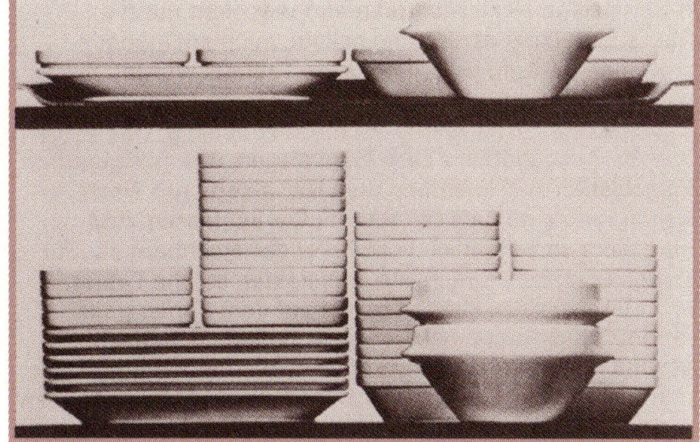

Stapelfreudig: Geschirr für die Olympiade 1972. Bauscher Weiden, Design Heinz H. Engler, 1960.

und gleichmacherischer Nahrungsmittelindustrie raffiniertes Essen sozial geächtet – so zeigt das Gemälde *Armut, Wohlstand, Sex* des Nürnberger Beuys-Schülers Peter Angermann zigarrerauchende Kapitalisten, die sich auf einer auf Geldsäcke gebetteten gigantischen Schwarzwälderkirschtorte befriedigen lassen, während durch die Fenster hungernde Gerippe hereinstarren. Der Karikaturist Klaus Staeck inszeniert vor einem ein Buffet verschlingenden Diplomaten *Steine für ärmste Länder* oder seine wunderbare Breughel-Kollage *Europa ist mehr als der Butterberg*. Unser berühmtester Restaurantkritiker Wolfram Siebeck notierte genervt: «Es ist in Deutschland nicht möglich, die Köstlichkeit einer getrüffelten Poularde zu beschreiben, ohne dass einem die Hungernden der Dritten Welt unter die Nase gerieben werden.» Gutes Essen, gar gutes deutsches Essen ist in der Leitkultur der 68er politisch unkorrekt, wenn sich auch Kreise der Hippie-Bewegung im ökologischen Landbau engagieren.

Gravierender dürfte der praktische Verfall der Kochqualität in Restaurants und Haushalten zu werten sein. Eingedostes, einst elitäres Privileg von Feinkostgeschäften oder militärische Ration, wird zur praktischen Volksnahrung. Mit der Einführung der Kühlschränke verdrängt portionierte Tiefkühlkost frisches Fleisch und Gemüse. Eine Generation von Kindern wächst heran, die jahraus jahrein nie erntefrisches Gemüse bekommt und Käse nur in Form von eingeschweißten Scheibletten kennt. Das gilt auch für die Schnitzelödnis, die sich im Gastgewerbe ausbreitet und partiell noch immer regiert. Zahlenkolonnen von Zusatzstoffen drängen sich auf deutschen Speisekarten, doch kaum einen scheint es zu stören. Wolfram Siebeck konstatiert «trostlose Zustände in der Durch-

Dolce Vita in Germania: Lampionfest mit Cocktails.

schnittsgastronomie» und empfiehlt, alle Trockenkräuter in den Müll zu werfen und durch frische zu ersetzen.

Irgend jemand liebt auch dich: Schlagersänger Roy Black als Spaghettikoch in karger Küche, 1967.

Lange bevor die ersten Gastarbeiterlokale eröffnen, wird die Sucht nach der lange vermissten weiten Welt zum Thema deutscher Küche – persifliert durch Heinz Erhardts Rezept *Mazedonischer Hase in albanischer Pfeffersauce.* Überhaupt ist der pikante Balkan, der ein bisschen an die Ungarnseligkeit der Operette und des Ufa-Films anknüpfen kann, die erste gastronomische Traumlandschaft der Nachkriegsdeutschen. Auch die Currywurst, die Herta Heuwer 1949 am Stuttgarter Platz in Berlin mit einem Mix aus Gewürzpulver und Ketchup bekleckste, wird weder als tamilisch noch als britisch, sondern als diffus balkano-amerikanisch empfunden. «Die Idee eines BBQ, eines Barbecue mit Wurst traf den Zeitgeist der Sektorenstadt. Die Currywurst ist die warme Speise zum Kalten Krieg», so der Berliner Restaurantkritiker Thomas Platt.

Kein Wunder, dass ausländische Gastronomen das Land entzückten, bloß weil sie frische Gemüse wie Auberginen servierten oder keck mit Knoblauch würzten. Hatte Fontane noch den deutschen Spießbürger als Scheuklappenesser charakterisiert («aber eine große Schusterhaftigkeit bleibt, die sich vor allem in dem Glauben ausspricht: Mutters Klops sei der beste»), so ist die Situation jetzt auf den Kopf gestellt. Die Osteuropamode brilliert in serbischen Cevapcici, völlig entstelltem georgischen Schaschlik und der pseudomagyarischen Raffinesse, eingelegte Paprika zum Schnitzel als ungefragte Deko zu reichen. 1952 eröffnet der Abruzzese Nicola di Camillo mit seiner fränkischen Braut Janina die erste Pizzeria Deutschlands in der Würzburger Elefantengasse für heimwehkranke amerikanische GIs. Bald trauen sich neugierige Einheimische, in einer nachgebildeten Blauen Grotte ihre zukünftige Lieblingsspeise zu kosten. Wandereisdielen und süditalienische Gastarbeiter gewöhnen uns Deutsche an Chiantikorbflaschen mit Kerzen. Umgekehrt gewöhnen wir die «Katzelmacher» daran, dass zu den Spaghetti ein Suppenlöffel aufgelegt wird und dass auf einen ordentlichen Cappuccino bitteschön Schlagsahne gehört. Nach dem Ende der Militärjunta verknüpfen Gastwirte aus dem frischgebackenen EWG-Mitglied Griechenland erfolgreich Sirtaki, Tzatziki und Souvlaki und mildern olivenölschwere Vorspeisenteller mit reichlich Retsina. Mittlerweile sind Wirtshausschilder wie Pizzeria Nibelungen oder Gyros Schwarzer Adler keine Seltenheit, der Dönerbrater Istanbul-Grill in Dinkelsbühl hat sein Firmenlogo brav in altdeutscher Fraktur malen lassen. Kurzum, ausländische Küche wird mit naivem Optimismus kräftig eingedeutscht, man könnte auch sagen, so sehr kulinarisch überintegriert, dass es außer einigen Franzosen und Italienern kaum ein ausländisches Restaurant schafft, von den Gastroguides besternt zu werden.

Ein Markstein in der Entwicklung der Fastfoodnation Deutschland ist die Eröffnung des ersten *McDonald's* 1971 in München. Pommes Frites, einst in Schlossrestaurants luxuriöse Beilage zum Chateaubriand oder als *vlaamse fritten* Folklore auf Flandernreisen, verdrängen Pellkartoffeln mit Quark. In Gasthöfen wird das jahrhundertealte Flurgewölbe durch eingezogene Plattendecken ersetzt, die Sprossenfenster durch Kippplastik, die Köchin durch den Dosenöffner oder das Feuerzeug zum Flambieren. Der typische Wirtschaftswundersupermarkt versucht, die Utopie «Delikatessen für alle» wahrzumachen: In einem für Qualität und Bekömmlichkeit ruinösen Konkurrenzkampf wetteifern Schokoladenfirmen, immer billigere Ware in die Regale zu bringen. Die 29-Pfennig-Tafeln nehmen die Geiz-ist-geil-Mentalität vorweg und ruinieren kleine Qualitätsanbieter. Zugleich steigt der jährliche Schweinefleischkonsum dramatisch an, von ca. 25 Kilogramm 1950 auf auf 64 Kilogramm 1999 – das magere Fleisch aus Massenhaltung ist ja so gesund, wenn man den kleinen Fettrand abschneidet.

Ein Paradoxon wird wahr: wirtschaftlicher Wohlstand führt zur Verschlechterung der Küche. Florian Illies fängt die Kleinbürgerrebellionen der *Generation Golf* ein, die gegen das «autoritäre Essen» des Elternhauses (fünf Tage Marmelade – ein Tag Nutella, fünf Tage Apfelsaft – ein Tag Cola) aufmuckte: «Das Ergebnis ist, dass wir, kaum flügge geworden, unsere Studentenjahre mit Nutella als zentralem Brotaufstrich verlebten und mit Cola als Grundnahrungsmittel.»

Als Reaktion auf die Fresswelle beginnt der Wettlauf der Diäten. Ein einst nur honorigen Sanatoriumsbesuchern vertrauter Begriff wird zum Volkssport und Teil der Unterhaltungsindustrie. Der gebürtige Tübinger Gayelord Hauser (1895–1984), Abnehmguru Greta Garbos und Grace Kellys, propagiert von Hollywood aus Karottensaft, Joghurt, Weizenkeimlinge und Obstcocktails mit dem Nährwert von vier Beefsteaks (!): «Zarte junge Fleischstücke vom Grill; frischfarbene Gemüse, die lecker und appetitlich aus ihrem eigenen Saft hervorschauen; knuspriger Salat, mit aromatischen Kräutern gewürzt; nach Nuss schmeckendes Brot aus verschiedenerlei frischgemahlenem Vollmehl – welche Köchin möchte nicht solche Herrlichkeiten auf den Tisch bringen?» Dass man gern

Wolfram Siebeck kniet vor einer Rotweinflasche. Ausschnitt aus dem Film «Die Nashörner» von Jan Lenica, 1963.

wegen Schönheit und sexueller Attraktivität hungert, bringt Ulrich Klevers *Bikinidiätbuch* 1976 auf den Punkt.

Jahrhundertkoch mit Toque: Eckart Witzigmann vor dem Tantris.

In den Ferien zwischen Rimini und Mykonos erleben die deutschen Tourismusweltmeister, dass Essen eine heitere Kunst sein kann. Einige fallen auch dadurch auf, dass sie, statt im französischen Restaurant von der Käseplatte zu kosten, sie ratzeputz vertilgen. Wie hieß es doch bei Muttern: Wenn nicht aufgegessen wird, hat es nicht geschmeckt. Doch genau damals formiert sich – zeitgleich zur Nostalgiewelle – kulinarische Opposition gegen den Massentrend zur identitätslosen Verflachung. Vor allem Persönlichkeiten mit Auslandserfahrung versuchen meist bewusst an französische Qualität anzuschließen – nicht zufällig liegt eine Bastion exzellenter Nachkriegsküche wie der *Erbprinz* im badischen Ettlingen wenige Kilometer vom Elsass entfernt.

Der Auslandskorrespondent Gert von Paczensky – gefürchtet als Restaurantkritiker mit Wein-Thermometer – gründet 1972 die Zeitschrift *Essen und Trinken* («Beschäftigung mit Gaumengenüssen galt damals in Deutschland nicht als Kultur»). Ab 1975 beginnt *Der Feinschmecker* mit seinen Reportagen über gehobene Küche – Esskritik etabliert sich auch hierzulande und schafft ein Forum für Spitzenküche.

Zum «Zeitschmecker», der der Nation kulinarisch die Leviten liest, wird der Wirtssohn Wolfram Siebeck. Laut Selbstbiographie mit Maggi-Butterbroten aufgepäppelt, aber durch Frankreichreisen zum Gourmet konvertiert, rüttelt er seine Landsleute durch journalistische Zuspitzungen auf: «Der deutsche Beitrag zur Lebensfreude beschränkt sich auf Wandern mit Gesang und Bierkonsum auf der Kegelbahn.» Aus einer Rezeptkolumne für die Zeitschrift *Twen* wird eine lebenslange Leidenschaft und partiell höchst erfolgreiche Mission, Mut zu gastronomischer Qualität und Mündigkeit zu fordern.

«München war zu Beginn der siebziger Jahre erneut die Hauptstadt einer Bewegung.» 1971 wird unter finanzieller Ägide des Bauunternehmers Fritz Eichbauer, der sich ärgerte, dass das nächste gute Restaurant im Elsass lag, das *Tantris* erdacht. Der Schweizer Architekt Justus Da-

Die Drachenwacht: Utopische Fabelwesen flankieren das Entree eines Restaurants, das in den 70ern selbst eine Utopie darstellte.

hinden kreierte eine Mischung aus Popbunker und Kirche, ein «Luxusrestaurant mit dem Ambiente eines kalifornischen Sektentempels». Sozialpolitisch ein mutiger Akt, denn Luxus, der nicht für Autos ausgegeben wird, eckt in der Bundesrepublik an. Chefkoch wurde ein junger Österreicher, der in der berühmten *Auberge de l'Ill* Marc Haeberlins im Elsass trainiert hat: Eckart Witzigmann. «Wir verwenden nur frische Produkte»: Dass ein solches Credo elitär wirkte, wirft ein Schlaglicht auf die damalige Verkommenheit öffentlicher deutscher Küche. Qualität polarisiert, vor allem wenn sich der Koch weigert, die Maggi-Flasche rauszurücken, die er nicht hat, sondern seine Gerichte selbstbewusst durchkomponiert. Das *Tantris* wird von einigen Journalisten zum reaktionären Fanal des Klassenkampfes hochgeschrieben, anderen ist es ein Champagnerquell für Reportagen über Münchner Kir-Royal-Dolce-Vita. So oder so, gutes Speisen wird zum öffentlich diskutierten Thema der Bundesrepublik, Witzigmann zum Lehrmeister einer Generation zukünftiger deutscher Spitzenköche. Treffend hat Wolfram Siebeck die deutsche Nachkriegsküche *ante* und *post* Witzigmann periodisiert.

SCHWARZBROTAPFELSCHAUM

Hessen Anonym, 1947

Zutaten: 4 Scheiben Schwarzbrot ❧ $^1/_2$ Tasse Wasser ❧ 1 EL Zucker ❧ 1 Tl Zimt ❧ 2 Äpfel ❧ 1 Eiweiß

Die Äpfel werden fein gerieben und mit Zimt und Zucker verrührt. Brotscheiben mit Wasser anfeuchten, mit einer Gabel zerdrücken und mit dem Apfelbrei mischen. Eiweiß steif schlagen und vorsichtig unter die Apfelmasse ziehen. Mit der Masse werden vier kleine Auflaufförmchen gefüllt, die man etwas eingefettet hat. Im heißen Ofen bei 200 Grad ca. 15 bis 20 Minuten überbacken lassen. In den Förmchen servieren.

Das Rezept stammt aus dem *Big dinner in German style*, das 1947 Oberst Newman, Direktor der amerikanischen Militärregierung Großhessens, einer Delegation amerikanischer Politiker, die sich über die Ernährungslage informieren wollten, servieren ließ. Auflage für den Koch: ca. 700 Kalorien pro Person. Dafür gabs Gemüsewassersuppe, Kartoffeltörtchen mit Lauchringen, obiges Dessert und eine Tasse Ersatzkaffee.

WURST-SPIESSE
Lilo Aureden, 1954

Wiener Würstchen häuten, in 1 cm dicke Scheiben schneiden. Abwechselnd eine Scheibe Wurst, eine Scheibe Gewürzgurke, eine Scheibe Wurst, eine Scheibe Gewürzgurke auf einen Zahnstocher spießen. Als Abschluß einen Sardellenkringel mit einem Klecks Mayonnaise aufsetzen.

Garnierungsvorschlag für *Pikante Silvesterhappen*: «Sie sind eine Augenweide, und sie schmecken gut zu Cocktails, Bowlen und Pünschen. Jeder Gast erhält einen schönen Apfel, in den ringsherum sechs Zahnstocher mit delikaten Bissen aufgespießt sind. In die Mitte des Apfels können Sie eine kleine Kerze stecken, die beim Servieren angesteckt wird.»

SPAGHETTI À LA DOSE
Peter Fischer, 1975

Essen aus der Dose ist durchaus verabscheuungswürdig, doch folgende Kombination hat sich als sehr schmackhaft herausgestellt: zwei große Zwiebeln klein hacken, fünf Knoblauchzehen in dünne Scheiben schneiden und andünsten, in reichlich Olivenöl. Eine Dose Corned Beef öffnen und die Hälfte des Fettes entfernen, jedoch nicht die Gallerte; das gibt der Soße den besonderen Geschmack. Das Fleisch zerkleinern, in den Topf geben und kurz aufdünsten. Dann mit dem Saft einer großen Dose geschälter Tomaten die Soße ablöschen und die zerkleinerten Tomaten in die Sauce einrühren. Nicht salzen, da das Beef schon gewürzt ist, aber mit reichlich Basilikum würzen und gut pfeffern: Falls dir die Sonne lacht, Genosse, kaufe grüne Pfefferkörner in der Dose und zerstoße davon etwa fünfe, mehr aber wenn du es gern scharf hast; ersatzweise schwarze Pfefferkörner zerstoßen oder einfach mit gemahlenem Pfeffer würzen. Je gröber die Körner sind, desto mehr befördern sie die Geschmacksbildung der Soße, die man ca. eine halbe Stunde auf kleinem Feuer kochen läßt; öfters umrühren und nicht zu dick werden lassen. Während nun die Spaghetti abgekocht sind, schneidet man eine kleine Dose Champignons (die billigsten sind gerade gut genug!) in dünne Scheiben und fügt sie der Soße bei, die kurz vor dem Auftragen noch mit zwei Bund gehackter Petersilie in ihrem Geschmack vollendet wird.

«Selbst strengere Genossinnen legen beim Anblick von Pizza etwas Lächeln auf.» Das WG-Kochbuch fängt die gastronomische Italienmode, als sie noch in den Kinderschuhen steckt, ein. Beherzigenswert sind die Tipps zum emanzipierten Kochen mit Dosen und *convenience food* – wenn schon, dann wenigstens bewusst verfeinern. Lesenswert, wie ein listiger Gourmet die *culinary correctness* der Hippie-Generation erprobt und z. B. billige Miesmuscheln als ideal für die Kooperative empfiehlt, da alle putzen müssen.

SOLJANKA

DDR, 1953

400 g Fleisch (Filetstück) ☙ 1 Zwiebel ☙ 50 g Butter ☙ 1 saure Gurke ☙ 1 EL Tomatenmark ☙ 1 Prise Knoblauch ☙ 1–2 EL Wein.

Das Fleisch waschen, in kleine Würfel schneiden, mit Butter und Zwiebelwürfeln anbraten. Die ebenfalls kleingeschnittene Gurke, das Tomatenmark und den Knoblauch hinzufügen. So viel kochendes Wasser hinzugeben, dass das Fleisch gerade bedeckt ist. Etwa 40 Min. schmoren lassen. Durch die Zugabe von Wein wird das Gericht verfeinert.
Klöße oder Makkaroni passen gut zur Soljanka.

Das erste Soljankarezept der Deutschen Demokratischen Republik ist bis auf die empfohlenen Sättigungsbeilagen von puristischer Eleganz. Das Filet sollte bald Wurstresten Platz machen.

BROILER UND SOLJANKA – DIE KÜCHE DER DDR

Pilze-Beeren-Wildgemüse stand auf dem Umschlag des Groschenhefts, mit dem Wilhelm Pieck, Vorsitzender der verbotenen KPD, 1935 einen Aufruf gegen die Nazi-Diktatur tarnte. Ein mutiger und geistreicher Widerstandsakt des späteren ersten Präsidenten der Deutschen Demokratischen Republik, aber auch von unfreiwilligem Symbolgehalt. Das «erste DDR-Kochbuch» war ein Trugkochbuch, Küche hatte sich den Forderungen und Erfordernissen der Politik und des Marxismus-Leninismus unterzuordnen. Fünfjahrespläne und Kolchosenromantik wie in Paul Dessaus Oratorium *Die Erziehung der Hirse* (1952) ideologisierten Ernährung zur Parteisache. So wurde unter der Herrschaft der SED Essen in erster Linie als Beschaffungsproblematik wahrgenommen.

«Heute gibt's in der HO Zitronen und ihr vertrödelt eure Zeit», sagt ein fassungsloser Ehemann, der mit einer Tüte Südfrüchte nach Hause eilt und die Ehefrau beim Seitensprung mit seinem besten Freund ertappt. Dieser Ossi-Witz setzt klare Prioritäten und legt den Daumen auf das, wonach sich der sozialistische Konsument wirklich sehnte. In einer Zeit, wo die «westdeutschen Schwestern und Brüder» die Verführung durch Bananen und Chiantiwein erlebten,

Fräulein-Emma-Laden. Haus der Geschichte, Wittenberg.

blieben die DDR-Bürger auf Regionales oder Ostblockimporte beschränkt, und auch das oft nur als Bückware oder – skandalöser – gegen Westgeld. So war Wernesgrüner Pilsner oder Meißener Wein außer für Wandlitzer Funktionäre und Valutahotels ein Rarissimum, das notdürftig durch bulgarische *Mädchentraube* aufgewogen wurde – andererseits kostete noch 1989 ein Glas einfaches Bier nur 51 Pfennige. Im Alltag der ab 1948 eingeführten HO-Läden erwies sich ein Buch wie *Die kalte Küche im Feinkostgeschäft*, das 1953 von westfälischem Schinken, Fischschnitte auf venezianische Art und Seezungen in Weißwein und Spargel fabelte, als nostalgische Utopie. Stattdessen wurden Speisen aus politischen Gründen umgetauft. Die Pücklerschnitte verlor den Fürsten, Bismarckhering wurde sozialistisch korrekt zu Delikatess-Hering, Ragout fin zu Würzfleisch – Wilhelm II. hätte sich über so strammes Küchendeutsch gefreut. Tilsiter wurde zu Tollenser, die Königsberger Klopse Kochklopse, im Ulk auch Revanchistenklopse, denn die Hauptstadt Ostpreußens hieß ja jetzt Kaliningrad.

Doch gerade wegen dieses unterschiedlichen Einkaufskorbs hat die Küche der Deutschen Demokratischen Republik eine dezidierte Eigenentwicklung aufzuweisen und ihre spezifischen Qualitäten entwickelt.

Allerdings entstammten rückblickend einige Positiva nicht bewusster Planlenkung, sondern eher Rückständigkeit. Wie der Mangel an Devisen und Baustoffen historische Stadtensembles vor übereiltem Abriss und Neubauten schützte, so hat der Osten unter der Dunstglocke des Kommunismus Kochtraditionen bewahrt, die im Westen wegrationalisiert worden wären. So konnte man Ende der 1970er in einfachen volkseigenen Gaststätten teilweise bodenständiger als in der BRD essen, auch wenn es oft nur ein Gericht auf der Speisekarte gab. Doch das war frisch, die Sättigungsbeilage Kartoffeln und Möhren kam noch nicht aus dem Glas, die Roulade war hausgemacht. Geduldete Privatbetriebe, die nicht expandieren konnten, verlegten sich notgedrungen auf die Bewahrung kulinarischer Traditionen. Im mit Plattenbauten zugepflasterten Teltow, der Fernsehapparateschmiede der DDR, haben Schrebergärtner das echte längliche Teltower Rübchen gerettet. Pulsnitzer Pfefferkuchenbäcker organisierten mühevoll die Zutaten ihrer seit 1558 erzeugten Küchlein. In Thüringen produziert ein Familienbetrieb nach jahrhundertealtem Rezept den Trüffel unter den deutschen Käsen, den Würchwitzer Milbenkäse – (glücklicherweise überwundene) Probleme gab es erst mit den Hygiene-Vorschriften der wiedervereinigten Nation.

Hingegen versuchten die 5-Jahres-Planer des Politbüros, trotz Versorgungsengpässen mit internationalen Trends mitzuhalten. 1968 zieht die DDR den westdeutschen Fischstäbchen von 1963 hinterher. Die Broilerbars, die 1970 in Erfurt mit der HO-Gaststätte *Goldbroiler* starten, imitieren Wienerwald, die Griletta-Stände Hamburger. Dass ausgerechnet im Osten der englische Name *broiler* populär wurde, ist eventuell eine Anleihe aus dem Russischen – das englische Fremdwort hatte sich in den 1920ern in der Sowjetunion eingebürgert. Ab 1984 gibts die DDR-Pizza *Krusta* – die Pizzeria heißt konsequenterweise Krusta-Stube.

Die Cocktailtorte mit Tomaten und Champignons oder Chicoree in kubanischer Marinade nach Kurt Drummer (1928–2000), der seit 1958 *Der Fernsehkoch empfiehlt* moderierte, wäre auch im Westen bestens angekommen. Der Erzgebirgler bekochte nicht nur Prominente wie Thomas Mann oder Johannes R. Becher, sondern auch das gegen die BRD siegreiche Fußballteam der WM 1974. Ein Eigentor schoss er allerdings mit seinem *Saßnitzer Seemannsgarn*, einer

Art Reibekäsetoast mit Bückling, Paprikapulver und Petersilie – im Backofen erhitzter Räucherfisch wird dadurch nicht leckerer!

Typisch für den Improvisationsgeist der DDR ist die Karriere des Fischkochs Rudolf Kroboth. Als eine Riesenlieferung sowjetischer Tomatenheringsdosen angeblich wegen der kyrillischen Beschriftung in den Regalen liegen blieb, durfte der Werbeleiter der Rostocker Fischwirtschaft im Deutschen Fernsehfunk Rezepte für die Konserven verkünden. «Fisch auf jeden Tisch», getreu dieser Parole wurde eine Kette von Fischrestaurants aufgebaut – das erste *Gastmahl des Meeres* wurde im ehemaligen *Borchardt* in Berlin installiert, wo man einen 112 Tonnen schweren Wal verarbeiten musste. Einige dieser Gaststätten haben die Wende erfolgreich überstanden.

Auch in Leipzig und Berlino
Da schmeckt der Vino
Mit einer flotten Maus
Bleib doch zu Haus.

So trällerte ein Schlagertext die Caprimode der Westdeutschen nach. Auch die Auslandsfresswelle hat die DDR voll mitgemacht – wenn auch stärker auf die kommunistischen Brudervölker ausgerichtet. Gerade in Ostberlin konnte man sich durch die Küchen des ganzen Ostblocks und Kubas durchprobieren. In Bars nippten FDJ-Blauhemden verstohlen an gekühltem Affenschwanz. *Cola de mono* – der chilenische Milchkaffee mit Wodka und Gewürzen drückte Solidarität mit Salvador Allendes Martyrium aus. Ein zentralasiatisches Relikt kulinarischer Völkerfreundschaft ist die *Tadschikische Teestube* im Gorkitheater, wo auch nach dem Fall der Mauer gern auf dem Boden sitzend Tee geschlürft wird.

Warschauer Pakt am Herd war die russische Soljanka. Von der Sowjetunion lernen hieß auch, den Eintopf neu zu erfinden. DDR-Rezepte der Dorf- oder Salzsuppe (eingelegte Pickles!) weisen Wurst- und Grillfleischreste, Kartoffeln, Kohl, Gurkenschnipsel und zum Schluss einen Klacks Schmand als konstante Zutaten aus. 1970 brachten die Leipziger Verlage für die Frau und für die Lebensmittelindustrie den Sowjetklassiker *Kulinarye rezepty* des Autorenteams Worobjowa-Jakubowitsch heraus. *Kulinarische Gerichte – zu Gast bei Freunden* verriet, wie man kasachische *Basturma* (marinierte Grillfilets) oder belorussische *Matschanka* aus Hammelrippchen in saurer Sahne zaubert.

Im Politbüro-Ghetto Wandlitz, im Palast der Republik und in Interhotels pflegte auch die Deutsche Demokratische Republik den

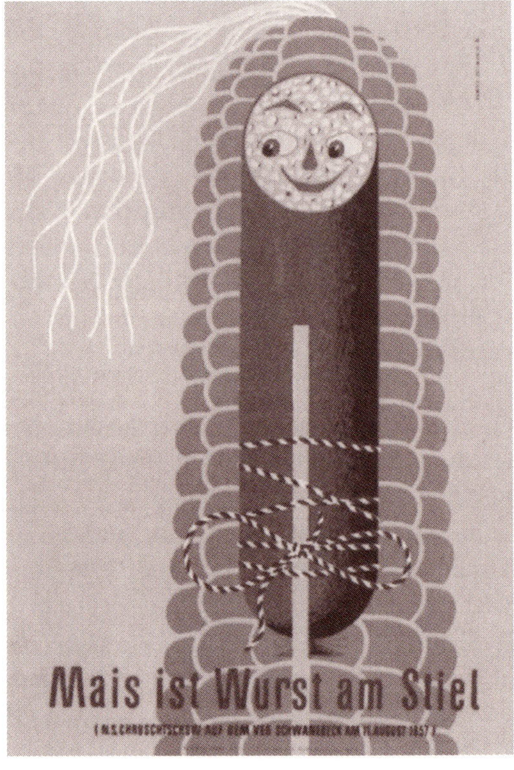

Schmeckt Mais nur, wenn man an Wurst denkt? Kulinarischer Agitprop mit Chruschtschow-Parole.

dünnen Traditionsfaden der Hochküche. Im Berliner Brechtkeller wurde auf Meißener Zwiebelmuster nach Rezepten von Therese Giehse aufgetragen. Ostberlin-Besucher nutzten ihr Tagesvisum, um Kaviarschnitten einzuschieben.

In einer kulinarischen Etikettefrage war die Heimat der Werktätigen Weltklasse. Sie werden platziert, hieß es volkserzieherisch. Wie in jedem feinen französischen oder italienischen Restaurant setzte man sich nicht prollhaft einfach irgendwo hin, sondern bekam vom Gaststättenfacharbeiter seinen Tisch angewiesen. Für Mutige lag ein Beschwerdebuch aus – «Hier spricht der Gast» wurde nach der Wiedervereinigung zum Motto der Restaurantkritik-Kolumne der *Frankfurter Allgemeinen Sonntagszeitung*.

Selbstgemachter Eierlikör oder *Affenfett* aus Milch, Mehl, Schmalz und Zwiebeln – tapfer kochte die Alltagsgenossin gegen den Mix aus Produktmangel und rätselhafter Überversorgung an. Es konnte passieren, dass verblüffte Hausfrauen mit ebenso verblüfften Verkäuferinnen in einem bis auf Berge von bulgarischen Auberginen leeren Gemüseladen diskutierten, wie man die geheimnisvollen Eierfrüchte verarbeiten solle. Manche Delikatessen wie eingedostes Kamtschatka-Krabbenfleisch oder gereifter kubanischer *ron viejo* blieben in den Regalen liegen. Jahrelang bekam man Wachteleier fast hinterhergeworfen, offensichtliche Planüberfüllung durch eine LPG.

So wurden Beschafferstolz und Improvisationstalent zur Stärke der DDR-Küche. Die Journalistin Ursula Winnington, die in ihrer Spalte «Liebe, Phantasie und Kochkunst» für *Das Magazin* aphrodisiakischen Pep in den Küchenalltag unter Honecker zu bringen suchte: «In der DDR gab es wenig Extras, dafür aber alle Grundnahrungsmittel. Es lag an der Fantasie des Kochs, was Leckeres zu zaubern.» Das Resultat: chinesische Gerichte, die statt Sojasoße und Bambus Erwa-Speisewürze und gelben Paprika aus Ungarn verwandten. Dann, mit Verlaub, doch lieber vogtländische oder pommersche Kost.

Ein Guide wie *Gastronomische Entdeckungen* von Manfred Otto präsentierte 1984 hundert Gaststätten als «Querschnitt durch die regionale Küche der DDR». Während der dem berühmten Wilderer und Rebellen gewidmete *Stülpnerspieß* im Elbsandsteingebirge mit protzigen vier «Edelfleisch»-Filets von Wild, Kalb, Schwein und Rind an die Wischiwaschi-Folklore westdeutscher Räuberspieße erinnerte, fanden sich auch interessante bodenständige Küchenansätze. Die Erzgebirgsstube in Karl-Marx-Stadt servierte das Armeleutegericht Kaninchen in Buttermilchsauce. Die Rennbahn-Gaststätte in Leipzig fabrizierte sächsische Quarkkeulchen und die Oberlausitzer Berggaststätte Butterberg, die längst auf Carpaccio und Fit&Fun-Salatteller umgeschwenkt ist, eine fulminante *Falsche Zunge aus Pökelrindfleisch*.

So die offizielle Idylle – der Alltag sah meist anders aus, war von kläglichen Imitaten geprägt. Im Westen ist Jägerschnitzel Fritteusenschwein mit brauner Pilzpampe, im Osten war es eine Scheibe panierter Jagdwurst. Der Menschheit ganzer Jammer fasst einen an bei ETW mit Wugula. Das dadaistische Kürzel verriet Eierteigwaren mit Wurstgulasch. Und wenn *Falscher Apfelsinenkuchen* Apfelkuchen ist, der mit künstlichem Orangengetränkepulver vermantscht wird, sind wir in einer direkten Fortsetzung der rationierenden, zutatenverschlechternden Weltkriegs- und Nazi-Sparküche.

Die Planwirtschaft imitiert fleißig die Produkte der Lebensmittelindustrie und kreiert statt Maggi *Erwa*, aber sie hält weder Thymian noch Rosmarin bereit und lässt Stollen-Zitronat aus grünen Tomaten kandieren. Qualitätsmaßstäbe fallen durchs bürokratische Raster. Doris Burneleit, von ihrem Großvater inspiriert, der als Kriegsgefangener italienisch kochen gelernt hatte, ertrotzte 1987 das Ostberliner *Fioretto*. Im einzigen italienischen Lokal der Republik durfte sie für hausgemachte Pasta mit Butter und Olivenöl gerade mal den Sättigungsbeilagenpreis von weniger als einer Mark nehmen. Individuelle Qualität ging über den Horizont kleinbürgerlicher Funktionärsspießer.

Auch wenn die heutigen DDR-Ostalgie-Shops mit Tempo-Linsen oder Grilletta-Senf aus Bautzen das Bedürfnis nach Nestwärme Ost befriedigen, nach modernen Gourmetgesichtspunkten taugte das meiste nichts. Schlimmer: die meisten Ostalgiewaren sind leider nur Ersatzprodukte der Ersatzprodukte, Nachahmung westdeutscher Geschmacksverfälschungen. Vom handwerklichen Regionalismus der Neuen Bundesländer hätte die westdeutsche Wirtezunft lernen können. Aber die DDR-Küche konnte nur ein gebrochenes Selbstbewusstsein entwickeln. Lieber rannte das Gros vor und nach der Wende auch kulinarisch dem Westen nach und wiederholte begeistert Ess-Moden, die wir heute belächeln.

Dabei hätte man als ideologischen Übervater durchaus einen Mann von gewissem kulinarischen Profil gehabt. Der Trierer Karl Marx begann seinen politischen Journalismus aus Empörung über das Elend der Moselwinzer und schrieb 1866 an François Lafargue: «Ich danke Ihnen herzlich für den Wein. Da ich aus einer Weingegend stamme und Ex-Weinbergsbesitzer bin, weiß ich den Wert des Weines sehr wohl zu schätzen. Ich denke sogar selbst ein bisschen wie der alte Luther, dass ein Mann, der den Wein nicht liebt, niemals etwas Rechtes zustande bringt.»

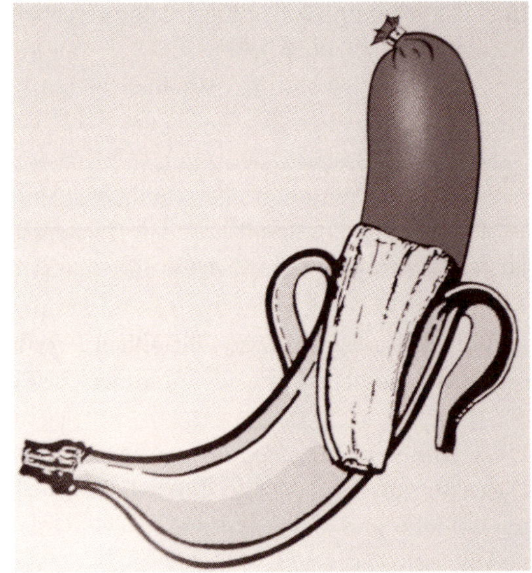

Endlich wächst zusammen, was zusammengehört. Karikatur von Klaus Staek.

ROULADE ADE – DIE RAFFINESSE DES REGIONALEN

Schaumwein von der Champagner-Bratbirne und reifer Schinken vom bunten Bentheimer Schwein: Mit der Philosophie der schützenswerten Arche-Produkte wendet SlowFood das in Italien entwickelte Manifest regionaler Qualität konsequent auf unser Land an. Seit 2007 präsentiert in Stuttgart der *Markt des guten Geschmacks* die deutschen Delikatessen von morgen und irritiert damit manchen Feinschmecker der Toskanafraktion.

Regional genießen – das Motto erscheint als Rettung aus der Misere und dem Trott «bürgerlicher Küche». Selbst Zugbistros setzen auf vergessene Raritäten wie Ostheimer Leberkäse. Vom Sternerestaurant, das plötzlich die bäuerlichen Lieferanten aus der Umgebung entdeckt, bis zur Anbiederung einer Dialektspeisekarte hängen sich viele an das Modewort – schließlich wandelt sich Deutschland zunehmend zur bereisten Tourismusnation, da muss man wieder Einheimisches bieten.

Finkenwerder Herbstprinz und Jeverscher Augustsüßapfel, «Apfelrebell» Eckart Brandt rettet in seinem Boomgardenprojekt den Wohlgeschmack alter Obstsorten.

Doch was ist das? Da scheiden sich schnell die Geister. Neue Deutsche Küche, Regional, Hausmanskost oder Gutbürgerlich? Der Verbraucher, den es nach hiesigen Gaumenfreuden gelüstet, muss sich durch einen Schlagwortdschungel kämpfen, der oft mangelnde Identität verdeckt. Was soll man davon halten, wenn als moselländische Spezialitäten meist nicht Moselaal, sondern Sülze mit Bratkartoffeln, Winzersteak oder Wurst mit Kraut angepriesen werden – da schrumpft das vielbeschworene Regionale auf den nationalen Minimalkonsens billiger Schweinenacken, Wurst, Kohl und Senf zusammen.

Die echte regionale Küche ist eigentlich die Entsprechung zu guter Lyrik: Bloß keine Dekoration. Da darf nichts zu viel sein. Kein Petersilienblättchen und kein Wort.

VINCENT KLINK

Wer mit offenen Augen durch dieses angenehm unzentralistische Land reist, kann sich authentischere Lokalgerichte heraus-

Hotel Lamm

TÜBINGEN

Unsere Schwä-bische Spezialitäten:
=o=o=o=o=o=o=o=o=o=o=o=o=o=o=o=o=o=

Spätzlessuppe -.6o Flädlessuppe	-.6o
Käsespätzle abgeschmälzt, gemischten Salat	3.4o
Oberschwäbische Krautspätzle	3.4o
Gaisburger Marsch	2.8o
Leberklösse, Sauerkraut, Salzkartoffeln	3.60
Leberspätzle geröstet mit Ei, gemischt.Salat	3.8o
Rohrnudeln mit Sauerkraut	3.20
Schneiderfleck mit Sauerkraut	3.8o
Griebennudeln mit Sauerkraut	3.8o
Maultaschen in der Brühe abgeschmälzt mit gemischtem Salat	3.20
Kesselfleisch, Sauerkraut, Kartoffelbrei	4.40
Blut= und Leberwurst mit Sauerkraut und Erbsenbrei	3.8o
Schweinebraten, Rotkraut, Kartoffelbrei	4.20
Eingemachtes Kalbfleisch mit Bandnudeln und gemischtem Salat	4.40
Zwiebelroastbraten, Sauerkraut, Spätzle	4.8o
Siedfleisch mit Wirsing, Niedernauerkartoffeln	4.40

Schneiderfleck und Niedernauer Kartoffeln – selbstverständlich regional: Understatement-Speisekarte im Hotel Lamm, Tübingen, 1962.

picken als die Klischees von hanseatischem Labskaus und bayerischem Spanferkel, von rheinischem Potthast und sächsischer Roulade. Regionale Köstlichkeiten zum Schwärmen sind Schwetzinger Spargel mit *Kratzete* (zerrissene Pfannkuchen), holsteinische Gans in Sauer, fränkische Blaue Zipfel im Essigsud, pommersche Buttermilchsuppe oder ein *clafoutis*-ähnlicher badischer Kirschenplotzer mit ganz verbackenen Früchten, die das volle Mandelaroma des Steins weitergeben.

Schade, dass die offizielle Restaurantkritik trotz brillanter Ansätze wie Wolfgang Abels *Freiburg Markgräflerland Südschwarzwald* mit ihrem Kreativitätsdogma erprobte Küche pauschal als festgefahren abwertet. Mit dem SlowFood Genußführer Deutschland 2014 erschien endlich ein Guide, der deutschlandweit – vergleichbar mit den *Osterie d'Italia* – den letzten bodenständigen, grundsoliden Gaststätten eine Chance gibt, ohne die Eigenwerbung aufgemotzter Folkloreküche nachzubeten. Deutsches *soul food* wie Reibekuchen und Kalbsbraten, Leberknödelsuppe und Schmandplinsen hat hierzulande wieder eine Lobby, wird nicht mehr lieblos verhunzt oder von der Topgastronomie gar nicht erst wahrgenommen. Verkopfte Entscheidungen für Dialog von Schwarzwurzelschaum und Bodenseefelchenfilet oder Mutproben zu fetttriefenden Schweinehaxen von dubioser Fleischqualität mit Tütenklößen: Die Selbstverständlichkeit soliden deutschen Essens ist den meisten abhandengekommen.

Doch wo findet man Inspirationen für die oft verschollenen echten Regionalgerichte?

Überraschenderweise offenbart das Studium historischer Rezepte weniger dezidiert Lokales, als man auf Grund mancher Titel vermuten könnte. Im 19. Jahrhundert versuchten Verleger praktisch in jeder Stadt ein Kochbuch zu etablieren. Einige wie das *Stuttgarter Kochbuch* der Löfflerin, das *Regensburger Kochbuch* der Marie-Louise Schandri oder das *Mecklenburgische Kochbuch* von Frieda Ritzerow genießen heute noch lokalpatriotische Popularität.

Schon Rumohr hatte mangelnde Alltagsnähe kritisiert: «Diese Kochbücher … sind unablässig bemüht, die National- und Provinzialgerichte zu verdrängen, welche jederzeit in der Volks- und Landesart begründet, und fast ohne Ausnahme schmackhaft und nahrsam zu seyn pflegen.» Keine einzige Autorin des 19. Jahrhunderts macht sich die Mühe, im Vorwort Eigenart und Profil einer Regionalküche herauszuarbeiten.

Warum ist es am Rhein so schön. Wirtshausidylle von Adolf Schroedter, 1833.

Offensichtlich ist das Programm ein anderes: Identität durch den Titel stiften und trotzdem eine komplett überregionale Kochanweisung liefern. So verzeichnet als aktuelles Beispiel das sich der 60. Auflage nähernde *Bayerische Kochbuch* von Oberregierungs-Landwirtschaftsrätin a. D. Maria Hofmann, das mit Frakturschrift und weißblauen Rauten aufmacht, auch Paprikaschnitzel und Toast Hawaii. Bayerisch ist das ebenso wenig wie Lasagne, aber offenbar immer noch angesagter Küchenalltag oder gar Kick. So gesehen halten Titel wie Katharina Daisenbergers *Bayerisches National-Kochbuch* von 1810, was sie versprechen – Rezepte, die bis auf wenige Ausnahmen überall in Deutschland munden. Ältere Kochbücher sind inspirierende Fundgruben, aber eher für eine einkaufsorientierte Marktküche, die auch vor aufwendig zu putzendem Gemüse, Innereien und grätenreicheren Fischen nicht zurückschreckt.

Schon die Dichter des Göttinger Hainbunds und die Brüder Grimm schwärmten hinaus aufs Land, um Stippmilch mit Roggenbrot zu löffeln, weil sie sich so am Busen des Volkes wähnten. Doch die Sehnsucht des Kochbücher schmökernden Publikums ging nach Weltläufigkeit. Erst in dem Moment, wo ihr Abgeschmack in Form von Tiefkühlpizza und Running Sushi, von Putendöner und Tütencappuccino bis ins bravste Provinzstädtchen schwappt, wird bodenständige Küche zum Wert. Aus Verlust entsteht die erste Welle echter Regionalkochbücher. So wurde der Schmerz der Vertreibung aus den Ostgebieten gern in Erinnerungen einer kulinarischen *recherche du cuisine perdue* kompensiert. *Zeit*-Herausgeberin Gräfin Dönhoff verklärt ostpreußische Leberwurstbrote, und Literaturnobelpreisträger Günter Grass fängt in barocker Sprachmächtigkeit kaschubische Aromen Danzigs und damit ein

Hier rühre ich, ich kann nicht anders. August Sander: Der Konditor. Antlitz der Zeit, 1929.

Rokoko-Henkelmann aus Zinn: Der Deckel des Etagenspeiseträgers diente als Teller. Johann Georg Teufel, um 1760.

starkes Heimatgefühl ein – sein Gedicht *Die Schweinskopfsülze* ist das heimliche Manifest deutscher Hausmannskost.

So nimmt Regionalküche etwas verklärt Artifizielles, ja spielerisch Lustbetontes an, das die Langeweile kaschiert, die früher heimische Nahrung auszeichnete. Denn landschaftstypische Kost stand immer auch unter dem Verdikt, *Wat de Buur nicht kennt, dat freet he nich.* Sie erinnerte an Kleinbauernnot und Familien, wo man je nach Wochentag bereits vorher wusste, was auf dem Tisch steht – ein Lebensrhythmus aus kaltem Abendbrot und sieben verschiedenen warmen Speisen, der allenfalls zu Weihnachten aufgebrochen wird! Ein Beispiel für ihre Härten ist ein Küchenzettel der Dienerschaft in Schloss Schleißheim bei München von 1618 – man muss schon Krautfanatiker sein, um vierzehnmal pro Woche Kraut mit wechselnden Knödeln zu goutieren.

«Eisbein, strammes Fett, das nicht schwappt, glatte Fleischkerne hineingebettet, getürmt auf Erbspuree und Sauerkohl; Grünkohl, kurz und krüselig gekocht ohne überflüssiges Wasser, durchsäftet von der massiven Bremer Pinkel, deren grütziges Füllsel aus der krossen Pelle quillt und der geschmeidig gekringelten Brägenwurst, von deren rotem Fleisch zarter Knoblauchduft aufschwebt, überstreut mit gebräunten Zuckerkartoffeln; Kartoffelbrei, auf dem ein klarer Buttersee spiegelt… Kalbshaxe, braun glasiert mit glitschigem Kartoffelsalat, Gänsebraten endlich, die Krone der riesenschlangenmäßigen Genüsse.» Wunschbilder deutscher Tafelfreuden schreckten fast unausweichlich durch fleischige Üppigkeit – nicht wenige gutbürgerliche Gaststätten hierzulande erschlagen die ohnedies übergewichtigen Gäste mit ihren Portionen.

Doch die Umwertung der kulinarischen Werte ist da, das Schlichte von gestern wird zum Luxus von morgen – auch weil Rezepte der Volksküche oft das Teuerste erheischen: Zeit für sorgfältige Zubereitung. Moderne Regionalkochbücher schwärmen vom Besonderen, Raffinierten, Ausgefallenen, vom Erlebnis des Handwerklichen im

Gegensatz zur internationalisierten Alltagstiefkühlkost, zum Einerlei banal gewordener Delikatessen wie Farmlachs oder Shrimps. Klingt fränkischer Zwetschgenbames (über Pflaumenholz geräucherter Rinderschinken) und handgerüttelter Winzersekt von der Elblingrebe nicht spannender als die ewige Wiederholung von Parmaschinken und Prosecco?

Regionalität wird teilweise zur kultivierten Rezeptarchäologie, schwankt zwischen Elitär und Oma-Nostalgie und scheint im touristischen Milieu als deutsche Variante des Ethnofood am normalsten zu sein. Der Kochkulturkritiker Wolfgang Abel trifft wieder einmal den Nagel auf den Kopf, wenn er den Verlust der kulinarischen Mitte beklagt.

Gelebtes Handwerk: Fleischermeister Petersen aus Malente präsentiert Holsteinischen Knochenschinken aus der Räucherkate von 1778.

Würde Wolfram Siebeck heute noch so apodiktisch formulieren: «Die deutsche Küche war immer eine Arme-Leute-Küche, deren regionale Unterschiede … minimal waren. Sie zu erneuern, also zu restaurieren, lohnt nicht?» De gustibus est disputandum. 2007 spricht der Doyen der Kritikerzunft in *Die Deutschen und ihre Küche* von der «Chance, daß auch die ‹German Cuisine› zu den besseren Nationalküchen gezählt werden kann» und rät, Österreich zum Vorbild zu nehmen. Denn lassen sich nicht mit kulinarischer Intelligenz und unvoreingenommener Recherche jeder Landesküche ungeahnte Facetten abgewinnen? Und sind Großbürgermenüs wie in Thomas Manns *Buddenbrooks* etwa von dem Zauberwort Regional auszuschließen, bloß weil es sich um Hochküche handelt? Beim Senator in Lübeck wird jedenfalls authentisch hanseatisch mit lübschen Hausrezepten getafelt, und dazu gehört auch ein Liebäugeln mit Speisesitten ausländischer Handelspartner:

«Ein kolossaler, ziegelroter panierter Schinken erschien, geräuchert, gekocht, nebst brauner, säuerlicher Chalottensauce und solchen Mengen von Gemüsen, dass alle aus einer einzigen Schüssel sich hätten sättigen können. Lebrecht Kröger übernahm das Tranchieren. Die Ellenbogen in legerer Weise erhoben, die langen Zeigefinger gerade auf den Rücken von Messer und Gabel ausgestreckt, schnitt er mit Bedacht die saftigen Stücke hinunter. Auch das Meisterwerk der Konsulin Buddenbrook, der ‹Russische Topf›, ein prickelnd und spirituös schmeckendes Gemisch konservierter Früchte, wurde gereicht.

Nun kam, in zwei großen Kristallschüsseln, der ‹Plettenpudding›, ein schichtweises Gemisch aus Makronen, Himbeeren, Biskuits und Eiercreme; am unteren Tischende aber begann es aufzuflammen, denn die Kinder hatten ihren Lieblings-Nachtisch, den brennenden Plum-Pudding, bekommen.»

Kein Wunder, daß Thomas Mann 1904 notiert: «In weiteren Kreisen bin ich, glaub' ich als Schilderer guter Mittagessen geschätzt». Doch der Wahlmünchner konnte auch kritisieren. Tony Buddenbrook spürt den Clash deutscher Regionalküchen am eigenen Leibe. 1857 schreibt sie in ihrer Wohnung am Marienplatz einen Totalverriss des Münchner Essens nieder – indirekt das Fiasko ihrer Ehe mit Herrn Permaneder einfangend:

«Ja, München gefällt mir ganz ausnehmend. Die Luft soll sehr nervenstärkend sein, und mit meinem Magen ist es im Augenblick ganz in Ordnung. Ich trinke mit großem Vergnügen sehr viel Bier, um so mehr, als das Wasser nicht ganz gesund ist: aber an das Essen kann ich mich noch nicht recht gewöhnen. Es gibt zuwenig Gemüse und zuviel Mehl, zum Beispiel in den Saucen, deren sich Gott erbarmen möge. Was ein ordentlicher Kalbsrücken ist, das ahnt man hier gar nicht, denn die Schlachter zerschneiden alles aufs jämmerlichste. Und mir fehlen die Fische. Und dann ist es doch ein Wahnsinn, beständig Gurken- und Kartoffelsalat mit Bier durcheinander zu schlucken! Mein Magen gibt Töne von sich dabei.»

Als spaßige Revanche und landsmannschaftliche Tratzerei sei das Couplet des Berliner Sauerbraten essenden Münchner Komikers Karl Valentin angefügt:

Valentin: Sie, is des a Fliag'n?
Berliner Kellner: Nee, det is ne Rosine.
Valentin: Hm, a Fliag'n waar mir liaber!

AUBERGINE
Abendmenü des Restaurant Aubergine
anläßlich zum Tag der deutschen Einheit

Sylter Felsenaustern mit Pumpernickel

Gelée von gepökelten Spanferkelbacken mit Bratkartoffeln

Mecklenburger Linseneintopf

Bayrische Flußkrebse mit Blumenkohl

Berliner Bulette auf Steinpilzen

Kabeljau mit Räucherlachs gespickt auf Dillgurken

geeistes Apfelsüppchen

Leipziger Allerlei mit Kalbsbriesröschen

geschmorte Heidschnucken-Schulter mit Wirsing
und
Teltower Rübchen

lauwarmer Isartaler Ziegenkäse mit Rapunzelsalat

Grießauflauf mit Bühler Rumzwetschgen

München 3. Oktober 1990 Eckart Witzigmann

Felsenaustern und Rapunzelsalat: Gesamtdeutsches Wiedervereinigungsmenü als Parforceritt durch die deutsche Küche in Eckart Witzigmanns Aubergine, 1990.

Tatsächlich flammt seit 200 Jahren eine emotional geführte Debatte auf, ob es überhaupt eine deutsche Küche oder nur Regionalküchen gibt. «*Der behalf sich mit den deutschen trachten, als guet flaisch, brates, pfeffer, guet fisch und grosz krebs, und gab der welschen und frembden kosten kein acht*», berichtet die Zimmersche Chronik über einen selbstbewussten schwäbischen Bauern des 16. Jahrhunderts. Handschriftliche Rezepthefte, die ja das tatsächliche Kochverhalten widerspiegeln, sind stärker bodenständig orientiert als gedruckte Bücher – so notiert Sabina Welser 1553 Strauben, Holundermus und *Nierenberger baches*. Die Pfarrersgattin Friederike Cotta schreibt 1781 in ihr *Orientalisches Konfektbuch Vaihinger brod* und *mandel mauldaschen*.

Antonius Anthus hatte 1838 gespottet: «Deutschland aber quengelt und klatscht über die französische Küche, während es gar keinen bestimmt ausgeprägten Stil, keine Nationalspeisen hat. Oder wollen wohl gar die österreichischen Knödel und Strudel, die bayerischen Dampfnu-

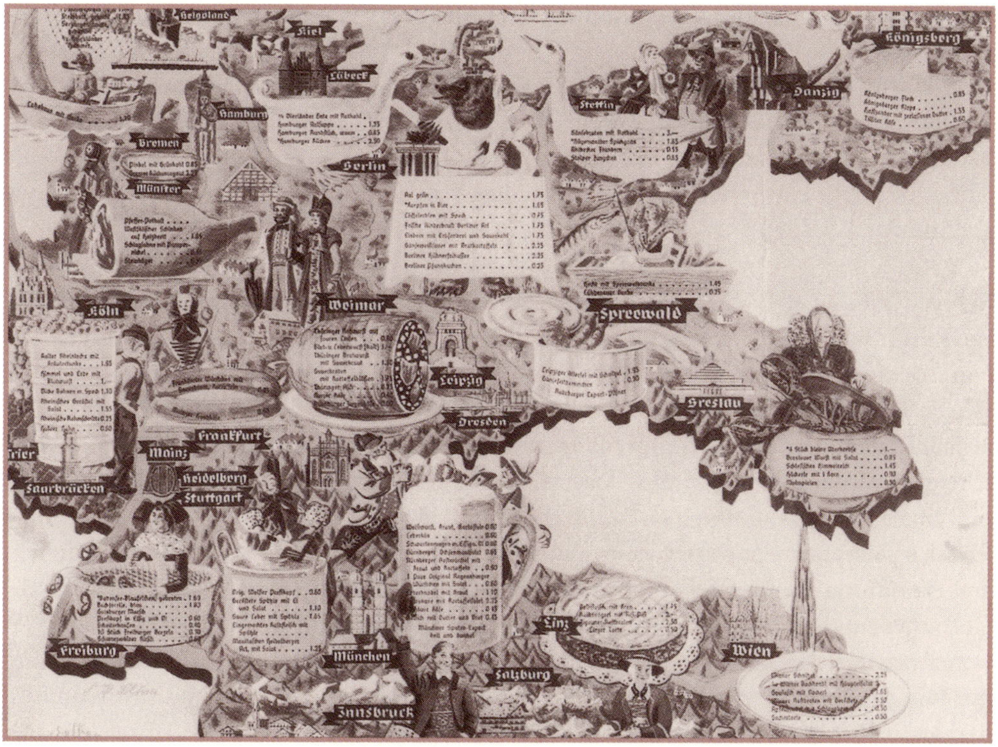

Verkitschter Regionalismus: Heimatküche aus allen deutschen Gauen und der «Ostmark».

deln und Bauchstecherl, die württemberger Spätzle und Knöpfle, die sächsischen süßsauren Würste mit Mandeln und Rosinen, die Teltower Rüben oder die pommerschen geräucherten Spickgänse sich erkühnen, darauf Ansprüche geltend zu machen?»

Doch wurden im 19. Jahrhundert bestimmte Regionalspezialitäten besonders gelobt und erlangten Verbindlichkeit in ganz Deutschland. Paradoxerweise haben gerade lokale Paradegerichte oft internationale Ahnen. Trotz aller Bemühung des Goethemarketings ist die köstliche Frankfurter *Grie Soß* aus Pimpernelle, Petersilie, Kerbel, Sauerampfer, Schnittlauch, Borretsch und echter Brunnenkresse erst im 19. Jahrhundert als Abwandlung einer französischen *sauce ravigote* in die weltoffene Handelsstadt gelangt. Leipziger Allerlei soll eine Anregung von Chinamissionaren sein – bissfest gegartes Frischgemüse mit Morcheln und Krebsfleisch wirkt tatsächlich wie ein fernöstliches Wok-Gericht. Aal grün in Estragonsauce entschwimmt der flandrischen Küche: *paling in het groen*. Wer hätte gedacht, dass Idar-Obersteiner Edelsteinschneider die Grilltechnik des Hunsrücker Schwenkbratens aus Brasilien importierten?

Wie sich Essklischees wandeln können: Ein Chronist des 13. Jahrhunderts hat tatsächlich die Stirn, die Bayern als Birnenmosttrinker zu verunglimpfen! Noch schlimmer, die Münchner Weißwurst zeigt auffällige Ähnlichkeit mit französischem *boudin blanc*, während eine Suche nach Schweinsbraten mit Knödeln in bayerischen Kochbüchern bis 1850 Fehlanzeige ergibt!

Neben der Kaiserstadt Wien galt vor allem Frankfurt als vorbildlich. Eine schöne Definition, was Bürgerlich einst signalisierte, steht in Wilhelm Schünemanns *Neuestem Frankfurter Kochbuch* von 1848 – sie dokumentiert auch den Wandel vom Gasthof zum Restaurant:

«Die allgemeine Anerkennung der Frankfurter Küche rührt hauptsächlich aus jener herrschenden Wohlhabenheit, kraft welcher hier der Privatmann aus wohlgeregeltem Haushalt und comfortablem Genuss einen Cultus macht und in gediegene gastfreie Bewirthung seinen freireichstädtischen Stolz setzt; dann aus der luxuriösen Nacheiferung, welche hierdurch in den Frankfurter Gasthöfen hervorgerufen, diese unstreitig zu den ersten von ganz Deutschland erhebt und durch die Berücksichtigung der Lieblingsgerichte und Leckerbissen aller Nationen bewirkt, dass die ‹Frankfurter Küche› sozusagen die Sprachen aller Lande spricht und die Tafelgenüsse aller civilisierten Nationen in sich aufgenommen hat und gastfreundlich darbietet.»

Auch die Hamburger Küche der reichen Pfeffersäcke wurde bestaunt. Johann Kaspar Riesbeck notiert 1783 in seinen *Briefen eines reisenden Franzosen* den Weinluxus der Hansestadt. «Zu grünen jungen Bohnen, die Schüssel oft für einen Dukaten, mit neuen Heringen, das Stück oft um einen Gulden, trinkt der Hamburger gewiss keinen andern als Malagawein, und zu neuen grünen Erbsen ist der Burgunder das anständige Vehikulum. Austern müssen notwendigerweise im Champagner schwimmen, und ihre köstlichen gesalzenen Fleische werden bloß mit Porto- oder Madeirawein konvoyiert.»

Und emsig setzt er sich zu Tische/ Denn heute gibt's Salat und Fische: Bürger mit Embonpoint langt zu. Comic von Wilhelm Busch.

An diesen Beispielen wird die aktuelle Trendwende evident.

Denn die bürgerliche Küche, zunächst als innovativer Kontrapunkt zur braven Hausmannskost empfunden, steckt mit ihrem Prinzip des Prassens in der Sinnkrise. Den gediegenen Pomp bürgerlicher

Zunftmähler spiegelt die seit 1544 veranstaltete Bremer Schaffermahlzeit im *Haus Seefahrt*. Bremer Hühnersuppe, Stockfisch mit Senfsauce, Braunkohl mit Pinkel, Rauchfleisch und Maronen (1544 gab's noch keine Kartoffeln!), Kalbsbraten mit Selleriesalat, Katharinenpflaumen und gedämpften Äpfeln, Rigaer Butt, Sardellen, Wurst, Zunge, Chester- und Rahmkäse, dazu malziges Seefahrtsbier aus Silberhumpen, die weitergereicht werden – die Speisenfolge gleicht einer kulinarischen Zeitreise in vergangene Jahrhunderte.

Hier hängt der Himmel voller Koggen: Schaffermahlzeit im Bremer Rathaus am zweiten Freitag im Februar.

Lange sind es die über Kapital und überregionale Einkaufsmöglichkeiten verfügenden Reichsstädte, die Speisen verfeinern und Fremdländisches integrieren – ein Essprunk, bei dem die Aristokratie, die von Naturalien aus ihren Gütern lebt, meist nicht mithalten kann. Ja, man könnte trotz aller luxuriösen Hoftafeln einzelner Barockregenten pointiert vom kulinarischen Versagen des deutschen Adels sprechen, der im 19. Jahrhundert durch seine Militarisierung und ostentativ spartanische Essverachtung selten die lukullische Mission seiner agrarisch engagierten italienischen oder französischen Standesgenossen verspürte. *Kartoffeln mit Stippe* titelt ein typischer Bestseller deutscher Adelsmemoiren – gerade hierzulande entpuppt sich der Trend zum einfachen, anspruchslosen Essen auch als Snobismus mit antibürgerlichem Reflex. «Wie König Friedrich Wilhelm dem Ersten gilt Weißkohl und Hammelfleisch mir am mehrsten», rühmte sich schon Fontane in elitärer Bescheidenheit.

Schlemmen ist in der Ikonographie die Domäne des Bürgertums oder reicher Bauern. Antike Konventionen rechnen Köche dem *genus humile* zu, im Theater Komödienthema, nie Argument adliger Tragödien. Pickelhering, Hanswurst und Kasperl sind verfressene Bürgerkarikaturen. Die Bankier-Metropole Augsburg lässt in ihrem Renaissance-Rathaus selbstbewusst eine Köchin mit Vorratsschlüsseln als Identifikationsfigur reichsstädtischer Tugend auf die Decke des Goldenen Saals malen. Bis heute ist die Vorstellung prächtiger Essen durch die *monochromen banketjes* der holländischen Malerei geprägt, die Austern und Nuppengläser, rote Krebse, angeschnittene Schinken und bröcklige Käselaibe zu höchst ästhetischen Stillleben arrangieren. Manches Dekor altdeutscher Kneipen mit Zinntellern, Butzenscheiben und glasierten Krügen entspringt bewusster Flandernschwärmerei der wilhelminischen Bourgeoisie – die Pariser Weltausstellung hatte 1889 auch eine vielbewunderte niederländische Wirtsstube gezeigt.

Alles überall: Augsburger Hausfrau demonstriert ihre Schlüsselgewalt. Gefüllte Scheuern waren im 30-jährigen Krieg auch eine politische Herausforderung. Deckenfresko, Rathaus, Goldener Saal, 1622.

Mit der Frankreichmode setzt die schleichende Entwertung des nun als spießbürgerlich empfundenen Kochstils ein. Einer der Frühesten, der einheimische Küche an den Katzentisch setzt, ist 1774 der Münchner Jean Neubauer: Die alte Art zu kochen tauge «ehender zu einer Bauernhochzeit als herschaftlichen tafel»! Heute steht bürgerliche Küche, gefürchtet in der Kombination mit «internationaler Küche», meist für Kochleistungen zum Davonlaufen. «Von allem etwas zuviel, Fleisch, Butter und Tamtam»: Riesenschweineschnitzel mit brauner Sauce, zerschmorte Rouladen mit Dosenrotkraut, die sentimentale Verlogenheit eines Bauernschmauses oder Eisbeins mit Instantpüree. Lediglich in den Festtagsritualen gefüllter Gänsebraten und Rehrücken wird der Strang feiner bürgerlicher Küche wirklich gepflegt.

Rezepte sind nicht für die Ewigkeit. In der Rezeptrezeption wiederholen sich gesetzmäßig zwei gegenläufige Trends. Einerseits werden Luxusgerichte wie Königinpastete solange imitiert, bis sie ihren Nimbus verlieren, andererseits macht die gefühlte Authentizität bestimmter Volksgerichte sie zu potentiellen Favoriten der elitären Küche. So ist *cucina povera* (Arme Küche) in Italien längst zum Kultbegriff gesunder bäuerlicher Kost arriviert, während die deutsche Armeleuteküche diesen Imagewandel nur in Ausnahmefällen vollziehen kann.

Vielleicht, weil sich die Elendsgeschichten schlesischer Weberfamilien, die Pellkartoffeln dadurch würzten, dass sie sie an einen an der Decke aufgehängten Salzhering tippten, in unser Kollektivgedächtnis eingegraben haben. Armeleuteküche evoziert in der öffentlichen Wahrnehmung nicht Bauern, die sich frische Beeren, Kräuter und Pilze aus dem Wald holen, sondern die einst zu dünnen Suppen und heute zu fetten Würste des städtischen Industrieprekariats (obwohl es auch bei uns märchenhafte Nachrichten gibt, dass früher Dienstboten sich wehrten, zu oft Krebse oder Lachs essen zu müssen).

Punktuell ist auch hierzulande die globale Suche nach der armen Küche fündig geworden. Ein Alltagsgericht der Ärmsten wie Schwarzmus von der Schwäbischen Alb ist plötzlich wieder präsentabel, weil es aus Bio-Dinkelmehl pfannengeröstet wird. Stielmus aus Rübengrün, das einst ein paar Vitamine in die Kumpelkost des Ruhrpotts brachte, ist ebenso *dernier cri* der Sternerestaurants wie Wruken-Mash aus Steckrüben: Eine Mischung aus Jagdinstinkt nach den letzten gesunden Produkten und postmodernem Zitat überwundener Armut.

«Vom Wind zerzauste Heidebüsche und Strände wie in Nebelwatte gehüllt: So mag das Wetter gewesen sein, als Theodor Storm seinen Schimmelreiter schrieb. An solchen Tagen möchte ich bei einer Platte mit Katenschinken, geräucherter Teewurst und einem Glas Aquavit am offenen Kamin sitzen oder friesische Waffeln zum Tee genießen», schwärmte Bundeskanzler Helmut Kohl für das Kochbuch seiner Frau im Touristiker-Jargon. Regionale Mahlzeiten leben auch von Sinneseindrücken, Gefühlswerten, vom Ambiente. Genau deswegen ist der Begriff Regional längst zum umkämpften Marketinginstrument geworden, das auch banale Küchenleistungen ummäntelt. Oder kann sauber recherchierte Regionalküche doch kostbarere Genüsse verheißen – von ostfriesischer Knüppeltorte bis zu muskatgewürzter Altländer Hochzeitssuppe oder Frischlingsrücken in Sanddornkruste? Jedenfalls langt es nicht, sich auf ausgegrabenen Rezepten und sentimentalen Gefühlsduseleien auszuruhen – die wahre Herausforderung regionaler Küche ist heute die sorgfältig ausgewählte Zutat, der saisonale Markteinkauf, der Qualitäts-Diskurs mit Handwerkern und Bauern. Regional darf nicht zum Dogma werden, regionale Qualität schon. Das hohe Renommée verwandter Küchen wie der elsässischen, österreichischen und Südtiroler zeigt, dass es nicht das Kraut und die Kartoffeln sind, die deutscher Küche im Wege stehen, sondern die Mentalität vieler Köche und Konsumenten, die gravierende

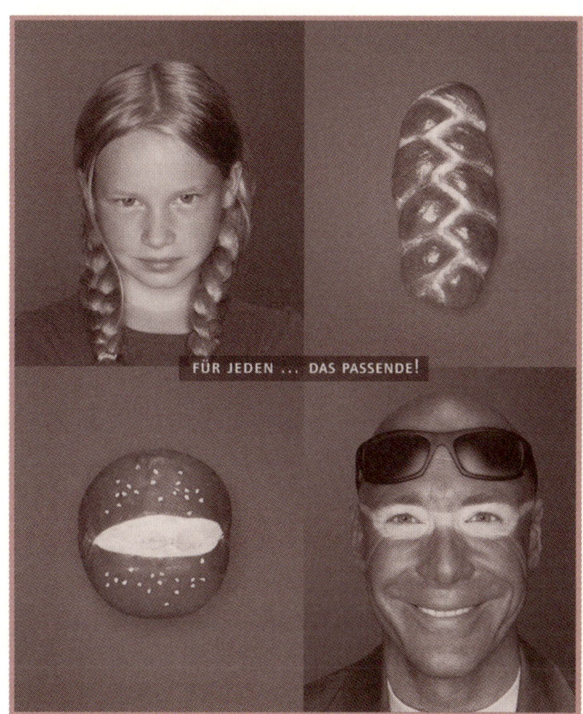

Handwerk stiftet Identität. Poster der Bäckerinnung, 2005

Frisch vom Markt: Vincent Klink stemmt die Gemüsekiste.

Entfremdung von Produkt und kulinarischer Heimat. Restaurants wie Vincent Klinks *Wielandshöhe* in Stuttgart oder wie einst Otto Geisels und Hubert Retzbachs *Zirbelstube* in Bad Mergentheim, die es 2004 als erstes Michelin-Restaurant wagte, ausschließlich Zutaten aus der näheren Umgebung zu verwenden (fränkischer Flusskrebs statt Hummer!), stehen für Verwurzelung statt Heimattümelei und demonstrieren, wie Regionales zum Impulsgeber der Hochküche wird.

Während die Duodezküche sich eher nach dem großen kulinarischen Parkett sehnte, scheint man erst in der globalisierten Gegenwart den Wert selbstbewusster Regionalküche zu erkennen. Ist der Trend zu Maultaschen und Spundekäs mehr als das verfassungspatriotische Abbild unseres Föderalismus, erfüllen Leberknödel und Müritzlamm das Konzept vom Europa der Regionen statt der Vaterländer? Spiegelt unsere Jagd nach der verlorenen heilen Esswelt die exklusiven Retro-Sehnsüchte der internationalen Avantgarde wider?

LAUBFRÖSCH

Anna Margharetha Lindheimer, 1724

Nimb 14 hübsche mangoldblätter wasche sie sauber, legs auff ein sauberes brett. Nim von 2 weißen leiblein die brosamen. Weichs in sußer milch ein, thue gewirtz saltz, mußcathenbluth, maioran, nach deinem belieben, ein handvoll mitschlen mehl undt 2 Eyer daran, ruhr alles wohl unter ein ander nim ein mangelblath schneidt daß ripplein herauß nim einen Löffel voll von der fülle, wickle sie wohl in daß Mangoldblath, legs in eine breite Eyer-Kachel, wen sie alle gefült sein. So streue ein wenig Pfeffer darauff, schneid butter wie düne scheiblein. Legs oben herumb. Schütte ständig fleisch brüh darüber, Laß auff einer gluth kochen.

Gefüllte bittere Mangoldblätter in Fleischbrühe gebacken – ein gelungenes Gericht deutscher Sparküche von Goethes Großmutter.

HAMBOURGEOISE D'ANGUILLES HAMBURGER AALSUPPE

Franz Pfordte, um 1910

Von einer Ochsenhesse (Wade) und 2 Kalbshessen das Fleisch ablösen und binden. Die Knochen zerschlagen und beides mit 2 Suppenhühnern, 5–7 Pfd. Knochen und etwas geräuchertem rohen Schinken in einen Topf geben, mit Wasser auffüllen, aufkochen, abschäumen, leicht salzen und langsam 4 Std. kochen. Den Fond passieren und mit Mehlbutter binden. 10 Pfd. gelbe Wurzeln, 5 Pfd. Petersilienwurzeln, 4 große Sellerieknollen, von 10 Stangen Lauch das Weiße, alles in kleine Würfel schneiden und in Kraftbrühe weich kochen. 20 Pfd. frische Erbsen auspahlen und blanchieren, 4 Pfd. Johannisbeeren und 2 Pfd. Himbeeren mit etwas Zucker aufkochen, den Saft abpassieren und mit dem kleingeschnittenen Gemüse in den gebundenen Fond geben. 7 Pfd. frische Birnen schälen, in Schnitze schneiden und kochen. 4–5 Pfd. Katharinenpflaumen ebenfalls kochen. 8–10 Pfd. mittelstarke Aale in Fischsutt abkochen. Die Suppe mit etwas Johannisbeergelee, gutem Weinessig, 4 Glas Sherry oder Portwein abschmecken. Der Geschmack der Suppe muss süß-sauer sein. 1/2 Pfd. Aalkräuter (Thymian, Majoran, Bohnenkraut, Estragon, Melisse und Minth), hacken und beifügen.

Birnen, Pflaumen, Aale, jedes für sich gekocht, werden erst beim Servieren in die Suppe gegeben zugleich mit Grieß- oder Hamburger Mehlklößen, während alles übrige vorher hineingetan wird.

Hanseatische Luxusregionalküche mit Zutatenmengen für ein Hotelrestaurant. Faszinierend die schillernden Geschmacksnuancen von Früchten und Fisch, während z. B. das Rezept von Alexandre Dumas Père 1882 eher auf Kerbel, Sauerampfer und Rote Beete setzt. Jedenfalls wird die Zutatenfülle von Pfordte der philologischen Erklärung gerecht, dass in der Aalsuppe einfach *ols drin* ist (aber nicht unbedingt Aal). Die frankophile Schule vertritt hingegen die These, die Hamburger Aalsuppe sei eine Art Notbouillabaisse, die die Truppen Marschall Davousts 1807 mit Aalen aus Hamburger Fleeten, Gemüse und Backobst improvisierten.

RETTICHSUPPE

Vincent Klink, 2000

Für 4 Personen: 300 g Rettich ☙ 1 Schalotte, fein gehackt ☙ 1 Knoblauchzehe, gequetscht ☙ 1 Bund Blattpetersilie ☙ 1 TL Damaszenerkümmel (Jungfer im Grünen) frisch gemörsert ☙ 1 EL Butter ☙ $^1/_4$ l Weißwein ☙ $^1/_4$ l Fleischbrühe ☙ 3 Weißbrotscheiben, in fünfmarkgroße Quadrate schneiden ☙ 3 Scheiben gekochter Beinschinken.

Die Rettiche schälen und klein schneiden. Würfeln ist nicht nötig, da er nachher sowieso gemixt wird. Mit den Schalotten und dem Knoblauch in Butter andünsten. Bevor sie braun werden, rechtzeitig mit Weißwein und Fleischbrühe auffüllen und weichkochen.

In einer separaten Pfanne etwas Butter schmelzen und die Weißbrottaler darin von beiden Seiten knusprig rösten. Mit passend zugeschnittenen Schinkenstückchen belegen, dann umdrehen und die Schinkenseite auch noch kurz anbraten.

Die Suppe im Mixer pürieren und mit Salz, schwarzem Pfeffer und dem geschroteten Damaszenerkümmel abschmecken. Die Schinkencroutons warm dazu reichen.

«Die Mehrzahl der Menschheit isst Rettiche gekocht. Wie das schmeckt? Es lässt sich gut mit gekochtem Kohlrabi vergleichen: das Gemüse ist bekömmlich und wirkt fast elegant. Sozusagen von deutschem Bierernst befreit.» Ein gelungenes Beispiel für schnörkellose Regionalküche, die einfache Produkte mit sensibler Eleganz zubereitet.

KARTOFFELN

Auf dem Grab anderer Monarchen prangen Marmorstatuen, auf dem von Friedrich dem Großen in Sanssouci – liegen einfache Kartoffeln. Denn der Monarch brachte seine preußischen Untertanen mit einem Trick dazu, auf die Erdfrüchte, die Prediger bis dato als Knollen aus Teufelsspeichel verunglimpft hatten, zu setzen. Nachdem der erste Versuch gescheitert war – die Bauern warfen die rohen Pataten ihren Hunden vor, die sie verschmähten – ließ er im ostpreußischen Kolberg einen Kartoffelhaufen von Grenadieren scheinbar schärfstens bewachen …

Die Propaganda von den preußischen Kartoffeln steckt in den Köpfen der Deutschen, aber die ersten Züchter hierzulande saßen anderswo. 1997 feierte die Bundespost mit einer Briefmarke 350 Jahre Kartoffeln. 1647 ist in Pilgramsreuth in Franken der erste landwirtschaftliche Anbau durch einen gewissen Hans Rogler dokumentiert. Mit Gottes Segen gedieh die amerikanische Erdfrucht in den Waldenserorten um Maulbronn. 1701 hatte der Kaufmann Antoine Seignoret dem Flüchtlingspfarrer Henri Arnaud in Schönenberg 200 Kartoffeln geschenkt. Der Gottesmann erntete im Herbst das Zehnfache und gab den 15 württembergischen Waldensergemeinden wie Perouse, Pinache und Serres je 100 Kartoffeln, die prächtig gediehen.

Es war ein weiter Weg, bis die Inka-Pataten deutsche Leibspeise wurden. 1565 verehrte der spanische König Philipp II. dem kranken Papst Pius IV. einige Kartoffeln, die in den Vatikanischen Gärten ausgesät wurden. Zwei Exemplare wurden an den kaiserlichen Oberbotaniker Carolus Clusius in Wien gesandt. 1568 baut Landgraf Wilhelm IV. von Hessen *Tarathopholi* in Kassel an. Damit wird er zum Initiator des Worts Kartoffel, das von it. *tartufo* (Trüffel) abgeleitet ist. Frühe Sorten entwickelten meist nur sehr kleine Knollen. Sie wurden als Zierblumen wegen der purpurnen Blüten geschätzt, die sich Damen wie Marie Antoinette ins Haar steckten.

Auch wenn Marx Rumpolt bereits 1581 das erste europäische Kartoffelrezept veröffentlichte, sollte das Nachtschattengewächs noch lange Opfer finden, die die giftigen Blätter sotten. Als Rhönbauern des 18. Jahrhunderts während einer Hungersnot Erdbirnen bekamen, klagten sie über Kopf- und Bauchschmerzen. Vermutlich waren manche alte Sorten bitter – und die instinktive Abneigung gegen die unter der Erde reifende Speise groß.

Noch Rumford verschwieg, dass seine Suppe Kartoffeln enthielt, und Brillat-Savarin war der Meinung, dass Kartoffelgenuss verblöde. Parmentier, der als Militärapotheker in Hannover diente, lernte die mehlige Speise 1760 bei seiner Gefangenschaft im Siebenjährigen Krieg schätzen und wurde zum französischen Kartoffelpapst. 1779 erschien in Augsburg sein Traktat *Die Kunst Brod aus Erdäpffeln zu backen ohne Vermischung mit irgend einem Getraidemehl.*

Trotz eines preußischen Kartoffelbefehls von 1756 setzte sich der flächendeckende Anbau erst mit den Teuerungen 1771/72 und der napoleonischen Kontinentalsperre durch, als der Getreidehandel zusammenbrach. Begünstigend wirkte dabei die Umstellung von der Dreifelderwirtschaft zum Fruchtwechsel und die Befreiung der Bauern von der Leibeigenschaft – vorher war nur in Gärten Raum für Kartoffelzucht.

Bald wurden die «pommerschen Bananen» vor allem in Nord- und Ostdeutschland zum fast einzigen Grundnahrungsmittel und zum Sinnbild deutscher Küchenbescheidenheit verklärt. Matthias Claudius polarisierte im Wandsbeker Boten:

Viel Pastet und Leckerbrot
Verdirbt nur Blut und Magen.
Die Köche kochen lauter Not!
Sie kochen uns viel eher tot,
ihr Herren: lassts euch sagen! –

Schön rötlich die Kartoffeln sind
Und weiß wie Alabaster
Sie däu'n sich lieblich und geschwind
Und sind für Mann und Frau und Kind
Ein rechtes Magenpflaster!

Noch deutlicher bringt es 1819 das populäre Lied vom (Erz-)*Gebirgischen Madel* auf den Punkt.

Ho Aardäppeln när off menn Tischel
Kaa Schminkele Butter därbei
Doch bi ich gesund wie e Fischel
Und breng aa kenn Dokter nischt ei.

Pellkartoffeln, Bratkartoffeln, Salzkartoffeln, Kartoffelbrei, Kartoffelsalat, Kartoffelklöße, Kartoffelpuffer. Tatsächlich hat sich das Vaterland allerhand einfallen lassen, um die Monotonie täglichen Kartoffelkonsums einigermaßen zu lindern. Im Spessart löffelt man Kartoffelsuppe zu Heidelbeerkuchen, in Schwaben serviert man Kartoffelsalat gemüsegleich zu Spätzle, an der Lippe verbäckt man sie in Kastenpickert.

Doch gerade die geschmackliche Neutralität, die Kartoffeln einst populär machte, macht sie heute auch suspekt. Zu häufig wurden sie, um satt zu machen, in Öl frittiert, in Speck gebraten, in Mayonnaise ertränkt. Längst verspeisen Iren, Portugiesen, Briten, Spanier und Belgier mehr Kartoffeln als wir Deutsche.

In unserer Frittenwelt bleibt der pure Genuss der Erdäpfel meist außen vor – Kartoffelfeuer sterben aus. Dazu passt der dramatische Sortenschwund. 1875 präsentierte die Altenburger Kartoffelausstellung nicht weniger als 2644 verschiedene Sorten! Heute haben sich im Handel wenige wie Christa, Sieglinde und Desirée durchgesetzt – das fast ausgestorbene *Bamberger Hörnla* ist zum Symbol der Wiederentdeckung für die feine Küche geworden.

FERNSEHKÖCHE, STERNERESTAURANTS, DÖNERBUDEN – DIE AKTUELLE GOURMETSZENE

Deutsche Küche ist aktueller denn je, behauptet der Franzose Jean-Claude Bourgueil, der 2007 das Kochbuch *Typisch deutsch* herausgebracht hat. In seinem Düsseldorfer *Schiffchen* interpretiert er Sauerbraten neu und dekonstruiert Schwarzwälder Kirschtorte in ihre Bestandteile. Er ist nicht der erste und nicht der einzige, der in der explodierenden Kochbuchszene auf den mittlerweile exotischen Kick langvergessener deutscher Rezepte setzt. Alfons Schuhbeck hatte bereits in den 1980ern mit *Das neue bayerische Kochbuch* vorgemacht, wie verschlankte Regionalkost zur Erfolgsformel werden kann. Die frankophile Gilde der Jeunes Restaurateurs d'Europe erregte 2004 Aufsehen mit dem Titel *Deutschlands junge Spitzenköche kochen deutsch*, auch weil das Cover zwei Jahre vor der Fußball-WM die deutschen Nationalfarben zierten.

Deutsche Regionalküche macht Schlagzeilen.

Mit medienwirksamen Auftritten tritt die deutsche Küche endgültig aus dem Ausgedinge sparsamer Seniorenmenüs heraus, zeigt ihr modernes, freches Inspirationspotential.

Das war nicht immer so. Noch in den 90ern gruben populäre Kochbücher wie Heidi Kabels *Tafelfreuden in Hamburg und an der Waterkant* oder Hannelore Kohls fleischreiche *Kulinarische Reise durch deutsche Lande* einen virtuellen Speisezettel aus, der in frustrierendem Gegensatz zu den wirklich vor Ort angebotenen Speisen stand. Da wird eine längst entschwundene kulinarisch heile Welt beschworen, ohne die Frage zu berühren, warum die deutsche Küche auf den Hund gekommen war, warum deutsches Essen wegen lieblos ausgesuchter Zutaten und banaler Zubereitung zu Recht für viele passé war.

> *Man könnte sagen, dass sich die Erziehung eines Menschen nicht daran zeigt, wie er mit Hummerscheren umzugehen weiß, sondern daran, wie er ein Schweinekotelett isst.*
>
> ASFA WOSSEN ASSERATE, *MANIEREN*

Erst in den letzten Jahren wird klar, dass ohne erstklassige Produkte eine glaubwürdige Renaissance deutscher Rezepte zum Scheitern verurteilt ist. Feinschmecker, die ein streng zertifiziertes Naturprodukt wie spanischen Jabugo-Schinken von wild lebenden Eichelmastschweinen einem x-beliebigen Schwarzwälder Schinken vorziehen, haben recht – auch wenn das schade ist und immer mehr wirkliche deutsche Premium-Alternativen erhältlich sind. Das EU-System eingetragener Schutzmarken beginnt allmählich auch hierzulande wahrgenommen zu werden. Allerdings können nur wenige Produkte wie Allgäuer Bergkäse, Spalter Hopfen oder Diepholzer Moorschnucke die höchste Qualitätsstufe GU (geschützte Ursprungsbezeichnung) aufweisen, die eine lokale Erzeugung der Zutaten garantiert. So sind von Nürnberger Bratwürsten bis Ammerländer Katenschinken alle eingetragenen Wurst- oder Schinkensorten nur g. g. A. (geschützte geographische Angabe), was bedeutet, dass ausgerechnet der Grundstoff Fleisch keiner erhöhten Qualitätskontrolle unterliegt und genauso von Tierfabriken importiert werden darf wie Hollandschweine für Südtiroler Speck. Der Grat zwischen effektiver Qualitätshebung und bloßem Marketing ist schmal, und was heißt hierzulande überhaupt Qualität? «Es gibt massenhaft Richtlinien, die vorschreiben, wie groß ein Apfel sein darf, welche Farbe er haben muss, wie man ihn verpackt usw. Aber es gibt keine einzige Verordnung darüber, wie ein Apfel schmecken soll. Wir regeln alles nur noch über die Optik und konstruieren uns eine heile Welt», spitzt der Regensburger Ernährungsforscher Gunther Hirschfelder die Debatte zu. Der *Spiegel*-Journalist Ullrich Fichtner setzt noch eins drauf: «Wenn je eine Organisation gegen die Freude am Essen gegründet wurde, so hat sie ihren Sitz in Brüssel.»

Dennoch liegt Kochen plötzlich mächtig im Trend. «Küchenshows machen Quote, Topfschwinger werden verehrt wie Stars, wir lesen Rezepte wie Evangelien. Was ist eigentlich mit uns Deutschen los?» fragt 2007 das *SZ-Magazin*. Diskussionen über ausgefallene Delikatessen oder die coolste Art, Currywurst zu servieren, haben längst die Nische der Frauenzeitschriften verlassen. Die *Frankfurter Allgemeine Sonntagszeitung* leistet sich – wie Gazetten in London, Rom oder New York – eine ganze Seite zum Thema Essen und Trinken mit Kolumnisten wie Stuart Piggott oder Jürgen Dollase. Kulinarische Spezialbuchhandlungen wie Moths in München und Kochschulen wie Goldhahn & Sampson in Berlin, Frank Petzchen in Düsseldorf oder Kochkontor in Hamburg setzen erfolgreich auf deutsche *foodies*. Fachwerkinnenstädte füllen sich mit Rohkäseboutiquen, Ökobäckereien und Essiglädchen. Der SlowFood *Markt des guten Geschmacks* in Stuttgart präsentiert verschollene Arche-Produkte wie Alblinsen. Chocolaterien und Hausröstereien sprießen aus dem Boden und zeugen von aufkeimender kulinarischer Kompetenz – offensichtlich ist die Nation der Billigschokoladen und Kitschkaffeepötte der Faszination von 70prozentigem Edelkakao und Arabica-Espresso verfallen.

Besonders die Männerwelt entdeckt das Abenteuer Kochen. Jungkoch wird zum begehrtesten männlichen Lehrberuf. Das Kino feiert in Filmen wie *Bella Martha* oder *Eden Cucina Erotica* die heitere Sinnstiftung gemeinsamen Speisens. Günter Grass' Bekenntnis: «Ich halte Kochen für einen schöpferischen Vorgang» provoziert längst nicht mehr.

Dieser Paradigmenwechsel setzte in den Achtzigerjahren ein. 1980 verleiht der *Guide Michelin* Eckart Witzigmann in der *Aubergine* den dritten Stern. Damit ist ein deutsches Restaurant erstmals den großen Gourmettempeln Frankreichs wie dem *La Tour d'Argent* oder dem *Grand*

Véfour gleichgestellt. 1983 erscheint die erste deutsche Ausgabe des *Gault-Millau.* Dieser Restaurantführer, 1969 in Paris von Henri Gault und Christian Millau gegründet, beschränkt sich im Gegensatz zu *Michelin* oder *Varta-Guide* nicht auf Bewertungen, sondern macht das Speisen in essayistischen Kritiken zum Gesamterlebnis. So wird Kulinaristik zum idealen Parameter für den Wechsel von der Wohlstands- zur Erlebnisgesellschaft.

Fast shopping: Fernsehkoch Tim Mälzer kauft ein.

Es sind die fetten Jahre der Bundesrepublik. Hedonistische Yuppies, Gourmets (und manche Spesenritter) begrüßen enthusiastisch eine Küche, die die *dernier cris* der *nouvelle cuisine* ins Deutsche überträgt und vorgibt, auf den Spuren von Paul Bocuse zu wandeln. Zeitweilig leuchten über München dreimal drei Sterne: Eckart Witzigmann eröffnet die *Aubergine*, der Südtiroler Heinz Winkler wechselt ins *Tantris* und Otto Koch schockiert im *Le Gourmet* mit Weißwurst von Meeresfrüchten. Einer neuen Generation von Edelitalienern gelingt es mit Trüffelrisotto, Barolo und Brunello vom Gastarbeiterimage wegzukommen und mit ihrem stilsicher-saloppen Service das feine gutbürgerliche deutsche Restaurant zu verdrängen. Die Feinkosthandlung *Käfer* demokratisiert den Luxus mit Austern- und Sushibars in Kaufhauspassagen. Otto Normaltrinker fordert auf einmal mit der gleichen Borniertheit, mit der er früher nur lieblichen Wein schlürfte, nur trockenen Wein. Lachs verliert durch extensives Fishfarming den Rang einer Delikatesse. Mozzarella und griechischer Feta stammen nur noch in Ausnahmefällen nicht von deutschen Großmolkereien. Dass die Globalisierung auch vor der deutschen Hausfrauenküche nicht haltmacht, beweist ein origineller Tipp von Hannelore Kohl: «Um dem Gericht eine mediterrane Note zu verleihen, verwenden Sie statt dem Butterschmalz einfach Olivenöl!»

Doch es ist auch die Zeit der Produkt(wieder)entdeckungen. Eckart Witzigmann pflückt im Englischen Garten Bärlauch, den man hierzulande nur noch vom Hörensagen kannte. Sterneköchen ist es zu verdanken, dass überhaupt noch jemand in Gaststätten frisches Gemüse anbietet und Schwarzwurzeln, Pastinaken oder weiße Rübchen vorm Vergessen rettet.

Zugleich ist eine Visualisierung der Küche spürbar. Man muss das fast zwanghafte Dekorieren deutscher Starköche nicht mögen, aber seit den Achtzigerjahren dominieren auch in Kochbüchern Fotos. Künstler wie der *Gourmet*-Herausgeber Johann Willsberger oder Thomas Ruhl kreieren eine hochästhetische Bildsprache der Food-Photographie. In diesem opti-

Hannelore Kohl und Alfons Schuhbeck fachsimpeln über einen Kohlkopf.

schen Kontext steht auch der Hype der Kochsendungen – was einst als braver Werkunterricht und als Mädchensache galt, wird zum meist männlich dominierten Kult. Das Karrusell der Fernsehköche Alfred Biolek, Alexander Herrmann, Vincent Klink, Johann Lafer einschließlich der «deutschen Jamie Olivers» Tim Mälzer und Ralf Zacherl beglückt im Verbund mit der Austroberlinerin Sarah Wiener die Republik. Öffentliches Vorkochen sorgt für TV-Nestwärme. Böse Zungen lästern, dass das Publikum wie beim Sexfilm nur virtuell konsumiert. Das passt zum deutschen Paradoxon, dass in diesem Land das meiste Geld für Kochbücher und Einbauküchen ausgegeben, beim Einkaufen von Lebensmitteln aber gespart wird.

Die Fettnäpfchen der Peinlichkeit untergeschnallt hatten deutsche Abgeordnete, die beim *chef de protocole* des Pariser Elysée intervenierten, um das aufwendige Festdiner zum 40-jährigen Jubiläum deutsch-französischer Freundschaft zusammenstreichen zu lassen. Auch sonst klinkt sich die Politik gern in das verminte und nur scheinbar ideologiefreie Territorium der Essenswahl ein.

Hatte Wirtschaftswundervater Erhard noch auf Pichelsteiner Topf geschworen, so ließ Bundespräsident Walter Scheel für Staatsempfänge Spitzenköche kochen und sich zu seiner Hochzeit vergoldetes Risotto servieren. Dass Oskar Lafontaine einen Top-Koch an die saarländische Landesvertretung in Berlin berief, verursachte einen Skandal. Helmut Kohl entzückte eher französische Kenner als deutsche Michel mit seiner Präferenz für pfälzischen Saumagen, der ihm in Deidesheim schon mal mit Trüffel- und Maronenfüllung serviert wurde. Gerhard Schröder versuchte mit seiner Multikultimischung aus Brionizwirn und Currywurst dem Lebensgefühl der neuen Hauptstadt zu schmeicheln. Selbst die in Privatdingen angenehm diskrete Angela Merkel musste sich jüngst zu einem Lieblingsgericht outen: Zumindest kulinarisch bleibt sie «Kohls Kleine» und wählt in konservativer Regionalität Grünkohl-Eintopf.

Ein Lichtblick politischer Kochlektüre war *Zu Gast bei Christiane Herzog*, in dem die First Lady und ehemalige Hauswirtschaftslehrerin mutig bekannte: «Ich habe noch nie fertiges Hackfleisch gekauft.» In einer Mischung aus professionellem Raffinement und präsidentieller Schlichtheit empfiehlt sie Erbsensuppe aus frischen Erbsen, Lachspudding mit Krabbensauce oder den staatstragenden Makronenschaum *Rheinischer Bund*.

Auf der anderen Seite der Skala liegt die Zunahme des Fastfood, der Geiz ist Geil-Mentalität, die Ideologie des immer schnelleren Essens, wie sie Wolfgang Joops *Hectic Cuisine* oder Britta von Lojewskis 10-Minuten-Kochduell aufgreift. 40 Minuten verwendet der statistische Idealdeutsche für alle Mahlzeiten eines Tages. Die Durchschnittsfamilie kennt gerade eine gemeinsame Mahlzeit pro Woche, nurmehr 5 Prozent kommen zum regelmäßigen Mittagstisch zusammen. Immer mehr Konsumenten verlieren im verstädterten Deutschland den natürlichen Kontakt zum Lebensmittel, das sie nur noch verpackt, eingeschweißt und portioniert kennen. Ullrich Fichtner konstatiert deutschlandweit kulinarische Gleichschaltung und analysiert Volksfeste, auf denen statt frischgeriebenen Kartoffelpuffern Mexikopfannen und Tiefkühlscampi mit Currywurstsauce angeboten werden, als «Tummelplätze einer in kulinarischen Dingen verelendeten Unterklasse». Der Begriff «Deutsche Küche» ist für das Gros der Bevölkerung, das sich regelmäßig von Chips, Döner und Tiefkühlpizzen (90 Stück jährlich!) nährt, zum Oxymoron, zum schreienden Gegensatzpaar geworden.

Tatsächlich braucht Deutschland nicht mehr Edelrestaurants, in denen Hummer und Kaninchenfilet angeboten werden, sondern viel eher besseres Fastfood, gesündere Kost fürs Volk. Denn der deutsche Imbiss ist immer mehr verfettet: Statt frisch gebrühter Metzgerknacker werden in Öl gegrillte eingeschweißte Labberwürstchen mit Currypulver aufgeputscht. Die Qualität der dazu angebotenen Ciabattas, Baguettes, Pitas oder Brötchen ist meist grauenhaft – am einfachsten Würstelstand in Wien gibt's grundsätzlich auch gesundes Schwarzbrot! Immerhin versuchen ein paar pfiffige Currywurstbuden in Berlin den Trend zu *trash food* zu brechen und bieten Fritten aus brandenburgischen Biokartoffeln an – ein Körbchen ungeschälter erdiger Knollenfrüchte auf dem Tresen verheißt Gutes. Generell hat die behördliche Regulierungswut, die seit dem Spätmittelalter in Deutschland Gastwirten das Gewerbe erschwert, bodenständige Imbissangebote wie den Hofer *Wärschtlamo* mit seinem fahrbaren Karren fast völlig aus dem Stadtbild verdrängt – die Coburger Bratwursthütten, die auf Kiefernzapfen grillen, wären ein Fall für kulinarischen Denkmalschutz. Deutscher Imbiss heißt meist internationale Ketten, das standardisierte Mahl zum Plattenbau: «Jugendliche erleben Fastfood-Restaurants als ein Stück Gegenkultur. Während das normale Essen zu Hause mit vielen Normen und nervigen Tischsitten verknüpft ist … ist der Schnellimbiss geradezu ein Ort archaisch-natürlichen, lustbetonten Essens. Man ‹darf› alles in die Hände nehmen, mit Ketchup kleckern, sich die Hände fettig machen, Getränke mit dem Strohhalm schlürfen … So hat selbst die perfektionierte Lieblosigkeit ihren Kultwert.»

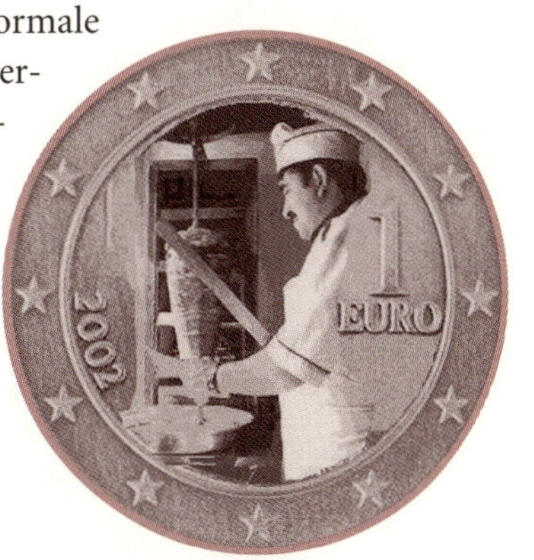

Die Türkei als gastronomisches EU-Mitglied? Dönereuro. Fotocollage, 2002.

Ein Paradebeispiel gastronomischer Nivellierung ist der Döner – die gesamte Küche einer eminent kulinarischen Nation wie der Türkei schrumpft in der öffentlichen Wahrnehmung auf ein labbriges Brötchen mit Zwiebeln, Salat, Dressing und etwas Grillfleisch zusammen! «Was hier als Döner angeboten wird, ist nichts weiter als eine Currywurst am Spieß», ereifert sich denn auch der Berliner Koch Rennan Yaman über das pseudoosmanische Fastfood. 1989 formulierten deutschtürkische Geschäftsleute ein Reinheitsgebot für Döner, um gepresstes *Ke-papp* zu ächten und schieres *yaprak*-Fleisch zu fordern. Völlig auf der Strecke geblieben ist dabei das teure und dem deutschen Konsumenten angeblich schwierig zu vermittelnde Lamm – es regieren Billigpute und Hormonkalb.

Tatsächlich sind Dönerbuden (die mehr als *McDonald's*, *Burger King* und *Wienerwald* zusammen absetzen) eine deutschtürkische Erfolgsgeschichte, die Anfang der 1970er in Kreuzberg begann. Um 1940 war das aufwendige Original aus Lamm von thymianduftenden Bergweiden nur in einer Handvoll Geheimtipps in Istanbul und Bursa zu haben – auch in Berlin scheint zuerst ein feines Diplomatenrestaurant (und ein paar Gyrosgriechen) den delikaten Festtagsbraten angeboten zu haben.

Heute hat Berlin mehr Dönerstände als Wurstbrater, und die Welle schwappt von Deutschland nach Frankreich, Italien … und Istanbul – ähnlich wie einst die Pizza von deutschen Touristen nach Italien reimportiert wurde.

Ein Umdenken in kulinarischen Dingen ist in Sicht. Gepanschter Glykolwein (1985), BSE (1994) und Gammelfleisch (2005) haben das Urvertrauen der Konsumenten in die Nahrungsmittelindustrie erschüttert – viele assoziieren das Wort Lebensmittel schlichtweg mit Skandal. Immer mehr Allergiker reagieren auf Nahrungsmittelzusatzstoffe. Krankenkassen beginnen, die gesundheitlichen Schäden falscher Ernährung zu beziffern und zu Frischekost aufzurufen. Selbst McDonald's versucht, auf den Faktor Gesundheit zu setzen und Bilder regionaler Bauernhöfe in die Werbung zu integrieren. Kritische Journalisten wie Herbert Schäfer (*Unser kläglich Brot*) oder Hans-Ulrich Grimm (*Die Suppe lügt*) sind nicht mehr einsame Rufer in der Convenience-Wüste. Die Genmanipulation hängt als Damoklesschwert über dem Konsumenten. Aufgeschreckt ersehnen viele eine romantische Rückkehr zu naturbelassenen Lebensmitteln – und erwarten sich diese ausgerechnet von Supermärkten, für die eine genaue Offenlegung der Produktionsschritte tendenziell profithemmend wirken kann. So treiben sich auf Verpackungen gern Bergbauern, Omas in Fachwerkhäusern oder glückliche Kühe herum, während modernes *functional food* die Lebensmittel durch Zusatzstoffe zur fitnesssteigernden Medizin aus dem Labor mixt.

Grünes Körpergefühl. Blonde Eva im Kohlrouladenlook.

Ein internationales Phänomen ist die Biowelle, die trotz jahrelanger Subventionsbenachteiligung aus der belächelten Müslibauernecke in der Mitte der Gesellschaft angekommen ist. Auch hier spotten böse Zungen, je mehr ein Land Bio konsumiere, desto weniger gebe es davon. Mittlerweile karren Supermärkte vom edlen *Basic* bis zum billigen *Lidl* Bio-Produkte um die ganze Welt, während Organisationen wie *Demeter* für die reine Lehre

Applaudierender Jahrhundertkoch verleiht höchstpersönlich den Witzigmann-Preis der Deutschen Akademie für Kulinaristik an Harald Wohlfahrt.

und gegen die Entwertung des Begriffes streiten. Vom Saulus zum Paulus der Branche wurde der ehemalige Boss von Hertha-Wurst. Auf Drängen seiner Kinder stieg Karl Ludwig Schweisfurth aus, verkaufte seine Fleischfabrik und gründete im bayerischen Glonn die ökologischen Hermannsdorfer Landwerkstätten, die nach alter Metzgerskunst schlachtwarme Wurst ohne Zusatzstoffe produzieren. Für immer mehr Deutsche heißt angesichts der Tierquälerei in Legebatterien und auf Viehtransporten bewusst essen schlichtweg vegetarisch essen.

Von Eifelsenf und Schiefertrüffeln …

«Wir denken in Kalorien und Pfunden statt in sinnlichen Qualitäten und hungern daher, späte Tantaliden, inmitten des Überflusses.» Panikmache und ein kaum durchschaubares Geflecht von Gesundheitsverheißungen bestimmt das Essverhalten der Deutschen heute mehr als das individuelle Kriterium des Geschmacks oder gar Genusses. 85 Prozent der Lebensmittel werden in Supermärkten beworben und erworben. Es gibt den mündigen aufgeklärten Esser, der statt Fischstäbchen und Asia-Pfannen lieber frisches Gemüse auf dem Viktualienmarkt in München oder an einem der malerischen Bauernstände an der Apsis des Freiburger Münsters kauft, aber er ist in der Minderzahl.

Germans eating sourcrout? Karikatur von James Gillray, 1803.

Wohin geht die deutsche Küche? Die Signale könnten widersprüchlicher nicht sein. Einerseits geben Herr und Frau Mustermann nur ca. 12 Prozent ihres Einkommens für Lebensmittel aus – viele lassen sich ihr Handy mehr kosten. Andererseits hat 2014 der *Michelin* mit 11 Dreisternetempeln Deutschland die kulinarische Bronzemedaille nach Japan und der Grande Nation verliehen – wobei bezeichnenderweise ein langjähriger Spitzenreiter wie Harald Wohlfahrt in Baiersbronn dezidiert französisch und nicht schwarzwälderisch-deutsch kocht. Als zeithistorische Momentaufnahme und Respekt vor ihrer Leistung seien die Namen der übrigen 3-Sterne-Köche des Jahres 2014 genannt: Juan Amador (Amador, Mannheim), Christian Bau (Schloss Berg bei Perl/Nennig), Thomas Bühner (La vie in Osnabrück), Sven Elverfeld (Aqua in Wolfsburg), Klaus Erfort (Gästehaus Klaus Erfort bei Saarbrücken), Kevin Fehling (La Belle Epoque in Travemünde), Christian Jürgens (Überfahrt in Rottach-Egern), Claus-Peter Lumpp (Restaurant Bareiss in Baiersbronn), Helmut Thieltges (Waldhotel Sonnora in Dreis), Joachim Wissler (Vendôme in Bergisch-Gladbach).

Der Grat, auf dem sich Mode und Stil treffen, ist schmal: Mediterran oder molekular, Thaigewürz und Sushi, verschlankte *haute cuisine* oder doch Regionales wie Schweinebäckchen in Eiswein. Oder gar molekular aufgepepptes Altdeutsches wie Juan Amadors Strammer Max «in Textur»? Jedenfalls wird in der internationalen Wahrnehmung der deutschen Spitzen-Küche die lange verschlafene Regionalität noch immer als Manko empfunden. Eine Vorreiterrolle spielt Baden-Württemberg: Die europäische Region mit der höchsten Dichte an Sternerestaurants fördert bäuerliche Direktvermarktung und hat *Schmeck den Süden* quasi zum Staatsziel erklärt.

Doch all das zeigt, dass die kulinarische Schere weiter auseinanderklafft als je. Zum erstenmal in der deutschen Geschichte kochen statistisch gesehen die Höhergebildeten besser und enthusiastischer als die Angehörigen praktischer Berufe. Arrivierte Joghurtesser joggen sich gesund, Hartz IV haut rein, Armut macht krank, Reichtum schlank? Die sich formierende Klassengesellschaft kündigt den egalitären Nachkriegskonsens auf, gemeinsam schlecht zu essen, und sucht angesichts verschütteter Traditionen nach neuen Reizen. Selbst ein ausgewiesener Feinschmecker wie Wolfram Siebeck murrt, manche trittbrettfahrenden Gourmet-Konsumenten sähen vor lauter überdrehten Schäumchen und Delikatessen das ganz normale gute Essen nicht mehr. Diese Blindheit haben sie mit Mayo-Fritten mampfenden *couchpotatoes* gemeinsam. Wird das Einfache, Natürliche, Frische, die unaufgeregte Marktküche avantgardistisch? Wird die Pellkartoffel elitär?

ROTES ZWIEBELKRAUT

Alfons Schuhbeck, 2006

500 g weiße Zwiebeln ❧ 1 EL Puderzucker ❧ 150 ml Portwein ❧ 250 ml kräftiger Rotwein ❧ 1 EL helle Senfkörner ❧ 1 kleines Lorbeerblatt ❧ 5 Pimentkörner ❧ 1 Scheibe Knoblauch ❧ 1 Scheibe Ingwer ❧ 1 Streifen unbehandelte Orangenschale ❧ Salz/Pfeffer aus der Mühle ❧ 1–2 EL Butter.

Die Zwiebeln schälen und längs in höchstens ½ cm breite Streifen schneiden. Den Puderzucker in einem weiten, flachen Topf hell karamellisieren lassen und mit Portwein und Rotwein ablöschen. Senfkörner, Lorbeerblatt und Piment in ein Gewürzsäckchen füllen, das Säckchen verschließen und in den Topf geben. Die Flüssigkeit einköcheln lassen. Die Zwiebelstreifen dazugeben und unterrühren. Den Knoblauch, den Ingwer und die Orangenschale einlegen und die Zwiebeln mit Salz und Pfeffer würzen. Noch etwa 3 Min. ziehen lassen, dann das Gewürzsäckchen sowie Knoblauch, Ingwer und Orangenschale wieder entfernen. Die Butter unterrühren.

Vom Blaukrautsalat mit Preiselbeersaft bis zum Bayerischen Kraut mit Quitte: der bajuwarische Lokalmatador sprüht vor Ideen, um die Krautmonotonie aufzulockern. Schuhbecks süßes Zwiebelkraut «passt gut zu gebratenem Zander, zu Geflügel und zu kurz gebratenem Rindfleisch oder Kalbfleisch.»

ROULADE VON DER VIERLÄNDER ENTE MIT ENTENBRÄT

Jean-Claude Bourgueil, 2007

1 frisch ausgelöste Entenbrust pro Person (Entenknochen für Jus aufheben) ☙ Salz und Pfeffer aus der Mühle ☙ Butterschmalz ☙ Löwensenf ☙ Gemüsestreifen (Möhren, Kohlrabi) ☙ Gewürzgurken ☙ Waldpilzfüllung (frische kleingeschnittene Pilze mit feingehackten weißen Zwiebeln, kleingewürfeltem Kassler, Lorbeerblatt in Pfanne dünsten und mit einem Klacks echter Kalbsleberwurst verfeinern) ☙ 1 TL gehackte Schalotten ☙ Zucker ☙ 1 Schuss salzarme Sojasauce ☙ Kartoffelpuree ☙ Spitzkohlblätter
Für die Entenjus: Entenknochen ☙ Butterschmalz ☙ 250 g fein geschnittene Schalotten ☙ 2 Lorbeerblätter ☙ 1 TL Wacholderbeeren ☙ salzarme Sojasauce ☙ Rotwein.

Die Entenbrüste mit Salz und Pfeffer aus der Mühle würzen und in Butterschmalz auf der Fleischseite anbraten.

Anschließend auf der Fettseite im Backofen bei 180 C 4 Min. weiter braten, sodass sie in der Mitte warm, aber noch blutig erscheinen. Anschließend abkühlen lassen und die Haut abtrennen. Die Entenbrüste längs in jeweils 4 Scheiben schneiden, mit ein wenig Löwensenf bestreichen, vorgekochte Möhren und Kohlrabistreifen, Streifen von Gewürzgurken und 1 TL Waldpilzfüllung daraufgeben. Die Entenbrüste fest einrollen.

Die Haut in kleine Würfel schneiden und in einer kleinen Sauteuse anrösten. Es bleibt höchstens die Hälfte der Haut übrig. Das überflüssige Fett abschütten und die gehackten Schalotten dazu geben. Mit Salz und Pfeffer würzen und weiterrösten, bis alles eine schöne braune Farbe bekommt. Etwas Zucker daraufstreuen, karamellisieren lassen, mit einem Schuss salzarmer Sojasauce ablöschen und beiseite stellen. Die Rouladen behutsam warm machen.

Auf vorgewärmten Tellern jeweils 1 Streifen Kartoffelpüree streichen und diesen mit blanchierten und in Streifen geschnittenen Spitzkohlblättern abdecken. Die Entenröllchen darauf anrichten und mit Entenbrät bedecken.

Für die Entenjus die Entenknochen klein hacken und in einem Gusstopf mit Butterschmalz behutsam anrösten. Anschließend reichlich fein geschnittene Schalotten mit anschwitzen, Lorbeerblätter und einige Wacholderbeeren zugeben. Mit Salz und schwarzem Pfeffer würzen. Mit salzarmer Sojasauce ablöschen und mit einem guten Rotwein bedecken. Die Sauce eine gute Std. köcheln lassen, so dass pro Portion ca. 2 EL übrig bleiben. Die Jus separat in einer Sauciere servieren.

Roulade einmal nicht aus Rind, sondern von der fleischigen Vierländer Ente (benannt nach den Bauernhöfen der Vierlande am Stadtrand Hamburgs). Die kanonische Rouladenfüllung

(Löwen-)Senf und Gurke setzt ebenso deutsche Akzente wie die Gemüse Kohlrabi und Spitzkraut. Das handwerklich anspruchsvolle Rezept wird durch klassische(n) Geflügeljus abgerundet.

ROTE BETE-BOUILLON FEST-FLÜSSIG MIT WASABI

Juan Amador, 2006

400 ml Rote Bete-Saft ☙ 100 ml Rotweinessig ☙ Meersalz, frisch gemahlen ☙ weißer Pfeffer, frisch gemahlen ☙ Zucker ☙ 3 g Alginat (Apotheke) ☙ 14 g Kalziumchlorid (Apotheke) ☙ 2 l Wasser ☙ 50 g Schmand ☙ 5 g Wasabipulver (Asia-Markt) ☙ 3 g Meersalz, frisch gemahlen ☙ Maldon Sea Salt (Gewürzhändler)

Rote Bete-Saft und Rotweinessig aufkochen. Mit Salz, Pfeffer und Zucker abschmecken. Das Alginat in die heiße Flüssigkeit geben und gut miteinander verrühren. Durch ein Sieb passieren und für 4 Stunden kalt stellen. Anschließend das Kalziumchlorid mit dem Wasser verrühren, mit einem Kaffeeportionierer aus der gekühlten Masse Kugeln formen und diese vorsichtig in die Lösungen geben. Nach einer Minute herausnehmen und bis zum Anrichten in klarem Wasser aufbewahren.
Schmand, Wasabipulver und Salz miteinander verrühren. Auf Löffel geben und die fest-flüssige Rote Bete-Bouillon darauf legen. Mit Maldon Sea Salt bestreuen und servieren.

Gemüse-Götterspeise als Tapa? Juan Amador, in Schwaben aufgewachsener Sohn spanischer «Gastarbeiter», hat sich durch seinen «Landsmann» Ferran Adrià zu Deutschlands höchstdekorierter Molekularküche inspirieren lassen. Selbstverständliches Hantieren mit iberischen Delikatessen und internationalen Aromen (hier Meersalz aus Essex oder japanischer Meerrettich) geht Hand in Hand mit einer unbekümmerten Nobilitierung von Produkten deutscher Volksnahrung von Roter Bete bis Schmand (oder von Schweinebauch bis zur Mon-Chéri-Praline).

GEFRORENES DANZIGER-GOLDWASSER-SOUFFLÉ

Eckart Witzigmann, 2003

Für ca. 10 Porzellanförmchen: 7 Eigelb ☙ 110 g Zucker ☙ 3 Eiweiß ☙ 130 ml Danziger Goldwasser ☙ abgeriebene Schale von je 1/2 unbehandelten Zitrone und Orange ☙ 250 g süße Sahne geschlagen.

1. Die Porzellanförmchen mit 10 cm hohem Backpapier einschlagen und dieses oben und an der Seite mit Papierklammern befestigen (man kann die Backpapierstreifen auch mit Butter einpinseln und um die Förmchen wickeln). So können die Förmchen später über ihren eigentlichen Rand hinaus gefüllt werden. Die Formen in den Tiefkühler stellen.

2. Die Eigelbe mit 35 g Zucker gut schaumig rühren. Das Eiweiß mit dem restlichen Zucker zu einem festen Schnee aufschlagen. 3 EL der Eigelbmasse sowie die geriebenen Orangen- und Zitronenschalen vorsichtig unter den Schnee mischen. Danziger Goldwasser zugeben. Dann erst die restliche Eigelbmasse unterheben, zum Schluss die geschlagene Sahne. Die Eissoufflémasse in die Förmchen füllen und mindestens 5 Stunden gefrieren lassen.

3. Vor dem Servieren die Papiermanschetten vorsichtig entfernen. Die Eissoufflés je nach Wunsch mit Puderzucker bestäuben. Mit einem kleinen Parisienne-Ausstecher je eine kleine Kugel aus den Oberflächen der Soufflés ausstechen und in die entstandenen Vertiefungen Danziger Goldwasser mit Goldplättchen füllen.

Glitzernder Pulverschnee mit Goldflöckchen: Ein schrilles Semifreddo, das durch Agrumenschalen das Aromenspektrum des Danziger Pomeranzenlikörs genuin verfeinert.

OBST UND GEMÜSE

«Die Landstraßen sind mit Reihen von Obstbäumen besetzt, deren Früchte den Reisenden laben sollen», notierte Madame de Stäel 1810 in ihrem idealisierten Deutschlandporträt *De l'Allemagne*. Da hat sich einiges geändert. Nicht nur die Alleen sind verschwunden, auch die mächtigen Obstspender von einst haben kleinen Plantagensträuchern Platz gemacht, die sich mit Maschinen abernten lassen. Ob Bodensee oder Altes Land: Der Sortenwandel ist dramatisch, Borsdorfer und Reinetten, Gravensteiner und Berlepsch werden wie der Fontane'sche Wohlgeschmack der duftenden gelben Birnen des Herrn Ribbeck auf Ribbeck im Havelland zum Mythos. Kompott- und Wirtschaftsäpfel werden praktisch nicht mehr gehandelt, und in Zeiten neuseeländischer Flugäpfel ist die Kunst natürlicher Lagerung auf Holzhorden oder Stroh im Keller obsolet geworden.

Obstland Deutschland? Ende des 19. Jahrhunderts ergab eine Reichszählung mit 169 Millionen doppelt so viele Obstbäume wie Deutsche. 70 Millionen Pflaumen-, 52 Millionen Apfel-, 25 Millionen Birn- und 22 Millionen Kirschbäume führten die Statistik an. Dabei sind fast alle diese Früchte Fremdlinge: Äpfel, Birnen und Kirschen wanderten wie die Quitten aus Italien entlang der «Pfaffenstraße» am Rhein nach Deutschland. Der Zwetschgenanbau wurde unter Karl dem Großen forciert. Himalaya-Stachelbeeren wurden aus England, Gartenerdbeeren aus Nordamerika eingeführt. Pomologischer Luxus blieb der Pomeranzengarten in Leonberg oder die Schattenmorellen und Feigen aus Sanssouci, ja die Ananas aus Berliner Treibhäusern! Etwas Abwechslung in die Alltagskost brachten hingegen eingelegte Wildfrüchte wie Walderdbeeren, Heidelbeeren, Moosbeeren, Sanddornsaft oder saure Schlehen.

Erst im 18. Jahrhundert wird Obst Volksnahrung – auf unrentablen Weinbergen werden Streuobstwiesen angelegt. Mit Rübenzucker lässt sich unkompliziert Marmelade einkochen, vorher mussten Latwergen wie Pflaumenmus im eigenen Fruchtzucker stundenlang gerührt werden.

Früher galt frisches Obst als nicht besonders gesunde Leckerei. Im Mittelalter wurde es vor dem Essen gereicht, da die leicht faulenden Früchte angeblich die Verdauung beeinträchtigten. Die vielen Apfel- und Birnenmusrezepte der Renaissance, aber auch die weite Verbreitung von Beeren- und Obstwein belegen, dass Obst einst lieber konserviert genossen wurde. Die Vorliebe der Deutschen für Kompott wurde erst mit der Entdeckung des Vitamins (ab 1912) zugunsten frischen Obstes aufgebrochen. Längst essen wir hauptsächlich importiertes Obst, während (wie bei Wild oder Pilzen) eine zunehmende Entfremdung gegenüber wildgepflückten oder selbstgesammelten Früchten zu konstatieren ist (die sich herrlich hinter einem Tierchen namens Fuchsbandwurm verstecken kann).

Neobarock: Gemüsestillleben mit Selbstporträt des Künstlers. Max Liebermann, 1873

Ähnliches gilt für Gemüse, das ein bisschen das Stiefkind der deutschen Küche ist. Der Name sagt alles, Gemüse – zu Mus zerkocht!

Tatsächlich waren feinere, frischere Gemüse wie Palerbsen oder Kürbisse lange ein Privileg der Klostergärten. Die einfacheren Leute nährten sich monoton von Kraut und Rüben, die in Erdmieten auch über den Winter frisch gehalten werden konnten – und freuten sich auf Fleisch. Viele Rezepte versuchten, mit Butter, Mehlschwitze oder Speck Gemüse nahrhafter zu machen – und übertünchten damit den zarten Eigengeschmack. «Fleisch ist das beste Gmias» lautet denn auch ein bayerisches Bonmot.

Zum Alltagssnack wurde eine aus Vorderindien stammende Kürbisfrucht mit sorbischem Namen. Schon im 6. Jahrhundert n. Chr. säuerten Wenden Gurken in Tontöpfen ein, im 19. Jahrhundert bieten Spreewaldbauern an der Eisenbahn Berlin-Görlitz ihre Produkte «wie saure Gurken» an und verschiffen sie auf Kähnen nach Berlin.

Es sind vor allem italienische und französische Kochbücher, die auch uns Deutschen Hunger auf zartere Gemüse machen. Um 1650 wird auf Anraten Johann Casimirs, Leibarzt des Pfalzgrafen Karl Ludwig bei Rhein im kurfürstlichen Schlossgarten von Schwetzingen Spargel angebaut. In der Gärtnerkunst, dicke weiße Spargel rechtzeitig zu stechen, sind deutsche Spargelbauern von Schwetzingen bis Schrobenhausen, von Baden bis Beelitz heute weltweit führend.

Johannes Royer verfasst 1648 in Schloss Hessen bei Wolfenbüttel *Eine gute Anleitung über Gemüsezucht und Kartoffeln*. Hugenotten konstruieren die ersten deutschen Gewächshäuser. Die fast verschwundenen länglichen Teltower Rübchen entzückten Goethe und Napoleon wegen ihres süßlichen Aromas – heute werden meist Gatower Kugeln (weiße Navetten) unter dem zugkräftigen Namen vermarktet. Das 18. Jahrhundert kultiviert Salate mit klangvollen Namen wie Zuckerkopf oder Gelber Berliner, zypriotischen Blumenkohl, Schwarzwurzeln, Brokkoli und amerikanische Brechbohnen.

Tomaten hingegen werden erst im 20. Jahrhundert populär. Obwohl der Italienkenner Egon Baron von Vaerst schon 1835 von «Liebesapfel-Saucen» schwärmte, überwog lange die Furcht, das Nachtschattengewächs sei giftig.

Keine Küche ohne Kräuter? Im Mittelalter sind exotische Gewürze Statussymbole, und es gibt Theorien, dass die Verfolgung kräuterkundiger «Hexen» auch der deutschen Kochkunst schwer geschadet habe. So herrscht bis weit ins 19. Jahrhundert auch eine Furcht vor Pilzgerichten vor, von der nur Morcheln ausgenommen sind. Das Armeleuteessen Pilze ist in älteren Kochbüchern kaum präsent, Pfifferlinge und Reizker, Totentrompeten und Steinpilze selten ein Thema. Dennoch verwenden ältere Kochbücher selbstverständlich Sauerampfer, Bohnenkraut und Brunnenkresse und rühmen ihre Wirkung: «Die kressen sind scharpff, demnach dem Magen zuwider. Machen aber lusstig und begirlich zu unkeuschheit und scherpffen die Sinnen» (Matthiolus). Gleiche Wirkung schrieb man der Petersilie (Geilwurz) zu – in Lübeck und Rostock führte die Petersiliengasse direkt ins Bordell!

Erst mit der Gesundheits- und Fitnessküche und vegetarischen Strömungen steigt die allgemeine Wertschätzung von frischem Obst, Kräutern und Gemüse. 1867 gründet Eduard Baltzer den Deutschen Verein für natürliche Lebensweise und gibt die Zeitschrift *Thalysia* (Erntedankfest) heraus. Wir wissen auch, was die Vegetarier der ersten Stunde verspeisten: Die Leipziger Gaststätte *Pomona* servierte 1892 als Gründungsmenü des bis heute bestehenden Vegetarier-Bunds Grünkernsuppe, Blumenkohl mit Linsenkoteletts, Schoten mit Karotten und Schmorkartoffeln, Makkaroni mit Butter und Parmesankäse, Nussspeise, Quark mit Butter und feinstes Obst.

PRETZELS AND HAMBURGERS – GERMAN FOOD WORLDWIDE

«Ich hatte das sichere Gefühl, alle Vietnamesen, die je in Deutschland gewesen sind, werden Thüringer Bratwürste nicht vergessen.» So der 1988 in die DDR eingewanderte Mai Huy Tan, der 2000 zusammen mit einem Weimaraner Fleischer unter dem Logo *Duc Viet* (Deutsch-Vietnamesische Gesellschaft) eine Bratwurstfabrik in Hanoi gründete – TÜV-Rheinland geprüft! Deutsches Qualitäts-Fastfood als Geschäftsidee sorgt auch in London für Schlagzeilen: *Kurz & Lang. The Bratwurst Company* macht mit Krakauern aus Rheinland-Pfalz längst von Indern und Orientalen betriebenen Fish & Chips und italienischen Sandwichbars Konkurrenz. Der Musiktreff *Loreley* in der Rivington Street in New York propagiert erfolgreich Kölsche Kost: Halver Hahn und Sauerbraten, Reibekuchen und Gurkensalat mit Dill zu Gaffel-Kölsch oder alkoholfreiem Einbecker. Foodies in den USA laben sich an exotischen Drinks wie Streuobst-Bionade. Der Familien-Start-up aus der Röhn, längst im Oetker-Imperium verwurzelt, nötigte sogar der Deutschland-Chefin von Coca-Cola das Statement ab: «Wir haben keine Angst vor Bionade.»

Beleza pura! Brasilianische Bierköniginnen auf dem Oktoberfest im brasilianischen Blumenau.

Deutschen sind deutsche Lokale im Ausland oft peinlich. Manchmal zu Recht. Thaigirls in Lederhosen vor Eisbeinbars in Pattaya stehen für Ballermanngenüsse. In der Disneyworld von Orlando werden im Themenrestaurant *Biergarten* Würstchen mit Spätzle serviert – die unsterbliche Zeile *schnitzel with noodles* aus dem Musical *Sound of Music* lässt grüßen! Auf Ischia werben geradezu rührend nostalgisch Schilder für Jacobs-Filter-Kaffee, obwohl bekanntlich selbst die mecklenburgische Omi längst nach *cappuccino* und *latte macchiato* giert.

Vor der deutschen Wurst beugen die Völker ihr Haupt.
KLAUS HARPPRECHT

Doch die erstgenannten Initiativen haben nichts von Kuckucksuhren-Miefigkeit an sich. Sie surfen ebenso wie Löwenbräukeller in Australien, *German bakeries* in Indien oder der Sauerteig-Schwarzbrot-Shop der Rosenheimer Brotmanufaktur Aran in Kuwait auf dem globalen Trend, erfolgreiche Ethno-Restaurants oder Imbissketten zu positionieren. Ähnlich wie es mittlerweile weltweit irische Pubs und Wiener Kaffeehäuser gibt, erweisen sich deutsche Wurstbuden, Bierstuben oder Oktoberfestverschnitte als Exportschlager. Dass deutsche Kost international gern auf werbewirksame bayerisch-alpine Folklore eingegrenzt wird, liegt in der touristischen Natur der Sache.

Deutsches Essen im Ausland hat eine lange Vergangenheit. In Rom, wo heute der hochdekorierte Heinz Beck Italiens Gourmets entzückt, wirkte in der Renaissance der erste deutsche Spitzenkoch: Johannes stammte aus Bockenheim an der Weinstraße und begegnete 1417 auf dem Konzil von Konstanz Papst Martin V. Als römischer Kurien- und Papstküchenmeister ließ er die ökumenisch-multikulturelle Dimension der *Ecclesia universalis* in sein *registrum coquine* einfließen: Einige der 74 Rezepte sind ausdrücklich für Friesen, Slawen, Italiener bestimmt, *pro Almanis* empfiehlt er in Essig mariniertes Rindfleisch. Das sollte übrigens auch 500 Jahre später Nikos Katzantzakis Leibspeise werden. Der kretische Dichter des *Alexis Sorbas* verbrauchte bei seinen Deutschlandstudien einen ganzen Lorbeerkranz, den er daheim beim Fechten gewonnen hatte, für – Sauerbraten!

Konträre Kochkulturen lotet auch die Bischofswiesenerin Gabriele Kurz aus. Seit 2007 überrascht sie die Gäste in Dubais erstem vegetarischen Restaurant *Magnolia* im *Resort Madinat Jumeirah* mit bayerisch-arabischem Crossover. Ihre Vollwertkost-Kreationen reichen vom mit frischen Himbeeren aromatisierten *herbal drink* mit Kräuterbouquet aus dem selbstangelegten Wüstengarten bis zu gefrorener Kardamom-Kaffee-Creme und Experimenten mit Kamelkäsen.

Deutsches taucht regelmäßig in historischen Kochbüchern unserer Nachbarn auf. Cristoforo Messisbugo, aus Flandern stammender Bankett-Marschall, tischt in Ferrara dem Renaissance-Kardinal Ippolito d'Este gedeckten Apfelkuchen mit Zucker, Zimt und Butter als *torta alla tedesca* auf. Der große Antoine Carême (1784–1833), der außer Talleyrand, Rothschild und dem Zaren auch kurzfristig dem König von Württemberg diente, beschreibt die komplizierte *sauce allemande*: Heller Kalbs- oder Geflügelfond mit frischen Champignons und Muskatnuss wird mit Dottern und Velouté (leichter Mehlschwitze) aufgeschlagen. Während des Ersten Weltkriegs galt sie als edel genug, um zu *sauce parisienne* umgetauft zu werden! In deutschen Landen eher verschollen ist *brouet d'Allemagne*, ein Zwiebelfleisch mit Mandeln und Gewürzen, das durch die gesamte französische Kochbuchliteratur des Mittelalters geistert.

Heute, wo Deutschland außer Riesling, Bier und Lebkuchen hauptsächlich No-name-Billigfleisch, Käfighühner und Feta-Käse auf die EU-Märkte wirft, frappiert, wie viele deutsche Lebensmittel einst selbst in Frankreich als Delikatessen gehandelt wurden. Erst in den letzten Jahren setzt bei uns ein Umdenken ein, dass Premiumprodukte aus dem Hochlohnland Deutschland vielleicht besser die bäuerliche Zukunft sichern als subventioniertes Mittelmaß.

Ludwig XV. lässt Rheinkarpfen nach Paris bringen, die mit Weinbrot gefüttert wurden. Die besonders fein gehackten Göttinger Mettwürste galten um 1750 als europaweit geschätzte Delikatesse. Jährlich versandte die Universitätsstadt ca. 13 000 Pfund nach England, Dänemark, Schweden, Russland und bis ins ferne Britisch-Indien. Der Abbé Baston, der vor der

Französischen Revolution nach Westfalen floh, fand es dort schrecklich unzivilisiert, aber die sog. *jambons de Mayence* (Mainzer Schinken) um Längen appetitlicher als die französischen Konkurrenzprodukte. Das Fleisch der Limburger Rinder wurde als *Boeuf de Hohenlohe* von Pariser Gourmets hoch bezahlt – einige Züchter in Hohenlohe haben sich wieder auf die Produktion dieser Qualitätssteaks besonnen. Napoleon zeigte sich begeistert vom Aroma des schwarzköpfigen, auf Magerwiesen weidenden Rhönschafes – jährlich wurden bis 80 000 Exemplare des *mouton de la reine* in Wanderherden bis Paris getrieben. Die protestantischen Älbler, die wenig Bedarf an Fastenspeisen hatten, schickten körbeweise ihre Schnecken als «schwäbische Austern» von Ulm donauabwärts bis Wien und weiter. Nachtkurierzüge brachten jährlich ca. 150 000 Kilogramm Oderbruchkrebse von Berlin nach Paris. Seit 1888 transportierte die Filderbahn spitzes Filderkraut nach Paris, das von Wanderarbeitern erst dort eingeschnitten wurde.

1381 erwirbt die Hanse an der Thames Street Gebäude für den Ausschank rheinischer Weine, wozu geräucherte Ochsenzunge, Lachs und Kaviar gereicht wurden. In der Tudor-Zeit war das Motto dieses Stalhofs *drink Rhenisch-Wine*. Heute zählt deutscher Riesling zu den Erfolgsprodukten, die an einstigen Weltruhm anknüpfen. Auf den Getränkekarten des 19. Jahrhunderts wird er auf einem Preisniveau mit den teuersten Bordeaux und Burgundern notiert. In seiner traditionellen süßen Variante als *hock* (nach dem Aufenthalt Kaiserin Victorias in Hochheim am Main) lange Lieblingsgetränk der Britischen Elite, ist er mittlerweile auch bei der amerikanischen ABC (*Anything-but-Chardonnay*)-Fraktion Kult. Es gibt Spötter, die sa-

Schmankerln aus der Etoscha-Pfanne? Namibischer Schilderwald.

gen, die Wiederbesinnung auf Riesling in deutschen Weinkarten sei dem englischen Weinpapst Hugh Johnson zu verdanken – erst was das Ausland schätzt, schätzt man selbst. Der bombenbastelnde deutsche Anarchist, den Oscar Wilde in seiner Novelle *Lord Saviles Verbrechen* präsentiert, dachte da anders und schlürfte im Londoner Slum *Erbacher Marcobrunn*. In der Championsleague vom *Raffles* in Singapur bis zu den Palastparties arabischer Emire bewegen sich auch die jahrelang im Fasskeller gereiften Essigkostbarkeiten aus dem Doktorenhof im kurpfälzischen Venningen.

Manche wie die vielen deutschnamigen Champagnerdynastien gingen beherzt ins Ausland, um Qualität mitzuprägen: Bollinger aus Ellwangen, Heidsieck aus Borgholzhausen in Westfalen, Krug aus Mainz oder die hessischen Mumm-Brüder. Die lothringischen Taittingers wollten auch nach der deutschen Annektion von 1871 Franzosen bleiben und verließen das Reich Richtung Île-de-France und Champagnerreben.

Den Löwenanteil deutscher Auslandsküche bilden Auswandererrezepte, die manchmal für eine Qualität stehen, die hierzulande selten geworden ist: Springbocksauerbraten mit Rotkohl zählt zu den touristischen Attraktionen Windhoeks und Swakopmunds, schließlich leben noch viele Nachfahren der Farmer, die sich 1884–1915 in Deutsch-Südwest ansiedelten, im heutigen Namibia. Ein Kolonialkochbuch hatte übrigens ganz treudeutsch *Gespickte Nashornvögel mit saurer Sahne* empfohlen.

Tsingtao-Bier, Groß-Sponsor der Sommer-Olympiade 2008 in Peking, wurde erstmals 1903 in dem wilhelminischen Flottenstützpunkt Kiautschau mit seinen Fachwerkvillen gebraut. Eine Legende behauptet, nach dem Abzug der Kolonialgarnison seien die chinesischen Kunden an den bitteren Geschmack gewöhnt worden, indem man Eimer frischen Bieres kostenlos vor den Werkstoren stehen ließ. In Shanghai gab es auch zu Maos Zeiten Schwarzwälder Kirschtorte – wahrscheinlich hatten vor den Nazis geflüchtete jüdische Konditoren das Rezept nach China mitgebracht. Ashkenasische Juden machten ein Sabbat-Gericht mit mittelalterlichen Wurzeln und jiddischem Namen zum weltweiten Aushängeschild koscherer Restaurants – *gefilte Fish*.

Marlene Dietrich versorgte sich in Paris in den Restaurants *La Westphalie* und *Maison d'Allemagne* mit Havelzander und Knochenschinken. Mitten in der portugiesischen Kolonialaltstadt Rio de Janeiros kochen alteingesessene *restaurantes alemães* Eisbein und Sauerkraut. Zum Samba erfrischen sich Cariocas mit einem eisgekühlten *chopp* – eine bierische Verballhornung des Wein-Schoppens. In Blumenau im deutsch-italienisch geprägten südlichen Bundesstaat Santa Catarina wird das größte Oktoberfest außerhalb Münchens gefeiert – einschließlich *kassler*, *salsicha branca* und Bierkönigin. Ein Pionier der Entwicklungshilfe in Sachen Braukunst war der Bayer Karl Fuchs, der mit dem Wittelsbacherprinzen Otto 1832 nach Hellas ging. Otto wurde erster König Griechenlands, *Fix* die erste Brauerei der jungen Nation.

Der Franzose Jean-Claude Bourgueil, der im Düsseldorfer *Schiffchen* beherzt Deutsches verfeinert, hat bei *Horcher* in Madrid Spätzle schaben gelernt. Dieses anspruchsvollste dezidiert deutsch kochende Auslandsrestaurant der Welt galt Jahrzehnte als kulinarischer Salon

12 AUFBAU Friday, February 24, 1950

Paul Hörbiger kommt nach Hollywood

Die Blue Card hilft schnell und individuell. Hilf auch Du ihr helfen. Erhöhe Deinen Beitrag.

EAST OR WEST
Eclair
PASTRY-BEST

141 W. 72nd ST.
TR 3-7700

Sutton Place Branch
54th St. u. First Ave.
PL 9-5355

Peter Cooper-Stuyvesant-Branch
IM BAU BEGRIFFEN

Rehrücken
Dobos-Torten
Sacher-Torten
Holländische Kirschtorte
Gugelhupf
Hefekuchen
Marmorkuchen
Petit-Fours
Ischler-Krapfen
Linzer-Torte

Jewish Theatre News

Moishe Oysher

BANCROFT VIENNESE RESTAURANT
PLACHTE & BUCHSBAUM
40 WEST 72nd STREET, New York City - Telefon: EN 2-2050
Während der Gänse-Saison
Montag: Gansleber und Grieben und 3 Beilagen $1.50
Dienstag: Gefüllte Gansbalsl, Farvel und 3 Beilagen $1.00
Mittwoch: Gans in Champignon-Reis und 3 Beilagen $1.50
Donnerstag: Ganseljunges (Riesen-Portion) und 3 Beilagen $1.25
Freitag: Gespickte Gansbrust mit Rotkraut und 3 Beilagen $1.75
Täglich Gansbraten mit 4 Beilagen $2.25
Spezialität:
CATERING IN ALLEN PREISLAGEN
Hochzeiten, Barmitzwahs und alle Arten von Veranstaltungen von 10 bis 200 Personen.
Geöffnet täglich von 5 bis 9 P. M.
Samstag, Sonntag und Feiertage von 12 Uhr mittags bis 9 P. M.

La Coupole
CAFE • PATISSERIE • RESTAURANT
Gänsebraten
A LA CARTE $2.00
Mit unserem gesamten Dinner Menu $2.50
DER TREFFPUNKT IHRER FREUNDE
121 WEST 72nd STREET EN 2-6740

Neu-Eröffnung
MIDTOWN PASTRY SHOP
664 AMSTERDAM AVENUE (92-93 St. W.)
Tel.: TR 3-1718 früher SIMONS PASTRY SHOP
Geöffnet täglich. Montags geschlossen.
REICHE AUSWAHL IN BACKWAREN ALLER ART
TORTEN für jede Gelegenheit
Butter- und Kleingebäck
French und Danish Pastries
Petit Fours, Schlagsahnen-Gebäck
Inhaber: STERN & GERSON

GROSS IN WIEN…
GRÖSSER IN NEW YORK!
JETZT TÄGLICH GEÖFFNET
SCHREIBER'S
RESTAURANT - CATERING
Strictly kosher כשר
MILBURN HOTEL
76th Street West of Broadway
BANQUET HALL
für Hochzeiten und andere Festlichkeiten.

NOW OPEN
LORI PASTRIES
OUR SLOGAN
The King's Choice — The Queen's Taste
WE TAKE PLEASURE IN SERVING YOU
OUR FAMOUS CONTINENTAL STYLE PASTRY
LORI PASTRIES
2421 BROADWAY, corner of 89th St. TR 3-0460

SPRITZER'S RESTAURANT
4152 Broadway (175th St.)
LUNCH von 12—3 p. m.
DINNER von 5—10 p. m.
Samstags, Sonn- und Feiertages DINNER ab 12 Uhr mittags.
Raum für Barmitzwahs etc.

LUCERNE
VIENNESE RESTAURANT & BAR
79th STREET & AMSTERDAM AVE.
Tel.: EN 2-7100 Tel.: SC 4-2883
NEU-EINFÜHRUNG:
Joschy Gruenfeld
BIETET TÄGLICH, AUCH SAMSTAG, SONNTAG JEDES DINNER, FULL COURSE UM $1.50
IA Qualität und Quantität garantiert
BIER VOM FASS • LIQUOR • WEINE
MITTAGSTISCH 75¢ FRÜHSTÜCK 25¢
CATERING FÜR GESELLSCHAFTEN VON 2 BIS 300 PERSONEN. — BILLIGSTE PREISE

Hotel Riverside Plaza
DINING ROOM
253 W. 73rd ST. (Nähe B'way)
Tel.: SU 7-3000
Bekannt für schmackhafte europäisch-amerikanische Küche
LUNCHEONS von 75¢ an
6 course Dinners von $1.50 an
BLUE PLATES von $1.25 an
Ebenso a la carte

GUSTL GOLDMAN RESTAURANT
143 WEST 73rd STREET
Phone: ENdicott 2-7400
HOTEL HAMILTON
PARTIES JEGLICHER ART arrangiert Mrs. GOLDMAN
BESTE INTERNATIONALE KÜCHE
EIGENE KONDITOREI

MAYOR'S RESTAURANT
Famous For… HUNGARIAN SPECIALTIES
Finest Kitchen - Moderate Prices
• Catering •
BarMitzvahs • Weddings
Social Functions
CLIFTON HOTEL
127 West 79th St. - TR 4-4525
Bet. Amsterdam & Columbus Aves.

S. & H. RESTAURANT
3858 BROADWAY, NEW YORK CITY
Tel.: WA 3-8795
Die schmackhafte Wiener Küche in Wash. Hghts.
UNSERE 8-COURSE DINNERS
sind stadtbekannt für Preis und Qualität
ANGENEHMER AUFENTHALT • BESTE BEDIENUNG
KAFFEEHAUS-BETRIEB
BREAKFAST • LUNCHEON • DINNER
BREAKFAST • LUNCHEON • DINNER

SOEBEN ERÖFFNET:

Das jüdische New York als Bewahrer deutsch-österreichischer Kochtraditionen. Der Aufbau, 24. Februar 1950.

Spaniens. Bei *Horcher* delektierte sich Kastiliens Adel an *ensalada de patatas*, Rehrücken und Baumkuchen, serviert von blonden Kellnern. Pikante Vorgeschichte: Bis 1943 hatte Otto Horcher die Nomenklatura des «Dritten Reiches» in Berlin verköstigt (und kurzfristig auch das *Maxim's* im besetzten Paris übernommen). Als der Zusammenbruch absehbar war, ließ man das *Horcher* 1943 mitsamt Tafelsilber und Porzellanfigurinen mit Parteiabzeichen im plombierten Schnellzug aus Berlin ins falangistische Madrid Francos emigrieren …

Zentrum deutscher Auslandsküche sind die USA. Amerikas berühmtestes Kochbuch *Joy of Cooking* wurde 1931 von Irma Starkloff Rombauer, der Tochter des amerikanischen Konsuls in Bremen, verfasst – 2006 brachte ihre Familie die jüngste Ausgabe heraus. Wer nach Traditionsgerichten googelt, landet oft auf Plattformen jenes Landes, das laut Volkszählung ca. 50 Millionen Deutschamerikaner umfasst. Einige machten ihre kulinarische Identität erfolgreich zum Geschäft. Die Amish vermarkten naturbelassene Lebensmittel in alemannischer Tradition. *Deli*, das amerikanische Wort für Feinkostladen, ist eine Abkürzung des deutschen Wortes «Delikatessen». *German sausage* wird gerade in den USA teilweise in authentischerer Qualität als bei uns hergestellt, etwa Knack- und Gelbwurst *hickory smoked* von Könemann in Chicago, Illinois – Firmengründer Willi emigrierte 1933 in die Staaten. Auch in der Sowjetunion galten Deutschstämmige als besonders fähige Fleischer, die den Belag für das klassische russische *buterbrod* fabrizierten.

1829 gründet David G. Jüngling aus Aldingen in Württemberg in Pottsville, Pennsylvania die älteste Bierbrauerei der USA. Heute schenkt das Familienunternehmen, das die Prohibition mit einer Molkerei überstand, sein Premium-Bier an der Ostküste und im hauseigenen *rathskeller* aus. Auch Biergiganten wie Anheuser-Busch, Miller, Coors und Best wurden von deutschen Emigranten initiiert. Waldorfsalat aus Stangensellerie, Äpfeln und Walnüssen trägt einen kurpfälzischen Namen. Die Erben von Johannes Jacob Astor (1763–1848) benannten das *Waldorf-Astoria* Hotel in New York nach seinem Heimatort Walldorf bei Heidelberg. 1935 gewinnt der Italo-Amerikaner Fiorello Henry La Guardia die aussichtslos scheinende New Yorker Bürgermeisterwahl, indem er amerikanisches Gummi-Brot verdreht und dann mit einer Scheibe guten deutschen Schwarzbrots wedelt. Die Geste versprach den meist frisch immigrierten Wählern, auf ihre kleinen Alltagsnöte einzugehen.

Doch den eigentlichen Welterfolg deutscher Küche machen nicht die Nostalgierezepte aus der alten Heimat aus. In den USA mutiert mancher solide altfränkische Imbiss zum Fastfoodprodukt mit globalem Erfolg. Leibspeisen amerikanischen Streetfoods wie Hamburger, Hotdogs, Bagels und Pretzels gehen ebenso wie das Kürzel ok (*ols klor* kritzelten Hamburger Schauerleute auf abgefertigte Kisten) auf deutsche Immigranten zurück – oft mit altösterreichischem oder ostjüdischem Schwerpunkt.

Wie kommt der Hamburger zu seinem Namen? Mutmaßlich durch das Hamburger Rundstück, ein kerbenloses rundes Weißmehlbrötchen, das man gern mit einer Scheibe warmem Rinds- oder Schweinebraten füllt. Im übrigen schwang für deutsche Ohren beim Wort Hamburg früher die Vorstellung von bester, fast britischer Rindfleischqualität mit – für anglophone Ohren leckerer Speck. Lange, bevor die Brüder McDonald im kalifornischen San Bernardino 1948 den Fließbandhamburger erfanden, wurde um 1885 in den USA mit den ersten Hamburgern experimentiert – z. T. aus geschreddertem Pökelrind, für das sich der Name *Hamburg steak* eingebürgert hatte. Den Durchbruch zur amerikaweiten Beliebtheit soll die Weltausstellung 1904 in St. Louis gebracht haben.

Würstchen im Schlafrock oder Hotdog? Der Heiße Hund geht auf einen Witz des Würstelmanns Charles Feltmann zurück, der 1871 auf Coney Island einen Stand eröffnete. Fragen, ob seine Knacker koscher (ohne Schweinefleisch) seien, fertigte er mit dem Spruch ab, die länglichen Würstel seien *dachshund* (Dackel). Dieser Ulkname bürgerte sich ein, bis um 1900 der Zeichner Ted Dorgan einen bellenden Dackel in der Semmel skizzierte und ihn abgekürzt Hot Dog nannte. Überregional bekannt wurden Hotdogs ebenfalls 1904 in St. Louis, als der wohl aus Bayern stammende Anton Ludwig Feuchtwanger *frankfurter* einfach mit Senf und Gurke in Brötchen steckte, da ihm die Kunden die Mehrweghandschuhe zum Halten der heißen Würste stibitzten. Der amerikaweite Siegeszug der «Heißen Hunde» vollzog sich mit dem fahrbaren *wienermobile*, das ab 1936 von Oscar Mayer eingesetzt wurde.

Dass in den USA Kraut und *a schtickel pickel* zu den selbstverständlichen Beigaben zählen, verortet Hotdogs in der Aromenwelt des Alten Europa. Noch stärker gilt das für *bagels*. Die beliebte Kombination mit Frischkäse und Räucherfisch weist auf die Heimat der Beugel im jiddisch-polnisch-altösterreichischen Kakanien. Auf *good old Europe* setzt auch Hollywoodstar und Ökogroßbäcker Paul Newman mit seinen *Bavarian Fat Free Pretzels*.

Selbst das Amalgam allen Fastfoods, Ketchup – vom ehemaligen bayerischen Kultusminister Hans Zehetmaier als «fürchterliches Wort für eine fürch-

Deutschland zum Löffeln.

Cinderellas Rat: Die Guten ins Töpfchen!

terliche Sache» geschmäht – hat sein Quentchen deutsche Identität. Henry John Heinz, Sohn eines Pfälzers und einer Hessin, startete sein Ketchup-Imperium brav deutsch – mit Meerettichgläsern.

Rezepte mit Geschichte: Eines der historisch luzidesten und appetitanregendsten Porträts der Kochlandschaften Deutschlands hat 2003 Nadia Hassani mit *Spoonfuls of Germany* geliefert, das im New Yorker Verlag Hippocrene erschienen ist. In Hessen aufgewachsene Tochter einer westfälischen Mutter und eines tunesischen Vaters, begann sie in den USA deutsche Regionalküche zu vermissen und stellte eine Rezeptsammlung zusammen, die von Rheingauer *Woihinkelche* über den Buttermilchcocktail *Errötendes Mädchen* bis zu echten *Königsberger Klopsen* aus Kalbfleisch reicht. Nadia Hassanis Resumée: «Ich denke, deutsche Küche ist wie Cinderella (Aschenputtel) mit der Schürze – wenige Augenblicke, bevor der Prinz an die Tür klopft und ihre Schönheit und ihr Charme entdeckt wird.»

SIC PREPARA CARNES BOVINAS
RINDFLEISCH FÜR DIE DEUTSCHEN

Johannes von Bockenheym, um 1430

Sic prepara carnes bovinas... So bereite Rindfleisch zu: Nimm es und wasch es gründlich wie vorher beschrieben; und lass es gut durchkochen. Füge frischen Dill hinzu, oder Zwiebeln, mit Salz und Safran und maßvoll Essig. Und es wird gut sein für die Deutschen.

Korrektes Küchenlatein und knappe Kochanweisung für Profis. Dill gibt den nordischen, Safran den orientalischen Kick. Luxussauerbraten für die Pilgerküche vom Papstkoch.

KOLBERG-STYLE FISH SAUSAGE
KOLBERGER FISCHWURST

Joe Mannke, 2006

1400 g frischer Kabeljau ❦ 7 Scheiben Weißbrot ❦ 1 Tasse Milch ❦ $^1/_2$ Stück Butter ❦ 4 feingeschnittene Schalotten ❦ $^1/_4$ Tasse gewiegte Petersilie ❦ $^1/_2$ TL Majoran ❦ 1 gewiegte Zitronenschale ❦ 2 ganze Eier ❦ 2 EL Schlagsahne ❦ 4 ganze Eier ❦ $2^1/_2$ Tassen trockene Semmelbrösel ❦ $^1/_4$ Tasse Milch ❦ $^1/_4$ TL Salz ❦ 3 Tassen Pflanzenöl.

Putze den Fisch unter kaltem Wasser: Weiche das Brot in der Milch ein, drücke die Feuchtigkeit heraus und drehe es mit dem Fisch durch einen Wolf. Sautiere die Fisch-Brot-Mischung in der Butter auf sanfter Flamme ein paar Minuten, dann füge die geschnittenen Zwiebeln, die gehackte Zitronenrinde, Petersilie und Majoran dazu. Nimm die Mischung aus der Pfanne und gib sie in eine Schüssel. Würze sie gut und vermenge sie gründlich mit zwei Eiern und der Schlagsahne.

Verquirle die übrigen Eier mit Milch und Salz. Mache daumengroße Würstchen, tauche sie in die Eimilch und wälze sie in den Semmelbröseln. Erhitze das Pflanzenöl in einer schweren Pfanne und brate die Fischwürstchen goldbraun. Serviere sie mit Salzkartoffeln und grünem Salat.

Wanderlust. The life of a globetrotting chef: Joe Mannke, der sich gern mit Donald Duck fotografieren ließ, als er gastronomischer Consultant von Disneyworld war, verrät ein Rezept aus seiner pommerschen Heimat. Solche Fischbuletten gehören heute zur polnischen Hausmannskost.

CUCUMBER STEW
BERLINER SCHMORGURKEN
Nadia Hassani, 2004

Zutaten für 6 Personen: 4–6 mittelgroße Gurken (knapp 1 kg) ☙ Salz ☙ 1 EL Zucker ☙ schwarzer Mühlenpfeffer ☙ 2 EL Weißweinessig ☙ 4 dünne Scheiben magerer durchwachsener Speck (70 g) ☙ 1 Schalotte geschält und fein geschnitten ☙ $^1/_2$ Tasse Schmand (Sauerrahm) ☙ 2 EL fein gewiegter Dill.

Schäl die Gurken, teile sie der Länge nach und entferne die Samen mit einem kleinen Löffel. Schneide die Gurken in zentimeterdicke Würfel und lege sie in eine Schüssel. Schüttle sie mit Salz, Zucker, Pfeffer und Essig. Bedecke sie und lass sie 1 Stunde stehen.

Schneide den Speck in schmale Streifen. Tu sie in eine große kalte Bratpfanne und brate sie auf mittlerer Hitze bis das Fett geschmolzen ist. Füge die Schalotte dazu und schmore weiter, bis sie durchsichtig wird.

Lass die Gurkenstücke in einem Sieb abtropfen und füge sie zu dem Speck hinzu. Gieße $^1/_2$ Tasse Wasser an und bedecke die Pfanne. Lass es bei niedriger Hitze 20 Min. unter gelegentlichem Umrühren simmern. Nimm die Pfanne vom Herd, rühre den Schmand ein und erhitze die Gurken wieder, ohne dass sie kochen. Schmeck sie mit Salz und Pfeffer ab und bestreu sie mit Dill. Heiß servieren.

«Viele Berliner haben eine nette grüne Parzelle in einer der zahlreichen durchorganisierten Gartenkolonien am Stadtrand, die vor einem Jahrhundert entstanden. Für diese *Laubenpieper*, die nach ihren kleinen hölzernen Gartenhäuschen benannt sind (*Lauben*), stellte ihr Garten immer eine willkommene Fluchtmöglichkeit aus überfüllten Wohnvierteln dar. In Kriegszeiten, als die Nahrungsversorgung mager war, waren die Gärten eine Gottesgabe, da sie Gemüse lieferten, vor allem Gurken.» So macht Nadia Hassani durch eine griffige Entstehungsgeschichte mit dem Geist dieses brandenburgischen Gerichts vertraut und gibt ihm Bodenhaftung.

SÜDWESTER BANANENPASTETEN

Evert Kornmayer, 2007

Zutaten für 4 Personen: 8 Bananen ☙ 1 EL Mehl gestrichen ☙ Paniermehl ☙ Butter, Salz.

Die Bananen auf den Grillrost des Backofens geben und im auf 220 °C vorgeheizten Backofen etwa 30 Min. backen. Wenn die Schale vorher aufreißt, können die Bananen früher aus dem Ofen genommen werden. Die Bananen abkühlen lassen und durch ein Sieb in eine Schüssel streichen. Das Mehl darüber streuen, etwas Salz hinzugeben und gut verrühren. Acht runde Kuchen formen und im Paniermehl wenden. Die Butter in einer Pfanne erhitzen und die Bananenpasteten von beiden Seiten braun braten.

Ein Rezept «aus den Restaurants, Farmen und den Lagerfeuern» Namibias, das ohne exotische Zutaten wie Kudusteak, Springbockschinken oder Kalahari-Trüffel auskommt. Das panierte Gericht schmeckt aromatischer, wenn man kurze dünnschalige geschmacksintensive Bananen (kürzere Bratzeit!) verwendet. Es eignet sich hervorragend als Beilage zu Rind, Schwein und Wild.

GERMANS EATING SAUERKRAUT

Auch unser edles Sauerkraut,
wir wollens nicht vergessen,
ein Deutscher hat's zuerst gebaut,
drum ist's ein deutsches Essen.
Wenn solch ein Fleischchen weiß und mild
Im Kraute liegt, das ist ein Bild
Wie Venus in den Rosen.

Vergessen wir Ludwig Uhlands unappetitlichen Vergleich – er irrt ebenso wie Engländer, die Deutsche pauschal mit dem Kosenamen *krauts* belegen (s. Abb. S. 220) oder Amerikaner, die im Ersten Weltkrieg den Boykottnamen *liberty cabbage* gegen *sourcraut* setzten. Denn erstens essen statistisch Franzosen deutlich mehr (und deutlich besseres!) Sauerkraut als wir Deutschen, und zweitens ist die scheinbare deutsche Nationalspeise eine mongolische Erfindung.

Es spricht einiges dafür, dass das mit Milchsäuregärung fermentierte geschredderte Weißkraut auf koreanisches *kimchi* oder chinesisches *suan cai* zurückgeht. Unter den Mongolenkaisern, die im 13. Jahrhundert ein Großreich von China bis zur Krim koordinierten, dürfte der kulinarische Kulturtransfer erfolgt sein. Die Truppen Batu Khans, die 1241 im schlesischen Liegnitz auf ein polnisch-deutsches Rittererheer trafen, könnten das Krauteinlegen zunächst im slawischen Sprachraum verbreitet haben. Wie ausgefeilt die osteuropäische Tradition des Einsäuerns noch heute ist, belegt ein Gang über den Wiener Naschmarkt, wo eine verwirrende Fülle polnischer, böhmischer oder ungarischer Spezialitäten von krautgefülltem Paprika bis zu sauren Paradeisern verkauft wird.

Das älteste Rezept ist schwer zu bestimmen. Ob *cumpost* im *Buch von guter Speise* Kompott oder Sauerkraut meint, bleibt fraglich. Vor Gemüse-Melancholie warnt Meister Eberhard: *Als kraut macht boß plut*. Das *Rheinfränkische Kochbuch* spricht von *surem kappus*, wobei nicht klar ist, ob es sich um Kraut handelt, das (wie Rotkohl) mit Essig angegossen wird. Marx Rumpolt empfiehlt *Saur Kraut mit einer gesottenen hennen / unnd gerauchterm Speck*: Geflügel wertet die kanonische Komposition mit Schweineschwarte auf. Wie Borschtsch klingt sein Rezept: *Gehackt saures Kraut ist auch nicht boss / wenns gesotten ist / so macht mans ab mit saurem Raum und Butter*. Der Papstkoch Bartolomeo Scappi erwähnt 1570 venezianische Salzkohlsuppe, deren Rohstoff aus deutschen Landen (*terra todesca*) in Holz- oder Steinguttöpfen geliefert wird. Die bloße Erwähnung lässt auf gewisses Prestige schließen. Während Kohl aus Wintermieten als Bauernnahrung gilt, musste Sauerkraut in Kellern lagern, über die die wenigsten Häuser verfügten.

Kraut und Rüben
haben mich vertrieben
hätt mein Mutter Fleisch gekocht
so wär ich länger blieben.

Der Gassenhauer aus Bachs *Goldbergvariationen* belegt, dass mit zunehmender Fleischverknappung und der Katastrophe des Dreißigjährigen Krieges der Winterkohl zur Volksnahrung geworden war. Schließlich ist das darin enthaltene Vitamin C bei Mangelkost lebensrettend (die Engländer führten es als Antiskorbutprodukt der Marine ein). Pfarrer Sebastian Kneipp schwärmte: «Die fleißigen Krautesser werden am ältesten.»

Im 18. und 19. Jahrhundert aßen viele Deutsche mit derselben Monotonie Sauerkraut, mit der Iren Kartoffeln verzehrten – und machten damit ausgerechnet das Gericht, das man so oft auf- und zerkochen kann wie kein zweites, zum kulinarischen Symbol. Dieses Image verstärkte sich durch die Sauerkrautmanufakturen des 19. Jahrhunderts. Damals ziehen Tiroler Kappusschaber mit ihren Krauthobeln als Wanderarbeiter durch Deutschland – der geschabte Kohl wird eingesalzen und mit Holzschuhen festgetreten. In großem Stil eingedost wird erst ab 1920.

Eigentlich wäre ja viel eher Kohlrabi und Rotkohl – denn die sind im Gegensatz zum Weißkohl in den meisten Nachbarländern wirklich eine Rarität – als Nationalspeise geeignet. Der sprachliche Blaukraut-Rotkohlgraben hat mit Zubereitungsarten zu tun – norddeutscher Rotkohl wurde mit beizendem Essig, süddeutsches Blaukraut mit Rotwein angegossen. Dann wäre da noch der Grünkohl, der die Bremer (die ihn Braunkohl nennen) zu angeheiterten Landpartien animiert. Dass die Blätter nach dem ersten Frost süß schmecken, gibt ihm zusammen mit Pinkel-Grützwurst eine dezidiert nordische Aura.

Das deutsche Herz in meiner Brust
Ist plötzlich krank geworden …
Denkt Euch, mit Schmerzen sehne ich mich
Nach Torfgeruch, nach den lieben
Heidschnucken der Lüneburger Heid,
Nach Sauerkraut und Rüben!

Genau diese Wintermärchen-Spießigkeit hat den Sauerkrautkonsum rapide zurückgehen lassen. Die Leibspeise der Witwe Bolte mit ihren «holdseligen Gerüchen» gilt als altmodisch (oder in Form von Sauerkrautsaft als penetrant gesund). Die Dithmarscher Kohlbauern, die fränkischen Sauerkrautköniginnen aus Merkendorf und die Filderkrautzüchter müssen kämpfen.

Im Elsass (und in Paris) ist eine *Choucroute royale* aus verschiedenen Sauerkrautsorten, die mit hausgestopften Gänse- und Entenwürsten garniert wird, eine gesuchte, teure Platte. Natürlich ginge die Krautveredelung auch in deutschen Landen. Ein Leipziger Magisterschmaus von 1689 richtete es mit Kardamom und kandierten Oliven an. Ludwig II. ließ sich Hechtenkraut mit Krebsschwänzen servieren. «Der in Bouillon gedämpfte, mit etwas Soya und Zucker sowie mit Butter gebratenen Kastanien … vermengte und mit Mettwurst, Bratwurst oder Gänspökelfleisch belegte *lange Kohl* der Niedersachsen ist ein Festtagsgericht» – so ein Appetit-Lexikon von 1894. Doch in den Restaurantguides unserer Republik wird man nach so bodenständiger Finesse vergeblich fahnden.

ANHANG

KIEL
STRALSUND
ROSTOCK
LÜBECK
HAMBURG
BREMEN
BERLIN
HANNOVER
MAGDEBURG
Harz
LEIPZIG
DÜSSELDORF
KASSEL
ERFURT
WEIMAR
DRESDEN
KÖLN
BONN
Thüringer Wald
FRANKFURT
Fichtel-
gebirge
WÜRZBURG
Bayerischer Wald
NÜRNBERG
SAARBRÜCKEN
REGENSBURG
STUTTGART
Schwarzwald
Schwäbische
Alb
MÜNCHEN
FREIBURG
Alpen

ZITATE UND ANMERKUNGEN

Im Literaturverzeichnis genannte Bücher werden hier nur mit dem Verfassernamen abgekürzt.

CIBI SIMPLICES – DIE KOST DER GERMANEN

«Cibi simplices ...» ☙ Tacitus, Germania 23
«Nun bin ich inmitten ...» ☙ Sidonius Apollinaris, Carm. XII
«Diem noctemque ...» ☙ Tacitus, Germania 22
«Sie hatten ein großes Gefäß ...» ☙ Vita Columbani 53
«Der Tisch war gedeckt ...» ☙ Heine, Deutschland. Ein Wintermärchen
«geblümtes Gebild ...» ☙ Rigspula 31
«In der Hundinghütte ...» ☙ Hierneis 35

DINKEL, KRÄUTER, THEOLOGIE – HILDEGARD VON BINGEN UND DIE KLOSTERDIÄT

«Die Lattiche ...» ☙ Physica I De Lattich
«Nur Tiere, die reine ...» ☙ Physica VII Vorrede
«Der Dinkel ...» ☙ Physica I De Spelta
«Die Hirse ist kalt ...» ☙ Physica I De Hirs
«Die Kräuter schenken ...» ☙ Hirscher 8
«Wenn nun tief ...» ☙ Hortulus 173–180
«Ja, solange die Frucht ...» ☙ ibd. 136, 139–142
«Die Pflanzen besitzen ...» ☙ De vegetabilibus tract. I
«Auch dich nicht, Barsch ...» ☙ Ausonius, Mosella

WILTU MAKEN EIN GUT MUS – HAUSBÜCHER UND HANSE-SPEZEREIEN

«All den Rittern zumal ...» ☙ Parzival V 236–238
«Mîn wazzer ...» ☙ Tannhäuser, Wol îme, der nu beizen sol
«Ach, iß lieber Roggenbrot ...» ☙ Helmbrecht 461, 471–479

MURMELTIER MIT SPECK – KOCHBÜCHER DES HUMANISMUS

«Wenn die Speisen ...» ☙ Beschreibung des Kaisermahls 1547 durch Bartholomäus Sastrow in: Wiegelmann 59
«Schlag nit die Zung ...» ☙ Hans Sachs, Ein Tischzucht
«Welcher sich überd schüssel ...» ☙ Disch-zucht gemert und gebessert, Worms 1538
«zeddul ... Alles war uffgezeichnet ...» ☙ Lämmel 41
«Den Ankommenden begrüßt ...» ☙ Erasmus von Rotterdam, Diversoria

«Was die Aufwartung…» – Michel de Montaigne, Journal de voyage, Tagebuch einer Reise durch die Schweiz, Deutschland und Italien in den Jahren 1580/81, Kap. V

ICH ESS, WAS ICH MAG – LUTHERS TISCHGESPRÄCHE UND DIE FOLGEN

«Eine junge Frau…» – WA 10 II.156 13–22
«Ich ess, was ich mag…» – Tischreden 1538
«Christus läßt merken…» – Comm. ad. Joh. 2, 1–11
«Protestantismus schmeckt nach…» – Christian Bartel in www.hanebuechlein.de
«Ich glaube, daß es grundsätzlich…» – Gerhart Polt ibd.
«Denn dis zeitliche Brod…» – Fuchs 83
«Vor dem Tische…» – Fuchs 81
«Sunt deliciae…» – Tischreden 3684
«Im Grunde sind wir…» – Siebeck, 1996, 141
«Wenn du die Farbe… Einkehr wurde gemacht…» – Bergenthal 49
«Weiß und schwarz Brot…» – Goethe, Campagne in Frankreich, 24. Sept. 1792

SCHWEDENTRUNK UND RIESENSTOLLEN – BAROCKE EXZESSE

«Dieses herliche fruchtbare landt…» – über Verwüstungen der Pfalz 1623. Rodolphe Reuss, Straßburg, 1879, 18
«Selbst an Festtagen…» – Pfarrherr von Reichen-Sachsen in Hessen in: Günter Barudio, Der teutsche Krieg, 1618–48. Berlin 1985, 185
«Diesse ellende menschen…» – Rodolphe Reuss, Straßburg, 1879, 35
«Jtem Bey-Essen…» – Simplicissimus Teutsch I. Buch, XXX. Kap.
«Thut es ein Stuck Rindfleisch…» – Gesichte Philanders von Sittewald, Ander Theil, A la Mode Kehrauß 160
«Ich esse wie ein…» – ibd. 177
«Kein lukullisches Mahl…» – Bergenthal 49
«Der König begann damit…» – Knott 45
«Ich hab mein teutsch maul…» – Brief 28. Juli 1718
«Zumercken ist auch…» – Schütz 14
«In Teutschland/ und im gantzen Reich…» – Rauers 378

DER TEUTSCHE SÄUFT GETROST – EINE KULTUR DES TRINKENS?

«Es muß ein jeglich Land…» – ad. Psalm. 101, 1534
«Dem Gesinde gieb seinen Wein…» – Dülmen I, 251/2
«nachdem der Tisch abgedeckt…» – Historia Francorum X 27
«viehischen Nachgußbedürfnisse…» – Nietzsche, Ecce Homo
«Wie aber ein Mensch…» – Anthus 247
«Aber der 1540er…» – Johnson 155

VOM GEIST DER KOCHKUNST – GASTROSOPHEN DES GENUSSES

«Er denkt selbst…» – Friedrich d. Gr., Kulinarische Epistel 1772 (aus d. Frz. v. A. R. Meyer)
«Nur der Europäer…» – Heckmann 295
«Im Gegensatze nämlich zu dem Walfischfraße…» – Rumohr 29
«Indes wird man durch keinen…» – Rumohr 79
«Entwickle aus jedem eßbaren Dinge…» – Rumohr 178
«Ein kunstgerechtes Sieden der Fische…» – Rumohr 72
«Vergebens habe ich…» – Rumohr 180
«Es scheint, daß auch die deutschen Frauen…» – Rumohr 107
«Mit welcher hastigen Verdrießlichkeit…» – Anthus 71

«Ein gebratenes Zicklein ...» ꝏ Anthus 154/5
«Auch die Eßkunst bedürfte ...», «Man darf aber nur von dem Chemiker ...» ꝏ Anthus 270
«Die Idee des Lebens ...» ꝏ Anthus 272/1
«Wer in Deutschland ...» ꝏ Vaerst 1
«Ich habe mich ...» ꝏ Vaerst 58
«Gewächse in Treibhäusern ...» ꝏ Vaerst 114
«Forellen aus Teichen ...» ꝏ Vaerst 174
«sperrt man die Tiere ...» ꝏ Vaerst 95/6
«Meine Lust ist mein Arzt ...» ꝏ Vaerst, Vorwort VIII
«Der Gastrosoph wählt ...» ꝏ Vaerst, Vorwort VII
«Ich verlange die Gespräche ...» ꝏ Vaerst 275
«Solange in Deutschland ...» ꝏ Vaerst 260
«Die Hindu trinken ...» ꝏ Vaerst 34
«Unsere nordische Butter ...» ꝏ Vaerst 194
«Ich kam in mißmuthiger ...» ꝏ Vaerst 300/1
«Der Schmaus, als förmliche Einladung ....» ꝏ Metaphysik der Sitten, Bd. VIII 561
«Und selbst die alltäglichsten ...» ꝏ Le Goullon 121
«Ganz anders interessiert mich ...» ꝏ Nietzsche, Ecce Homo, Warum ich so klug bin
«Hier noch zur guten Nacht ...» ꝏ An Fr. von Stein, Ende Januar 1778
«Wir setzten uns mit dem Rücken ...» ꝏ Eckermann, Gespräche mit Goethe, 26. September 1827
«Laßt uns die Franzosen ...» ꝏ Düsseldorfer Heine-Ausgabe, VII 70
«Rumohr erreichte ...» ꝏ Wolfgang Koeppen, Vorwort Rumohr 14

HENRIETTE DAVIDIS – DIENSTMÄDCHEN- UND HAUSFRAUENREZEPTE

«Lass der andern die Küche ...» ꝏ Goethe, 2. Epistel
«Eine ordentliche Königsberger ...» ꝏ Könnecker 163/4
«Kann ein junges Frauenzimmer ...» ꝏ Cölner Köchin 5
«Die jetzt geforderte Kriegssparsamkeit ...» ꝏ V. Löbenberg, Deutsches Sparkochbuch, München 1917, 7
«wenn die Hausfrau ...» ꝏ Dr. Oetkers *Schulkochbuch* 1912, Vorwort
«Nach der Tafel ...» ꝏ Küchentaschenbuch, Berlin 1830, Vorwort
«In der Einfachheit des urgermanischen ...» ꝏ Heyne 305

ALLES FALSCHER HASE – AM DEUTSCHEN ESSEN SOLL DAS REICH GENESEN?

«Die meisten Speisen ...» ꝏ Paul Liman, Fürst Bismarck nach seiner Entlassung. Leipzig 1901, 264
«Losgelöste Krammetsvögelbrüste ...» ꝏ Fontane, Der Stechlin, 3. Kap.
«Die Berliner Küche ...» ꝏ Thieme 2
«Am besten wird gegessen ...» ꝏ Hunger, Detlev von Liliencron, Gedichte 1889
«Mir ist nur immer merkwürdig ...» ꝏ Fontane, Frau Jenny Treibel, 7. Kap.
«Warum heißen sie *à l'Allemagne*? ...» ꝏ Hierneis 40

ERBSWURST, MAGGI, RUMFORDSUPPE – PHILANTHROPISCHES FASTFOOD?

«Wenn der Professor ...» ꝏ H. Davidis, s.a. Vorwort
«Schwäbische *Pelmeni* ...» ꝏ Neidhart 77

STECKRÜBEN, SCHWARZMARKT, EINTOPF – VOLKSKÜCHE VON WELTKRIEG ZU WELTKRIEG

«hemmungslose Gier ...» ☙ Thieme 34
«Tausende von jüngen Köchen ...», «Die Menüs waren zu schwer ...» ☙ Thieme 33
«Zumal in den ...» ☙ Vorwort zu Hoffmann
«Lieblose Zubereitung ...» ☙ Thieme 44
«notwendige Nahrungsaufnahme ...» ☙ Gutkind 10
«Unsere Damen ...» ☙ Walterspiel, Kap. Mein Restaurant
«Ein wesentlich derselben Rasse ...» ☙ Hussong 133

HAWAIITOAST UND METT-IGEL – WIRTSCHAFTSWUNDERSCHLEMMEN

«Bast-Sets, ein paar Kerzen ...» ☙ Melchers 242
«Die Küche verlor ihren Anspruch ...» ☙ Georg Schwarzbauer in: Vom Essen und Trinken 18
«Panem et circenses ...» ☙ Grießhammer & Burg
«Es ist in Deutschland nicht möglich ...» ☙ Siebeck 1996, 141
«Das Ergebnis ist ...» ☙ Generation Golf 3
«Zarte junge Fleischstücke ...» ☙ Gayelord Hauser, Kochbuch, Stuttgart 1951, 5
«München war zu Beginn ...» ☙ Siebeck 1996, 113
«Luxusrestaurant mit dem Ambiente ...» ☙ Siebeck 1996, 105
«Ich danke Ihnen ...» ☙ Karl-Marx-Haus Trier

ROULADE ADE – DIE RAFFINESSE DES REGIONALEN

«Diese Kochbücher ...» ☙ Rumohr 33
«Eisbein, strammes Fett ...» ☙ Hans W. Fischer, 1927, 17/18
«Die deutsche Küche ...» ☙ Siebeck 1996, 158
«Ein kolossaler, ziegelroter panierter Schinken ...» ☙ Buddenbrooks 1. Teil 5
«Ja, München gefällt ...» ☙ Buddenbrooks 6. Teil 1
«Deutschland aber quengelt ...» ☙ Anthus 69
«Die allgemeine Anerkennung der Frankfurter ...» ☙ Schünemann Vorwort
«Von allem etwas zuviel ...» ☙ Neithart 80
«Vom Wind zerzauste Heidebüsche ...» ☙ Kohl 10

FERNSEHKÖCHE, STERNERESTAURANTS, DÖNERBUDEN – DIE AKTUELLE GOURMETSZENE

«Es gibt massenhaft Richtlinien ...» ☙ Gunther Hirschfelder, Wir haben das Expertentum für Essen verloren. In: Forum 1/2007 9
«Wenn je eine Organisation ... » ☙ Fichtner 60
«Jugendliche erleben ...» ☙ Grießhammer & Burg 122/3
«Wir denken in Kalorien ...» ☙ Könneker 11

PRETZELS AND HAMBURGERS – GERMAN FOOD WORLDWIDE

«Ich hatte das sichere Gefühl ...» ☙ Die Welt, 23.2.2007
«Ich denke, deutsche Küche ist wie Cinderella ...» ☙ Hassani 8

LITERATURVERZEICHNIS

Die aufgelisteten Standardwerke stellen nur einen kurzen Auszug aus der Bibliographie dar. Das vollständige Literaturverzeichnis ist im Internet abrufbar unter: www.beck.de, www.pietropietro.de

Abel, W.: Freiburg Markgräflerland Südschwarzwald. Badenweiler 1996
Allen, K. R.: Hungrige Metropole. Essen, Wohlfahrt und Kommerz in Berlin. Hamburg 2002
Andressen, B. M.: Barocke Tafelfreuden an Europas Höfen. Stuttgart-Zürich 1996
Andritzky, M. & Hauer, Th: Das Geheimnis des Geschmacks. Aspekte der Ess- und Lebenskunst. Frankfurt a. M. 2005
Die anständige Lust. Ausstellung München 1993
Anthus, A.: Vorlesungen über die Eßkunst. Frankfurt a. M. 2006
Arens-Azevedo, U. & Hamm, M.: Fast Food – Slow Food. Plädoyer für eine neue Eßkultur. Reinbek 1992
Aufgetischt. Ernährung im Konsumzeitalter. Rheinisches Industriemuseum. Oberhausen 2004

Backhaus, H. M.: Das Abendland im Kochtopf. Kulturgeschichte des Essens. München 1978
Barlösius, E.: Soziologie des Essens. Weinheim-München 1999
Barta-Fliedl, I. & Gugler, A. & Parenzan, P.: Tafeln bei Hofe. Hamburg 1998
Baumann, W. & Kimpel, H. & Kniess, F. W.: Schnellimbiss. Eine Reise durch die kulinarische Provinz. Marburg 1980
Baur, E. G.: Hamlet am Herd. Das Leben des Eckart Witzigmann. Hamburg 2006
Baur, E. G. & Arndt, M.: Der Reichtum der einfachen Küche. Deutschland. München 1997
Benker, G.: Der Gasthof. München 1974
Bergenthal, J.: Schinken, Korn und Pumpernickel. Münster 1976
Beruf der Jungfrau: Henriette Davidis und bürgerliches Frauenverständnis im 19. Jh. Ausstellung Dortmund-Oberhausen 1990
Bilgri, A. & Gérard K. W.: Das Kloster Andechs Fastenbuch. Augsburg 2002
Bitsch, I. & Ehlert, T. & Ertzdorff, X. von (edd.): Essen und Trinken in Mittelalter und Neuzeit. Sigmaringen 1987
Blume, J.: Das Buch von guter Speise.Gerichte und ihre Geschichte. Göttingen 2004
Bol, B.: Frankforter. München 1993
Bourgueil, J.-C.: Typisch deutsch. Köln 2007

Corni, G. & Gies, H.: Brot Butter Kanonen. Die Ernährungswirtschaft in Deutschland unter der Diktatur Hitlers. Berlin 1997

Davidis, H.: Praktisches Kochbuch. Osnabrück 1845 (Nachdruck Wetter/ Ruhr 1994)
Dollase, J.: Die F.A.Z.-Gourmetvision. Wiesbaden 2007
ᘓ Kulinarische Intelligenz. Wiesbaden 2006
Dülmen, R. van: Kultur und Alltag in der frühen Neuzeit. 3 Bde. München 1990–94

Ehlert, T.: Münchner Kochbuchhandschriften aus dem 15. Jh. Frankfurt a. M. 1999
ᘓ Maister Hannsen des von Wirtenberg koch. Frankfurt a. M. 1996
ᘓ Das Kochbuch des Mittelalters. Zürich-München 1990

Ellerbrock, K.-P.: Geschichte der deutschen Nahrungs- und Genußmittelindustrie 1750–1914. Stuttgart 1993
Etzlstorfer, H. (ed.): Küchenkunst und Tafelkultur. Wien 2006

Fahrenkamp, H. J.: Wie man eyn teutsches Mannsbild bey Kräfften hält. Pollença/ Mallorca 1999
Fichtner, U.: Tellergericht. Die Deutschen und das Essen. Eine kritische Bestandsaufnahme. München 2004
Fischer, H. W.: Das Schlemmerparadies. Berlin 1927
Framke, G.: Man nehme. Literatur für Küche und Haus im Deutschen Kochbuchmuseum. Bielefeld 1998
Freedman, P.: Essen. Eine Kulturgeschichte des Geschmacks. Darmstadt 2007
Fuchs, G.: Mahlkultur. Tischgebet und Tischritual. Regensburg 1998

Geschmacksache. Kochbücher aus dem Museum für Volkskunde. Berlin 1995/6
Grießhammer, R. & Burg, C.: Wen macht die Banane krumm. Kolonialgeschichten. Hamburg 1989
Grimm, H.-U.: Die Suppe lügt. Stuttgart 2007
Gutkind, C. S.: Das Buch der Tafelfreuden. Leipzig 1929

Haslinger, I.: Es möge Erdäpfel regnen. Eine Kulturgeschichte der Kartoffel. Wien 2007
Hassani, N.: Spoonfuls of Germany. New York 2004
Heckmann, H.: Die Freud des Essens. München-Wien 1979
Heise, U.: Der Gastwirt. Geschäftsmann und Seelentröster. Leipzig 1993
Heßler, M.: Mrs. Modern Woman. Zur Sozial- und Kulturgeschichte der Haushaltstechnisierung. Frankfurt a. M.-New York 2001
Heyne, M.: Das deutsche Nahrungswesen von den ältesten geschichtlichen Zeiten bis zum 16. Jh. Leipzig 1901
Hierneis, Th.: Ein Mundkoch erinnert sich an Ludwig II. München s.a.
Hirscher, P.: Heilen und Kochen mit Hildegard von Bingen. München 2004
Hirschfelder, G.: Europäische Esskultur. Frankfurt a. M.-New York 2001
Hoffmann, M.: Goldener Anker und Schwarzer Walfisch. Ein Führer durch denkwürdige Gaststätten. Berlin 1940
Horbelt, R. & Spindler, S.: Die deutsche Küche im 20. Jahrhundert. Frankfurt a. M. 2000
Horn, E.: Bayern tafelt. Eine kulinarische Kulturgeschichte. München 1980
Hübner, R. & M.: Der deutsche Durst. Illustrierte Kultur- und Sozialgeschichte. Leipzig 1994
Hürlimann, A. & Reininghaus, A.: Mäßig und gefräßig. Kat. Wien 1996
Hussong, R.: Der Tisch der Jahrhunderte. Berlin 1937
Hyman, C.: Die jüdische Küche. München 2004

Imbach, J.: Geheimnisse der kirchlichen Küchengeschichte. Düsseldorf 2008

Jeunes Restaurateurs d'Europe: Deutschlands junge Spitzenköche kochen deutsch. Wiesbaden 2004
Johnson, H.: Weingeschichte. München 2000
Journal Culinaire. Ab 2007

Käfer, G. & Lejeune E.: Der Gourmet-Papst. Wiesbaden 2006
Kappelt, O.: Friedrich der Große: Meine Koch- und Küchengeheimnisse. Berlin 2006
Kleinspehn, Th.: Warum sind wir so unersättlich? Frankfurt a. M. 1987
Klink, V. & Droste, W.: Häuptling Eigener Herd. Magazin seit 1999
– Wir schnallen den Gürtel weiter. Stuttgart 2008
Knittel, E. und Maurer R.: Spätzle, Maultaschen & Co. Stuttgart 2003
Knop, B. & Schmitz, M.: Currywurst mit Fritten. Von der Kultur der Imbißbude. Zürich 1983
Knott, A.: Die Tafelfreuden der preußischen Könige. München 2005
Köhler, R.: Brennesselsuppe und Rosinenbomber. Frankfurt a. M. 1999
Kohl, H.: Kulinarische Reise durch deutsche Lande. München 1996
Kolmer, L. & Rohr, Ch. (edd.): Mahl und Repräsentation. Der Kult ums Essen. Paderborn-München-Wien-Zürich 2000
Kornmayer, E.: Klassische und moderne Rezepte aus Namibia. Dreieich 2006
Kosler, B.: Kartoffel. Kultur, Mythos. Gesundheit. Rezepte. Frankfurt a. M. 1999
Kosler, B. & Krauß, I.: Die Brez'l. Geschichte und Geschichten. München 1993

Kudriaffsky, E. von: Die historische Küche. Wien-Pest-Leipzig 1880
Kulinarischer Report des deutschen Buchhandels. Dreieich ab 2005

Lämmel, R.: Ein guter Sachs will genießen – nicht prassen. Ein Gang durch die Historie der sächsischen Eßgewohnheiten. Dresden 1997
Lau, K. & Schütterle, R. & Roscher, E.: Speisen wie ein König. München 1983
Le Goullon, F.: Der neue Apicius. Weimar 1829
Lemke, H.: Ethik des Essens. Einführung in die Gastrosophie. Berlin 2007
Lissner, E.: Wurstologia. Frankfurt a. M 1939
Lücke, St.: Ernährung im Fernsehen. Wiesbaden 2007

Mellinger, N.: Fleisch. Ursprung und Wandel einer Lust. Frankfurt a. M.-New York 2000
Mennell, S.: Die Kultivierung des Appetits. Frankfurt a. M. 1988
Merkle, H.: Tafelfreuden. Düsseldorf-Zürich 2001
Methler, E. & W.: Henriette Davidis. Biographie, Bibliographie, Briefe. Wetter/ Ruhr 2001
Mohrmann, R.-E. (ed.): Essen und Trinken in der Moderne. Münster-New York-München-Berlin 2006
Mollenhauer, H. P.: Von Omas Küche zur Fertigpackung. Gernsbach 1988
Montanari, M.: Der Hunger und der Überfluß. Kulturgeschichte der Ernährung in Europa. München 1993
Morel, A.: Der gedeckte Tisch. Zürich 2001
Moulin, L.: Europa aan Tafel. Een Cultuurgeschiedenis van Eten en Drinken. Antwerpen 1988

Nagel, J.: Zu Gast bei Goethe. München 1998
Neidhart, Ch.: Die Nudel. Eine Kulturgeschichte mit Biß. Wien 2007
Nessler, U. & Mees, H.: Durchs wilde Lukullistan. Essen, Trinken und Geniessen bei Karl May. Bamberg-Radebeul 2005

Oktoberfest. Ausstellung Münchner Stadtmuseum 1985
Ottomeyer, H. & Völkel, M.: Die öffentliche Tafel. Tafelzeremoniell in Europa 1300–1900. Wolfratshausen 2002

Paczensky, G. v. & Dünnebier, A.: Leere Töpfe, volle Töpfe. Die Kulturgeschichte des Essens und Trinkens. München 1994
Pelzer, B. & Reith, R.: Margarine. Die Karriere der Kunstbutter. Berlin 2001
Peschke, H.-P. von & Feldmann, W.: Das Kochbuch der Renaissance. Düsseldorf 1997
Peter, P.: Cucina & Cultura. Kulturgeschichte der italienischen Küche. München 2006
ᴄᴙ Die schönsten Gasthäuser in Südtirol. München 2001
ᴄᴙ Michelangelo hätte Bier getrunken. Osterie d'Italia auf Wilhelminisch. In: Cotta's Kulinarischer Almanach 2004/5
Peter, P. & Herrmann R.: Wo Deutschland am besten schmeckt. Mit Rezepten von Eckart Witzigmann. München 2003
Peters, U. & Schwarzbauer, G.: Vom Essen und Trinken. Darstellungen in der Kunst der Gegenwart. Ausstellung Wuppertal 1987
Platt, Th.: Genußbarometer Deutschland. Wie wir zu leben verstehen. Berlin 2004
Pohanka, R.: Um die Wurst. Vom Essen und Trinken im Mittelalter. Wien 2005
Pollmer, U.: Food-Design: Panschen erlaubt. Stuttgart 2007
Protzner, W.: Vom Hungerwinter zum Schlaraffenland. Aspekte einer Kulturgeschichte des Essens in der Bundesrepublik Deutschland. Wiesbaden 1987

Randow, G. v.: Genießen. Eine Ausschweifung. Hamburg 2001
Rath, J.: Schiffszwieback, Pökelfleisch und Koje. Hamburg 2004
Rauers, W.: Kulturgeschichte der Gaststätte. Berlin 1942
Redon, O. & Sabban, F. & Serventi, S.: Die Kochkunst des Mittelalters. Frankfurt a. M. 1993
Richter, D.: Schlaraffenland. Frankfurt a. M. 1995
Robeck, S. & Wachter, G.: Kalter Krieg und warme Küche. Berlin 2004
Rodik, B.: Trimalchios Fest. Bergisch Gladbach 2001
Rösener, W.: Die Geschichte der Jagd. Düsseldorf-Zürich 2004
Rontzier, F. de: Kunstbuch von mancherley Essen. Wolfenbüttel 1598 (Reprint München 1979)
Rose, H.: Prominente bitten zu Tisch. Regensburg 2000

Rosenberg, O.: Kolonialkochbuch. Berlin s.a.
Rottenhöfer, J.: Neue vollständige theoretisch-praktische Anweisung in der feineren Kochkunst. München 1858 (Faksimilie Wels 1978)
Rumohr, K. F. von: Geist der Kochkunst. Frankfurt a. M. 1978

Schäfer, D.: Anna Amalia lädt zur Tafelrunde. Husum 2007
Scheffler, U.: Alles Soljanka oder wie? Das ultimative DDR-Kochbuch. Leipzig 2000
Scheuermann, M.: Wein und Zeit. Stuttgart 2007
Schmidt, G. & Römer, J.: Kölsch, Kaviar un Ähzezupp. Köln 2000
Schneider, S.: Warum macht der Karpfen blau? Stuttgart 2007
Schönfeldt, S. Gräfin: Bei Fontane zu Tisch. Zürich-Hamburg 1997
Schomann, H.: Kaiserkrönung. Dortmund 1982
Schrader, M.: Tante-Emma-Laden: Kindertraum und Alltagsleben. Suderburg 2006
Schraemli, H.: Von Lukullus zu Escoffier. Geschichte der Feinschmeckerei. Bielefeld 1986
Schubert, E: Essen und Trinken im Mittelalter. Darmstadt 2006
Schütz, L.: Die Kunst des Tranchierens (Kurtze und gründliche Nachrichtung des Trincirens 1660). München 1971
Schuhbeck, A.: Gerichte mit Geschichte. München 2005
Scully, T.: The Art of Cooking in the Middle Ages. Woodbridge 1995
Seidel-Pielen, E.: Aufgespießt. Wie der Döner über die Deutschen kam. Hamburg 1996
Seidl, C.: Noch ein Bier! Reise zu den Stätten europäischer Braukunst. Wien 1993
Seifert, T. & Sametschek, U.: Die Kochkunst in zwei Jahrtausenden. München 1977
Seitz, E.: Die Verfeinerung der Deutschen. Eine andere Kulturgeschichte. Berlin 2011
Siebeck, W.: Die Deutschen und ihre Küche. Berlin 2007
ଋ Das Haar in der Suppe hab' ich nicht bestellt. Erinnerungen eines Berufsessers. Frankfurt a. M. 1996
Spode, H.: Die Macht der Trunkenheit. Kultur- und Sozialgeschichte des Alkohols in Deutschland. Opladen 1993
Stein, G.: Reise durch den deutschen Weingarten. München 1956
Strehlow, W.: Das Hildegard von Bingen Kochbuch. München 2002
Süßenguth, M.: Der kulinarische König. Essen und trinken wie August der Starke. Berlin 2004

Tannahill, R. & Tennyson, J.: Hamburger Heaven. The Illustrated History of the Hamburger. New York 1993
Das Teubner Buch Deutsche Küche. München 2007
Teuteberg, H. J.: Die Revolution am Esstisch. Stuttgart 2004
ଋ Die Rolle des Fleischextrakts für die Ernährungswissenschaften und den Aufstieg der Suppenindustrie. Stuttgart 1990
Thiedig, F.: Deutschlands kulinarisches Erbe. Cadolzburg 1998
Thieme, W. & Rockendorf, S.: Berlin kocht. Hamburg 2000
Trögel, T. & Zemme, V.: Deutsche Delikatessen Republik. So kochte die DDR. Bindlach 2006

Uther, H.-J.: Die schönsten Märchen vom Essen und Trinken. Kreuzlingen-München 2000

Vaerst, Baron E. v.: Gastrosophie oder die Lehre von den Freuden der Tafel. Leipzig 1851 (Reprint München 1975)
Vilgis, Th.: Molekularküche. Wiesbaden 2007
Völksen, W.: Auf den Spuren der Kartoffel in Kunst und Literatur. Bielefeld 1988
Voigt, J.: Der Geschmack des Ostens. Berlin 2006

Wagner, Ch.: Fast schon Food. Die Geschichte des schnellen Essens. Frankfurt a. M.-New York 1995
Walterspiel, A.: Meine Kunst in Küche und Restaurant. München 1952
Weiss Adamson, M.: Daz buoch von guter spîse (The Book of Good Food). Wien 2000
Weiss, H. U.: Gastronomia. Eine Bibliographie der deutschsprachigen Gastronomie. 1485–1914. Zürich 1996
Wiegelmann, G. & Mohrmann, R.-E. (edd.): Nahrung und Tischkultur im Hanseraum. Münster-New York 1996
Wierlacher, A.: Vom Essen in der deutschen Literatur. Stuttgart 1987
Wierlacher, A. & Bendix, R.: Kulinaristik. Forschung-Lehre-Praxis. Münster 2008
Wiswe, H.: Kulturgeschichte der Kochkunst. München 1970
Wördehoff, B.: Sage mir, Muse, vom Schmause...Vom Essen und Trinken in der Weltliteratur. Darmstadt 2000

ABBILDUNGSVERZEICHNIS

Hannes Etzlstorfer: Küchenkunst & Tafelkultur. Culinaria von der Antike bis zur Gegenwart. Salzburg 2006 ☙ Seite 58
Fotoarchiv Abtei St. Hildegard ☙ Seite 26, 74
Guido Fuchs: Mahlkultur, Tischgebet und Tischritual. Regensburg 1998 ☙ Seite 67
Fundação Promotora de Exposições de Blumenau ☙ Seite 228
Klaus Gast: Man nehme, wenn man habe… Eine kulinarische Reise in die «Steckrübenzeit» vor rund einer Lebensspanne. Weilheim 2003 ☙ Seite 165
Eva Gensch (Juliana Elisabetha Versivoin: Barocke Tafelfreuden heute. Karlsruhe 2002) ☙ Seite 207
Carin Gentner: Pumpernickel. Das schwarze Brot der Westfalen. Detmold 1991 ☙ Seite 168
Otto Gillen, Herrad von Landsberg (Hgs.): Hortus Deliciarum. Landau 1979 ☙ Seite 38
James Gillray, London 1803 ☙ Seite 220
Goethezeitportal, München ☙ Seite 234
Große Heidelberger Liederhandschrift, Codex Manesse, Universitätsbibliothek Heidelberg ☙ Seite 37
Matthias Häber ☙ Seite 30, 95
Sebastian Haffner: Preußen ohne Legende. Berlin 1998 ☙ Seite 112
Halberstädter Würstchen- und Konservenvertriebs GmbH ☙ Seite 168
Nadia Hassani: Spoonfuls of Germany, New York 2004 ☙ Seite 233, 241
Nika Standen Hazelton: Die Küche in Deutschland. Amsterdam 1977 ☙ Seite 9, 96
Ulla Heise: Der Gastwirt. Geschäftsmann und Seelentröster. Leipzig 1993 ☙ Seite 72, 81, 97
Rainer Herrmann ☙ Seite 197, 201
Michael Hofbauer ☙ Seite 135
Regina und Manfred Hübner: Der deutsche Durst. Leipzig 1994 ☙ Seite 99, 199
Annemarie Hürlimann: Mäßig und gefräßig. Wien 1996 ☙ Seite 83
Kirchengemeinde St. Jacobi, Hamburg ☙ Seite 69
Birgit Knop: Currywurst mit Fritten. Von der Kultur der Imbißbude. Zürich 1983 ☙ Seite 154
Anja Knott: Die Tafelfreuden der preußischen Könige. München 2005 ☙ Seite 120
Die Kochkunstseite (www.koch-welten.de) ☙ Seite 145
Hannelore Kohl: Kulinarische Reise durch deutsche Lande. München 1996 ☙ Seite 216
Hermann Krone (Hg.): Am Rhein trinkt man Wein. Berlin um 1900 ☙ Seite 106
Harry Kühnel: Alltag im Spätmittelalter. Graz 1984 ☙ Seite 39, 40
Kunsthalle, Hamburg ☙ Seite 75
Landschaftsverband Rheinland (Hg.): Aufgetischt. Ernährung im Konsumzeitalter. Essen 2004 ☙ Seite 116, 183
Karl Lerch: Spätzle Brevier. München 1992 ☙ Seite 198
Liebig Extract of Meat, London ☙ Seite 13, 153
Erika Lippki: Essen in der Arbeitswelt. Tatsachen, Ursachen, Hypotheken, Hypothesen. Berlin 1972 ☙ Seite 185
Lutter & Wegner Sektkellerei ☙ Seite 117
Tim Mälzer, Jan-Peter Westermann: Born to Cook II. München 2005 ☙ Seite 215
Maggi GmbH, Frankfurt am Main ☙ Seite 156
Markenschaetze.de® ☙ Seite 108
Ruth-Elisabeth Mohrmann: Essen und Trinken in moderner Zeit. Münster 2006 ☙ Seite 160
Hans P. Mollenhauer: Von Omas Küche zur Fertigpackung. Aus der Kinderstube der Lebensmittelindustrie Gernsbach 1988 ☙ Seite 155, 158
Andreas Morel: Der gedeckte Tisch. Zürich 2001 ☙ Seite 89
Museum der Bildenden Künste, Leipzig ☙ Seite 157
Museum für Kunst und Kulturgeschichte Dortmund, Karl Heinrich Deutmann ☙ Seite 14
Natürlich Vegetarisch 1/2008 ☙ Seite 218
Max Nelson: The Barbarian's Beverage. A History of Beer in Ancient Europe. New York 2005 ☙ Seite 17
Das Neue Frankfurt 1/1927 ☙ Seite 170
Hans Nöhbauer: Auf den Spuren König Ludwigs II. München 1995 ☙ Seite 20
Hans Ottomeyer, Michaela Völkel (Hgs.): Die öffentliche Tafel. Tafelzeremoniell in Europa 1300–1900. Wolfratshausen 2002 ☙ Seite 57, 59
Peter Peter, Rainer Herrmann: Wo Deutschland am besten schmeckt. München 2003 ☙ Seite 137, 219
Birgitta Petschek-Sommer: Kloß, Knödel, Knedelík. Geschichten zum Anbeißen. Deggendorf 2007 ☙ Seite 163, 182
Ruth Rau: Das tägliche Brot. Freiburg 1984 ☙ Seite 79

Restaurant Tantris, München (www.tantris.de) Seite 189
Richental Chronik, Rosengarten-Museum zu Konstanz (Faksimile Konstanz 2002) Seite 45
Günter A. Richter: Christian Schad. Zeichnungen und Legenden. Rottach-Egern 1990 Seite 169
Rosalie [Seitz]: Ächte bürgerliche Köchin. Ein praktisches Hand- und Hülfsbüchlein für deutsche Bürgerfrauen und Töchter. Ulm 1846 Seite 128
Johannn Rottenhöfer: Neue vollständige theoretisch-praktische Anweisung in der feinern Kochkunst mit besonderer Berücksichtigung der herrschaftlichen und bürgerlichen Küche. München 1981 Seite 143
Marx Rumpolt: Ein new Kochbuch. Frankfurt am Main 1581 (Faksimile Leipzig 1976) Seite 54
Rupertsberger Handschrift, Codex Scivias, Abtei St. Hildgard (Faksimile Eibingen 1927) Seite 27, 28
August Sander: Antlitz der Zeit. München 1990 Seite 200
Egon Schallmayer, Britta Rabold, Andreas Thiel: Der Limes. Die deutsche Limes-Straße vom Rhein bis zur Donau. Darmstadt 2000 Seite 15
Günther Schiedlausky: Essen und Trinken. München 1956 Seite 61
Schiffergesellschaft zu Lübeck Seite 44
Hugo Schmidt: Eduard Grützner. München 1922 Seite 31
Thorsten Schmidt: Roy Black. Irgend jemand liebt auch dich. Kiel 2001 Seite 186
Hiltrud Schöder: Sophie & Co. Bedeutende Frauen Hannovers. Hannover 1991 Seite 130
Heinz Schomann (Hg.): Kaiserkrönung. Wahl und Krönung in Frankfurt nach den Bildern der Festbücher. Dortmund 1982 Seite 86
Conrad Seidl: Noch ein Bier! Reise zu den Stätten europäischer Braukunst. Wien 1993 Seite 101
Wolfram Siebeck: Das Haar in der Suppe hab' ich nicht bestellt. Erinnerungen eines Berufsessers. Frankfurt am Main 1996 Seite 187
Der Spiegel 26/1959 Seite 181
Klaus Staeck, © VG Bild-Kunst, Bonn 2008 Seite 184, 196
Städtische Sammlungen Wetzlar, Lottehaus Seite 116
Städtisches Museum Gelsenkirchen Seite 226
Johannes Steinhein von Konstanz, Codex AA 91, Burgerbibliothek Bern Seite 38
Stiftung Staatliche Museen, Berlin Seite 71
Stiftung Preußische Schlösser und Gärten Seite 84
Heinrich Strieffler, Stadtarchiv Landau, Bildsammlung S 3 Seite 107
Wolf Thieme, Siegfried Rockendorf: Berlin kocht. Hamburg 2000 Seite 179
Martin Treu: Martin Luther in Wittenberg. Wittenberg 2003 Seite 68
Valerius Maximus, Factorum et dictorum memorabiliorum libri novem Seite 43
Vielfältige Initiativen zur Erhaltung alter und gefährdeter Haustierrasse, Suderbruch Seite 139
Das virtuelle Kochbuchmuseum Seite 124
Wilhelm Völksen: Auf den Spuren der Kartoffel in Kunst und Literatur. Bielefeld 1988 Seite 171
Wallraf-Richartz-Museum, Köln Seite 32
Alfred Walterspiel: Meine Kunst in Küche und Restaurant. München 1978 Seite 166
Annemarie Weber: Hausbuch des guten Tons. Ein Knigge von Heute. Stuttgart 1960 Seite 182
Westfälisches Landesmuseum, Münster Seite 118
Irmgard Wirth: Berliner Malerei. Berlin 1990 Seite 100
Hans Wiswe: Kulturgeschichte der Kochkunst. München 1970 Seite 55, 56
Corinna Wodarz: Mutters ganzer Stolz! Unser Haushalt in den 50er und 60er Jahren. Gudensberg-Gleichen 2006 Seite 162
Holger Zacharias Seite 60
Zentralverband des Deutschen Bäckerhandwerks e.V. (www.baeckerhandwerk.de) Seite 207
Heinrich Zille: Das Zille-Album. Hannover 1998 Seite 142
Ulrike Zischka, Hans Ottomeyer, Susanne Bäumler: Die Anständige Lust. Von Esskultur und Tafelsitten. München 1993 Seite 22, 49, 53, 166, 200, 202, 203

VERZEICHNIS DER REZEPTE

ÜBER DEN AUTOR

Dr. phil. Peter Peter lehrt am Zentrum für Gastrosophie der Universität Salzburg und als Gastdozent an der Università delle Scienze gastronomiche (Pollenzo/Colorno). Der Restaurantkritiker der Frankfurter Allgemeinen Sonntagszeitung moderiert kulinarische Reisen und hat zahlreiche gastronomische, kunst- und literaturhistorische Guides verfasst.

2012 wurden seine Kulturgeschichten der deutschen und italienischen Küche (3. Auflage 2012) mit dem Wissenschaftspreis des Kulinaristik-Forums ausgezeichnet. Ebenfalls bei C.H.Beck erschien 2013 seine *Kulturgeschichte der österreichischen Küche*. www.pietropietro.de

184 Seiten mit 151 Abbildungen, Halbleinen

Alles was Sie schon immer über die italienische Küche wissen wollten, steht in diesem elegant geschriebenen Buch, das man chronologisch lesen kann, von den Ursprüngen vor 2500 Jahren im großgriechischen Sizilien über die cucina nazionale des Duce bis zu Italy worldwide. Es bietet sich aber auch zum Herumschmökern an, als Kochbuch oder Nachschlagewerk: Vom Olivenöl bis zum Caffè, über Pizza, Pesce und Gelato, enthält es eine kulturhistorische Produktkunde, inklusive einem Extrakapitel über die Pasta und ihre Herkunft.» *Der Tagesspiegel*

«Der Gang durch die Zeit ist ein Sterne-Menü zum Lesen: von den Gelagen der Päpste bis zur Espressomaschine – penibel recherchiert, eingängig geschrieben. Ein Muss!» *Stern-Journal*

261 Seiten mit 174 Abbildungen, Halbleinen

Tafelspitz, Topfenstrudel, Kaiserschmarrn – Österreichs Küche hat Leibspeisen perfektioniert, die ähnlich wie Walzerklänge und Mozartopern jede Generation aufs neue faszinieren. Peter Peter erzählt die Geschichte der grandiosen Küche Österreichs: von Sisis Veilchenparfait und der legendären böhmischen Köchin, von der Genesis des Wiener Schnitzels und dem Revival alpiner Hirtenkost, von Kaffeehäusern, Beisln und Heurigen.

«Das Buch ist ebenso informativ wie unterhaltsam … Ein hervorragendes Buch für Genießer, Kulturanthropologen und alle, die gern über Essen lesen.»
Bibliotheksnachrichten Österreich

«Peter Peter erzählt in diesem Buch facettenreich die Geschichte der grandiosen Küche Österreichs, von Köchen und von Institutionen wie Kaffeehaus und Beisl.»
Kurier

Grand Marnier